저항과 생성 - 장용학 문학 읽기

Resistance and Becoming

저자소개

류희식(柳喜植, Ryu Hee Sik)은 영남대학교 국어국문학과에서 학사, 석사를, 경북대학교에서 『장용학 소설의 삶문학적 특성 연구』(2015.8)로 박사학위를 받았다. 지금까지 장용학 문학 연구를 지속해왔으며, 우리 문학에서 '내재성'의 문학을 실천한 작가들에 관심을 가지고 있다. 최근 연구에는 『오정희의 <옛우물>에 나타난 욕망의 해방과 '비인간 되기'』 등이 있다.

저항과 생성 - 장용학 문학 읽기

초판 1쇄 2025년 9월 20일

지은이 류희식
펴낸이 최외출
펴낸곳 영남대학교출판부

출판등록 1975년 9월 5일 경산 제16-1호
주소 경북 경산시 대학로 280
전화 053) 810 - 1801~3
FAX 053) 810 - 4722
홈페이지 book.yu.ac.kr

ISBN 978 - 89 - 7581 - 756 - 4 93810

저항과 생성

장용학 문학 읽기

저자 류희식

영남대학교출판부

서 문

'문송합니다'는 말이 유행한 지도 몇 년 지났다. 인간 지성이 AI에 점점 더 의존하는 만큼 인문학은 무용한 것이 되고 있다. 국문학과가 사라지는 이 시대에 연구서를 낸다는 것이 무슨 의미가 있을까. 돈과 무관한, 그 누구도 열어보지 않을 활자 무더기 하나를 더 생산한다는 것이. 양산되는 책의 쓰레기 더미에 또 하나를 보태는 것은 아닌지, 그리하여 환경 문제만 가속하는 것은 아닌지 모르겠다.

하지만 이러한 망연함의 한쪽에, 쓰임이 없는 것의 쓰임을 꿈꿔보는 것은 과욕일까. '소년이로학난성少年易老學難成'. 이 경구가 문득문득 떠오른다. 흐린 기억으로 이 구절은 중학교 1학년 한문 교과서에 실렸던 것 같다. 글을 쓰면서 이어지는 내용을 찾아보니 대유학자 주희 선생의 배움을 권하는 글勸學文이다. 한 세대를 훌쩍 넘기는 시간을 소진하고서야, 열네 살에 주문처럼 강제로 외웠던 구절의 의미를 절감한다. 몸은 쉬 늙었고, 여전히 학문을 이루는 것은 요원하다.

막연하게나마 '제대로 된 연구자가 되자'는 생각으로 공부한 지 한참이나 흘렀다. 문득 돌아보니 '제대로'라는 말은 차치하고 연구자라 말하기도 부끄러운 지경에 이르렀다. 녹록지 않은 형편을 핑계 삼지만, 실은 타고 난 나의 게으름 탓이다. 다만, 오래전에 '연구서 몇 권 쓰는 것이 공부의 목표'라고 나 자신과 선후배들에게 했던 말까지 허언으로 만들 수 없다는 생각이 들었다. 부채감에서 벗어나기 위해서라도 책을 펴내야겠다는 용기를 내었다.

삶 자체가 그러하기도 하겠지만, 연구 대상을 만나게 되는 것도 운명이라는 생각이 든다. 2000년부터 여러 전공의 선배들과 시작했던 '자본론 읽기' 모임에서 샛길로 빠져 만난 들뢰즈와 가타리의 사유는 맑스 보다 훨씬 더 강하게 나를 고무시켰다. 그러던 중, 2006년 박사과정에서 우연히 「원형의 전설」을 읽고 발표문을 준비면서 장용학 문학의 특이성을 직감했다. 하지만 정작 그의 작품을 제대로 읽어내기에는 나의 능력이 너무나 일천했다. 다행히 시간이 지나면서 같이 공부하는 사람들의 수도 늘었고, 그들 덕분에 사유 훈련을 지속할 수 있었다.

연구의 또 다른 어려움은 작가의 반시대적 성격 때문이기도 하다. 장용학은 1950년대 초부터 1980년대까지 소설을 썼다. 그 과정 내내 그는 자신의 문학과 삶에서 초월성을 거부하고 전방위적으로 이에 저항해 왔다. 이는 「감상적 발언」에서 '액면대로 '1+1'이 '2'가 되는 세계를 갈망한다'는 서술에서 잘 드러난다. 그는 민족주의, 국가, 인간주의, 언어민족주의, 역사History, 문학에서의 재현 등 소위 근대를 구성하는 모든 초월적 제도들의 심연을 꿰뚫어 보고 있었기 때문이다.

그래서 그의 작품으로 들어가기 위해서는 국문학 선배 세대들로부터 물려받은 시선과 무의식이 되다시피 한 연구방법들을 상당수 망각하는 것부터 시작해야만 했다. 그 유산들은 실로 힘이 강했다. 조금만 주의를 게을리하면 눈은 곧바로 재현의 방식으로 바뀌었고, 해석과 의미화는 초월적 가치로 되돌아갔다. 상당한 기간이 지나 그것들을 어느 정도 잊고 나서야 장용학의 목소리가 들리기 시작했다.

그것은 작품 활동 내내 그가 겪은 문단의 미시폭력과 그에 대한 저항, 그리고 굽힐 수 없는 자신의 이념에 관한 이야기였다. 자신의 문학에 대한 몰이해에서 비롯된 억측과 조롱, 무시에 그는 충실히 항변했으나 문단은 이를 묵살했다. 그 기간은 문단이 그를 고립시킨 과정이자, 그가 자발적으로 택한 철저한 고독의 시간이기도 했다. 그럼에도 불구하고 긴 고독 속에서 장용학은 묵묵히 자신의 신념을 일관되게 실천해왔다.

그의 소설과 만나는 짧지 않았던 시간은 안타까움과 놀라움, 감탄으로 충만한 시간이었다. 그만큼 그것은 나의 장용학 되기의 시간이기도 했다. 그의 문학이 보여준 것 중 가장 큰 감동은 '삶에 대한 무한한 긍정'이었다. 이 책은 그 과정에서 작가의 목소리가 안내하는 길을 최대한 충실히 따라가려고 노력한 결과물이다. 그리고 이제 자신 있게 말할 수 있다. 장용학의 문학은 한국문학 실천가들의 가치를 측정하는 시금석이라고.

마무리를 앞두니 감회가 새롭다. 흔한 수사가 아니라, 실제로 이 책은 수많은 사람이 함께 썼다. 세월이 흐르는 만큼 이론 읽기 모임의 구성원들도 변해왔다. 그렇지만 오랫동안 매주 함께 책을 읽었던 선후배님들, 한밤에도 잠잘 시간을 아끼지 않고 나의 미욱함을 깨치는 데 도움을 준 선생님들이 있어 가능했다. 이들 덕분에 주저앉고 싶었던 위기들을 견디어 왔고, 지금도 그러하다. 감사드린다. 앞으로도 이 인연 지속되길.

아울러 묵묵히 지켜봐 준 가족들에게 미안함과 함께 무한한 고마움을 전한다.

2025. 06. 30.

차 례

부록

작가의 육필 원고

<사진 1> 미련소묘(1952)

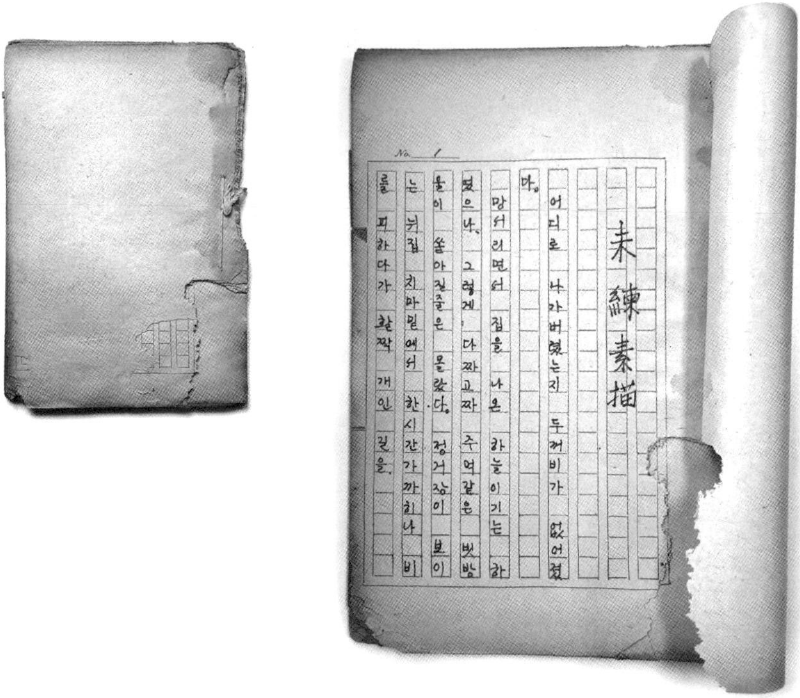

<사진 2> 찢어진 윤리학의 근본문제(1953)

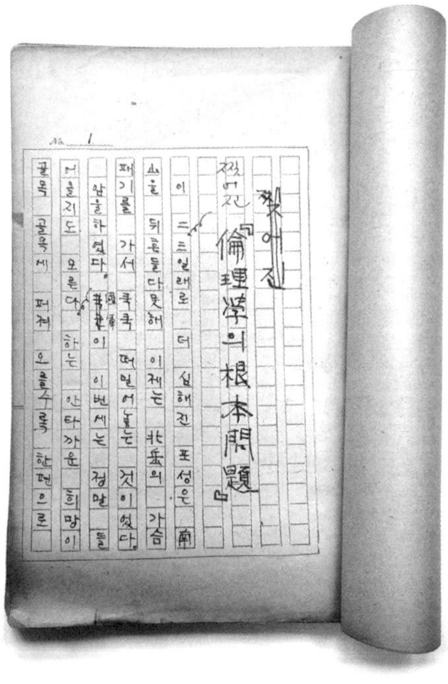

<사진 3> 무영탑(1953)

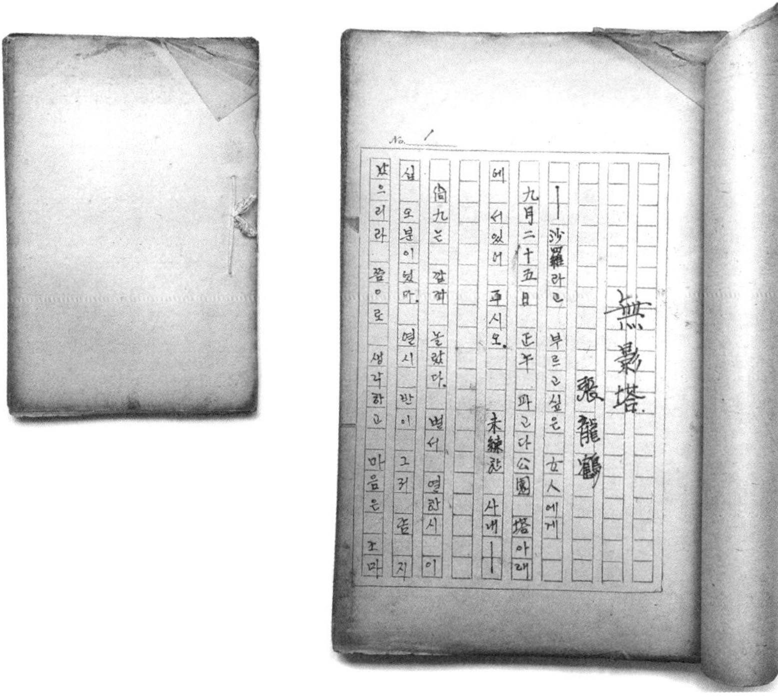

<사진 4> 기상도(1954)

<사진 5> 라마의 달(1954)

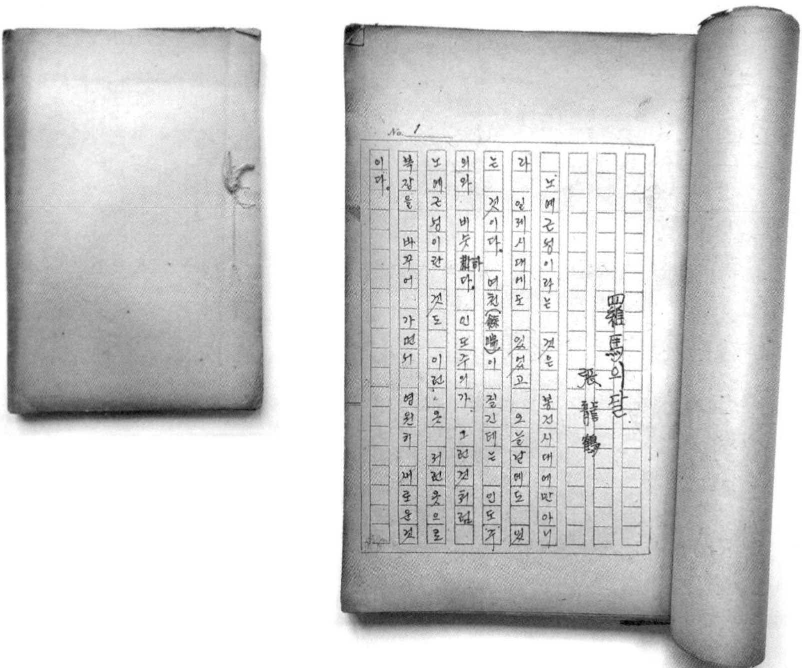

<사진 6> 그늘지는 사탑(1955)

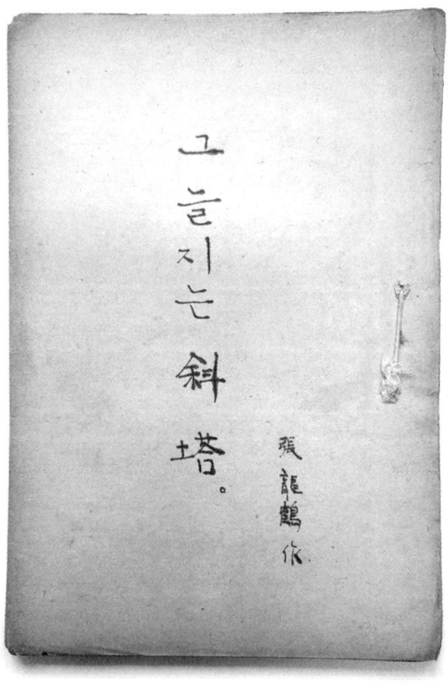

<사진 7> 사화산(1955)

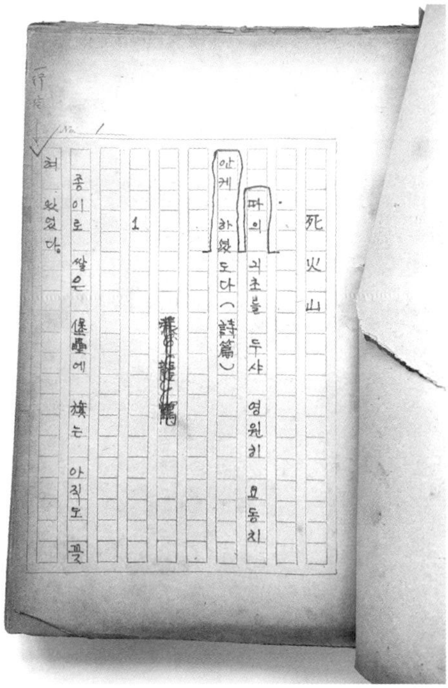

<사진 8> 하여가행(1987)

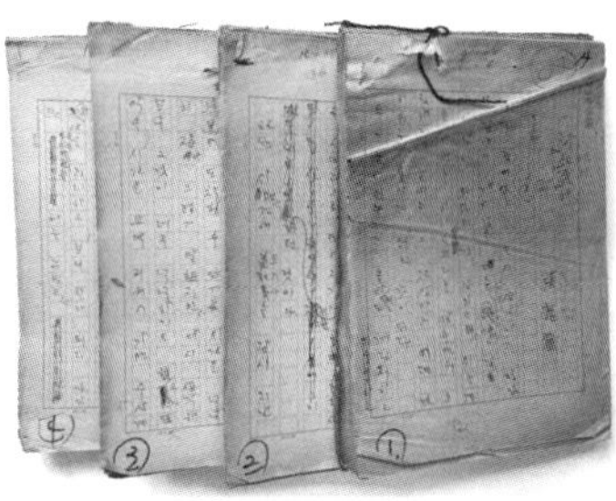

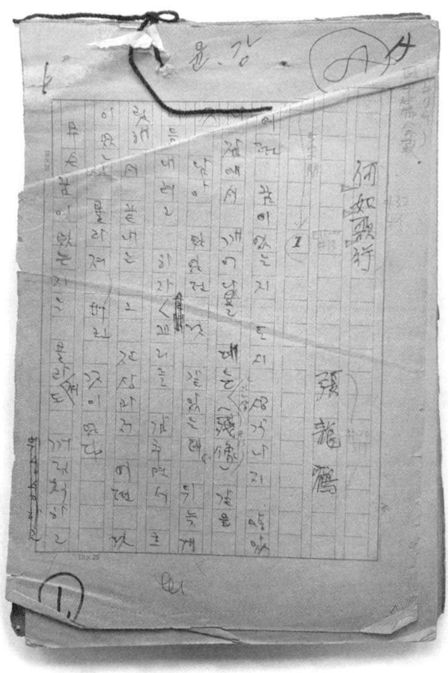

<사진 9> 빙하기행(유고)

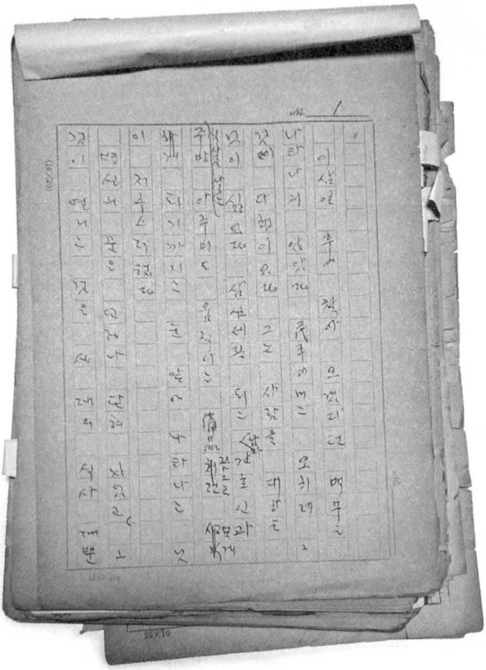

<사진 10> 천도시야비야(유고)

<사진 11> 「천도시야비야」와 「빙하기행」(2001)이 3부작 형식으로 구상된 육필 노트

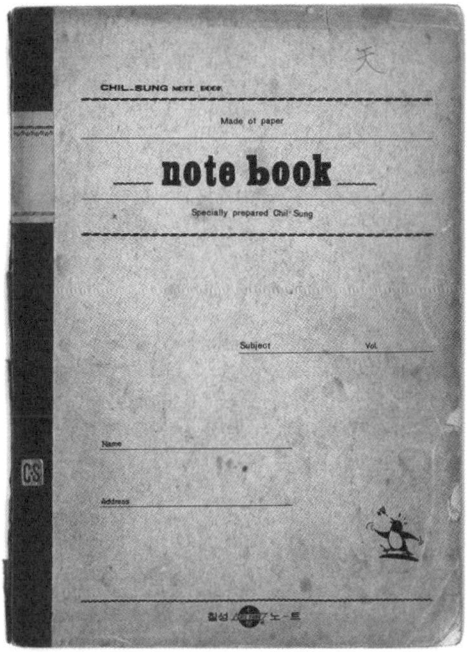

<사진 12> 노트에 적힌 가제 메모

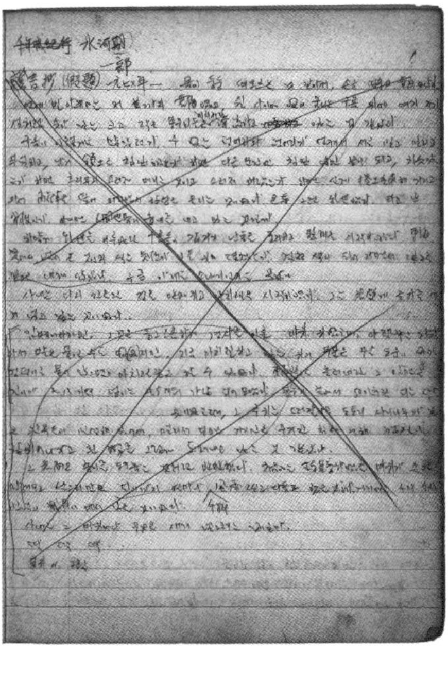

<사진 13> 달력 뒷면에 적힌 「천도시야비야」 관련 메모

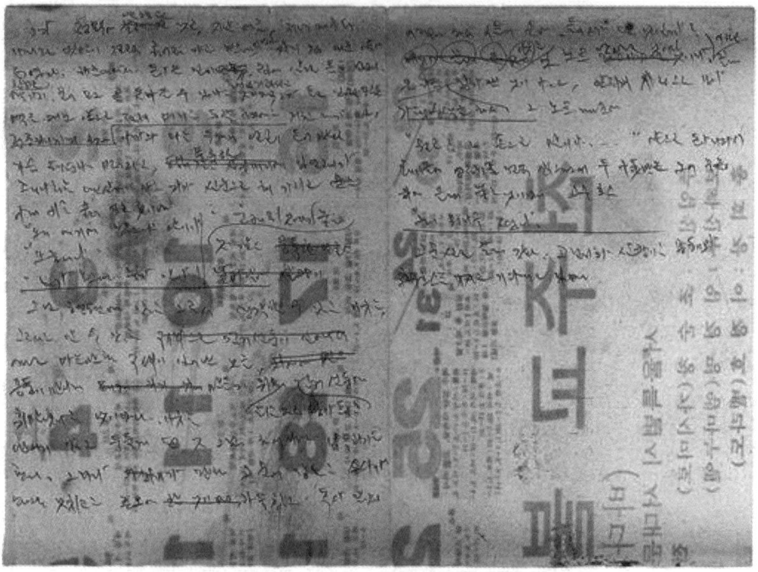

<사진 14> 「천도시야비야」 관련 내용이 메모된 달력의 앞면

I.

비재현론과 버추얼리즘

1. 재현론적 시선과 장용학 소설에 대한 오해

우리 소설사에서 문제적인 작가인 한 장용학은 「희화」『연합신문』, 1949.11를 시작으로 「하여가행」『현대문학』, 1987.11에 이르는 동안 40여 편의 소설을 남겼다. 그러나 그의 소설에 대한 연구는 여전히 1960년대 초 이전의 전기 작품에 집중되어 있다. 최근의 몇몇 연구를 제외한다면, 후기 작품에 해당하는 1960년대 중반 이후의 작품들은 여전히 방치되어 있는 실정이다.

초기의 작품들 가운데 「요한시집」, 「원형의 전설」 등은 발표 당시 상당한 논란을 불러일으켰으나 그 수준은 인상비평 정도에 머물렀다. 1960년대까지 그의 소설에 대한 논의는 서평이나 짧은 평론 정도이며, 1970년대를 지나기 시작하면서 유명세를 탔던 작품을 중심으로 간간이 본격적인 연구가 이루어졌다. 그 후 1990년대 중반이 지나면서 연구가 늘어나기 시작하여 현재에 이르기까지 질적·양적으로 증가하는 추세이다. 지금까지 진행된 장용학 소설에 대한 논의들은 대략 다음과 같이 구분하여 정리할 수 있다.

장용학에 대한 가장 일반적인 논의는 그를 '전후작가' 혹은 '신세대 작가'로 규정하고, 전쟁과 전후의 상황에서 드러난 '인간과 세계의 부조리', '인간의 조건' 등을 살펴 본 것이다. 이를 좀 더 세분하면 문단적 상황에 근거한 '전후문학과 세대론' 측면의 연구와 당시 유행했던 '실존주의' 측면의 연구로 나눌 수 있다.

'전후문학과 세대론'적 측면의 연구는 대체로 초창기 장용학의 소설에 관한 문단의 반응에서 비롯된 것으로, 기성세대와 장용학을 구별하기 위한 것이다. 그리고 이것이 받아들여지면서 1950년대 문학적 지형도를 그려내는 논의들에서 장용학은 손창섭, 오상원, 김성한 등과 함께 거론되었다.[1] 이들

---

1 전후문학 및 세대론과 관련된 연구에는 다음을 들 수 있다.

의 논의는 장용학의 전반기 소설의 특징적인 면모를 동시대적 문학장場과 관련시키고 있다는 점에서 의미가 있다. 장용학 자신이 「요한시집」을 사르트르의 「구토」를 읽고 창작했다는 진술을 토대로 이루어진 '실존주의'적 연구는 그의 소설에서 나타나는 실존주의적 성격과 서구 실존주의 사이의 사상적 영향관계 및 작가의 지향을 탐구한 것이다. 이 연구는 시기적으로는 비교적 초창기부터 시작되어서 최근까지 지속되고 있다.[2]

지금까지 많은 논의가 이루어졌던 세대론 측면의 연구와 실존주의 측면의 연구들은 장용학의 소설을 이해하는 데 상당한 도움을 주었다. 그렇지만

백 철, 「신세대적인 것과 문학」, 『사상계』, 사상사, 1955.2.
이봉래, 「신세대론」, 『문학예술』, 문학예술사, 1957.4.
이어령, 『1957년의 작가들」, 『사상계』, 사상사, 1958.1.
백 철, 「전후십오년의 한국소설」, 『한국전후문제작품집』, 신구문화사, 1960.
이어령, 『저항의 문학』, 경지사, 1960.
천이두, 「안타오스의 자유」, 『현대문학』, 1960.11.
김상선, 『신세대작가론』, 일신사, 1964.
김 현, 「이름 없는 세계에의 갈구 - 「비인탄생」, 「역성서설」, 『현대한국문학전집』 4, 신구문화사, 1967.
이철범, 「두 가지 태도의 혼란 - 「상립신화」」, 『현대한국문학전집』 4, 신구문화사, 1967.

2 실존주의적 접근을 통한 연구에는 다음을 들 수 있다.
염무웅, 「실존과 자유」, 『현대한국문학전집』 4, 신구문화사, 1967.
김송현, 「장용학론: 「태양의 아들」까지」, 『현대문학』, 1970.5.
서수생, 「사르트르와 장용학의 비교고찰」, 『논문집』 16, 경북대학교, 1972.
장백일, 「인간옹호의 재양상 - 무신론적 실존철학(장용학)」, 『한국현대문학론』, 관동출판사, 1978.
황송문, 「장용학 지음 '요한시집'」, 『북한』 151호, 북한연구소, 1984.7.
윤병로, 『한국현대소설의 탐구』, 범우사, 1985.
김양호, 「전후실존주의 소설연구」, 단국대 박사학위논문, 1992.
송숙이, 「장용학의 「요한시집」과 사르트르의 「구토」와의 비교연구」, 『대구어문논총』 10호, 우리말글학회, 1992.6.
김옥주, 「장용학 소설 연구」, 청주대 석사학위논문, 1993.
이재룡, 「『구토』와 『요한시집』의 비교」, 『프랑스학연구』 55, 프랑스학회, 2011.2.
김정현, 「니체와 1950년대 한국 전후 실존주의문학—손창섭과 장용학을 중심으로」, 『니체연구 39호』, 한국니체학회, 2021.4.

대부분의 논의는 그의 소설을 반영론 또는 재현론의 관점에서 읽어냄으로써 그에게 '관념소설가'라는 타이틀을 부여했다. 또한 이들의 논의는 장용학을 전후 소설가나 실존주의 소설가로 제한하여 논의하는 단초를 제공했다는 측면에서 상당한 문제를 지니고 있다고 할 수 있다.

다음은 알레고리[3]라는 미적 형식을 통해 장용학의 소설을 살펴본 것이다. 1990년대부터 지속적으로 전개되어온 알레고리 연구는 장용학 문학의 미적 의도를 밝힘으로써, 그의 소설에 대한 좀 더 심층적인 이해를 가능하게 해 준다. 김양희는 장용학의 알레고리적 성격에 대한 이해를 통해 반근대성을 조명하고 있으며, 조현일은 니체의 적극적 허무주의와 알레고리적 미의식을 통해 장용학의 소설을 논하고 있다. 그러나 알레고리적 접근은 장용학 소설에 대한 이해를 심화시켰다는 의의에도 불구하고, 그의 소설을 현실에 대한 유비類比로 해석함으로써 현실을 뛰어넘기 위한 생성의 실험을 초월적인 것으로 읽게 만든다.

---

3 김윤식, 「우화성과 이데올로기 비판」, 『속 한국현대작가론』, 일지사, 1980.
방민호, 「전후 소설에 나타난 알레고리 연구」, 서울대 석사학위논문, 1993.
서영채, 「알레고리의 내적 형식과 그 의미」, 『민족문학사연구』 3호, 민족문학사연구소, 1993.
김건우, 『장용학 소설 연구』, 서울대 석사학위논문, 1995.
김윤식, 「90년대 연구진과 알레고리론」, 『문예중앙』, 1996,겨울.
김건우, 「장용학의 '원형의 전설'론」, 『한국전후문학의 분석적 연구: 학천 박동규 교수 회갑 기념 논문집』, 월인, 1997.
한민주, 「장용학 소설의 알레고리적 특성 연구」, 서강대 석사학위논문, 1998.
김양희, 『원형의 전설』의 근대성 비판」, 한신대 석사학위논문, 2000.
조현일, 「손창섭·장용학 소설의 허무주의적 미의식에 대한 연구」, 서울대 박사학위논문, 2002.
이경희, 「장용학의 『원형의 전설』에 나타난 서술거리와 알레고리」, 『한국학연구』 15집, 인하대 한국학연구소, 2006.12.

알레고리의 틀 속에서 니체 사유를 살펴 본 조현일과 함께, 비교적 이른 시기에 니체의 영향을 밝힌 김미리의 연구[4]역시 장용학을 이해하는 중요한 단서를 제공한다. 김미리는 「비인탄생」, 「역성서설」 연작이 니체 사유의 직접적인 표현임을 밝히고 있다. 하지만 이 논의는 장용학의 전기 소설 가운데 두 연작소설에 국한되었다는 점과, 장용학 소설을 지나치게 니체 사유로 환원하고 만다는 한계를 보인다.

미적형식 전반을 고찰한 연구들[5] 은 장용학 소설에서 두드러지게 드러나는 표현형식들인 동화나 전설, 내면에 비친 환상 등의 특징, 관념성을 형성하는 요인, 현실 비판을 위한 서술 전략으로써의 반어 및 문체적 특성 등을 고찰했다. 그런데 이들 연구는 각각의 성과들에도 불구하고 여전히 전기 작품 가운데 특정 작품에 한정되고 있다.

연구방법의 측면에서 주된 것은 정신분석학적 방법과 신화·원형 비평적 접근을 들 수 있다.[6] 정신분석학을 바탕으로 한 연구는 장용학 소설에

---

4 김미리, 「장용학소설론」, 전남대 석사학위논문, 1986.

5 이와 같은 연구에는 다음을 들 수 있다.
권기호, 「소설 원형의 전설 연구」, 경북대 석사학위논문, 1965.
김용성, 「장용학 소설의 시간의식 연구」, 『한국학연구』 3집, 인하대 한국학연구소, 1991.3.
안성희, 「신세대작가의 문체론적 연구」, 이화여대 석사학위논문, 1991.
장연자, 「장용학의 「원형의 전설」 연구」, 동덕여대 석사학위논문, 1996.
최갑진, 「1950년대 소설의 공간의식 연구」, 『동남어문논집』 12집, 동남어문학회, 2001.6.
박유희, 「1950년대 소설의 반어적 기법 연구」, 고려대 박사학위논문, 2002.
엄창석, 「장용학 소설의 미적 형식 연구」, 영남대 석사학위논문, 2004.

6 정신분석학 또는 원형비평과 관련된 연구는 다음과 같다.
문승준, 「장용학 소설연구 - 신화적 구조와 원형상징을 중심으로」, 성균관대 석사학위논문, 1987.
박승준, 「요한시집의 신화적 연구」, 명지대 석사학위논문, 1982.
육근웅, 「장용학 소설의 신화비평적 접근」, 『한국언어문학』 24, 한국언어문학회, 1986.
신경득, 『한국전후소설연구』, 일지사, 1988.
김형중, 「장용학 소설의 낙원의식 연구」, 전남대 석사학위논문, 1995.
임은희, 「장용학의 <원형의 전설>」, 『한양어문연구』 13집, 한양대 한양어문연구회, 1995.

서 나타나는 유토피아 의식 등을 모성회귀 본능이라고 보거나, 근친상간의 모티프를 오이디푸스 콤플렉스 의식의 표출로 이해하기도 한다. 이 연구들은 분명히 장용학의 소설을 좀 더 심층적으로 이해할 수 있게 하는 측면도 있지만, 대부분의 경우 이론에 맞추어 작품을 지나치게 도식화하고 있다.

그 외에도 문학사회학적 관점에서 작가의 현실인식에 대한 연구,[7] 소외에 대한 연구,[8] 해석하저 접근,[9] 이데올로기 연구[10] 등 다양한 성과들이 나왔다. 최근에는 포스트주의적 담론에 기반한 연구들이 많이 있는데, 신체 담론을 통한 접근이나,[11] 주체형성문제,[12] 반탈근대성,[13] 생태아나키즘적 접근,[14]

이인섭, 「언어심리와 문체(2)」, 『인문논총』 2집, 서울여대 인문과학연구소, 1996.

7 윤상기, 「장용학 소설 연구」, 전남대 박사학위논문, 1996.
최용석, 「장용학의 『원형의 전설』 고찰」, 『우리말글 연구』 15집, 우리말 문학회, 2002. 12., 「전후 소설에 나타난 현실비판과 극복의식 - 김성한과 장용학을 중심으로」, 중앙대 박사학위논문, 2002.

8 이미향, 「장용학 소설 연구」, 숙명여대 석사학위논문, 1992.
홍혜미, 「장용학 소설 연구」, 창원대 석사학위논문, 1994.

9 김경환, 「현대의 야」의 해석학적 연구」, 동아대 석사학위논문, 1997.

10 서동수, 「한국 전후소설에 나타난 이데올로기 연구 - 장용학·선후휘를 중심으로」, 건국대 석사학위논문, 1998.

11 김장원, 「'몸'으로부터의 탈각과 이분법적 인식의 탈구축」, 『한국현대문학연구』 26집, 한국현대문학회, 2005.
이 청, 「장용학 소설의 신체 담론 연구」, 『인문연구』 58권, 영남대 인문과학연구, 2010.

12 권명아, 「한국 전쟁과 주체성의 서사 연구」, 연세대 박사학위논문, 2001.

13 이상민, 「장용학 소설에 나타난 탈근대적 주체의 형성 양상에 관한 연구」, 가톨릭대 박사학위논문, 2003.
용석원, 「장용학 소설 연구」, 건국대 석사학위논문, 2009.
박재한, 「장용학 소설연구」, 가톨릭대 석사학위논문, 2010.

14 한점돌, 「장용학 소설 연구 - 장용학 문학의 생태 아나키즘적 특성」, 『현대문학이론연구』 33집, 현대문학이론학회, 2008. 4.
최성실, 「한국현대소설의 아나키즘적 특성 연구」, 『한국현대문학연구』 17, 한국현대문학회, 2005. 6.

소설언어에 대한 분석,[15] 해체론적 분석,[16] 니체사상에 입각한 미의식 연구[17]등 다양하다.

박창원[18]은 미적 모더니티에 주목함으로써, 그동안 관행이 되다시피 한 실존주의적 연구에서 벗어나 그의 소설을 반근대 혹은 탈근대적 측면으로 접근하는 길을 열었다. 그러나 그가 연구의 또 다른 한 축으로 설정하고 있는 장용학 소설의 '구원의식'은 근대 비판이라는 기획에 맞닿아 있음에도 불구하고 그의 소설을 현실 초월적인 것으로 읽게 만든다. 아울러 그의 논의 역시 장용학의 전기 작품에 한정되어 있다.

윤상기는 주제적 측면과 아울러 창작방법, 소설 기법, 주제의식, 단어의 사용, 작가의 언어관 및 문학관 등을 포괄적으로 살펴봄으로써 장용학 소설의 독특성을 보여준다. 그리고 최용석은 장용학 소설이 지닌 현실비판의 의미를 부각시키고 있는데, 그동안 부정적 평가의 원인이 되었던 관념성이 오히려 현실비판을 위한 효과적인 장치였음을 밝히고 있다. 하지만 이들은 리얼리즘적 입장에서 문학적 대안을 지나치게 중시함으로써 장용학 소설의 가치

---

15 김 현, 「테로리즘의 문학」, 『문학과 지성』, 문학과 지성사, 1971년 여름.
김 현·김윤식, 『한국문학사』, 민음사, 1974.
고 은, 『1950년대』, 민음사, 1977.
김윤식·정호웅, 『한국 소설사』, 예하, 1993.
한수영, 「전후세대의 문학과 언어적 정체성: 전후세대의 이중언어적 상황을 중심으로」, 『대동문화연구』 58집, 2007.
조윤정, 「전후세대 작가들의 언어적 상황과 정체성 혼란의 문제」, 『현대소설연구』 37, 한국현대소설학회, 2008.
조은아, 「장용학 소설언어 연구」, 성균관대 석사학위논문, 2009.
임미진, 「장용학 소설의 담론 연구: 식민지 체험과 언어 의식을 중심으로」, 서울대 석사학위논문, 2010.

16 김병로, 「장용학의 「요한시집」에 나타나는 해체적 서사담론」, 『한국문학이론과 비평』 제3집, 한국문학이론과 비평학회, 1999. 8.

17 배경열, 「장용학 소설에 나타난 디오니소스적인 미적사상 고찰」, 『비교문학』 32집, 한국비교문학회, 2004.

18 박창원, 「장용학 소설연구」, 세종대 박사학위논문, 1995.

를 평가절하하고 있다. 특히 최용석의 경우, 장용학의 소설적 지향이 초월적 유토피아주의에 기반하고 있다고 읽어냄으로써 전망의 비현실성 및 관념성을 한계로 지적하고 있다. 이와 같은 평가는 저자가 논문의 진행 도중에 비판한 '리얼리즘적 시각의 한계'에 또 다시 빠지게 되는 모순을 범하고 있다.

홍원경[19]은 장용학 소설의 내재적 구성을 중심으로 표현형식에서의 실험방식, 주제, 인물성격 등을 중심으로 지식인의 정체성 훼손과 유지, 주제의식과 지향의식 등을 살피고 있으나 논의가 산만하여 작품의 의미나 작가의 의도를 제대로 드러내지 못하고 있다. 김영범은[20] 장용학 소설의 모더니즘적 특성을 '불안과 대응 양상'의 측면에서 살피고 있다. 그는 전후가 주변부 근대화의 시기이며, 장용학의 전반기 소설이 역사적 상황이 만들어 낸 불안에 대한 문학적 대응이라고 본다. 하지만 제목에서도 드러나듯이, 이 연구의 초점은 전후 모더니즘에 한정되어 있어서 장용학 소설의 전모를 보여주지는 못하고 있다.

장용학 소설을 글쓰기 변모양상과 저항성의 상관관계에 초점을 맞추어 살피고 있는 류경자[21]는 무엇보다 연구 대상을 소설 전체로 확장하였다는 점에서 의의가 있다. 이는 지금까지의 연구가 대체로 전기에 해당하는 「원형의 전설」을 넘어가지 않고 있던 점을 감안한다면 장용학 소설의 전체적 면모를 살핀 첫 연구이다. 이 연구는 장용학의 '서술양상'에 초점을 맞춤으로써, 글쓰기 변모 양상이라는 기법적·표현 형식적 측면에 치우치고 만다. 이러한 관점은 '삶의 내재성'이라는 측면에서 전개된 각 작품의 의미를 예각화하지 못함으로써 그의 소설의 정치성을 지나치게 일반화하고 만다. 그 결과 신체적 능력을 부정하고 예속하는 현실을 벗어나기 위한 그의 소설적

19 홍원경, 「장용학 소설연구」, 중앙대 박사학위논문, 2008.

20 김영범, 「장용학·손창섭 소설의 모더니즘 특성 연구」, 공주대 박사학위논문, 2014.

21 류경자, 「장용학 소설의 글쓰기 변모양상 연구」, 서울대박사학위논문, 2012.

실험을 단순히 현실 비판으로 읽는다든가, 후기의 작품 중 민족국가의 표상을 초극하려는 몇몇 작품들에서 나타나는 반일본주의적 성격을 민족적 정체성을 찾아가는 것으로 읽어냄으로써 그의 작품을 충분히 해명하지 못하고 있다.

따라서 지금까지 연구들은 그 성과에도 불구하고 다음과 같은 한계를 보인다. 가장 먼저 연구대상의 문제를 지적할 수 있다. 장용학의 소설 창작은 간혹 소강상태를 보이긴 했으나, 1980년대 후반까지 지속됨에도 불구하고 지금까지의 연구는 대부분 「원형의 전설」을 넘지 못하고 있다. 앞서 언급했듯이, 이는 초기의 세대론적 측면의 연구에서 비롯된다. 그 후 실존주의 논의에서 최근 탈근대 논의에 이르는 대부분의 연구는 그의 전기 소설에 국한되어 있다. 이는 기존 연구자의 시선이 지나치게 '전후'와 '실존주의'라는 틀에 얽매여 있었기 때문이다. 근대에서 벗어나고자 했던 장용학 소설의 성격은 전후 - 실존주의와 어느 정도 공통점을 찾을 수 있지만, 4·19 이후 문학담론의 흐름이 '비판적 근대화론'현실참여으로 선회하면 공통점이 미미해진다. 따라서 '전후'나 '실존주의'의 입장에서 장용학은 핵심적인 작가로 다룰 수 있지만 비판적 근대의 관점에서는 그렇지 못하다. 이러한 맥락에서 「태양의 아들」은 현실 재현적인 면모를 보이지만 비판적인 성격이 현저히 떨어져 세태 소설과 유사한 모습을 보이기 때문에 '실존주의'나 '비판적 근대화론' 어느 쪽에서도 적극적으로 파악할 수 없다. 그 결과 장용학은 여전히 '전후 소설가'라는 제한된 평가에서 벗어나지 못하고 있다. 더 나아가 전기 소설에 한정된 논의는 '근대화'에 대한 저항은 물론이거니와, 그의 소설 전체를 관류하는 '국민국가'에 대한 비판과 초극이라는 주제를 놓치고 만다. 이러한 문제를 해결하기 위해서는 연구대상을 그의 소설 전체로 확장하지 않으면 안 된다.

다음으로, 연구시각에서 비롯되는 문제이다. 작가가 도처에서 재현의 소설자연주의 내지 리얼리즘을 거부했음에도 불구하고, 지금까지의 연구 대부분은 재현론반영론적 관점에서 이루어졌다. 그로 인해 생기는 문제는 다음과 같다.

첫째, 장용학 소설 언어에 대한 부적실한 이해이다. 일반적으로 근대 문학에서 작가들은 우리말을 우리글로만 옮겨 쓸 수 있다는 언문일치의 논리를 전제한다. 여기에 우리말은 민족정서를 표현한다는 논리가 만나면서 한글이 우리의 현실과 민족정서를 가장 잘 재현할 수 있다는 언어 민족주의가 완성된다. 이와 같은 논리는 언어가 실재를 재현할 수 있으며, 특히 우리의 언어는 우리 민족의 정서를 재현할 수 있다는 믿음에 따른 것이다. 그런데 이러한 논리는 현실의 메커니즘을 벗어나고자 한 장용학의 소설과 기본적인 전제가 다르다. 따라서 표상이라는 언어 기능과는 다른 관점에서 그의 소설 언어를 살펴볼 필요가 있다.

둘째, 그의 후기 소설에 대한 부정적인 평가 및 그로 인해 지금까지 후기 소설들이 연구에서 배재되어온 현상이다. 표면적으로 볼 때, 그의 후기 작품은 전기 작품들과 달리 현실을 재현하는 것처럼 보이지만 현실 비판적인 성격은 오히려 퇴조한 것처럼 보인다. 이는 우리의 문학연구에서 전가傳家의 보도寶刀처럼 쓰였던 '현실반영과 이를 통한 현실비판'이라는 논리에 부합하지 않는다. 그래서 흔히 전기 소설은 현실 비판적, 저항적 성격을 보여줌에도 관념적이며, 후기 소설은 현실을 재현함으로써 관념성에서 벗어나고는 있지만 저항과 비판이 부족하여 세태 소설이 되었다고 평가된다. 결국 그간의 재현론이 금과옥조로 여겨오던 '현실반영재현과 현실비판'이라는 항목 모두를 충족시키지 못하는 한 그의 문학은 언제나 '모자라는 것'이 되고 만다. 하지만 그의 소설 전체를 두고 보면 후기 소설 역시 현실을 재현하기보다는 현실을 '진단·평가' 하는 것과 동시에 당대의 폭력에 저항함으로써 권력의 폭력적 예속을 넘어가기 위한 문학적 실천임을 알 수 있다.

셋째, 장용학 소설의 저항성과 현실의 초극이라는 문학적 지향에 대한 평가 문제이다. 전반기 소설의 다수는 지식인 주인공의 내면과 철학적 사유를 표현하고 있다. 이러한 경향으로 인해 그의 소설은 '관념소설'이라는 부정적 평가를 받았다. 하지만 최근 연구들은 이 '관념성'이 현실비판을 위한 전략이었다고 적극적으로 평가한다. 그럼에도 불구하고 이는 작가의 주관적인 인식을 표현한 것이라는 평가를 넘어서지 못한다. 이와 달리 후반기 소설은 주인공의 사변이 줄어들고, 마치 현실을 반영하는 듯한 형상을 보인다. 그런데 「빙하기행氷河紀行」에서 형상화된 혁명의 시도 등은 현실에서 일어나지 않았던 것이다. 따라서 '현실적인 것'을 중시하는 재현론적인 관점에서 볼 때, 현실에 없었던 혁명을 작가가 문학적으로 형상화한 것은 현실을 관념적으로 '초월'하려고 한 것으로 평가된다. 그 결과 그의 소설이 지니는 구체적이고 현실적인 정치성은 비현실적인 것이 되고 만다.

이상의 논의에서 볼 때, 장용학 소설을 제대로 이해하기 위해서는 연구대상을 그의 소설 전체로 확장해야 한다. 그래야만 전기 소설 일부분에 대한 연구가 그의 문학 전체를 드러내는 것처럼 침소봉대된 현재의 논의를 벗어나 장용학 문학의 전모와 실제를 파악하고 이해할 수 있다. 다음으로 그가 창작기간 내내 재현론을 비판하고 부정했었다는 사실을 상기한다면, 무엇보다 우선적으로 검토해야 할 것이 바로 그의 문학을 보는 관점이다. 특히 이는 반재현론의 입장에서 타당한 관점을 확보하지 않으면 안 된다.

2. 삶문학과 버추얼리즘(Virtualism)

우리의 문학이론미학론은 주로 리얼리즘과 모더니즘의 대립과 경합으로 전개되었던 만큼 대부분의 문학 연구시각 역시 이와 연관되어 있다. 따라서 표면적으로 어떠한 입장을 취하고 있건 간에, 지금까지 장용학의 문학을 바라보는 관점들도 크게 이 두 가지에서 벗어나지 못하고 있다고 할 수 있다.

리얼리즘과 모더니즘은 여러 측면에서 서로 대립해 왔음에도, 모두가 "근대성 안의 쟁점들"이라는 점에서 공통적이다. 최근에 이르기까지 이 두 가지 미학론은 근대쟁취와 근대극복이라는 목표를 가지고, "현실성actuality의 사실주의적 재현을 넘어서려는"[22] 노력에도 불구하고 '잠재적인 것의 실재성'과 '잠재성의 표현'이라는 것을 받아들이지 못한다. 이는 마치 무지개의 다채로운 빛이 흰 빛 속에 내재해 있었다는 것, 수많은 색들이 검은 색에 잠재적으로 실재한다는 것, 실재는 보이는 외관과 달리 차이 자체인 잠재적인 것들과 함께 이루어져 있음을 부정하는 것과 같다.

잠재성의 표현인 생성을 받아들이지 못하는 것은 이 두 가지 논리가 여전히 현실적인 것the actual의 동일성 속에 사로잡혀 있음을 말해준다. 조정환에 따르면 리얼리즘과 모더니즘 모두가 생성becoming[23]을 받아들이지 않기 때문에, '잠재적 실재'가 전자에서는 '가상현실'로 후자에서는 '현재적인 것에

22 조정환, 『카이로스의 문학』, 갈무리, 2006, 91쪽.

23 동일성의 입장에서 존재의 '본질'을 강조하던 Being에 대비되어, 생성을 의미하는 Becoming은 존재하는 모든 것이 차이에 의해 잠재적 다수성(복수성)을 지니고 있음을 드러낸다. 아울러 Becoming은 모든 것이 시간 속에서 비동일성의 존재이자 사건적인 생성의 과정에 있음을 보여준다. 따라서 이 용어가 일반 명사가 아니라 동사적인 속성을 지녔음을 유의해야 한다. 지금까지 Becoming은 '생성', '되기', '됨' 등으로 변역되었다. 따라서 본 논문에서 '생성'과 '되기'는 모두 Becoming을 의미한다. Becoming 개념에 대한 설명으로는 아르노 빌라니, 로베르 싸소, 신지영 역, 『들뢰즈 개념어 사전』, 갈무리, 2012, 107~114쪽 참조.

대한 부정'의 성질만을 가지는 '진정성'이나 작가 개인의 '내면성'으로만 이해된다고 말한다.[24] 앞에서 살펴보았듯이, 이는 대부분의 장용학 연구자들이 도달한 결론이기도 했다. 지금까지 장용학의 소설에 줄기차게 따라붙는 '관념성' 내지 '관념소설'이라는 평가는 이를 단적으로 보여주고 있다.

장용학의 소설이 그 시작에 있어서부터 근대를 부정하고 근대 너머를 추구했었음은 이제 상식이다. 그럼에도 불구하고 지금까지의 연구들이 여전히 그의 문학적 성과를 전체적으로 밝혀내지 못하고 있다는 것은 리얼리즘과 모더니즘의 논리가 근대의 외부에 대한 사유를 이해하는데 한계가 있음을 말해준다.

장용학은 문학적인 새로움이란 "이때까지 없었던 것이면서 동시에 「인간」에 이때까지보다 더 접근되어 간 것"이며, "「인간」을 둘러쌌던 안개 운명, 우상, 메카니즘 따위를 헤치고 「인간」에 접근한 심도"[25]로 정의한다. 그리고 "현대문학의 장"은 메커니즘이 만들어낸 "「인간조건」과의 대결"[26]이라고 말한다. 그는 현실의 메커니즘에 저항하고 인간을 규정하는 조건에서 벗어나서 현재와 다른 인간의 가능성을 찾으려고 한 것이다. 그리고 그 방법은 현실의 '우상' 즉 현실 인간의 조건이기도 한 초월적인 것을 부정하는 것이다. 이는 우리가 지닌 잠재적 역량을 긍정하고 표현하는 삶문학과 크게 다르지 않다.

그래서 본 연구에서는 '삶문학bioliterature'[27]을 통해 장용학 소설을 살펴보고자 한다. 삶문학은 우리의 신체를 통제하고 조작하는 삶권력biopower에 대

---

24 조정환, 위의 책, 91쪽.

25 장용학, 「現代文學의 樣相; 上 - 主語와 鍊金術」, <동아일보>, 1959. 5. 8.

26 장용학, 「現代文學의 樣相; 下 - 人間條件과의 對決」, <동아일보>, 1959. 5. 9.

27 bio - '는 우리말로 생체, 생명, 삶, 생(生) 등으로 번역된다. 여기에서는 삶이라는 번역어를 선택했다. 삶이라는 말을 통해 태어나서 죽을 때까지의 활동뿐만 아니라, 우리의 신체 위에 펼쳐지는 권력의 강제와 그것에 대한 저항과 넘어섬을 함께 말하기 위함이다.

항하여 신체의 잠재적인 생성의 능력을 표현하는 문학이다. 삶은 일반적으로 생물학적 죽음과 모순 관계에 있는 것으로 인식된다. 이러한 관점에 따르면, 삶은 죽음의 부정이므로 '죽지 않은 것'이다. 죽음에서 벗어나기 위한 것이 삶이라고 할 때, 삶의 원인이 되는 것은 삶의 외부 즉 '죽음'이다. 그렇다면 삶에는 삶 그 자체를 긍정하고 지속할 수 있는 내적인 원인, 어떠한 내적 능력도 없다. 삶이란 단지 죽지 않은 우연, 즉 '잔존적 외면성'에 불과할 뿐이다. 이러한 인식은 실재하는 모든 구체적인 삶이 보여주는 특이성유일무이함과 스스로를 긍정하는 삶에 내재된 생성의 능력을 설명할 수 없으므로 부정확하고 추상적인 것이다.[28]

니체는 현재의 인간들, 국가 속에서 살아가는 '현실화된' 인간들은 근본적으로 자유의 본능을 상실한 인간이라고 말한다. 이들은 국가의 폭력에 의하여 "어마어마한 양의 자유가" "잠재적인 것으로 되어"[29]버린 결과로 만들어졌다. 밖으로 발산되지 못하고 자기 속에 갇힌 이 자유의 본능은 이제 방향을 바꾸어 자기 자신을 공격하는 '양심의 가책'이 되고, 스스로의 능력을 훼손하게 된다. 이로써 인간은 자기능력에서 분리되어 현실 권력에 복종하는 '예속된 삶'을 살게 된 것이다.

니체의 사유에 따라 푸코는 우리의 신체를 주체화하는 국가장치의 지배적 권력이 두 개의 극으로 구성되어 있음을 밝히고 이를 '삶권력biopower'이라고 명명했다.[30] 우리가 인지하고 영위하는 일상은 자명한 것이 아니라, 지

28 마이클 하트, 김상운・양창렬 역, 『들뢰즈 사상의 진화』, 갈무리, 2004, 119~132쪽 참조.

29 프리드리히 니체, 김정현 역, 「도덕의 계보」, 『니체전집14』, 책세상, 2012, 434~435쪽.

30 미셸 푸코, 이규현 역, 『성의 역사』 1, 나남, 1997, 149쪽(번역 수정). 푸코는 삶권력에 두 개의 극이 있다고 서술한다. 하나는 규율권력으로, "신체의 조련, 신체적 적성의 최대 활용, 체력의 착취, 신체의 유용성과 순응성의 병행 증대, 효과적이고 경제적인 통제체제로의 신체의 통합, 이 모든 것이 '규율'을 특징짓는 권력의 절차"이며, 다른 하나의 극은 조절하는 통제로, "종(種)으로서의 신체, 즉 증식, 출생률과 사망률, 건강 수준, 수명, 장수와 더불어 그것들을 변화시킬 수 있는 조건으로서, 이들에 개입하고 이를 조절하는 '통제' 전체"라고

배적인 권력에 의해서 구성된 것이다. 현실은 근원적으로 관리된 것이자 예속되어 있는 것이다. 흔히 인식하는 삶은 자발적이고 능동적인 능력의 표현이 아니라, 규제되고 구별된 행위능력이며 신체 자체가 권력의 코드화에 맞춰지는 것이다. 신체를 통제하는 이 권력은 그 속에 들어오고 적응하는 자는 '살게 하고', 이 기술에 적응하지 못하거나 저항하는 자들은 죽음 속으로 '내버려 둔다.'[31] 그러나 만약 신체가 관리하고 통제하는 기술과 외부적인 힘에 완전히 통합된다면 이러한 삶이야말로 죽음이다.

삶권력의 조작과 통제 속에 있는 일상과 달리, 니체가 말하는 삶은 신체의 내적 역량을 펼치는 생성의 과정이므로, 주어진 능력에 대한 긍정과 실험을 의미한다. 앞서 자유의 본능과 함께 인간의 능력이 잠재화되었다고 할 때, 능력은 사라진 것이 아니라 여전히 실재하는 것이지만 현실화actualize되지 않았을 뿐이다. 잠재적인 것과 현실적인 것은 모두 '실재적인 것the real'이다. 다만 실재적인 것 안에서 잠재적인 것은 현실적인 것에 대립할 뿐이다.[32]

정의한다.

31 미셸 푸코, 위의 책, 148쪽.

32

초월적인 것 (the transcendent)	대립 ⇔	실재적인 것(the real)		
가능한 것 (the possible)		현실적인 것 (the actual)	대립 ⇔	잠재적인 것 (the virtual)

초월적인 것(the transcendent)은 내재적인 것이기도 한 실재적인 것(the real)과 대립한다. 가능한 것(the possible)은 현실적인 것(the actual)에서 현실보다 더 나은 것으로 기대되는 것을 관념적으로 투사하여 구성된 초월적인 것이다. 가령 플라톤이 특정한 이데아를 구성하고 정의하는 방식은 실재하는 것(현실적인 것)을 개념적인 것에 비추어 지속적으로 부정함으로써 얻어진다. 가능한 것은 비실재적인 것이므로 그것이 현실에 나타나기 위해서는 실재화(realize)해야 한다. 이에 비해 실재적인 것은 현실적인 것과 잠재적인 것(the virtual)으로 구성된다. 실재적인 것 내에서 현실적인 것과 잠재적인 것은 상호 대립한다. 즉 '현실적인 것'은 '잠재적인 것'과 끊임없이 서로 교환된다. 잠재적인 것이 현실에 나타나기 위해서는 현실화 또는 실현(actualize)되어야 한다. 질 들뢰즈, 박정태 편, 『들뢰즈가 만든 철학사』, 이학사, 2007, 21장 「현실적인 것과 잠재적인 것」 참조.

자신의 능력을 펼치는 것인 '삶'은 잠재화된 자신의 자유 본능을 현실화하는 것이다. 잠재성을 현실화한다는 것은 신체에 내재하는 능력의 펼침이며, 이는 그 자체로 능력을 '긍정'하는 것이자 실험하는 것이다. 긍정과 실험은 현실태로서의 인간, 혹은 인간을 규정하는 모든 것에 대립하는 '부정'의 형태로 나타난다. 하지만 이는 단순한 부정이 아니라 '부정현실태로서의 인간을 부정하는 것'이다. 이 '부정의 부정'은 변증법의 '지양'과 같이 부정이 '긍정'으로 전화轉化되는 것이 아니라, 그 자체로 부정의 종말인 '현실적인 것의 종말'이다. 긍정의 긍정은 부정의 소멸이며 그 최종적인 결과는 과정으로서의 '생성의 영원함'이다.

생성의 영원함을 가능하게 하는 것이 바로 '권력의지' 즉 '능력 의지'[33]이다. 여기서 니체가 말하는 권력의지는 우리가 신체 바깥에 요청하는 어떤 것이 아니다. 오히려 이것은 예속과 동시에 신체에 봉인되어 잠재적인 것이 된 우리의 능력을 펼치려는 욕망이다. 이 권력의지에 의해 잠재적 능력을 펼치는 것이야말로 삶 그 자체이다. 그렇기 때문에 들뢰즈는 외재성이 아닌 "순수 내재성은 다른 어떤 것이 아닌 하나의 삶"이며, "삶은 내재성의 내재성이요 절대적인 내재성이다. 말하자면 삶은 완벽한 역능, 완벽한 지복"[34]이라고 말한 것이다.

따라서 삶은 우리가 일상적으로 사용하는 단지 '죽지 않은 상태'도, 더 나아가 삶권력에 포획되어 그것에 따르는 것일 수도 없다. 다시 말해 삶은 지

---

33 권력의지의 '권력'(Macht)은 우리가 일반적으로 생각하는 '정치적 강제력'(Gewalt)으로서의 권력이나 물리학자들이 사용하는 힘(Kraft)과 거리가 있다. 오히려 니체가 말하는 권력이란 무언가를 실현할 수 있는 잠재적인 힘인 능력(potentia)이다(고병권, 『니체의 위험한 책, 차라투스트라는 이렇게 말했다』, 그린비, 2003, 364~365쪽 참조). 그러므로 권력의지란 잠재적인 능력에 대한 의지, 그 능력을 긍정하는 의지라 할 수 있다.

34 질 들뢰즈, 박정태 편역, 「내재성: 생명…… #」, 『들뢰즈가 만든 철학사』, 이학사, 2007, 512쪽(번역 수정).

배적인 권력에 의해 신체가 경화硬化된 '주체'와 '대상'의 관계 속에서 살아가는 것이 아니다. 이러한 것은 '삶'이 아니라 단지 배치가 만들어 놓은 것에 따라 '작동'하는 것이다.

반대로 현실에서 삶은 신체들을 추상적이고 초월적인 의미화로 옭아매는 메커니즘들을 벗어나야만 가능한 것이다. 이를 위해 들뢰즈 역시 생성의 실천, '소수되기'를 말한다. 푸코가 분석해 보여주었던 현실의 '합리성'은 내재성에 의해 정의된 삶의 관계를 결정하거나 구별하는 힘이 아니었다. 오히려 합리성은 외부적인 권력에 의하여 삶의 힘을 깨어나도록 유인해 '통제'하는 것이다. 이는 삶 자체에 적합한 경향에서 스스로 일탈하게 만드는 것이다. 그렇다면 삶은 이 합리성의 외부인 '오류의 힘'이다.[35] 소수되기는 이 오류의 힘을 긍정하는 것으로, '다수'나 '표준'이라는 잣대로 우리를 강제하는 권력에 저항하고 벗어나는 탈영토화 과정이다.

니체는 예술이 지향하는 것 역시 생성인 삶이라고 말한다. 그는 예술이 어떠한 외부적이고 초월적인 목적에 종속되거나, 도덕의 하위에 놓이는 것예술의 도덕화을 부정한다. 또 그는 '예술을 위한 예술' 역시 부정한다. 예술은 삶을 자극하는 것, '삶을 목적으로 하는 예술'이 되어야 한다. 이로써 더이상 예술의 척도는 형식으로서의 미가 아니라 "힘 상승의 느낌", "힘 상승이 구현해 내는 삶"[36]이다. 예술은 삶을 긍정하는 것, 삶의 위대한 자극제가 되어 삶이 소망할 만한 것으로 향하게 하는 것이다. 이것이 바로 '삶예술'이다.

삶예술과 마찬가지로 삶문학은 문학이 삶을 위해 복무하고 더 나아가 문학 자체가 삶인 것을 지향한다. 따라서 삶문학은 우리의 신체에 내재해 있는 잠재적인 능력을 표현하는 문학이며, 이를 위한 감성론적미학적 원리

---

35 그렉 램버트, 최진석 역, 『누가 들뢰즈와 가타리를 두려워하는가?』, 자음과 모음, 2013, 359~363쪽 참조.

36 백승영, 『니체, 디오니소스적 긍정의 철학』, 책세상, 2011, 656쪽.

로 버추얼리즘을 제안한다. 버추얼리즘은 지난 1990년대에 이르러 현실 사회주의의 붕괴와 신자유주의의 공세, 모더니즘과 포스트모더니즘의 공격 속에서 급속하게 소진해간 리얼리즘의 한계를 극복하기 위해 제기된 감성론이다.[37]

조정환은 리얼리즘과 모더니즘의 경합의 결과 리얼리즘은 스스로 무력화되었으며, 그 원인이 바로 다양한 프리즘을 가진 리얼리즘의 핵심적인 원리인 '재현'의 한계와 재현 대상인 실재를 규정하는 것에서 생긴 오류 때문이라고 말한다. 리얼리즘론의 기본적인 체제에 따르면 작가와 대상객관현실은 분리되고 작품이 그 대상의 미적 재현물로 간주된다. 여기서 리얼한 것은 소박한 수준에서는 주체인 작가에게서 독립된 것으로, '의식에서 독립적인 객관 실재' 혹은 '사실성'으로 간주된다. 이 객관 실재는 작품 속에 반영되고 재현된다. 의식은 현실을 구성하는 것이 아니라 재현한다. 이것은 물자체를 인식할 수 없다는 칸트의 도식을 뒤집은 것으로, 리얼리즘은 인식을 주어진 능력에 따른 순수한 과정으로 보는 것이 아니라 "사회적 실천에 의해 매개되는 과정"[38]으로 봄으로써 객관현실의 재현이 가능했다.

따라서 리얼리즘에서 작품에 구현된 진리는 외적인 대상을 포함하면서도 그 대상과 일치하지 않는 "작가의 주체성에 의해 실천적으로 매개된 상응"[39]이다. 그런데 문제는 실천을 매개하는 작가의 주체성이 놓인 위치민족현실인가, 민중의 삶인가, 계급의 정체성인가에 따라서 작품의 진리는 달라진다. 주체성의 범주들에 의해 매개되는 재현은 점점 더 주체성을 구성하는 것이기도 한 의식에 의존하게 된 것이다. 따라서 리얼리즘에서 주체의 실천에 의해 구현하고자 한 재현적 진실은 실재 그 자체가 아니라 포스트모더니즘이 내

37 조정환, 「오늘날의 문학상황과 버추얼리즘」, 앞의 책, 2006, 211~216쪽.

38 조정환, 『예술인간의 탄생』, 갈무리, 2015, 356쪽.

39 조정환, 위의 책, 357쪽.

세운 '파생실재'인 시뮬라시옹과 만난다.[40] 이로써 리얼리즘은 포스트모더니즘에 굴복하며, 실재는 어디에도 없이 증발하고 만다. 이렇게 되면 문학은 영원히 '원본'에 가 닿을 수 없으며, 그저 파생 실재만을 양산하는 허무주의에 빠지게 될 뿐이다.

결국 여기에는 실재와 인간 인식 능력에 대한 오해가 놓여 있다. 객관적으로 존재한다고 표상되어 온 현실, 즉 실재는 재현론이 표상하는 것처럼 '고정되어 있는 것'이 아니다. 이미 양자역학에서 밝혔듯이, 실재는 우글거리는 미시입자들의 잠재적 역량이며 재현 불가능한 사건인 '미친 듯한 생성'으로 이루어져 있다. 이는 '원본'을 전제한 다음, 원본에 가닿을 수 없는 무능력을 표현하는 '시뮬라시옹'이 아니라, 고정된 '일자원본'가 존재하지 않는 차이 그 자체인 '시뮬라크르'인 것이다.

실재 그 자체에 도달하는 일자로서의 진리를 인식할 수 있다는 논리에 반대하여 니체는 인간 인식의 한계를 그 자체로 '오류'라고 말했다. 인간의 인식은 "감각 경험과 판단들, 기억 행위와 지성의 기능 모두가 같지 않은 것을 같게 만드는 동일화 작업을 통해 가능"[41]하기 때문에 결코 생성 자체인 인식 대상을 그 자체로 인식할 수 없다는 의미에서이다. 그런데 서로 다른 종의 동물들이 자신들의 신체 능력에 따라 나름의 환경 세계를 구축한 것과 마찬가지로,[42] 니체는 이 '오류'인 인간능력을 인식과정의 필연적인 요소로 긍정한다.

---

40 조정환, 위의 책, 363쪽.

41 백승영, 앞의 책, 2011, 452쪽.

42 이미 윅스퀼은 우리가 '하나'라고 표상하던 객관적 현실이란 없으며, 실제로 생명들은 이 세계를 그들의 신체 능력만큼이나 다양한 '환경세계'로 만든다는 것을 보여주었다. 모든 생명체들은 각각의 능력에 따라서 상이한 환경세계를 구성하면서 동시에 그들 역시 능동적으로 자신의 환경세계에 조율된다. 야콥 폰 윅스퀼, 정지은 역, 『동물들의 세계와 인간의 세계』, 도서출판b, 2012, 123~124쪽.

'오류=인식'은 인식의지의 취사선택에 의해서 이루어진 것인 한에서 '어떠한 것에 대한 긍정'이자 또 다른 것의 결과론적 부정이다. '생성의 연속성' 속에서 인간의 의식은 신체의 작용이나 직접적 필요성에 따른 선별에서 만들어진다는 베그르송의 논의[43]에 훨씬 앞서, 이미 니체는 인간의 인식과 지각행위, 그리고 이를 바탕으로 만들어낸 현실적인 삶이 외부세계의 특정한 것에 대한 긍정취사선택으로 이루어졌음을 간파했던 것이다.

인간 활동은 진리에 대한 인식에서가 아니라 오직 '의지의 힘'에 의해 생성된 것이다. 그러므로 지금까지 우리에게 익숙했던 '객관적 실재'와 '상상'의 구분, 달리 말해 '현실'과 '예술'여기서는 서사의 구분은 불가능해진다. 이 둘은 공히 '생성 중인 실재 그 자체'에 대한 적확한 인식이라는 '진리'에 기반한 것이 아니라 '오류의 산물'이다. 현실적으로 존재하는 인간 생활의 모든 것이 권력의지의 산물, '오류'의 결과라면 소설 또한 그러할 수밖에 없다. 다만 '현실'이 우발적 인간 역사 속에서 권력의지의 특정한 '긍정'이 만들어낸 결과라면, 예술문학은 현실태와 동등함에도 불구하고 '아직 긍정되지 않은 것'인 잠재태를 긍정한 것이다. 그런 의미에서 작가는 니체가 옹호했던 예술의 가상성, "거짓과 그 거짓의 예술적 역량, 창조적 역량"[44]을 긍정하고 생산하는 권력의지이다.

버추얼리즘은 현실에 대한 재현이 아니라, 상상적 실천을 통해 신체가 가진 잠재적 능력내재성을 문학적으로 현실화시키는 것이다. 소설은 그 자체로

---

43 "물질에 대한 우리의 (우리의 지각을 이루는 가장 단순한 - 인용자)표상은 물체들에 대한 우리의 가능적 작용의 척도이다. 그것은 우리의 욕구들에, 더 일반적으로는 우리의 기능들에 관련되지 않는 것을 배제한 결과로 생겨난다. …… 의식은—외적 지각의 경우에— 바로 이 선택으로 이루어진다. 그러나 우리의 의식적 지각의 이 필연적인 빈약함 속에는 이미 정신을 예고하는 적극적인 어떤 것이 있다. 그것은 그 말의 어원적 의미에서 분별(discernment)이다." 앙리 베르그손, 박종원 역, 『물질과 기억』, 아카넷, 2006, 71쪽.

44 질 들뢰즈, 이정하 역, 『시네마Ⅱ : 시간 이미지』, 시각과 언어, 2005, 265쪽.

표현된 잠재성이며, “관념론자가 표상이라고 부른 것 이상의, 그리고 실재론자유물론자 - 인용자가 사물이라고 부른 것보다는 덜한 어떤 존재”[45]인 이미지이다. 게다가 버추얼리즘은 재현의 문학을 단순히 부정하기보다 포괄한다. 다만, 리얼리즘이 재현한 것은 실재 그 자체가 아니라, 당면한 문제를 해결하려는 ‘주체’의 시선에 의해 현실태를 인식가능한 것으로 ‘대상화’한 것[46]이라고 조정함으로써 그러하다. 이는 베르그손이 말했던 인간 의식과 마찬가지로, 실재를 총체적으로 재현한 것이 아니라 특정한 시선에 의해서 대상화된 현실태를 선별한 것이다.

이 경우 리얼리즘의 본성은 버추얼리즘의 본성과 모순되지는 않는다. 왜냐하면 버추얼리즘이 현실을 진단하고 평가하는 것은 현실태 자체에 대하여 이루어진다. 다만 그것은 현실태를 그대로 재현하는 것이 아니라, 현실에 존재하는 가시적이거나 비가시적인 힘들을 포착하고 드러낸다. 이것은 현실태의 예속의 방식, 주체화 방식을 드러내기 위한 것이다. 그렇기 때문에 버추얼리즘은 리얼리즘이 지니던 속성을 일정 부분 공유한다.

하지만 무엇보다 버추얼리즘의 핵심은 잠재태를 현실화하는 실험이며, 실험을 통해 문학은 새로운 힘을 생성해 내는 것이다.[47] 이는 궁극적으로 우리 신체가 지닌 정동하고 정동될 수 있는 능력을 발견하는 일이며 동시에 특이성을 생산해내는 것이기도 하다. 문학행위는 권력 의지를 통해 신체에 작용하는 ‘정서봉인된 정동’를 생산하고 이것이 직접 신체에 작용하도록 하는 것이다. 그러므로 소설은 단순히 현실에 대한 ‘인식론’의 양태이기를 그치고, 잠재적인 것의 표현이자 삶의 생산인 ‘존재론’적 성격을 획득한다. 소설

45 앙리 베르그손, 박종원 역, 『물질과 기억』, 아카넷, 2006, 22면, 베르그손의 이미지에 대한 더 쉬운 이해는 조정환, 『예술인간의 탄생』, 갈무리, 2015, 71~75쪽 참조.

46 조정환, 『카이로스의 문학』, 갈무리, 2006, 213쪽.

47 안 소바냐르그, 이정하 역, 『들뢰즈와 예술』, 열화당, 2009, 62~71쪽 참조.

은 그 자체로 동일성의 양태인 기억과 절연한, '초월론적 상상'이 아닌 '존재론적 상상'이며, 도래할 것을 구축하고 조직하기 위한 실천인 것이다.[48]

버추얼리즘을 미학적 원리로 하는 삶문학은 긍정과 생성의 문학이다. 이는 내재적 역량을 부정하는 모든 초월적인 것과 대립하며, 삶을 경화시키는 주체화에 저항하고 이를 초극하고자 한다. 그렇기 때문에 삶문학은 초월적 가치로 형성된 "국가, 민족, 당, 조합, 단체 등 권력기관 혹은 권력체"[49] 등을 부정한다. 국가는 삶권력을 통해 우리의 신체능력을 외부에서 규제하고 통제하는 치안을 행하기 때문이며, 국가에 대응하기 위해 만들어진 권력체라 할지라도 외재적인 선별의 원리를 따른다면 이는 국가의 작동과 다르지 않기 때문이다.

삶문학은 삶을 위한 문학, 더 나아가 삶 자체인 문학이다. 이는 신체에 내재하는 잠재적 역량을 문학적으로 현실화함으로써 신체를 지속적인 변이인 '생성'에 이르도록 하고, 도래할 미래를 열어젖히는 열림의 문학이다.[50] 외재적인 코드로 신체를 경화시키는 치안에 대립하여 신체의 능동성을 실현시키고, 이를 통해 삶 자체를 바꾸는 삶문학이야말로 진정한 '정치적'인 문학이다.

---

48 안토니오 네그리, 정남영 역, 『혁명의 시간』, 갈무리, 2004, 48~51쪽.

49 조정환, 위의 책, 213쪽.

50 조정환, 앞의 책, 90쪽. 조정환은 생성을 시간의 측면에서 특징짓는 네그리의 용어인 '카이로스'라는 개념을 이용하여 삶문학을 '카이로스의 문학'이라고 규정하고 있다. 카이로스는 시간을 연장화해서 인식하는 '크로노스'에 대립하는 개념이다. 크로노스에 따르면 시간은 등질이며 일직선으로 지나가는 연장적인 성격을 지닌다. 즉, 시간은 과거에서 현재를 거쳐 미래로 나아간다. 이에 따르면 우리는 항상 현재를 지나 미래의 한 점에 도달하게 된다. 그러나 카이로스의 시간은 이와 달리, 오직 '지금(여기)'만 실존한다. 그리고 '지금(여기)'은 항상 절반의 미래와 절반의 과거로 구성되어 있다. '지금'은 우리가 무엇을 욕망하는가 혹은 선택하는가에 따라서 다른 미래가 끌려오는 질적으로 다양한 시간의 분기점이다. 생성은 언제나 현재의 문턱을 넘어서는 시간의 열림을 의미한다. 따라서 카이로스의 문학과 삶문학은 공통의 지평을 가진다.

삶문학에서 정신과 육체를 동시에 지칭하는 신체는 무한한 잠재적 능력을 가진 규정불가능한 것이다. 그래서 스피노자는 신체가 무엇을 할 수 있는지를 사람들은 여전히 모른다고 말한다. 신체는 그 자체로 닫혀 있는 하나의 개체가 아니라, 언제나 주변에 놓인 인접항들과 함께 기능하고 작동한다. 신체의 본성을 정할 수 없기 때문에 들뢰즈는 이를 '기계'라고 부르기도 한다. 신체는 단순히 외관상의 물체적인 것으로 환원할 수 없다. 중요한 것은 무한히 변주되는 연속적 변이체인 신체 능력의 정도이다.

그런데 현실에서 우리의 신체의 능력은 다양한 요소들에 의해서 고정되거나 예속된다. 신체의 경화나 예속은 언제나 외재적인 장치들이나 힘들에 공명하면서 일어난다. 따라서 권력의지 혹은 욕망의지를 통해 신체의 능력을 회복하는 것, 신체가 지닌 잠재적인 역량을 펼치기 위해서는 예속의 점을 벗어나는 것이 중요하다. 예속을 벗어난 신체는 다른 신체들과 결합하면서 더 큰 능력을 구성하며, 궁극적으로 복수複數의 신체들 각각이 지닌 차이를 최대한 긍정하는 공동체를 구성하고자 한다.

언어는 우리의 신체를 규정하고 구속하는 기호체제이다. 언어는 자의적인 체계로 이루어진 것이 아니라, 철저히 권력관계 안에서 구축된 것이다. 그래서 구체적인 언어활동은 권력 또는 욕망들의 관계인 배치에 의해서 이루어진다.[51] 현실에서 일어나는 모든 구체적인 발화는 그 무엇보다 근원적

---

51 그들이 말하는 배치를 도표로 나타내면 다음과 같다(질 들뢰즈, 펠릭스 가타리, 김재인 역, 『천개의 고원』, 새물결, 2001. 172~175쪽).

수직축

		영토화(내용과 표현의 상대적 안정화)	
수평축	내용의 평면	신체들, 사태들, 물체들의 혼합	기계적 배치
	표현의 평면	법률, 관습, 언표행위, 비물체적 변형	언표행위의 집합적 배치
		(내용들이 이탈, 교체, 비물체적 변형) 탈영토화	

으로 사회가 전제하고 있는 법, 관습, 관행 등을 전제한다. 그렇기 때문에 근본적으로 언어는 구체적이고 일상적인 삶의 단위에서 기호체제를 형성하면서 각각의 신체에게 특정한 태도나 자세를 요구한다. 언어에서 중요한 것은 바로 사회적 배치가 요구하는 신체의 비물체적인 변화나 고정이다.[52]

언어는 이러한 전제들 속에서 움직이기 때문에, 이 전제들 혹은 사회가 요구하는 신체적 정동을 벗어나지 않는 한에서 의사소통이나 정보전달을 위해 기능한다. 그리고 개개인의 행동이나 자세는 그 언어체계 안에서 '의미화' 된다. 그런데 특정 신체가 사회의 지배적인 요구를 벗어나게 될 경우, 언어는 더 이상 언어가 아니라 폭력이나 다른 수단을 요청하며이것이 언어의 외부이다, 그 결과는 사형선고나 감금, 혹은 희생양으로의 축출 등으로 나타난다. 따라서 언어는 언제나 우리 신체를 예속하는 것이다.

'생성'을 위하여 삶문학은 언어에서 벗어나는 것, 언어체계가 만들어내는

수평축은 내용인 욕망들의 '기계적 배치'와 표현인 '언표행위의 집합적 배치'로 되어 있다. 언표행위의 집합적 배치란 육체들을 특정한 방식으로 촉발시키는 하나의 '기호체계'를 일컫는다. 현실에서 우리는 임의적으로 자신의 의사나 사유를 발화하는 것이 아니라, 구체적인 배치, 우리가 흔히 말하는 '사회적 위치'와 그것에 허용되는 한에서의 발화만 할 수 있다. 일상의 언어 자체가 언제나 사회 속 배치에 근거하기 때문이다. 결국 우리 신체는 내용과 표현에서 이중으로 긴박되어 있는 것이다.

그런데 수직축은 항상 영토화와 탈영토화라는 두 측면으로 구성된다. 내용을 이루는 신체들의 혼합이 안정적인 상태로 있는 것을 영토화라고 하며, 이때 표현의 평면은 특정한 형태의 기호체계 내지 언표행위체계를 통해 신체의 상태를 강제하거나 욕망하게 하여 지배적인 형식을 유지하게 한다. 그럼에도 불구하고 언제나 신체나 물체들의 이탈과 교체, 이것들을 영토 외부로 실어 나르는 탈영토화의 첨점들이 구성되며, 이것이 작동하는 것을 탈영토화라고 말한다. 이때 언어는 그것이 기초하는 법률이나 관습, 그에 따른 의미화에서 벗어남과 동시에 신체의 상태도 함께 벗어나게 한다. 결국 현실 속에서 신체는 언제나 내용과 표현 속에, 다시 말해 다양하면서도 구체적으로 형식화된 육체들과 발화가능한 언표들 속에 갇혀 있으면서도 어느 순간 벗어날 잠재성 속에 있는 것이다.

52 예를 들어 가족의 배치에서 가족의 기호를 이루는 '아버지', '어머니', '자식' 등의 언표는 단순히 어떤 육체적 대상을 지시하기 위한 것이 아니라, 각각의 사회체가 이들의 신체에 요구하는 구체적인 행동은 물론이거니와 무엇보다 신체의 비물체적인 상태인 정동을 규정하고 있는 것이다.

의미화와 주체화에서 벗어나는 것을 목표로 한다.[53] 이는 지배적 배치가 부여하는 사형선고 등에 의해 수동적인 희생양이 되는 것이 아니라, 능동적으로 언어 바깥으로 도주하는 것을 말한다. 이는 구체적인 삶의 단위들배치에 의해 의미화되지 않는 지점으로 나아가는 것이며, 이것 자체가 신체의 '되기'이다.

현실적으로 신체의 가장 강력한 적은 국가이다. 국민들의 삶과 안녕을 위해 존재한다고 표상되던 국가는 그것과 반대로 모든 신체의 능력을 억압하는 '거대기계'이다. 국가는 신체들에게서 전쟁을 독점함으로써 지배력을 독점한다. 앞서 푸코를 통해 보았듯이, 국가는 신체의 능력을 조작하면서 자본과 국가장치가 필요로 하는 삶만을 허용하며, 이 신체들을 통해 잉여가치를 수탈하고 자기 존속의 에너지를 충전한다. 이를 위해 국가는 일상적으로 신체를 공포에 빠트림으로써 신체가 국가에 의존하도록 만든다. 국가가 도처에 표준과 획일화를 양산하면서 신체들이 가진 차이와 다양성들을 억압하고, 결핍을 생산해 내는 것은 이 때문이다.

국가가 최종적으로 기획하는 것은 모든 신체들이 국가 내에서 불구로 태어나게 하여 지배적인 수탈 장치들자본에 복무하는 노예가 되도록 하는 것이며, 동시에 사회기계에 예속되도록 하는 것이다. 따라서 가장 어려우면서도 궁극적인 신체들의 해방은 국가의 예속에서 벗어나는 것이다. 이를 위해서 모든 신체들은 자신의 능력을 연합하여 국가와 전쟁을 벌여야 한다. 국가

53 배치의 관점에서 볼 때, 삶은 항상 자신의 능력과 욕망에 따라 접속과 생성을 만들어내는 '이것임(haecceity)'이다. 이때 '이것임'은 단순히 어떤 정해진 항으로써의 개체성을 말하는 것이 아니라, 이웃관계와의 배치, 힘의 차이와 관계에 의해서 결정되는 변이적 상태를 의미한다. 이에 비해 주체는 예속된 존재들로 자신의 욕망을 부정하는 상태이다. Jean-Jacques Lecercle에 따르면, 언어의 다수적 사용은 '주체 - 체계 - 표상으로서의 발화 - 깊이와 표면의 대립(서열)'이며, 소수적 사용은 '헥시어티(이것임) - 배치 - 탈영토화인 발화 - 내재성의 평면 또는 일관성의 평면'이다. Jean-Jacques Lecercle, *Deleuze and Language*, Palgrave Macmillan, 2002, pp. 190-191.

와의 전쟁은 단순히 정권의 교체나 다른 형태의 국가로 변환하기 위해서가 아니라 오직 국가의 파괴에 있다.

따라서 본 연구에서는 신체들을 예속하는 현실의 메커니즘에서 벗어나고자 한 장용학 소설에 나타난 삶문학적 특성을 언어, 신체, 국가의 범주에서 살펴보고자 한다.

제Ⅱ장에서는 장용학의 소설에서 언어의 특성을 살펴보고자 한다. 언어는 배치의 표에서 표현에 해당하는 부분만을 따로 다루는 것이라고 할 수 있다. 지금까지 근대적 언어관으로 인해 그의 소설언어는 언제나 부정적으로 평가되었다. 그런 만큼 소설언어를 둘러싼 오해들을 푸는 것은 시급한 일이 아닐 수 없다. 이를 위해서 화용론으로 소설언어를 새롭게 검토함으로써 단순히 서기의 양태에 대한 논의를 넘어, 언어의 기능이라는 측면에서 장용학 소설언어의 의미를 살필 것이다. 이를 통해 현실의 메커니즘에서 벗어나 생성에 이르고자 한 그의 소설적 지향에 따라서 언어가 어떻게 배치를 벗어나는가가 드러날 것이다. 아울러 유종호와 장용학의 논쟁을 분석해 볼 것이다. 이를 통해 장용학의 소설 언어와 불화를 낳았고 지금까지도 영향을 미치고 있는 문학 언어에 있어서의 언어민족주의가 구축된 논리와 그것의 허구성을 간파할 수 있을 것이다.

제Ⅲ장은 인간을 부정하고 '비인'을 추구한 일련의 작품들을 살펴볼 것이다. 이 작품들은 지금까지 비현실적인 '관념소설', 대안이 없는 현실비판, 현실에 대한 부정과 초월을 추구했다는 평가를 받아 왔다. 이러한 평가는 그가 세계 문학을 지향하면서 "서구와의 거리가 무화된"[54] 태도를 지니고 있었기 때문이라고 보기도 한다. 그러나 본고에서는 '비인되기'를 실험한 이 일련의 작품들이야말로 우리의 사회·문화적 토대에서 인간을 예속하는 메커

---

54 김건우, 『사상계』와 1950년대 문학』, 소명출판, 2003, 210, 230쪽.

니즘에 저항하고 탈주하고 있음을 보여줄 것이다. 이는 한국적 주체성을 벗어나 신체가 지닌 새로운 생성을 추구하고자한 시도였음을 알게 될 것이다.

제Ⅳ장은 국가장치의 폭력에 의한 인간의 예속과 여기에서 벗어나고자 한 그의 문학적 실천을 살펴볼 것이다. 이 장에서 다룰 대상 작품들은 장용학의 창작 기간 전체에 걸쳐 있다. 이는 한국전쟁이 일어나기 전의 북한사회를 다룬 작품에서부터, 그간 연구들이 장용학을 '전후 소설가'로 규정함으로써 논의되지 않았던 후기 작품들 대부분이 포함된다. 이 작품들은 독재정권에 대한 저항, 유고, 한·일간의 민족국가문제를 다루는 것 등 다양하다. 이 장에서 논의할 작품들이 많다는 것은 그가 포획장치인 국민국가와 지속적으로 대결했음을 보여준다.

지금까지 많지 않은 연구에서는 후기의 장용학이 민족 문제에 민감하게 반응한 것을 보면서, 그가 점차 민족 정체성을 획득한 것으로 보았다. 하지만 이 시기 일련의 작품들은 우리에게 익숙한 근대적 표상을 벗어난 새로운 인물들, 도래할 새로운 민중 혹은 새로운 민족인종을 제시함으로써 여전히 근대국민민족 국가의 문제인 배타적인 국가민족 표상에서 벗어나는 실험을 하고 있다. 이 부분은 이미 도래한 다민족 사회 내지 복합 인종 사회에서 미래의 공동체를 구성할 수 있는 단초를 제공할 것으로 보인다.

제Ⅴ장에서는 장용학 소설의 의의를 살펴볼 것이다. 이를 위해 장용학의 문학이 지금까지 전개된 우리의 현대문학 전체에서 어느 지점에 위치하고 있는지를 새롭게 조망해 볼 것이다. 이를 통해 지금까지 우리의 소설사에서 제대로 평가되지 못한 그의 소설의 가치를 제대로 자리매김할 수 있을 것이다.

Ⅱ.

비재현적 소설 지향과 언어의 문제

1. 근대적 언어표상에 대한 거부와 언어의 탈영토화

장용학은 소설의 서기書記에 한자어를 한자로 표기함으로써 상당한 논란을 야기했다. 1924년 이래로 소설의 서기가 국문전용으로 고정되었던 사실에 따를 때, 이러한 서기 형태는 상당히 특이했기 때문이다. 그런데 장용학은 소설에 한자를 쓰는 것에 대하여 분명한 입장을 표명한다. 그 첫 번째 입장은 언어와 관련된 것으로, 그는 "우리 언어가 문화 용어로서 부족한 데가 있다"고 생각한다는 점이며, 그 다음은 "문학적인 문제로 이때까지의 우리 소설이 마땅히 있어야 할 소설"[1]로 여기지 않는다는 점이다. 결국 그가 소설에 한자를 도입한 것은 언어 선택과 소설의 지향점이 동시에 결부되어 있다는 말이다.

장용학의 소설 언어에 대한 평가는 대부분 부정적이다.[2] 그 까닭은 지금까지 진행된 장용학의 소설 언어에 대한 논의가 근대국민민족국가의 언어관에 근거하고 있기 때문이다.[3] 이는 크게 '서기의 형태적 측면'과 '소설 언

---

1 장용학, 「나는 왜 소설에 한자를 쓰는가?」, 『세대』, 세대사, 1963. 9. 여기서는 『장용학 문학전집』 6, 국학자료원, 2002, 106쪽에서 인용.

2 김 현, 「테로리즘의 문학」, 『문학과 지성』, 문학과 지성사, 1971년 여름, 241~244쪽; 김현·김윤식, 『한국문학사』, 민음사, 1974, 137쪽; 방민호, 『한국전후문학과 세대』, 향연, 2003, 78~91쪽; 한수영, 「전후세대의 문학과 언어적 정체성: 전후세대의 이중언어적 상황을 중심으로」, 『대동문화연구』 58집, 2007, 285~291쪽; 조윤정, 「전후세대 작가들의 언어적 상황과 정체성 혼란의 문제」, 『현대소설연구』 37, 한국현대소설학회, 2008, 241~243쪽; 조은아, 「장용학 소설언어 연구」, 성균관대 석사학위논문, 2009, 13~31쪽; 임미진, 「장용학 소설의 담론 연구: 식민지 체험과 언어 의식을 중심으로」, 서울대 석사학위논문, 2010, 29~39쪽.

3 정백수는 "일본어의 강제라는 외부적 충격으로 인해, 한국어는 본래의(혹은 고유의) 언어라는 관념적이면서도 실체적인 상을 획득하게 된다 하겠다. 여기서 말하는 관념적이면서도 실체적인 상이 바로 <모어>라는 상상체이다. 한국어가 <모>의 가치 - 어떠한 장애와 실패로부터 해방된 훼손되지 않은 가치 - 를 담지하고 있다고 선험적으로 의식하는 점에

어의 기능' 두 가지로 나누어 볼 수 있다. 서기의 형태의 측면에서 볼 경우, 한국어 내지 국어는 통일적 단일체로 인식된다. 이는 소설에서 서기의 전통이 한글전용 글쓰기였다는 점과, 동시에 근대 소설을 둘러싸고 있는 '언문일치'의 논리가 자명한 것이라는 생각에서 한글 = 한국어조선어라는 등식을 전제로 하고 있기 때문이다. 그리고 이는 현재까지도 이어진다.

다음으로, 소설언어는 문학사의 시기별로 다소간의 차이를 드러내고 있기는 하지만 현실을 정확히 반영해야 하며, 이를 통해 민족정서나 민중 현실 등을 표상해야 한다는 전제가 지배적으로 깔려 있다. 특히 소설 언어가 민족/민족정서를 표상해야 한다는 주류적인 관점은 1950년대에서 1960년대를 거치는 과정에서는 더욱 암묵적이었다고 할 수 있다. 결국 소설 언어에 전제된 근대적 언어관의 두 측면은 '우리문학 내지 소설은 우리의 글인 한글을 통하여 민족/민중 - 국가라는 거대 기표의 현실을 표상/재현해야 한다.'는 결론으로 귀결되는 것이다.

그러므로 이 장에서는 삶의 잠재력을 드러내고 현실의 예속을 벗어나려고 했던 장용학의 소설언어를 언어의 '서기書記의 측면'과 소설적 지향 속에서 '언어의 기능'이라는 두 가지 층위에서 살펴보려고 한다.

1) 오이디푸스화한 식민지 소설과 소설 언어

장용학은 창작을 시작할 당시 문단 상황을 전혀 알지 못했으며, 국문한글

서 관념적이며, 그러한 한국어의 형태를 식민지주민이 실재하는 것으로 상상하는 점에서 실체적이다. 이러한 의미에서 모어는 관념적인 실체인 것이다. 원리적으로 모어라는 관념은 타자의 언어와는 이질적인 자기의 언어라고 하는 동일성을 전제로 하여 추출될 수 있는 것일 터이다. 다시 말해 自言語와 他言語가 동시 병존하는 상태에서, 타언어의 이질성에 대한 반작용으로 자언어가 언제나 본래적이고 자연스러운 상을 획득함으로써 모어라는 실체적인 관념이 구성되는 것이다."고 말한다. 이는 식민지 교육을 거친 장용학의 소설언어를 바라보는 가장 일반적인 시선임과 동시에 근대 국민국가의 언어표상의 보편적인 모습이라 할 수 있다. 정백수, 『한국 근대의 식민지 체험과 이중언어 문학』, 아세아문화사, 2003, 23쪽.

글쓰기에 대해서도 무지했다. 그의 한글 학습은 조선어 사전을 통해 이루어졌으며, '간신히' 같은 단어조차 이해하지 못할 정도로 한글의 이방인이었다.[4] 그는 국한문혼용체를 옹호했고 더 나아가 한자를 문면에 노출시킨 서기書記로 소설을 창작했다. 이러한 소설 서기로 인해 장용학은 지속적으로 부정적 평가를 받았다.

근대 소설은 신소설 이후 상당히 오랜 시간 동안 유일하게 한글한자를 괄호 속에 넣은을 사용해 왔다. 당대의 모든 글쓰기가 국한문혼용의 서기 형태를 취하고 있는 것을 볼 때, 소설만 유일하게 순 한글을 사용하고 있다는 사실은 특별하다. 순 한글의 소설 서기는 규율이 아님에도 불구하고 생각보다 강력하게 의식되었고 또 지켜졌음이 분명하다. 이와 같은 소설의 서기 방식은 1950년대 문단에서도 대체적으로 지켜지는 것처럼 보이기 때문이다.[5] 그럼에도 불구하고 전후 소설에서 문면에 한자를 괄호 없이 직접 표기하는 경우가 있다. 그것은 대체로 소설의 제목이나 숫자, 인물명을 표기 할 때와 사건 전개와 관련되어 신문기사, 시, 편지 등의 다른 장르의 글이 소설 속에 등장하는 경우이다. 작품에 들어온 다른 장르의 글들은 당시 현실에서 실제로 쓰이던 국한문혼용체로 표기되어 있다.[6] 표면적으로 볼 때 이러한 서기의 양태는 한

---

4 장용학, 「나의 작가 수업」, 『현대문학』, 현대문학사, 1956. 1, 154쪽.

5 물론 필자 역시 1950년대의 모든 잡지를 조사한 것은 아니다. 이 글에서는 주로 『사상계』, 『현대문학』 등을 중심으로 살펴보았다.

6 손창섭, 「혈서」, 『현대문학』, 현대문학사, 1955. 1.

㉠ 문학을 하는 데는 불란서어가 필요하다는 것이었다. 돌아와서는 늦도록 손가락을 호호 불어가며 람프불 밑에서 시를 쓰는 것이다. 최근 한 달 동안이나 걸려서 그가 만들어 놓은 시는 「血書」라는 것이었다.

血書 쓰듯/血書라도 쓰듯/瞬間을 살고 싶다./(一聯省略)/모가지를/이 모가지를/뎅겅 잘라/內容 없는 血書를 쓸가!

이게 奎鴻에게는 여간 대단한 작품이 아닌 모양이었다(178쪽).

㉡ 安奎鴻 青年先生 보오라.

其間 青年 三人과 處女 一人이 無故무탈 하난지 알고서 願이노라. 老生은 青年三人과 處女一人

글전용을 벗어난 것처럼 보인다. 그러나 이는 소설이 시나 편지글 등과 같은 다른 장르의 글을 그대로 재현한 것이다. 그러므로 작품의 표면에 한자가 등장하더라도 재현의 매체로서 소설의 서기는 철저히 한글전용인 것이다.

그런데 1950년대 중기의 몇몇 소설가들은 이러한 한자표기의 '관례'에 따르지 않은 형태로 한자를 문면에 노출시키고 있다. 곽학송의 「지구전」『사상계』, 1955. 4의 경우 대부분의 한자는 괄호로 표시되어 있으며, 특정 부분에서 두세 개의 단어가 문면에 드러난다. 또 김성한의 「오분간」은 모든 한자가 문면에 노출되며, 괄호로 표시된 것이 두 개에 불과하다.[7] 물론 이는 작품을 인쇄하기 위해 활자화하는 과정에서 발생한 오류일 수도 있지만 어떠한 측면에서 이는 작가의 표기 자체를 존중해 준 것일 수도 있다. 만약 후자가 사실이라면 거의 30년 동안 지켜져 온 소설의 서기가 잠시 혼란을 일으킨 것이다. 하지만 이러한 현상은 이 시기에 잠시 나타났다가 1950년대 후반에 이르면서 다시 원래의 관행인 한글전용 서기로 돌아간다.

소설의 서기書記를 구속하는 특별한 규율이 존재하지는 않았음에도 대부분의거의 모두라고 해도 좋다 소설가들은 여기에 따랐음을 알 수 있다. 하지만 왜 이러한 현상이 생겼는지는 아직 밝혀지지 않고 있다. 다만 임형택의 논의에 따르면 1924년 김기진이 「조선어의 문학적 가치」에서 조선어 사전이 없는 현실을 보면서 '조선어의 완성은 조선문학의 건설을 선행'한다고 언급했다는 사실에서 볼 때, 이 시기 소설에서 한글전용 글쓰기에 대한 요구가 일어났음을 짐작할 수 있다. 그리고 소설의 순국문화 현상은 1924년에서

이 晝夜로 넘네해주난 德分에 別故 無하게 行商이 번창하노라(183쪽).

그리고 곽학송의 경우(「난맥」, 『현대문학』, 현대문학사, 1957. 7)도 이와 동일하다.

7 김성한, 「오분간」, 『사상계』, 사상사, 1955. 7, 198쪽. 이 작품의 서기는 다음과 같다. "……地上에서는 神과 푸로메슈스의 괴뢰들이 제각기 자기가 옳고 자기가 잘났다고 팔뚝질을 하였다. 피우쓰十二世는 웨쳤다. 「宗教分裂 이후 교계를 어지럽힌 모든 종파는 자기의 잘못을 회개하고 캐톨릭으로 귀정하라.」 몰로토브는 푸라브다紙에 대서특기하였다. ……."

1926년으로 넘어가면서 대세규율이 아니라를 이루게 되며, 서서히 한자어를 괄호 속으로 넣는 것과 동시에 괄호 속 한자의 사용 자체가 급격하게 줄어든 모습으로 변화하게 된다.[8]

이러한 측면에서 1950년대 소설의 언어가 잠시 흔들렸다가 다시 과거로 회귀한 것은 분단 이후에 불어 닥친 언어 내셔널리즘의 작동과도 무관하지 않다. 식민지 시기에 뿌리내린 일본어를 몰아내기 위해 한글학회 등이 주도했던 한글전용운동 및 국어순화운동은 언어민족주의적인 성격이 짙은 인위적인 언어순화운동이었다. 이 운동 기간에는 일본어뿐만 아니라 기존에 사용하던 한자어까지도 사전에서 찾아낸 사어死語가 되다시피 한 우리말로 바꾸거나, 새로 만든 고유어로 대체했다. 그런데 새롭게 만들어진 고유어는 '민족'이라는 상상의 공동체와 연관이 있는 것으로 표상되었으나 현실의 언중들이 사용하는 언어적 현실과는 거리가 먼 것이었다.[9] 이러한 운동은 일본제국주의에 의해 오염된 언어를 정화한다는 측면에서 의미가 있을 수 있으나, 과잉된 내셔널리즘에 공명하여 국가 권력이나 소수 엘리트들이 언중言衆을 배재하고 독단적으로 일상의 언어를 결정한다는 점에서 새로운 문제가 된다.[10]

언어민족주의적 분위기 속에서 대부분의 작가들이 순한글 쓰기한글전용를 받아들인 것과 달리, 장용학은 이와 반대의 선택을 한다. 그의 작품들 역시 초창기에는 한자를 괄호로 묶거나 아니면 전면에 내세우는 등의 혼란을 보인다. 「찢어진 윤리학의 근본문제」『문예』, 1953. 6의 경우 한자를 전면에 내

8 임형택, 「소설에서 근대어문의 실현경로」, 『대동문화연구』 58집, 성균관대 대동문화연구원, 2007, 4장 및 37쪽 각주 13번.

9 고종석, 『말들의 풍경』, 개마고원, 2007, 50~55쪽.

10 이 당시 주류적인 언어관이었던 언어민족주의가 어떠한 논리를 전제로 진행되었으며, 이에 대하여 장용학이 어떻게 대응해 갔는가를 살펴보는 것은 나름의 의미가 있다. 나중에 이는 당대 유종호와 벌인 1년 동안의 논쟁을 검토하면서 다시 살펴보도록 하겠다.

세우고 주인공의 이름을 괄호로 된 한글로 쓰고 있으며, 「요한시집」『현대문학』, 1955. 7과 「비인탄생」『사상계』, 1956. 10~1957. 1의 경우는 두 가지가 혼재하는 양상을 보인다. 하지만 <대관령>『자유문학』, 1959. 1에 오면 손창섭, 김성한 등을 포함한 대부분의 소설가들이 한글전용으로 돌아간 것과 반대로 장용학은 한자를 전면에 노출시키는 방식을 확고하게 지키고 만다.[11]

시대에 역행하는 방식으로 장용학이 선택한 서기 형태는 당시의 '한글간소화파동' 정국과 밀접한 관련이 있다.[12] 이승만의 독단에 의해 일어난 한글파동은 장기간의 혼란 속에서 표면적으로는 정권에 반대하는 다양한 여론을 형성하게 된다. 그러나 동시에 한글파동은 반대파의 여론 속에 있던 다양한 분파 간의 갈등을 증폭시키는 결과를 초래한다. 심지어 이승만은 1954년 7월 자신이 원하는 간소화 방안을 정부 및 관련 단체에서 사용하도록 하고, 일반 대중에게는 개인이 임의로 철자법을 사용하도록 하는 해프닝까지 벌이다가 1955년 9월에 가서야 자신의 의지를 철회한다.[13]

이러한 분위기 속에서 소설을 순한글로 표기하는 것은 1924년부터 시작된 길지 않은 소설 서기의 전통으로 회귀하는 것이며, 동시에 제국주의에서

---

11 그의 말을 따르면 작품의 발표된 시기와 창작 시기가 다르다. 발표된 작품을 보면 「역성서설」(『사상계』, 1958. 3~1958. 6)부터 본격적인 국한문혼용체가 등장한다.

12 이는 이승만 정권이 행한 한글 간소화 파동과 직접적인 연관을 지니고 있다. 이혜령은 한글 간소화 파동을 국민국가의 성립 이후 언어 내셔널리즘의 토대가 변화한 징후로 본다. 이 사건은 국민국가의 상징기제인 국어에서 기존의 한글학회(조선어학회의 후신)가 지니던 절대적 권력을 국가가 이양해가려고 한 것으로, 국어를 둘러싼 권력의 이동의 시도였다. 하지만 이 사건은 근대국가 수립 이후부터 최근까지 지속된 한자/한글과 관련된 전국민적 여론을 들끓게 만들었을 뿐, 결국 정권이 이를 취하하게 된다. 이는 '언어'를 다루는 국가의 작동방식을 보여준다는 점에서, 그리고 결과적으로는 우리의 언어정책이 대중을 배제한 채 대학교수 집단이나 학술원 등의 전문가 집단에게 일방적으로 결정권을 양도하게 되는 사건이 되었다고 말한다(이혜령, 「언어 법제화의 내셔널리즘」, 『대동문화연구』 58집, 성균관대 대동문화연구원, 2007, 참조).

13 한글파동과 관련해서는 오영섭, 「1950년대 전반 한글파동의 전개와 성격」, 『사학연구』 72호, 사학연구회 편, 2003, 참조.

독립한 후 팽배한 민족주의 분위기에서 우리 글을 쓰는 것은 지극히 바람직한 것으로 여겼다. 하지만 식민지 시기 동안 확립된 당대 소설의 순한글 쓰기 자체는 완전한 것이었는가라는 물음이 제기된 적은 없다.

'언어적 결핍'이라는 말은 전후 신세대 소설가들을 평가하는 상투어였다. 그에 반해 식민지 시기 단편소설은 우리 언어미학의 백미로 인식된다. 그런데, 서기원은 한국전쟁 이후 소설 언어 미학의 대가들로 추앙되는 김동리, 황순원의 언어질서를 '낡은 것'이라고 진단한다.[14] 그가 폄하하는 식민지 조선의 문학어, 소설언어의 한계는 무엇이었을까?

조선어는 1933년에 맞춤법을, 1936년에 표준어 사정을 마침으로써 표준어 체계를 갖추지만, 1930년대 후반에서 1940년대 초반에 이르러 제국의 정책이 '내선일체'를 표방하면서 사라질 위기에 처하게 되었음은 주지의 사실이다. 그럼에도 불구하고 조선어는 살아남는데, 이는 조선어가 '표준어'가 아닌 지방어의 자리를 수용한 때문이다.[15] 그 결과 조선어는 국어가 아니라, 제국의 '지방어=조선어'로 영토화 된다. 한글의 체계화가 제국의 권력과 공생관계에 있었음은 민족해방의 서사에서 주역임을 표방해 왔던 한글학회의 잡지 『한글』의 편집양상에서도 확인된다.[16]

이 시기 일본제국주의 담론의 지형은 새롭게 배치된다. 근대의 '신질서'를 구현하기 위해 '근대초극론', '동양학' 등의 담론이 만들어진 것이다. 그

---

14 서기원, 「전후문학의 옹호」, 『월간 아세아』 5호, 1969.5, 231쪽.

15 오문석, 「근대문학의 조건, 네이션≠국가의 체험」, 『한국근대문학연구』19호, 2009. 4. 213쪽.

16 김철, 「갱생의 도 혹은 미로」, 『민족문학사연구』 28, 민족문학사학회 편, 민족문학사연구소, 2005. 307~310, 339~344쪽. 김철은 최현배의 글 『조선민족갱생의 도』를 분석하면서 조선어학회가 제국의 지배를 수용하면서 조선어 연구를 진행했음을 밝히고 있다. 이 외에도 조선총독부의 언어정책과 조선어문학회의 활동 및 한글운동에 관한 논의로는 조태린, 「일제시대 언어정책과 언어운동에 관한 연구」, 연세대 석사, 1997, 125~127쪽 ; 미쓰이 다카시(三ツ井崇), 「식민지하 조선에서의 언어지배」, 『한일민족문제연구』4, 한일민족문제학회 편, 2003, 221~225쪽 참조.

리고 이와 같은 담론의 자장은 조선에서 '조선주의'나 '고전론', '전통론' 등의 실현태로 변주되어 나타났다.[17] 식민지 말기 소설언어는 국어일본어의 권력이 미치지 않는 곳, 조선어의 특수한 쓰임을 발견하는 한에서만 존속할 수 있었다.[18] 그들이 찾아낸 것은 '조선의 감각과 감정' 다시 말해 민족 정서였으며,[19] 이는 오직 한글로만 표상할 수 있다는 논리에서 순 한글로 표기된 조선문학은 존재의 당위성을 찾을 수 있었다. 따라서 현실을 재현하기 위하여 외세에 물들지 않은 '조선적인 말'을 찾는 것은 논리적으로 당연한 수순이다. 식민지 후기 방언사투리에 대한 조사는 이러한 맥락에서 진행되었으며, 그 후 조선적인 것을 재현하기 위해 방언이 문학어로 편입된 것이다.[20] 문학은 외세에 물들지 않았다고 상상되는, 국어일본어가 침식할 수 없는 '순수 조선어'를 수용하는 것으로 나아갔으며, 그 실천적 결과물이 '형용사의 향연'이 된 문학이다.

이혜령은 조선어만이 조선의 현실을 그려낼 수 있다는 전제 하에서 포착된 문학적 대상이 가난하고 비천한 조선인이었음을 환기하고, 이들을 '골상

---

17 오문석, 위의 글, 215쪽 참조. 일본이 주도한 근대세력 재편론과 그에 공명한 조선 내부의 담론(동양론, 조선적인 것, 전통에 대한 문학적 탐구)에 관한 논의는 차승기, 『반근대적 상상력의 임계들』, 푸른 역사, 2009. 참조.

18 차승기는 위의 글에서 잡지 『문장』을 검토하면서 여러 논자들이 일제의 정책적 욕망에 휩쓸려 들어간 반면, 서인식과 김남천의 경우 일제의 담론이 지니는 문제점을 비판적으로 꿰뚫어보고 있었음을 보여준다. 이는 일본의 '신체제론'에 단순히 공명하지 않은 대항 논리가 있었음을 밝히고 있다는 점에서 소중하지만, 일본이 본격적인 전쟁국가로 변하는 식민지 말기에는 무력한 담론에 불과했다. 차승기, 앞의 책, 228~229쪽.

19 이 과정에서 '민족 정서'란 것이 실제로 존재하는 하나의 실체라는 관념이 형성되지 않았을까. '상상의 공동체'인 민족과 그것의 정서라는 '상상의 실체'. 이 표상의 이중적 조작을 통해 개체들의 정서는 민족정서라는 기표 속에서 균질화되고, 다른 한편 개체들에게는 민족정서라는 표상을 부여하는 원환구조가 가능하게 된다.

20 문장론의 대명사라 할 수 있는 이태준의 『문장강화』는 표준어의 성립과 함께, 문학적 글쓰기에서 재현(리얼리티)의 성취를 위해 방언을 받아들였음을 보여준다(문혜윤, 「1930년대 어휘의 장과 문학어의 계발」, 『상허학보 17집』, 상허학회, 2006.6. 224~226쪽).

학적 타자'로 명명한다. 그런데 이 타자들을 표상하기 위해서는 그에 대한 인식틀이 전제되어야 하는데, 그것은 제국의 가치론적 시선이었음은 자명하다. 그렇기 때문에 "1930년대 중후반 김유정·이효석·김동리 등 이른바 토속적 인간형의 세계에 대한 한국 단편 소설의 예술성"에 대한 민족문학의 우호적인 평가는 "식민주의적 폭력성을 환기시켜주긴 하지만, 불균등한 문화적 표상의 배치를 은폐한 데서 그러한 공통기억적 표상이 창출되었다는 것에 대해서는 다소 소홀하다"[21]고 지적한다.

식민지 후반을 지나면서 우리의 소설은 제국의 지배를 내면화해 가면서 형성된 것이다. 문학언어는 제국의 인식틀 속에서 소위 '조선적 현실', 그 향토성을 재현하는데 적합한 언어로 코드화한 것이다. 그리고 '묘사'가 재현의 대표적인 방식이 되면서 문학언어/비문학언어의 구분이 만들어진다.[22] 이시기 문학언어는 향토성을 재현하는 것에 적합한 언어일 수는 있으나, 식민지적 현실 속에서 모더니티를 고민할 수 있는 언어를 배제시켜버렸다는 점에서 한계가 아닐 수 없다.[23] 이는 언어를 철저히 재현의 매개물로 탈정치화하는 결과를 낳았다고 말할 수 있다. 아울러 그것을 통해 재현된 민중은

---

21 이혜령, 「조선어·방언의 표상들」, 『사이間SAI』 2호, 국제한국문학문화학회, 2007. 87쪽.

22 이 시기 어휘에서 '문학어'와 '비문학어'라는 구분이 형성되어 있다. 이태준은 "문학의 대부분은 묘사지만, 학문과 논설은 묘사가 아니라 이론이다."라고하면서 "문예문장에서도 아무런 시각적 흥미가 없는 수필류의 문장은 한자가 섞인 편이 훨씬 읽기 좋고 풍치(風致)가 난다"고 말한다. '묘사'가 중심이 되는 재현의 소설에서 한자어는 적합하지 않다는 것이다. 이태준, 『문장강화』, 창비, 2005. 77~79쪽.

23 뒤에서 보게 되겠지만, 이와 같은 '문학어'의 의식은 '토착어'에 집착한 유종호에게까지 이어진다. "지식의 전달이나 의사소통을 위한 언어의 사용의 경우엔 한자어와 토착어의 혼용은 아무런 장애가 되지 않는다. 그러나 시나 소설의 경우와 같이 언어를 매체로 한 예술적인 형상화의 경우엔 이 한자어와 토착어라는 이질적 요소의 대립은 분명히 모종의 문제를 일으키고 있는 것이다." 유종호, 「토착어의 인간상」, 『유종호 전집 1』, 민음사, 1995. 117쪽(『현대문학』, 1959. 12.). 유종호의 토착어에 대한 집착은 그의 시에 대한 실제 비평에서(「시와 토착어 지향」(1981),「시의 자유와 관습의 굴레 - 김수영의 시」(1982), 「시인과 모국어」(1984)) 반복적으로 나타난다.

현실의 능동성이 박탈당한 존재로 표상됨으로써 이중으로 억압된다.[24]

그리고 그것은 분단 이후 민족문학의 이념적 옷을 입고 그대로 이어진다. 이것이 조선적인 것의 정체성을 지키고 있는 것처럼 보이지만 당대의 지리·정치·담론적 상황과 그에 따른 반응으로서의 문학적 실천을 고려할 때,[25] 이는 제국의 권력적 배치에 맞게 조선어 내지 조선적 소설의 형상을 구상/구성해간 것에 불과한 것이다. 따라서 1930년대 후반에 접어들면서 조선어는 제국 권력에 의해 오이디푸스화된 지방어로 영토화되었다고 할 수 있다. 이와 함께 제국의 폭력에 억압된 식민지 현실에 대하여 그 어떤 저항도 할 수 없었다는 점에서 소설 역시 지방의 특수성을 재현/표상하는 거세된 문학이었다고 해도 무방할 것이다.

2) 한글전용에 대한 거부와 한자 사용

장용학이 한자를 사용하기로 결심한 것은 「신년도의 문화적 구상」이라는 제목 하에 『현대문학』 창간호1955. 1에서 실시한 설문조사부터였다. 그리고 그는 자신이 소설에 한자를 사용하는 이유를 다음과 같이 밝힌다.

> 첫째, <…> 우리 언어가 문화 용어로서 부족한 데가 있다는 점입니다. 명사라는 것은 그 겨레의 문학 수준에 좌우되는 것이어서 덮어둔다 하더라도 동사가 빈약하다는 것은 언어로서는 치명적인 약점입니다. 한글의 형용사와

---

24 이에 반해 김사량의 경우, 국어(일본어)로 글을 썼음에도 불구하고, 제국의 본질주의적 시선을 폐기하면서 "제국 중심적 사고를 상대화"하여 그 표상에 저항한다. 윤대석, 「1940년을 전후한 조선의 언어 상황과 문자」, 『한국근대문학연구 제4권1호』, 한국근대문학회 편, 2003. 171쪽.

25 식민지 조선에서 '조선적인 것'을 탐색하는 행위는 근본적으로 제국의 욕망에 공명하면서 근대 서양과 동등한 입장에 서고자 하는 '헛된(제국의 현실적 권력을 깨닫지 못한)' 욕망의 서사일 뿐이다.

> 부사가 발달되어 있다는 것은 일리가 있지만 그것도 말입니다. 살랑살랑, 설렁설렁처럼 뉘앙스의 미소한 차를 여러 가지로 나타내는 점에서 그런 것이고 기본어(基本語)의 수(數)는 부족하고 그 대부분은 의태어(擬態語)가 아니면 의성어(擬聲語)인데 이것은 우리 언어의 전(全)(前의 오식인 듯 - 인용자) 근대성(近代性)을 말해주는 것이 아닌가 해요. 이런 상태인데 거기서 한자어(漢字語)를 구축해버리면 무엇이 남아요. 그래서 한자어는 없애서는 안 된다는 것이고 한자어를 쓰는 한에서는 한자로 써야 한다는 것입니다. 한자어의 한글은 발음기호에 지나지 않으니까요.[26]

그에게 한글전용은 한자어를 배제하고 순한글로 글을 쓰는 것이다. 그렇기 때문에 한자어를 한글로만 표기하는 것은 한자어가 한자에서 왔다는 사실을 감추거나 부정하는 기만이다. 그는 순한글 글쓰기가 가능하기 위해서는 한글이 한자어와 완전히 결별하고, 한자어가 담당하던 어휘의 모든 목록을 새롭게 만들어야 한다고 보았다. 그렇기 때문에 한글전용은 불가능하고, 한자어를 쓴다면 한자를 그대로 쓰는 것이 옳다고 본 것이다.[27]

이와 같은 주장을 예시한 것이 「빙하기행」유고에서 제시된 표기체계이다. 이 작품에서 완벽한 통제국가인 천년성공화국이 가장 먼저 시행한 것이 바로 언어의 개혁이다. 언어개혁은 국가에 의한 언어 관리와 국민 지배를 위한 장치로, 한자를 배제한 한자어 쓰기 → 순한글 쓰기한자어 배제 → '반대 의미로 쓰기'라는 시행착오를 겪으면서 완성된다. 천년성공화국의 신국어의 표기 및 발음체계를 정리하면 다음과 같다.[28]

---

26 장용학, 「나는 왜 소설에 한자를 쓰는가?」, 『세대』, 세대사, 1963. 9. 여기서는 『장용학 문학전집』 6, 국학자료원, 2002, 106쪽.

27 장용학, 「한글專用論이 意味하는 것」, 『자유문학』, 자유문학사, 1961. 10, 227~229쪽.

28 장용학, 「氷河紀行」, 『한국문학』, 한국문학사, 2001, 가을, 114~115쪽 참조.

<초성자 자음>

ㄱ	ㄴ	ㄷ	ㄹ	ㅁ	ㅂ	ㅅ	ㅇ	ㅈ	ㅊ	ㅋ	ㅌ	ㅍ	ㅎ
a	b	c	d	e	f	g	h	i	j	k	l	m	n

<중성자 자음>

아	야	어	여	오	요	우	유	으	이
1	2	3	4	5	6	7	8	9	10

중성자는 그대로 한글의 받침 사용.

사용 예:

한자어	표기	발음
허무평(許茂平)	n3 e7 m4	엔삼 이칠 엠사
자유(自由)	i1 h8	아이일 에이치 팔
인권(人權)	h10 a73ㄴ	에이치십 에이칠삼니은

이는 한자를 전제로 하지 않는 한글전용이란 어떤 것인가를 예시하는 것이며, 동시에 그가 지속적으로 주장해 온 한글전용의 허구성을 보여주는 것이라는 점에서 흥미롭다. 한글전용이 말 그대로 한글 '전용'이기 위해서는 한자어를 은폐한 현재의 한글이 아니라, 완전히 새로운 문자 체제여야 한다는 말이다. 그렇기 때문에 그에게 한글전용이란 하나의 기만적인 서기 체계일 뿐이다.

서기원은 장용학이 "우리말이 서투르"기 때문에 생경하고 난삽한 한자를 애용한다는 문단의 평가를[29] 부정한다.[30] 물론 그의 진술로 인해 장용학

---

29 이는 장용학이 한글전용을 비판하면서 한자를 사용해야 한다고 주장한 것에 대해 유종호가 내린 비난이다. 당시 김현도 동의한 바 있는 유종호의 이 비판은 최근까지도 장용학의 소설언어를 논의하는 다루는 데 반복되고 있다.

30 "적합한 對照가 될지 모르나 張龍鶴의 경우는 李浩哲과 兩極의 양상을 띠고 있다. 그가 漢子를 어떤 신념처럼 고집하고 있는 것은, 요새 한글전용 문제와 떼어 놓고, 文學과 言語의 견지에서, 공감을 주는 점이 있다. 張龍鶴을 가리켜 가령 우리말이 서투르고, 그런 탓으로 하

이 한글에 서툴렀다는 사실이 지워지는 것도 아니며, 한글을 몰랐기 때문에 관념적 어휘를 사용했을 것이라는 주장도 여전히 유효하다. 장용학이 소설을 창작하는 과정은 일본어로 쓰고 한글로 번역하는 것이었기 때문이다.[31]

그러나 소설에서 한자표기 여부는 작가가 일본어로 창작을 하더라도 한글로 번역하는 과정에서 만족할 만한 수준까지 수정이 가능하다는 점 때문에 문제가 된다. 장용학을 제외한 작가들은 이 과정에서 순한글 서기를 선택했다. 번역의 과정에서 한자어를 한글로 표기한 것이다. 장용학 역시 이러한 능력이 없지 않았을 것임에도 불구하고 한자를 사용했다는 것은 서기원의 말처럼 당대 소설 서기의 관행/억압에 대한 '반역'이다.[32]

한글 전용자의 관점에서 보면 그는 말과 문자의 관계에 대한 대표적인 근

여 生硬하고 난삽한 漢字를 애용하는 것이리라는 따위의 心理分析은 실상 무의미하다. 왜 그가 그렇게 써야만 했느냐가 보다 중요한 것이다. 가령 言語에 대한 反逆으로 말하면 張龍鶴 이상의 異端兒는 없다. 反逆이라기보다는 차라리 既存言語에 대한 무시라고 하는 것이 좋을 지경이다." 서기원, 「전후문학의 옹호」, 『월간아세아』 5호, 월간아세아사, 1969. 5, 232쪽.

31 장용학은 그가 처했던 언어적 조건을 세월이 한참 지난 후에야 고백한다. 이에 대해서는 21세기 문학 편, 「<요한시집>에서 <하여가행>까지 - 원로작가 장용학과의 만남」, 『21세기 문학』, 이수, 1997년 가을 호, 20~21쪽 참조.

32 참고로 서기의 측면에서 특기할 만한 인물은 유종호와 최인훈이다. 국문전용을 부르짖던 유종호가 비평문을 국문전용으로 쓴 것은 1957년 등단 후 12년이 지난 「한글만으로의 길」(『창작과 비평』, 1969. 봄)부터였다. 이에 비해 소설에서 최인훈의 『광장』(1960)은 국한문 혼용체(국주한종 - 국문을 먼저 표기하고 괄호로 한자를 병기한 것)로 발표된다. 그 후 『광장』은 다섯 번의 개작을 통해 한자의 삭제, 더 나아가 한자어 단어를 순한글 단어로 교체하는 것으로 진행된다. 그런데 최인훈은 서기의 개작을 크게 달가워하지는 않은 듯하다. 그는 서기를 바꾼 것에 대해서 다음과 같이 서술한다. "[내용 수정 - 인용자] 다음에 고친 것이 한자어를 모두 비한자어로 고친 일이다. 우리 소설 문장은 한자어를 한글로 표기하기 때문에, 예술로서의 언어 표현의 본질인 의식과 현실의 갈등이라는 과정을, 이미 만들어진 한자어에 밀어버리고도 그런 줄 모르게 될, 표기에서 오는 함정을 감추고 있다. 이 문제를 풀자면, 반드시 비한자어로 바꿔야 하는 것은 아니지만, — 즉 그 한자어를 문맥 속에서 더 꼼꼼하게 정의하는 것도 좋겠지만, 너무 번거로와 진다." 최인훈, 「전집판 서문」(1976), 『광장/구운몽』, 문학과지성사, 1992, 8~9쪽.

대적 표상인 '언문일치'를 부정한 것이다. 하지만 그는 한자 서기를 문면에 노출한 것이 결코 언문일치를 부정한 것이 아니라고 생각한다. 그는 "한문에서 국한혼용으로 넘어오는 데는 소위 「언문일치」라는 것이 그것을 필연적인 것으로 해 주었지만 국한혼용에서 한글전용으로 넘어가는 데는 그런 필연성이 없다"[33]고 보기 때문이다. 오히려 문제는 한글 전용론자들의 과잉된 민족주의가 한글을 우리의 글자로 한정함과 동시에 한자를 중국의 글자라고 인식한 것에서 만들어진다.

장용학의 언어에 대한 인식, 특히 문자와 관련된 인식은 다음에서 명확히 드러난다.

> "文學(字의 오기)에는 出生地는 있어도 일정한 國籍은 없다. 로마字도 우리 國字로 삼으면 우리 國字가 될 수 있다. 漢字는 우리의 音價로 발음해서 사용하고 있는 限 우리 글자 「第二의 國字」이다. 우리 國語의 이러한 二元性에 눈을 가리는 國語政策은 영원히 이 땅에 混迷만을 남길 뿐이다. 漢字를 追放한 다음에 그것을 남의 글자라고 하는 것은 말이 되지만, 現在 쓰고 있으면서 남의 글자라고 하는 것은 論理以前이다."[34]

장용학은 문자에 근대적 의미의 배타적 소속소유을 의미하는 '국적'을 부여하는 것은 무의미하다고 말한다. 반대로 그는 한 나라가 어떤 문자를 채택하여 사용하게 되면 채택된 문자가 그 나라의 문자가 된다고 주장한다. 영어나 스페인어, 프랑스어 등이 여러 국가에서 사용되는 현실은 장용학의 주장이 결코 '한자 중독자'[35]의 논리로 치부할 수 없는 것임을 보여준다. 문제는

---

33 장용학, 「긴 眼目이라는 幽靈 - 우리 國語의 二元性」, 『세대』, 세대사, 1964. 8, 197쪽.

34 장용학, 위의 글, 199쪽.

35 유종호는 장용학을 "日語로 大學教育까지 받은 張씨가 漢字를 받아들이는 태도에 있어 우

근대의 국적 개념을 과거로 역투사함으로써 한자를 '중국의 문자'라고 보게 된 인식틀에 있다. 한자는 오랜 역사 동안 동아시아에서 공유된, 근대 국적으로 환원할 수 없는 문자이다. 그렇기 때문에 한글전용의 실현이라는 높은 기치에도 불구하고 한자와 한자어를 배제한 한글전용이 불가능한 것이다. 그러한 맥락에서 한자는 이미 "우리의 음가音價로 발음해서 사용하고 있는 한 우리 글자 「제이의 국자國字」"라는 그의 주장은 상당히 유연한 것이며 우리의 언어 현실과도 괴리를 일으키지 않는다.

게다가 '우리말은 우리글로만 쓸 수 있다' 혹은 '우리말은 우리글로 써야 한다'는 주장은 근거가 없다. 글쓰기에서 우리'말'을 '한글'로 써야 하는 언어적 필연성이 없기 때문이다. 글과 말은 다른 차원, 다른 평면에 존재하는 것이다.[36] 근대 언어와 근대 소설에서의 '언문일치'의 사고와 이를 바탕으로 말 = 글쓰여진 말이라고 표상되는 '구어'라는 개념은 허구이다.[37] 이는 근대 국민민족국가의 형성과 동시에 생겨난 '말을 옮겨 쓴 글'이라는 표상일 뿐이다.

여기에 '말' 자체도 표상적으로 조작된 것이란 것을 덧붙여야 한다.[38] '구

리나라와 日本이 다르다는 것을 看過하는 것을 볼 때 씨의 言語感覺을 근본적으로 의심하지 않을 수가 없다. 漢文에만 中毒된 것이 아니라 日語에도 중독되어 있는 모양이다."라고 평가한다. 유종호, 「버릇이라는 굴레」, 『세대』, 세대사, 1964. 9, 137쪽.

36 野間秀樹, 김진아 외 역, 『한글의 탄생』, 돌베게, 2012, 42~53쪽; Gilles Deleuze·Félix Guattari, 김재인 역, 『앙띠오이디푸스』, 민음사, 2014, 347~352쪽 참고.

37 酒井直樹, 이득재 역, 『사산되는 일본어 일본인』, 문화과학사, 2003, 204~216쪽.

38 이는 말과 글이 민족/국가라는 초월적 기표에 장악당한 결과일 것이다. 들뢰즈와 가타리에 따르면 원시 영토적 사회체에서 음성, 문자표기(근대적인 글이 아니라, 신체에 나타나는 어떤 흔적으로 문신이나 신체 위에 그려진 그래피즘, 혹은 '文'의 본래적 의미), 눈은 마법의 삼각형을 이루는 능동적인 체계였다. 이를 그들은 '말은 노래하고, 신체는 춤추며, 눈은 그 신체를 보는' 능동적 체계였다고 한다. 그러나 전제군주제가 등장하고 군주가 기표를 장악하는 과정에서 말과 글은 서로 포개어지며 선형화되고, 언제나 전제군주의 눈치(표정)를 살피는 것으로 변한다. 그 결과 말은 명령하고, 글은 신체가 아니라 책이나 판에 적히며, 눈은 글을 읽게 된다고 말한다. 신 - 전제군주가 사라진 자리에 민족, 계급, 국가 등이 자리

어'로 '말'을 쓴다고 할 때, 이 '말'이 실제 언어행위에서의 발화는 아니다. 모든 말이란 구체적 발화로만 존재한다. 이때 발화언표행위란 의미론에도 통사론에도 걸리지 않는데, 이는 발화 당시의 상황, 억양, 표정 등의 비언어적 요소 이외에도 언표행위의 집합적 배치에 의한 신체의 비물체적 변형[39]이 일어나는 비선형적이면서 잉여적인 것이기 때문이다. 따라서 쓰일 수 있는 말, 고정된 의미를 담고 있는 선형화된 말민족어이 실체로 존재한다는 표상이 '구어'의 조작과 동시에 생긴 것이다.

이와 같이 말과 글에 대한 표상적 조작을 거친 후에야 '구어'는 '말'해질 수 있고, '말'도 '글구어'로 쓰일 수는 있다. 그런데 '발화된 말'이 한자를 말한 것인지, 한글을 말한 것인지를 알 수 있는 방법은 없다. 그것은 한글과 한자의 독음이 동일하기 때문에 한글로도 한자로도 모두 표기가 가능하다. 그러므로 한글만이 우리의 말을 옮긴다는 것은 단지 근대적 언어 표상인 것이다.

3) 사유언어의 도입과 언어의 탈영토화

장용학이 소설에 국한문혼용체를 사용함으로써 서기의 형태는 근대 초기로 돌아간 듯한 인상을 준다. 이를 유철상은 '중성적 언어'라고 칭하면서 언어정체성의 혼란에서 기인한 것으로 판단한다.[40] 하지만 화용론적 입장에서 볼 때, '언어정체성'이라는 말은 지나치게 모호한 개념이다. 언어정체성이란 단일 민족/국가=단일 언어라는 표상을 전제한 언어의 양태적 측면

잡는다. 초월적 기표의 의미(기의)에 종속되는 한 말과 글은 예속된 기능을 벗어날 수 없다.

39 비물체적 변형은 말 그대로 신체의 물체적인 것은 변화가 없으면서도 신체의 정동이 바뀌어 변용되는 것을 말한다. 예를 들면, 비행기에서 누군가 총을 꺼내들면서 '꼼짝 마'라고 외치는 순간 비행기는 감옥으로 변하고 여행객들은 순간적으로 수인들로 바뀐다.

40 유철상, 「한국전쟁의 체험과 전후문학의 동시적 질서」, 『현대소설연구』 45, 현대소설학회 편, 2010, 41~42쪽.

에 대한 표면적 인식일 뿐이다.

그가 맞닥뜨렸던 문제는 '합리성'이라는 이름으로 하나의 거대 기계장치가 되어 인간을 주체화하고 일상에 가두는 현실이었다. 그의 문학이 지향한 것은 현실의 문제를 진단하고 거기에서 벗어나는 것이었다. 현실의 주체란 데카르트가 말한 것과 같은 자명한 것이 아니라, 지배 장치의 예속에 의해서 생산된 것에 불과하다. 근대 주체가 자명한 것이라고 여겨졌을 때는 외부의 대상세계를 어떻게 그려낼 것인가가 문제가 되었다. 그러나 피사체가 아니라 카메라가 문제가 되었을 때 카메라 자체에 대한 반성은 필연이다. 이는 현실에 대한 재현으로 해결될 것이 아니었다. 장용학이 창작기간 내내 재현론을 비판하고 부정했던 것도[41] 바로 이 때문이다.

> 문학은 철학이 아니라 예술이다. 철학은 「무엇」을 찾아내는 탐구이고, 예술은 「어떻게」 나타내는가 하는 표현이다. 그러나 철학을 사상이라는 말로 바꾸어 놓아 좋다면, 사상이 없는 예술이란 존립할 수 없다. 표현이라는 것도 「무엇」을 표현하는 일이다. 「무엇」이 있은 다음에 「어떻게」가 있을 수 있다. 그런데 현대는 그 「무엇」이 붕괴 상실되어 있는 계절이다. 그렇다면 현대라는 계절의 문학자는 「무엇」을 찾아내려는 것을 그 일의적(一義的)인 사명으로 하지 않을 수 없다.[42]

그것은 근대 주체를 구성하는 원리를 검토하는 것으로, 결국 사유의 문제로 이어진다. 사유란 근대적 메커니즘에 대한 것임은 말할 필요도 없다. 이

---

41 장용학의 자연주의 내지 재현론에 대한 비판은 「감상적 발언」(『문학예술』, 문학예술사, 1956. 9), 「현대문학의 양상 상(上) - 주어와 연금술」(<동아일보>, 1959. 5. 8), 「나는 작품을 어떻게 쓰나?」(『사상계』, 사상사, 1962. 12), 「불모의 문학풍토」(『사상계』, 사상사, 1965. 7), 그리고 작품(「非人誕生」」, 「靑銅紀」 등) 속의 작가적 진술 등 여러 곳에서 확인된다.

42 장용학, 「나는 작품을 어떻게 쓰나」, 『사상계』, 사상사, 1962. 12, 280쪽.

와 같은 이유로 장용학은 재현과 묘사를 가장 일반적인 창작 원리로 여겨왔던 '우리의 문학소설에는 사유가 없다.'고 말하고, '소설은 사상 자체가 아니라 사상을 얼마나 적절한 수사로 그려내는가에 있다.'고 말한 것이다. 따라서 그는 사유를 위한 추상적 어휘들을 소설에 도입하면서 기존의 문학과 전혀 다른 언어를 구사한다. 이때 이 말들은 더 이상 어떤 구체적인 외부의 사물이나 풍경을 지시하지도, 재현하지도 않는다.[43] 그렇다고 어떠한 철학적 사유 자체를 재현하는 것도 아니다. 이와 달리 그가 도입한 사유의 언어는 소설 내에서 인물이 겪는 구체적인 상황을 반성하게 하며 이를 통해 인물의 신체는 비물체적인 변형을 일으키면서 현실의 예속에서 벗어난다.

장용학의 진술을 통해 그의 글쓰기를 유추해 보면 다음과 같다.

> 『알아요. 근친상간을 다뤄서는 안 된다는 걸. 하지만 저는 이 壁에 도전해왔던 겁니다. 이 벽에 도전할 때 작품은 가장 리얼해져요. 가장 인간다운 목소리로 얘기할 수가 있었어요. 그렇죠. 그건 금기죠. 금기인줄 알면서 저는 대시했고…그만큼 미움도 받았어요. 나의 소설은 소설이 아니라고, 나를 異端이라고 규탄했던 소리를 지금껏 기억합니다. 예, 기억하구 말구요.』[44]

---

43 장용학이 재현에 대하여 거부한 것은 니체의 예술론에 공명한 때문이다. 이는 언어의 관점에 있어서도 그러한데, 니체에게는 언어야말로 '생성 - 존재'인 실재를 파악하기에는 무능한 것이다. 우리가 언어를 통해 대상 세계와 타인을 파악하고 기술한다고 여기지만, 사실은 대상 세계를 우리에게 알리기 위해 피상화하는 것에 불과하다. 그럼에도 불구하고 인간은 자신의 실재적 관심에 따른 유용성 때문에 이를 사용할 수밖에 없는 것이다. 그래서 니체는 "언어에 대한 해석의 한계를 지적하면서 동시에 이런 한계 상황에 대한 '인식과 통찰'을 호소"한다. 니체의 언어관은 언어를 통해 실재를 객관적으로 재현할 수 있다는 근대적 언어관에 반해, "언어를 통해서 우리는 대상 세계를 '잘못 그려내고만'" 있음을 지적한다. 백승영, 앞의 책, 486~487, 527~528쪽.

44 김승웅, 「나는 뭘 쓸 수 있단 말인가 - 「傳說」속에 묻혀 사는 작가 張龍鶴」, ≪한국일보≫, 1983. 9. 28, 7쪽.

먼저 그는 사회적 금기이거나 그것에 준하는 제재를 선택하여 이에 도전한다. 사회적 금기는 신체의 능동성을 잠재화하고 고정시키는 명령어이자 언표행위의 집합적 배치이다. 금기/명령은 신체를 예속시키고 주체화하는 것이다. 이에 순응해야만 신체는 '인간'의 언표를 부여받고 현실 속에서 의미화된다. 금기에 도전한다는 것은 의미화에 저항하는 것이자 잠재화된 신체의 능동성을 현실화하려는 시도이다. 장용학은 이러한 시도에서만 자신의 소설이 주체가 아닌 '살아있는 인간'의 목소리를 낼 수 있으며, 그러한 한에서 가장 실재성을 획득한다고 말한다. 그러므로 그의 소설의 작중 인물은 필연적으로 사회적 명령/금기와 맞닥뜨리게 된다. "異端이라고 규탄했던 소리"는 그의 소설이 지배적인 배치가 허용하는 가치평가의 극한 또는 문턱에 놓여 있음을 말해준다.

그런데 그는 소설을 창작하는 동안 기울이는 노력의 절반 가량이 "주인공의 독백, 소위 '연설'을 꾸며내는 데에 바쳐"지는데, "그 다음 대목은 그 전에 있은 대목보다 호흡이 낮은 것을 내놓을 수 없고 보니 점점 숨이 가빠지고 그만큼 노력도 기울이게 된다."[45]고 말한다. 이는 인물들이 극한 상황에 처하게 되고 그 상황이 진행됨에 따라 말과 신체의 호흡이 점점 가빠지는, 다시 말해 신체적 정동의 강도가 점점 높아짐을 의미한다.

일반적으로 말은 관념을 실어 나르는 매체로 인식되므로, 인물의 발화는 의미를 전달하기 위한 것으로 이해된다. 그러므로 대부분의 연구들은 인물의 발화가 전달하는 의미에 초점을 맞춘다. 그런데 그의 소설에서 극한 상황에 처한 분열증적 인물의 내/외적 발화는 의미가 모호한 환상이나 괴변 등의 형태로 표현되거나, 이와 반대로 지극히 이성적이면서 논리적인 사유로 나타나기도 한다. 그렇기 때문에 의미가 모호한 경우, 이는 현실에서 유리된

---

45 장용학, 「나는 작품을 어떻게 쓰나」, 『사상계』, 사상사, 1962. 12, 280쪽.

비정상 내지 병적인 개인의 내면을 묘사한 것으로 치부된다. 그렇지 않고 발화된 의미가 논리적인 경우에는 현실에서 실현 불가능한 초월적인transcendent 유토피아를 지향하는 지극히 관념적인비실재적인 사유로 평가된다.

그러나 인간의 신체는 사유에 따라서 정동이 지속적으로 변이하는 이행의 상태에 있다. 따라서 엄밀히 말해 사유하는 것은 물론, 말하는 것은 곧 행위하는 것이다.[46] 일상의 언어활동은 배치가 부과하는 명령어의 한계 내에서 일어나는 모든 언표행위이다. 따라서 지배적 배치에 예속되어 있는 한에서 모든 발화는 의미화로 귀속된다. 이에 비해 언어를 '강도強度적이고 반기표적'으로 사용하는 것은 발화행위가 기호체계의 의미화를 넘어 신체의 내적/외적 강도를 표현하는 것이다.

이러한 측면에서 볼 때, 장용학의 소설에서 인물의 내·외적 발화는 사회적 금기에 맞선 인물의 신체적 변이를 표현하며, 의미에서 탈의미화 내지 언어의 외부를 향한다. 흔히 말하는 언어정체성과 달리 언어야말로 극단적인 차이의 체계이다. 학교선생 - 학생, 친구, 연인, 가족, 결투, 군대 등의 배치에서 일어나는 언어활동은 동일한 언어활동이 아니다. 이는 각각의 배치가 요구하는 권력관계와 명령어가 다르기 때문이다. 언어가 탈영토화된다는 것은 각각의 지배적 배치를 전제함과 동시에 이를 지탱하는 언어의 외부로 나가는 것이다. 장용학의 작품 내에서 이것이 표현되는 양상을 간략하게 도식화하면 '인물이 처한 상황 → 내·외적 발화이를 그는 인물의 '횡설수설'이라 부른다+ 인물의 신체적 정동의 변화 → 극한으로 이행 → 언어의 외부신체의 되기'로

---

46 오스틴은 현실의 발화행위를 발화행위, 발화수반행위, 발화효과행위 등으로 구분한다. 그에 따르면 우리는 "맹세해"라고 말하면서 동시에 맹세한다(신체의 느낌이나 삶의 자세 등을 바꾼다). 이는 말과 행위 사이의 외적인 관계(직설법을 써서 행동을 기술하거나 명령법으로 행동을 불러일으키는 것)뿐만 아니라, 언표와 신체의 내적관계가 존재함을 의미한다. 오스틴은 이를 수행문에서 동시에 실행되는 '발화수반행위(illocutionary act)'라 부르며, 관습과 관련된다고 한다(John L. Austin, 김영진 역, 『말과 행위』, 서광사, 2007, 8강의 참조).

나타난다. 그리고 궁극적으로 그의 언어는 주체화의 기호체계를 구성하는 언어에서 탈영토화한다.

뒤에 구체적인 작품을 분석하게 될 때 다소 겹치는 부분이 있을 수 있지만, 이와 같은 언어적 표현이 드러나는 일례를 인용하면 다음과 같다.

> ① 萬有를 물어뜯으며 울부짓는 불길은 또 「길」을 태우는 業火이기도 하였다.
> 「아! 새 아침이 온다. 이 밤 뒤에 새 아침이 온다! 그릇이 없이 生命이 흐르는, 陰陽이 죽고 生命이 太極에서 흘러 나오는 샘터. 신이 죽어서 외로운 아침! 無가 죽고 제로(零)가 蘇生하는 草原에 새벽이 온다! 時間이 죽은 地平線에서 해를 파내는 이 가을에 아침이 밝아온다!」
> 그의 몸은 흥분 때문에 터질 것만 같았다. (중략)
> 그의 흥분은 졸음 속에서 팽창할 대로 팽창하는 것이었다. 驚愕과 歡喜와 무슨 豫感에 온 몸은 떨리는 것이다.[47]

> ② 「아— 肉에 갇힌 囚人……」
> 囚人에겐 破獄 이외 세상으로 나갈 길이 없다는 것이다. 이 肉身을 破棄하지 않는 한 나는 然姬에게로 돌아갈 수는 없는데, 내가 나를 어떻게 破獄한단 말인가.
> 「아— 치사하다. 나는 끝끝내 거즛이란 말인가……. 나에게도 정말이 있자면 있을 수 있다!」
> 자기에게서 빠져 나가려고 이를 악물고 버둥거리는 몸부림! 빨갛게 홍조를 띠는 얼굴…….
> 「내 이빨이 내 이빨을 깨물어서 부러뜨릴 때!」

---

47 장용학, 「非人誕生」, 『사상계』, 사상사, 1957. 1, 372쪽.

> 그것은 極限에 接近하려는 企圖. 極限이란 <現在>를 밀고 가서 <現瞬間>에 一致시킨 순간이요 自我를 끌어당겨서 生에 合致시킨 狀態!
> 五官의 모든 門을 닫아 버리고, 내가 이 세상에 내던져졌을 순간부터 지니게 된 모든 것을 吐瀉해 버리고, 그 순간의 무게가 내 半生의 全重量과 같아졌을 瞬間의 狀態!
> 그 極限에 근접하려고 악문 입에서는 빠드득 빠드득 소리가 나고…… 더욱 뻘개지는 紅潮……
> 툭!
> 무엇이 어디에서 삐어나가는 감각.
> 내가 나를 脫臼한 것이다![48]

「비인탄생」에서 지호는 무고하게 경찰서에 끌려갔다가 이틀 밤 동안 구류를 살고 풀려나와보니 자신이 돌보지 못한 사이에 어머니가 죽었음을 알게 된다. 인용문 ①은 그 후 지호가 어머니를 화장하는 과정에서 행하는 발화와 내면 진술이다. 이 부분은 그가 어머니를 화장하는 과정에서 현실의 배치가 요구하는 '인간'을 벗어나 새로운 세계가 도래함을 예감하는 부분이다. '인간'이라는 언표는 이미 우리의 신체를 사회체가 요구하는 의미로 가두는 명령어이다. 신체는 현실이 요구하는 명령에 순응하는 경우에만 '인간'이 된다그렇지 않은 경우 '인간'이라는 언표 앞에는 항상 어떤 수식어의 언표가 따라 붙는다. 그런데 지호가 갈망하는 세계는 인간의 세계에서 잠재화된 '비인'의 세계이며, 이는 인간이라는 언표를 부여하는 현재와 투쟁 중에 있는 잠재적 세계이다. 지호의 경련하는 신체는 '인간'이라는 언표의 명령을 거부하고 거기에서 벗어나기 직전의 상태로, '흥분 때문에 터질' 지경에 이른다. 따라서

---

48 장용학, 「易姓序說」, 『사상계』, 사상사, 1958. 6, 378쪽.

이 순간에 이르기까지의 모든 내·외적 발화는 극한에 이른 지호의 신체적 정동, 신체의 비물체적 변형을 표현한다.

마찬가지로 인용문 ②는 「역성서설」의 주인공인 삼수의 내면적 '절규'이다. 삼수는 '인간'을 벗어나 탈구된다. "극한이란 현재를 밀고 가서 현 순간에 일치시킨 순간"이며, 이 극한에 도달하는 순간 그의 신체는 모든 사회적 명령을 벗어나 '이것임'을 획득한다. 그는 위와 같은 과정을 거쳐 '거인'이 된다. 사회적 배치가 요구하는 명령에 순응하는 신체만 정상의 '인간'이라는 언표를 부여 받는다면, 여기에서 거인은 더 이상 언표에 갇히지 않는, 인간 외부의 존재이다. 삼수의 내면적 발화 역시 신체적 변이와 동시에 일어나며, 이 역시 그의 신체가 갇혀 있던 '인간'이라는 언표를 벗어나는 것이다. 즉 「비인탄생」과 「역성서설」의 인물들이 발화하는 것은 결국 인물의 '비인되기', '거인되기'에 이르는 신체적 정동의 변이 과정을 표현한다. 이 발화들과 동시에 인물들은 '인간' 외부, 배치가 부여하는 의미망 외부로 달아나는 것이다.

그리고 이러한 내적 절규는 개인의 절규가 아니라, 신체를 '인간'으로 만들어내는 기호체제인 언어 자체의 극한이다. 이는 인물의 발화이자 신체적 변이를 표현하는 것이면서 동시에 사회체가 용인하는 언어의 극한을 표현한 것이다.[49] 기호체제의 언어가 신체를 구속하고 정동을 고정시키기 위한 것이라면, 인물의 절규는 실제 신체의 욕망과 정동을 표현하는 것이다. 이때 언어는 배치의 명령을 넘어서 그 자체로 신체의 물질성을 표현하면서 기호체제의 구속을 넘어가는 것이다. 이것이 언어가 단순히 의미화나 의미전달의 차원에 머무는 것이 아니라, 신체의 변이를 표현하는 언어의 강도적이고

---

49 기독교에서 어떠한 신체에게 '이단' 또는 '사탄'이라는 언표를 부여할 때, 부부 싸움 중 누군가의 입에서 '이혼'이라는 말이 튀어 나올 때, 이것은 그 언어(기호체제)의 극한을 드러낸다. 동시에 이는 그러한 신체의 극한이기도 하다.

반기표적인 사용인 것이다.[50] 이는 「원형의 전설」과 「상립신화」에서도 마찬가지이다.

> ① 芝夜는 침대에 들어가 있는 것이었읍니다. 마룻바닥에 널려 있는 옷가지로 보아, 얼굴만 내놓고 반듯이 누워 있는 그 芝夜는 실 한 오리 걸치지 않은 것으로 되어 있어야 했읍니다. (중략)
> 「험하고 무서운 사람이라고 미워도 해 봤지만 演劇을 할 만두 했겠다구 理解가 가요. 저는 사랑을 위해서였지만.」
> 「사랑하기 위한 연극이었다! 사랑하지 않았다면 이런 연극은 있을 수 없다!」
> 「처음 만났을 때부터 왜 그렇게까지 좋아했나 하는 것을 알게 되었을 땐 이미 늦었는 걸요.」[51]

> ② 葬地에 도착한 그는 묘터에서 七,八○ 미터쯤 떨어진 산기슭까지 와서는 더 움직이려고 하지 않았다. 들어앉아서 길바닥에다 무슨 글씨를 쓰곤 지우고, 지우곤 쓰고 하는데, 符籍에 그려 넣은 글자처럼 무슨 글자인지 알 수 없는 것이었다.[52] (밑줄 인용자)

「원형의 전설」에서 주인공 이장李章은 근친상간으로 태어난 사생아이므로 '정상적'인 가부장제의 기호체계가 할당하는 항이 없다. 따라서 실존하는 완전한 신체임에도 불구하고 그는 비존재이거나 열등한 존재가 된다. 그의 근친상간은 가부장제로 오이디푸스화된 세상을 벗어나기 위한 선택이다. 인용문 ①은 이장과 안지야가 동굴 속에서 결혼한 후 근친상간을 하기 직전의

50 Jean-Jacques Lecercle, *Deleuze and Language*, Palgrave Macmillan, 2002, p. 195.
51 장용학, 「圓形의 傳說」, 『사상계』, 사상사, 1962. 11, 361~362면.
52 장용학, 「喪笠新話」, 『문학춘추』, 문학춘추사, 1964. 4, 244면.

대화이다. 두 사람은 서로가 배다른 누이였음을 알게 되었음에도 서로의 사랑을 확인한다. 이 대화를 통해 두 사람은 '배다른 오누이'에서 '연인'이 된다.

가부장제의 기호체계에서는 결혼 내지 성관계를 할 수 있는 목록이 정해져 있다. 이는 인간의 신체적 능력에 대한 부정이다. '인간'과 대립하는 '인간적현실에서 용인하는 인간'인 눈으로 보았을 때, 이들의 행위는 인간외부로 나가는 것이다. 그런 측면에서 이들의 근친상간은 가부장적 언어도덕률에 의해 봉인되었던 신체적 능력이 회복이며, 그 능력이 '실존'함을 보여준다. 부부되기를 통한 이들의 근친상간은 '인간적'을 지탱하는 가부장적 기호체제와 그것이 용인하는 언어에서 탈영토화한다. 동시에 그것은 가부장적 기호체제의 언어외부를 보여주는 사건으로, 가부장제의 언어가 의미화할 수 없는 어떤 생성인 것이다. 이들 신체는 언어의 외부에서 현존하고 있기 때문에 현실의 언어 자체를 흔들리게 한다.

「상립신화」에서 인후는 어머니의 병을 치료하기 위한 노력을 하는 동안 광인으로 변한다. 이 과정에서 확인할 수 있는 것은 효의 기표적 기호체계와 언어가 의미화하는 구속력이다. '효자'라는 기표는 효의 대상에게 어떠한 판단도 내려서는 안 되는 절대적 예속 상태를 의미하며, 이는 결코 현실에서 실현될 수 없는 것이었다. 인용문②는 효자가 되기를 욕망하지만 결국 광인이 된 인후가 쓰고 있는 글씨이다. '부적에 그려 넣은 글자처럼 무슨 글자인지 알 수 없는' 글씨는 어떠한 의미화에도 포획되지 않는, 그러면서도 인후가 도달한 탈기표적인 지점을 보여준다. 인후의 '광인되기' 역시 효 기표가 부여하는 의미화를 넘어서는 것이자 효의 기호체제의 무능력을 보여준다. 이를 통하여 인후는 의미화에 포획되어 주체화된 인간이 아니라, 인간을 넘어선 '식별불가능'한 생성의 지대로 나아감을 알 수 있다. 이는 기표의 의미작용을 벗어나는 것, 궁극적으로는 언어를 흔들거리게 만들고 그 극한을 넘어서는 것을 표현한다.

2. 언어민족주의에 대한 비판과 거부

이 장에서는 1964~1965년 동안 소설가 장용학과 평론가 유종호 간의 논쟁과 그 논리들을 각자의 문학 언어의 측면에서 살피고자 한다. 이들의 논쟁이 촉발되던 시기 사회체의 욕망은 피식민의 경험을 무의식화하는 한편, 전쟁으로 폐허가 된 국가를 복구하면서 보편 근대인 서구적 국민민족국가 nation-state를 건설하고자 했다. 사회 전全 층위에서 전통 만들기와 근대화가 거대한 과제로 등장하게 된 것은 바로 이러한 욕망이 과거와 미래로 동시에 투사되었기 때문이다.

따라서 고려해야 것은, 우선 이 논쟁을 단순히 문학장 내에서 소설가와 평론가라는 입장 차이와, 개인들의 견해 차이로 촉발된 해프닝 정도로 봐서는 안 된다는 점이다. 오히려 이 두 사람의 충돌은 변화된 조건 속에서 문학 및 문학언어를 둘러싼 이질적인 욕망 사이의 징후적 갈등으로 볼 필요가 있다. 다음으로, 두 사람의 갈등에 대한 평가는 한글전용을 채택하고 있는 현재 조건의 선입견에서 벗어나 논쟁이 일어난 당대의 지평에서 새롭게 살펴보아야 한다는 점이다. 다시 말해, 지금까지 한국문학을 지탱해 왔던 근대-국민민족-국가의 이념과 가치체계는 연구 대상에 투사되거나 전제되어서는 안 되며, 일정한 거리를 유지할 필요가 있다.

1) 유종호와 장용학의 논쟁

1964년에서 그 이듬해까지 진행된 두 사람의 논쟁은 모두 유종호의 비평에 대하여 장용학이 반발하면서 시작되었다. 나중에 가서 내용이 뒤섞이기는 하지만, 이들의 논쟁은 서기에 대한 것과 작품해석에 대한 것으로 구별하여 진행된다.

국문전용과 국한문 혼용의 서기에 관한 논쟁은 유종호의 「내셔널리즘·기타」에서 장용학의 한자표기에 대한 비판과 이에 대한 장용학의 반론으로 촉발되었다.[53] 이 글에서 유종호는 파시즘적 민족주의를 거부하면서, 약소국인 우리의 문학에서 민족주의가 나타나는 것은 자위적 본능이라고 하면서, 내셔널리즘이 문학에서 실현되는 것은 '모국어에 대한 애정'이라고 주장한다. 그렇기 때문에 유종호는 장용학이 소설에 한자를 사용하는 것에 대해서 상당히 비판적인 입장을 보인다.

> 대체 우리에게는 소설에서 漢字表記를 않는다는 五〇年來의 不文律이 있지만 이것은 소설의 특성과 일치되는 것이다. 소설을 로만스의 直系라고 보는 견해엔 약간의 異見도 있지만 어쨌든 라틴말에 대해서 俗語(方言)로 쓰여진 얘기가 오늘날 소설로 발전해온 셈이다. (중략) 漢字語의 忌避는 이에 따라 한자어만이 감당할 수 있는 觀念的, 사변적, 비판적 요소를 그만큼 소설에서 제거시켰다고 볼 수 있기 때문이다. 漢字語忌避의 경향이 결과적으론 토착적인 현실과 인간상의 추구로 순수화되었다고 얘기할 때 그것은 측면적인 설명이 될 수 있을 것이다.[54]

유종호는 우리 소설이 이미 일제강점기에 한글전용을 실현한 것은 우리 문학이 근대문학으로 발전해온 자연스러운 결과라고 주장한다. 그에 따르

---

53 논쟁의 흐름은 다음과 간다. 한자표기와 관련해서는 ①유종호, 「내셔널리즘, 기타」(『사상계』, 1964.5.), ②장용학, 「긴 안목이라는 유령」(『세대』, 1964.8.), ③유종호, 「버릇이라는 굴레 - 한글·한자·소설-」(『세대』, 1964.9.), ④장용학, 「낙관론의 주변 - 평론가 유종호론 초-」(『세대』, 1964.10.), ⑤유종호, 「청승의 둘레 - 낙관론의 주변을 읽고-」(『세대』, 1965.2.), ⑥장용학, 「원만주의자의 초상 「전세포씨와 깍두기씨의 대화」」(『세대』, 1965.2.) 순으로 진행되었다.

54 유종호, 「내셔널리즘, 기타」, 『사상계』, 1964.5, 302~303쪽.

면 김유정이나 황순원의 소설이 그려내는 세계는 한자표기를 하려고해도 할 수 없는 '한자어 기피의 세계'토착적인 현실인 반면, 장용학이 한자 표기를 주장하는 것은 "그가 추구하는 작품세계의 필연적인 발로" 때문이라고 말한다.[55] 이러한 서술은 소설 언어는 작가가 무엇을 추구하느냐에 따라서 다르다는 말이다. 이는 장용학의 소설도 인정하는 듯보이지만, 그는 결코 장용학의 작품세계를 인정하지 않는다.

유종호는 한자어가 지식인 계층의 언어이자 번역어의 성격을 띠기 때문에 소설 언어로서는 일상적인 리얼리티를 삭감시킨다고 말한다. 또 소설에서 한글을 한자로 쓰는 것이 잇점이 있고 한자가 편리하다고 하는 장용학의 주장은 "습관에서 온 幻覺"303일 뿐, 별다른 의미가 없을 것이라고 일축한다. 더 나아가 "한글專用은 언젠가는 반드시 실현되어야 할 민족의 宿題"라고 주장한다. 그렇기 때문에 "한글專用이 논의되기 이전에 이미 그것을 본때있게 실천해온 소설에 있어서의 한글전용의 不文律을 이제 와서 새삼스레 변경할 필요는 없다"303고 강조한 다음, 한자표기는 습관이자 시대 역행일 뿐이며, 국한문 혼용 서기 자체가 소설의 문장같지 않다고 혹평한다.

이에 장용학은 「긴 안목이라는 유령」『세대』, 1964.8.을 통해 유종호의 한글전용에 대한 논리는 애국의 논리일 뿐, 문화의 논리로 적합하지 않다고 반박한다. 그는 한글전용론자들의 입장을 정리한 다음, 한자어 폐지 불가론을 든다. 그의 주장은 당대 국한문혼용을 주장하던 논자들과 크게 다르지 않다. 그에 따르면 한글은 우리 민족의 언어생활이 한자에 의해 틀 잡힌 후에 나왔기 때문에, 일거에 없애는 것은 아무리 '긴 안목'이라도 불가능하며, 한글전

---

55 이 발언은 표면적으로는 유종호가 장용학의 문학세계를 인정하는 것처럼 보인다. 하지만 그는 근대 메커니즘의 극한에 몰린 병리적인 인간을 그려내는 장용학의 작품 자체를 인정하지 않는다. 그에게 장용학의 소설세계는 '외국문학을 모방하는' 일고의 가치가 없는 것에 불과하다. 그가 생각하는 소설은 한국의 민족정서를 드러내는 것이어야 했기 때문이다. 이와 같은 선입견이 작용하여 소설의 해석 논쟁으로 이어진다.

용론은 이와 같은 언어생활의 역사를 소거하겠다는 주장으로 타당하지도 않고 가능하지도 않다는 것이다.

> 理論은 超越할 수도 있어서 「한글專用論」이라는 것이 있을 수도 있지만 歷史를 取消하거나 바꾸어 놓을 수는 없다. 漢字만이 아니라 漢字語마저도 없애려고 하는 것은 五百年前의 世宗時代를 — 實質的으로는 오늘을 — 이 民族의 言語生活에 있어서의 開明期로 삼자는 것과 같으니 우리는 이런 思考方式을 그들이 말하는 意味에 있어서도 時代逆行이라고 하는 것이다.[56]

장용학은 한자로 조음된 한자어를 "「제이의 우리말」이라고는 할지언정 완전한 우리말"이라고 하면서, 이를 부정한다면 우리 국어사전은 외래어사전이라고 불러야 한다고 말한다. 그는 한자를 "현재 쓰고 있으면서 남의 글자라고 하는 것은 논리 이전論理以前"199이라고 비판한다. 그리고 소설에서 한자를 쓴 것이 시대 역행이라는 유종호의 말에 대해서는 언어사용의 역사에서 소설의 국문전용은 지극히 짧은 기간에 불과하며, 그것도 "일제 삼육년간은 어떤 시대였고, 우리 소설의 독자는 어떤 층에 국한되고 있었던가 하는 것을"같은 쪽 고려해 보아야 한다고 되받아친다.

그는 "근대소설이 그 이전의 소설과 다른 점은 「이야기」 중심에서 「인간」 탐구로 그 관심을 옮긴 데에 있다는 것은 「소설은 이야기다」라고 하는 말만큼 상식적인 것"200~201이라고 말하면서 당대 소설의 세계적 흐름을 언급한다. 끝으로 그는 '한글 전용에 의해 우리 소설은 인간상을 순화시킨 공을 세웠다'는 유종호의 평가에 대해, 그것은 "토속화 풍월화 빈약화의 딴 이름에 지나지 않는 것"201이자 향토주의에 불과하다고 반박한다.

---

56 장용학, 「긴 안목이라는 유령」, 『세대』, 1964.8, 197~198쪽.

그 후 이어진 논쟁에서 유종호는 '한글전용론은 "이 나라의 전면적 근대화의 일환의 문제로 포착하고 진정한 민주주의의 확립과 관련"[57]지어서 고려해야 하며, 이를 위해서 당장 한자어에 익숙한 사람들이 불편하더라도 한자어를 한글로 표기하여 토착화해야 한다고 주장한다.

이에 대해 장용학은 '한글전용이 어떻게 근대화의 일환인지를 증명하라고 요구하는 한편, 한글전용론자들의 주장이 당대 '민족문화 순화'를 주장하던 위정자들과 크게 다르지 않다고 비판한다. 그는 언어표기 문제는 인위적으로 시행하기보다 사회에 맡겨야 한다는 입장을 편다.[58] 아울러 유종호가 주장하는 한자어로 된 관념어의 토착화는 얼마나 걸릴지 모를 일이며, 어쩌면 영원히 불가능한 일일 것이라고 일축한다.

그 후에서도 지속되는 논쟁의 대강은 '한글은 한자어의 발음기호'라는 장용학의 주장과 그에 대한 유종호의 반론, 한자어의 표의성이 지닌 장점에 대한 장용학의 주장과 유종호의 비판, 일본에서 한자어를 포기하지 못하는 이유에 대한 각자의 논리의 공방 등이다.

『세대』지의 편집장에게 호소하는 듯한 형식으로 쓴 「청승의 둘레」『세대』, 1965. 2.에서 유종호는 저간의 대화가 전혀 좁혀지지 않음을 한탄한다. 눈에 띄는 것으로 유종호는 장용학이 "「學校」냐 「배움집」이냐의 兩者擇一"만 생각하는 논리를 넘어 "「學校」와 「배움집」 以外에도 「학교」라는 가능성이 있다는 것"141을 제시한다. 하지만 동음이의어를 생각하면 이는 오히려 사고의 둔탁함만 불러올 뿐이라 주장하면서 장용학은 이를 끝까지 받아들이지 않는다. 이상이 서기書記와 관련된 논쟁의 대강이다.

이와 달리, 작품 해석과 관련한 논쟁은 유종호가 「상립신화」를 비평한

57 유종호, 「버릇이라는 굴레 - 한글·한자·소설-」, 『세대』, 1964.9, 132쪽.

58 "한글專用問題는 自然에 맡길 수밖에 없다." 장용학, 「낙관론의 주변— 評論家 유종호論抄」, 134쪽.

「씨니씨즘 기타」『문학춘추』, 1964.7.에 대해 장용학이 오독이라고 비판하면서 시작되었다.[59] 이 글에서 유종호는 「상립신화」가 깊은 씨니씨즘에 빠져서 '하나님과 하나님에 대한 기도', '종교와 종교인의 생태', '배금주의', '의리인정의 쇠퇴' 등등 모든 것이 야유되고 있다고 지적한다. 아울러 엄마의 모습을 파충류로 묘사하는 것, 관장기를 사용하면서 엄마의 성기를 보는 장면 등을 "노악취미露惡趣味와 노추취미露醜趣味"234라고 비판한다. 이와 함께 장용학의 문장은 소설 문장이 아니며,[60] 전체적으로 서머셋과 비슷한 것 같지만 장용학의 작품은 청년기의 치기어린 것에 불과하다고 혹평한다.

이에 장용학은 「해바라기와 「순수」신판」『문학춘추』, 1964.8.을 통해 유종호의 작품 독해를 조목조목 비판하기에 이른다. 아울러 그는 유종호가 당대 문학의 새로운 바람을 잠재울 소방수 역할을 하고 있다면서 "우선 「내로라」하고 뽐내고 있다는 장용학부터 어째야 하겠다는 심경에 도달해 있는 모양이다."283며 불만을 직설적으로 드러낸다. 그가 보기에 유종호는 어떤 근거도 없이 자신의 모든 작품을 서구 소설의 아류로 평가하고 있기 때문이다. 그리고 자신의 문장에 대해 소설의 문장이 아니라고 한 유종호의 비판에 대해서

---

59 이와 관련해서는 ①유종호, 「씨니씨즘 기타」(『문학춘추』, 1964.7.), ②장용학, 「해바라기와 「순수신판」」(『문학춘추』, 1964.8.), ③유종호, 「유소사 - 해바라기와 순수신판에 붙여-」(『문학춘추』, 1964.9.), ④장용학, 「편리한 비평정신 - 오류·아류·순수-」(『문학춘추』, 1964.11.), ⑤유종호, 「투박한 고정관념」(『문학춘추』, 1965.1.), ⑥장용학, 「시장의 고독」(『문학춘추』, 1965.3.)의 순서로 진행되었다.

60 "그 다음 가장 핵심적인 것은 씨의 문장이다. 「眞實은 하나이지만 事實은 언제나 두 개다. 슬픔은 슬픔이고 냄새는 냄새다. 냄새도 事實이지만 슬픔도 事實이다. 이것이 眞實이다. 이쯤되면 孝와 不孝는 兩立될 수 있는지도 모른다.」 이것이 소설문장으로 수긍될 수가 있을까? 소설의 특성은 그것이 手記나 편지나 엣세이 혹은 통계재료까지도 포용할 수 있다는 그 자유자재性에 있다. 그렇다면 위와 같은 문장은 과연 엣세이로 보더라도 유니크하거나 오리지날한 것이 될 수 있는 것일까. 유종호, 「씨니씨즘 其他」, 『문학춘추』, 1964.7, 324~235쪽.

는 "비평이 아니라 행패"282라고 평가한다.

이 후 유종호는 「유소사」『문학춘추』, 1964.9.에서 신비평의 '의도의 오류'를 거론하면서 자신의 오독이 나름의 일리가 있다는 투의 설명을 덧붙인다. 그리고 장용학이 자신 모든 작품을 외국 작가의 아류로 평가한다는 비판, 그리고 자신을 '원만주의자'가 되었다는 지적에 대해서는 평론을 시작하면서 스스로 "「조심성스런 급진주의자와 과격한 보수주의자라는 데서 自身의 입지점을 정립하려고 했다"303고 변론한다.

이에 대해 「편리한 비평정신」『문학춘추』, 1964.11.에서 장용학은 「유소사」에서 유종호의 말을 조목조목 반박하며, 이에 이어지는 유종호의 「투박한 고정관념」『문학춘추』, 1965.1. 역시 앞의 장용학의 주장에 대한 좀 더 자세한 나름의 반론으로 일관되고 있다. 물론 처음부터 상당히 감정적인 논조로 시작된 이들의 논쟁은 이즈음에 와서는 논리적으로 상대를 설득하기 위함이라기보다, 서로의 감정을 자극하는 쪽으로 진행되고 만다.

마지막으로 「시장의 고독」『문학춘추』, 1965.3.에서 장용학은 근 1년 동안 진행된 논쟁의 논점들을 자신의 입장에서 새롭게 정리한다. 그러면서 그동안의 논쟁에서 유종호의 원고에서 "말 같은 말은 하나도 없었다"고 평가한 다음, "오독을 일삼아야 한다면 차라리 평필을 꺾으라"292며 말을 끝낸다.

이상의 논쟁은 선배이자 작가였던 장용학에 대하여 후배이면서 평론가인 유종호의 혹평에서 촉발되었던 만큼, 처음부터 상당히 감정적이었다. 지리한 논쟁을 이끌어 나가면서 두 사람은 감정적 화해나 논리적 타협점을 찾지 못하고 끝까지 평행선을 달리게 된다. 그렇다면 장용학의 말처럼 "개도 먹지 않게 된 싸움"[61]이 된 원인을 살펴볼 필요가 있다.

---

61 장용학, 「市場의 孤獨」, 『문학춘추』, 1965.3, 292쪽.

2) 유종호: 민족 정서를 담지하고 표상하는 토속어

논쟁 내내 한글전용을 부르짖던 유종호는 토착어에 과도한 집착을 보여준다. 그가 토착어에 집착한 것은 문학적 이념소설의 이념과 무관하지 않다. 「산문정신고」에서 그는 산문정신이란 냉혹한 관찰의 정신이며, 그 관찰을 통해 현실의 '전면적 진실'을 드러내는 것이라고 말한다. 그리고 전면적 진실을 추구하는 산문정신은 인간을 사회적 배경 속에서 포착하고, 사회에 대한 전반적 통찰을 통해 사회비판의 지점까지 나아가는 것을 말한다.

> "이렇게 해서 나는 인간현실의 냉혹한 전면적 관찰자, 이에 따른 통찰적 비판의 철인, 그리고 당초의 언어예술가, 이 3자의 행복한 결합을 통해서 산문정신을 태반으로 하는 소설문학이 완벽한 자기를 실현할 수 있는 것이라고 믿고 싶다. 실상 위대한 작가에게서 우리가 발견하게 되는 것은 이러한 3자의 아름다운 결정 이외의 아무것도 아니다."[62]

유종호가 도달한 산문정신은 서구 근대의 부르주아 리얼리즘과 유사하다. 다만, 그것은 '보다 정교하고 유연한' 리얼리즘이라기 보다는[63] 정치색이 탈각된 느슨한 리얼리즘이다.

이러한 문학적 인식과 기획은 그가 영문학 전공자였기 때문인데, 유종호가 만났던 20세기 영문학은 꼼꼼한 읽기와 텍스트 분석주의 등과 같은 연구방법을 표방했다. 그 속에는 제국주의적 민족주의가 순화된 '언어-내셔널리즘'과 '영어성Englishness'이 놓여 있다. 동시에 이러한 관념 속에는 '토속적인 영어 속에는 영국인의 정서가 담겨 있다'는 언어-정서 실체론이 깔

---

62 유종호, 「산문정신고」, 『유종호 전집1』, 민음사, 1995, 173쪽(『현대문학』, 1958.9.).
63 이광호, 「인간과 문학의 전면적 진실」, 『오늘의 문예비평』, 1995. 여름. 155쪽.

려 있었다.[64] 이러한 논리는 토속적 언어만이 민족의 정서를 지탱하고 있으며,[65] 동시에 토속 언어란 민족성을 표상할 수 있는 정서적 실체라 보았다. 식민지에서 갓 벗어난 유종호가 전공을 통해 만난 것은 바로 제국주의의 흔적이 흐릿해진 영문학의 시선이었던 것이다.

다른 한편, 영문학과의 조우는 그를 문학에 관한 무의식적 신식민상태로 만들었다. 이는 '서구 근대문학', 특히 서구 근대 리얼리즘 소설의 수준에 도달하려는 그의 욕망이 지극했다는 점에서 읽을 수 있다. 그는 우리 사회의 현실적 부조리에 대한 저항이나 고발이라는 문학의 사회적 역할보다 문학의 리얼리즘적 완성을 더 중요시했기 때문이다.[66]

유종호는 그가 접한 영문학의 영향으로 문학주의자이자 '토착어주의자'가 된다.[67] 그가 보기에 우리 문학이 한국적 근대라는 특수성을 통해 서구의

64 한형구, 「초기 유종호 비평의 어문민족주의적 정향성에 관하여」, 한국현대문학회, 『한국현대문학연구』 29권, 2009. 367쪽. 덧붙이자면 이러한 논리는 전체적 맥락에서 볼 경우는 민족-언어 본질주의라 할 수 있으나, 문학언어의 측면에서 볼 경우는 민족-정서 본질주의라 할 수 있을 것이다.

65 이글턴에 따르면, 이 시기 영문학이 영어성 혹은 토속적 언어로 회귀한 까닭은 근대의 물질문명이 인간의 정신을 파괴했기 때문에, 이를 극복하기 위해서 근대 이전의 훼손되지 않은 영어를 찾아서 훼손된 정신을 회복하는 것이 중요하다는 보수적 논리에서였다고 한다. 또 다른 한편으로는 엘리엇 학파에 의한 것인데, 전통이야말로 현대시가 생성되는 모태라는 인식이 팽배했었다고 한다. 테리 이글턴, 김명환 역, 『문학이론 입문』, 창작과 비평사, 1999, 59~63쪽.

66 그는 「비속의 미학」의 말미에서 다음과 같이 서술한다. "우리 문학이 외국의 문학사조를 받아들이면서도 그 표피만을 배우고 핵심부분을 건드리지 않고 버렸다는 사실은 리얼리즘의 경우에도 침통히 해당된다. 완벽까지 가본 일이 없기 때문에 그 반명제도 신통한 발전을 기하지 못했다. 나는 소위 문학의 영원성을 우직하게 신봉하는 자는 아니다. 그러나 저항도 또 고발도 문학 이전의 영역에서의 공허한 주먹질이라면 별로 존경하지 않는다. 소설의 빈곤이 아름다웠던 유산의 초보적 장점을 간과한 데서 온 면이 많다는 것은 우리의 경우 한번쯤 생각해 볼 문제가 아닐까." 유종호, 『유종호 전집1-비순수의 선언』, 민음사, 1995, 261~262쪽.(『현대문학』, 1960. 8. 밑줄 인용자)

67 유종호의 토착어에 대한 집착은 그의 시에 대한 실제 비평에서(「시와 토착어 지향」(1981),「시의 자유와 관습의 굴레 - 김수영의 시」(1982), 「시인과 모국어」(1984)) 반복적

보편-근대를 따라잡기 위해서는 그가 이념으로 설정한 부르주아 리얼리즘이 창작의 원리가 되어야 했다. 그리고 그것을 우리 문학에서 실현하기 위해서는 오직 '우리의 언어' 즉 토착어가 필요했다. 우리 문학의 특수성이란 서구 문학론을 보편적 원리로 하되, 오직 우리 언어로 표현될 때에만 완성된다고 보았기 때문이다. 그의 문학적 이념은 리얼리즘의 정신에 기반하여 총체적 현실을 비판적으로 그려내는 것을 통해 민족적 현실 혹은 민족적 정서를 형상화하는 것이다.

여하튼, 그에게는 순수한 우리 민족의 체취가 묻어있는 언어의 발굴과 정련이 무엇보다 절실했다. 하지만 제국주의 종주국이었던 영국과 달리, 우리 언어는 역사와 마찬가지로 타민족의 영향 아래에서 자유롭지 못했다. 우리의 언어는 한자와 일본어또는 일본식 한자에 의해 오염되었던 것이다. 따라서 그에게 가장 시급한 과제는 문학어인 오염되지 않은 토착어를 '발견'해야 하며, 불가능할 경우 그것을 다시 '재건'하는 것이었다.[68]

그런데 유종호는 곧바로 난관에 부딪힌다. 우리말에서 토착어란 생각보다 많지 않으며, 그것을 가려내기가 쉽지 않은 때문이다. 그는 토착어를 다음과 같이 정의한다.

> 나는 여기서 편의상 한자어에서 파생되었다고 인정할 수는 없으며, 또 그 기원을 멀리까지 소급해서 올라가면 역시 한자어에서 나온 것이되 이미 민중의 말로 일반화, 보편화되어 한자로 치환하는 것이 어색한 순수한 우리말을 토착어라고 부르기로 하겠다.[69]

으로 나타난다.

68 이 부분이 우리 문학에서 '우리 것'을 중시하는 일반적인 전통론자와 유종호의 차이점이기도 하다. 순수한 우리말이 있다고 전제하는 한, 오염된 언어로 써졌던 모든 문학은 부정되어야 했기 때문에 그는 문학 전통을 인정하지는 않고, 오히려 한국적인 것을 만들어가야 한다고 본다.

69 유종호, 「토착어의 인간상」, 『유종호 전집』 1권, 117쪽(『현대문학』, 1959.12.).

그런데 그가 정의한 토착어는 이처럼 모호하기 짝이 없다. 그럼에도 불구하고 그는 토착어 개념을 지속적으로 사용한다. 이것은 토착어를 규정 발굴해야만 했던 유종호의 고충이기도 하다. 그의 입장에서 볼 때, 우리 민족이 중국과 같지 않으므로 한자는 배제되어야 한다. 동시에 식민지를 거치면서 유입된 일본식 한자어 역시 우리 민족의 정서를 담고 있다고 말하기 어렵다.[70]따라서 이와 같은 정의는 토착어의 범위를 보다 넓게 상정하려는 노력[71]이라기보다는 토착어가 정의될 수 없다는 것을 보여준다. 게다가 유종호는 문학어가 아닌 한에서 한자의 사용이든, 일본식 한자의 사용이든 문제 삼지 않는다.[72]

이와 같은 유종호의 난관은 스스로 여전히 본질적 순수 민족언어, 다시 말해 한국어라는 고정된 실체가 있다는 전제를 의심하지 않고 있기 때문이다. 물론 여기서 '민족성'이라는 동일성은 상상된 것이며, 따라서 토속적 언어가 민족의 정서를 담고 있다는 사고 역시 근대의 상상물이자 도착의 산물임은 분명하다.

근대 인종주의를 경유하면서 '민족'이라는 공동체가 있다는 인식이 구축되자,[73] 그것이 영토 내의 과거를 '혈통사'로 역투사한다. 이 전도는 필연적으로 민족의 기원을 상정하게 한다. 이것이 근대 국민국가를 가능하게 했던

70 이와 같은 유종호의 언어의식은 이미 근대 초기부터 동아시아의 세 나라에서는 공히 존재하던 문제였다. 여기에 유종호에게는 일제를 거치면서 만들어진 일본식 한자에 대한 고민이 하나 더 추가되었다.

71 이정민, 「유종호 비평 연구」, 한국교원대 석사, 2003, 14쪽.

72 "지식의 전달이나 의사소통을 위한 언어의 사용의 경우엔 한자어와 토착어의 혼용은 아무런 장애가 되지 않는다. 그러나 시와 소설의 경우와 같이 언어를 매체로 한 예술적인 형상화의 경우엔 이 한자어와 토착어라는 이질적 요소의 대립은 분명히 모종의 문제를 일으키고 있는 것이다."(위의 글, 같은 쪽.) 따라서 한형구가 앞의 글에서 '왜 그가 한글전용주의자이면서도 본인은 한자를 애용하는가'라고 제기한 의문은 자연스럽게 해소된다.

73 가야노 도시히토, 김은주 역, 『국가란 무엇인가』, 산눈, 2010, 196~202쪽 참조.

배치이기 때문이다. 이를 받아들인 순간 이제 자명해진 민족의 기원에서부터 역사를 관통해온 혈족들이 있게 된다. 그리고 역사를 공유한 혈족들에게 공통된 정서가 존재할 것이며, 그것을 담지하고 있는 오염되지 않은 원래의 말 또한 당연히 있었을 것이라는 관념이 만들어진다. 이미 이 배치에 공명하고 나면 이러한 관념들 모두는 자명한 것이 될 뿐 그것이 도착의 결과물이라고 생각하는 것은 불가능하다. 이처럼 유종호의 토착어는 민족-민족어-민족적 신체 또는 민족적 주체정서가 마치 자명한 것처럼 상호 전제되어야 가능한 것이다.

실제로 사람들 대부분은 '한국어'라고 하는 고정된 실체, 즉 한국어라는 랑그가 본질적으로 존재한다고 생각한다.[74] 그런 한에서 한국어는 원래부터 존재해온 것이며 그 기원을 추적해야 한다는 인식 자체가 가능한 것이다. 하지만 한국어라고 하는 랑그가 본질적이고 균질한 형태로 존재해 온 것도 아니고, 당대 혹은 현재의 한국어 글쓰기라고 하는 것 역시도 필연적인 것이 아니라는 점은 분명하다.[75]

---

74 들뢰즈와 가타리는 '랑그'라고 하는 것이 공리적이고 안정된 체계라는 것을 부정한다. 하나의 언어에서 안정적인 체계로서 랑그라는 것은 존재하지 않으며, 오히려 다양하게 차이 나는 빠롤들, 개체적이고 특이적인 언어의 수행이 있을 뿐이며, 그 빠롤들의 특권화가 오히려 랑그를 구축할 뿐이라고 말한다.(질 들뢰즈, 펠릭스 가타리, 김재인 역, 『천개의 고원』, 새물결, 2001, 167~178쪽.)

75 우리가 당연시 해 온 한국어 글쓰기, 즉 한국어라는 에크리튀르는 근대라는 세계사적 흐름과 접속하는 과정에서 수동/능동적으로 발생한 다양한 형태의 글쓰기 가운데 채택된 임의의 것이었을 뿐이다. 즉 이는 서구적 근대의 틈입과 그에 대한 번역 과정에서 우발적으로 선택된 것이다. 이미 근대 초기에 우리의 글은 현토체, 국한문 혼용체, 순 국문체 등등이 다양한 편차를 보이면서 이질적으로 발생했었다. 그리고 그와 같은 한글의 변용은 여러 층위, 여러 방향에서 존재했었다. 황호덕, 『근대 네이션과 그 표상들』, 소명출판, 2005. 457~464쪽 참조, 이와 같은 사실은 한국어/한국어 글쓰기라는 것 자체가 태초에 우리가 상상하는 것과 같은 안정적인 체계가 아니라, 불안정한 것이었음을 보여준다. 더 나아가 언어는 현재에도 준안정적인 상황에 놓여 있음에도 불구하고 여전히 우리는 이를 순수하고 본질적인 등질체계로 상상할 따름이다.

그럼에도 불구하고 유종호는 토착어가 우리 민족민중의 '정서적 연상대라는 육체'를 토대로 동일한 감정을 공유하게 하는 것으로 인식한다.

> 이 토착어는 우리의 생활감정에 밀착되어 있는 말들이기 때문에 우리들에게도 퍽 친밀감을 준다. 미운 정, 고운 정이 그리고 미운 때 고운 때가 배인 이를테면 민족의 혈맥이 흐르고 있는 언어다. 그렇기 때문에 생경하지 않다. 생경하지 않기 때문에 우리들에게 주는 감화적 호소력이 크다. <논리>로 추론할 때는 무능하지만 <감성>에의 호소력은 크다. …… 한 나라의 국어는 그 국어를 사용하는 풍속 습관이나 역사를 같이 한 공동운명체의 구성원만이 감지할 수 있는 정서적 연상대를 갖는다.[76]

물론 언어의 문제를 정서와 감정의 문제로 파악하려 하는 그의 시도는 인정받을 만하다. 하지만 그는 정서 혹은 감정을 또 다시 '민족적' 혹은 '국가적' 단위의 동일한 것으로 실체화시키고 만다. 그는 '강나루', '밀밭길', '찔레꽃' 등 수많은 어휘를 들어 우리 고유의 감정을 말한다. 그러나 실제로 생활감정 혹은 감정이란 모든 개별 신체들이 구체적 삶을 살아오면서 오직 강도적 차이로만 느껴지는 이질체일 뿐이다.[77] 그렇기 때문에 우리는 동일한 어휘에 의해 발생되는 감정이 서로 상이함을 경험하는 것이다. 따라서 토착어가 아무리 민중이 사용하던 언어라고 하더라도 감정의 차이를 사상하는 한에서 정치성을 탈각시킬 우려가 있다.

---

76 유종호, 위의 책, 181쪽.

77 스피노자에 따르면 '정서'란 복합물인 신체들이 뒤섞이는 상태이다. 동시에 인간은 회상 이미지 등에 의해서도 정서적 반응을 일으킬 수 있다고 본다. 인간 종의 경우 두려움, 분노, 혐오, 놀람, 슬픔, 행복으로 분류하는 것이 정서에 해당한다. 그리고 주체가 정서를 인식하는 감정(느낌)이 어떠한 상황에서 어느 정도로 전개될 것인지는 개체에 고유한 것이다.(안수현, 「이성, 정서, 느낌의 관계」, 동서사상연구소 편, 『동서사상』 제 5집, 2008.8. 참조)

유종호의 말을 그대로 인정하더라도, 그리고 그 자신도 자각하고 있었듯이 문제는 토착어로의 회귀란 전근대로의근대의 시작은 식민지였으므로 퇴행을 의미할 뿐이라는 점이다. 따라서 그는 민족의 발전을 위해서는 "우리 문학의 새로운 가능성은 토착어의 자리를 대치하여 가고 있는 생경한 언어군을 어떻게 예술적으로 형상해 가느냐는 점에서 찾지 않으면 안 될 것"188이라는 모호한 결론에 도달한다.[78] 결국 그가 상상하는 최고의 문학소설이란 자신의 글에서 밝힌 '산문정신'을 '토착어로 표현한 것'이다. 그리고 그 토착어는 우리의 말이므로 '언문일치'가 가능하다고 상상된 우리글인 '한글'로 써야만 했다.[79]

따라서 뒤처진 한국문학, 특히 한국소설을 서구 리얼리즘 소설 수준으로 끌어올려야 하는 과제를 스스로 떠맡은 신식민지 지식인 유종호에게는 해결해야 할 과제가 산적해 있을 수밖에 없었다. 근대의 파국을 경험한 당대의 작가들이 쏟아내는 소설의 병리성은 그에게 하루빨리 청산 내지 극복해야 할 대상이었다. 특히 그들 가운데 장용학은 도저히 양립할 수 없는 작가였을 것이다. 왜냐하면 장용학은 그가 추구하는 문학의 근본이 되는 '토착어'를 부정하는 것은 물론, 더 나아가 식민지의 흔적이 분명한 한자를 소설의 문면에 도입하는 소설가였기 때문이다.

---

78 서준섭이 지적하듯이, 현대시가 시인에게 친숙한 일상어를 바탕으로 써지는 것이라면 시적 실험에 대한 적절한 평가가 있어야 한다.(「문학과 비평의 진실 -『유종호전집』에 대하여」,『작가세계』, 1996. 여름, 408쪽) 시적 실험 자체가 생경한 언어군으로 행하는 예술적 시도이기 때문이다. 하지만 실제 비평에 있어 유종호는 '토착화된 새로운 언어군'이라는 말의 모호성 때문인지 시적 실험에 대해서 크게 인정하지는 않는 듯하다.

79 그가 반전통주의자이면서 철저한 언어 민족주의자였다는 사실은 「한국적인 것」(『사상계』 12권, 1962.)에서 확인할 수 있다. 따라서 이 시기 '전통'과 '언어민족주의'에 대한 언설들은 이질성이 혼종된 형태이다. 이에 대해서도 새로운 관심이 요구된다.

3) 장용학: 포획하고 포획에서 탈주하는 힘의 언어

앞서 살펴본 바와 같이 장용학은 소설의 서기書記의 측면에서 한자어 어휘를 직접 한자로 표기했다. 게다가 해방 후 작가가 되고자 했던 자신의 한국어 실력이 전무했음을 고백한다. 그는 '간신히'라는 말도 모르는 상태여서 "중학생이 영어단어 외우듯이 책장을 뜯어가면서 낱말 공부를 하였다"[80]고 밝힌다. 그런데 이 고백과 함께, 한자로 한자어를 표기한 그의 서기는 지금까지 무수한 오해를 낳았다. 그 대표적인 것이 유종호가 처음 규정한 바 있듯이, '한자 중독자' 혹은 '일본어 중독자'를 시작으로 그 후 수많은 연구자들에 의해 그의 한자 사용은 좋지 않은 평가를 받았다. 하지만 앞서 언급한 대로 이는 그가 의지적으로 선택한 소설의 서기였다는 점은 분명하다.

그는 유독 소설에 있어서의 한글 전용에 대하여 상당히 부정적인 입장을 취했다. 그는 한글에 대한 지나친 강요를 문자 현실을 무시한 과도한 민족주의로 보았기 때문이다.[81] 아울러 이러한 선택의 이유는 앞의 유종호와 마찬가지로 그의 문학적 지향과 무관하지 않다. 그는 자신이 추구하는 문학의 목적은 근대 '인간의 몰락'을 그리는 것이다.

> 필자가 흔히 다루는 소재는 막다른 골목에 빠져든 인간이다. 現代라는 상황이 그렇게 생각되기 때문이다. 거기에는 필계댈 구멍도 없다. 전에는 운명이

---

80 장용학, 「나의 作家修業」, 『사상계』, 1956.1, 154쪽.

81 "民族의 얼이 깃들어있는 것은 말(言語)이지 글(文學)이 아니다. 그렇지 않다면 한번 한글에 이 겨레의 얼이 깃들어 있다는 것을 증명해 보이는 것이 좋겠다. 한글이 생기기 전에도 민족의 얼은 있었다. 한글이 없었던 新羅時代의 鄕歌에는 中國人의 얼이라도 깃들어 있었다는 말인가? 소설가는 한글의 普及員이기 전에 藝術家이다. 소설로서 언어의 先驅者가 되는 것에는 영광이 있어도 문자의 先驅者가 되는 것은 그 사람의 국민으로서의 자유에 속하는 것이고 藝術家로서는 외도이다.(이 말은 이 사회에 널리 쓰이고 있는 國文은 國漢混用文이라는 사실을 전제로 하고서 하는 것이고 또 한글 專用으로 된 소설은 예술이 아니라는 말이 아니다.)" 장용학, 「불모의 문학풍토」, 『사상계』, 1965.7, 306쪽.

> 라든지 神意라든지 환경 또는 유전을 끌어대면서 自慰나마 할 수 있었지만 현대에 있어서의 인간의 불행은 그 원인이 인간에게 있다. (중략)
> 의식하고 있든 아니 있든 그들도 현대의 한 속성인 매카니즘의 被害者여서 현대적으로 사고하고 비판하면서 살아가고 있다. 그러다가도 韓國小說을 대할 땐 갑자기 자연주의라는 안경을 꺼내 쓴다.
> 그들은 病院을 소재로 다룬 作品은 現實的이고 研究所를 다룬 작품은 非現實的이라고 한다. 왜냐하면 병원은 일반사람들도 잘 알 수 있지만 研究所는 어디에 있는지도 잘 모르기 때문이다. 그리고 현미경으로 들여다보이는 病菌이 우리 생명을 파먹고 있다고 하면 터무니없는 소리라 하고, 蛔蟲이 우리 건강을 해치고 있다고 하는 말에는 레알리티가 있다고 한다. 나아가서 병균을 찾아내려는 작업을 관념적인 遊戲라고 한다.[82]

여기서 그가 말하는 인간의 몰락은 '현대인'이라는 표상의 몰락이다. 다시 말해 현실 사회의 메커니즘에 갇힌 인간들을 극한의 지점그의 말로는 '막다른 지점'까지 몰아붙이는 것, 그리하여 메커니즘의 외부로 나가는 인간을 형상화해 내는 것이 그가 지향하는 문학이었다.

이는 다른 말로, 현실에서 인간 신체를 주체로 만들어내는 주체화의 원리, 혹은 그 기제를 찾아내고 이를 문학적으로 뛰어넘고자 하는 것을 의미한다. 따라서 그는 외면적으로 보이는 실재를 그대로 재현하는 대표적인 문학 방법이었던 자연주의를 배격하게 된다. 위의 인용문에서 "현미경으로 들여다보이는 병균"과 육안으로 확인할 수 있는 "회충"에 대한 비유는 이를 잘 보여준다. 자연주의라는 큰 거물코를 통해서는 현대 사회가 인간현실의 주체를 포획해 내는 미시적인 장치들을 포착해 내기 어렵기 때문이다.

---

82 장용학, 위의 글, 307쪽.

그래서 그는 객관적 현실을 재현하는 자연주의 대신, 현대사회의 메커니즘이 주체의 의식에 작용하는 기제를 포착할 수 있는 다양한 문학적 실험근대 메커니즘의 막다른 골목에 빠진 인간이 이를 벗어나려는 실험을 해야 했으며, 이 과정에서 사유의 언어들이 요청되어야 했다. 따라서 그에게 소설 언어란 따로 있는 것이 아니라 현실의 장 안에서 사용되는 모든 언어, 특히 사유의 언어여야 했다. 언어야말로 현실의 다양한 지배적 메커니즘을 이루는 것임과 동시에 또 그것을 파악하고 벗어날 수 있도록 하는 하나의 수단이기도 했기 때문이다. 그가 당대에 널리 통용되고 있던 국한문 혼용체의 모든 표기를 우리의 문자라고한자로 조음된 한자어도 우리말이다 받아들이게 되는 까닭도 바로 여기에 있다.

장용학의 작품들을 통해 볼 때, 무엇보다 언어야말로 의미작용을 통해 사회적 복종을 이끌어내는 장치이다. 그런 한에서 언어는 민족성 또는 민족의 정서를 표상하는 단일한 체계랑그도, 정해진 의미를 통해 의사소통을 하는 평화로운 소통의 매개물도 아니다. 오히려 그에게 언어는 지배적 집단 혹은 권력과 함께 여러 장 혹은 영역에서 이질적으로 작동하면서 신체를 예속하는 '명령어'들이다.[83]

동시에 그가 추구하는 문학의 입장에서 볼 때, 그의 언어는 명령어에 저항하는 신체들이 지배적 의미화와 전쟁을 벌이는 '힘의 언어'이다.[84] 달리

---

83 들뢰즈와 가타리에 따르면 언어의 가장 우선적인 기능은 '명령어'이다. 신체에 직접 작용하는 명령어는 죽음을 선고하여 신체가 특정한 상태가 되도록 제한하여 경화시키거나, 아니면 그것에서 벗어나도록 한다.(질 들뢰즈, 펠릭스 가타리, 앞의 책, 206~209쪽 참조.) 이것은 신체의 능동성을 빼앗는 죽음의 선고이자, 주체화의 방식이기도 하다.

84 힘의 언어는 라자랏또의 '힘-기호'에 대한 논의에서 차용했다. 라자랏또는 사회적 복종을 생산하는 언어의 대표적인 사용방법인 의미작용의 기호계를 넘어서기 위해 비의미화, 비기표적 기호계를 제시한다. 비기표적 기호계는 비인간적으로 간주될 수 있는 표현 형상으로, 방정식, 도면, 컴퓨터 언어 등 다양하다. 이 가운데 이들은 물질적 흐름(신체)에 작용하는 '힘-기호'를 든다. 그들에 따르면 원시시대의 기호들은 무엇을 의미하는 것이 아니라, 직

보면, 장용학의 작품에서 궁극적으로 추구하는 것은 기표작용적 언어의 바깥, 지배적인 입장에서는 '비언어'에 가깝다. 앞 장에서 보았듯이, 그의 몇 작품들에서 주인공들은 광기에 휩싸이고 만다. 그때 이 인물들이 도달한 것이 바로 의미화하는 언어들을 경유하여 그 언어의 외부/경계의 영역이자 주체성의 외부 혹은 변이이다.

언어는 사회장 전체를 뒤덮어 '국민'을 조직해 낼 만큼 거시적이기도 하고, 개인들의 의식/무의식에 작용하여 의미의 분자적인 모듈화에 시달리도록 할 만큼 미시적이기도 하다. 그렇기 때문에 이를 수용하지 않는 신체들은 권력의 의미화 기획에 적극적으로 저항한다.

언어에 대한 장용학의 인식을 보여주는 것이 바로 그의 작품들이다. 그중 가장 대표적인 것이 법의 언어이다. 「현대의 야」에서 현우가 재판을 받는 과정은 이를 단적으로 보여준다. 작품에서 주인공 현우는 한국전쟁이 발발한 후 전쟁 상황에서 오로지 죽지 않는 삶을 산다. 그래서 그는 남북한 군대가 번갈아 서울을 점령하는 상황을 겪게 되고, 그들이 각각 명령하는 모든 일을 수행하게 된다. 하지만 전쟁이 끝나자 현우는 간첩혐의로 의심을 받고 법정에 서게 된다. 그의 모든 행위는 오직 생존을 위한 것이었음에도 불구하고 법정의 언어는 그를 간첩으로 규정하고 징역 10년을 선고한 다음 구속하고 만다.

'법'이라는 특별한 영역의 언어체계는 국가장치가 허용하는 한에서의 삶만을 허락하는 명령의 체계이다. 그리고 이 법체계가 작동하는 근거는 무엇보다 국가의 물리적 폭력 때문이다.[85] 따라서 법의 언어체계는 근대 국민국

접 그것이 되는 것이다. 예를 들어 제규어 문신은 제규어를 모방하거나 흉내내는 것이 아니라, 그의 신체가 제규어가 되는 것이다. ""힘-기호들"의 기호론적 기능은 "선택의 영역"을 창출함으로써 아직 존재하지 않는 현실을 시뮬레이션하고 미리 생산하는 것이다."(124쪽) 마우리치오 랏자라또, 신병현·심성보 역, 『기호와 기계』, 갈무리, 2017, 2장 참조.

85 벤야민에 따르면 오직 폭력만이 법을 제정하며, 폭력으로 그 법을 유지하면서 운동하는 것

가를 지탱하는 가장 강력한 언어체계이다. "나는 내가 아니다! 監視 속에서 산 나는 내가 아니다. 내가 내 生命을 가지고 산 것은 監視 밖이다. 이 나를 재판할 權利는 그들에게 없다!"[86]고 현우가 절규하지만 이 절규가 받아들여질 리 없다. 작품의 결말에 장용학은 현우가 감옥의 문에 손가락이 끼어 죽는 것으로 형상화한다. 이것은 모두가 이미 법체계에 포획되어 자신의 삶을 사는 것이 불가능함을 표현한 것이다.

다음으로, 장용학에게 언어는 기표/기의라는 형태에 기반하여 사전적으로 의미가 실현되는 것이 아니라, 권력이나 폭력에 의하여 의미화가 뒤바뀌기도 한다. 다시 말해, 현실은 언어의 의미를 장악하기 위한 투쟁의 장이기도 하다는 것이다. 「빙하기행」에서 인용한 다음 예문은 장용학이 당대 현실을, 그리고 현실의 언어를 어떻게 파악하고 있었는가를 잘 보여주는 예이다.

> 다음으로 세 번째로 기도한 것이 '반대로 쓰기'였습니다. 비판용으로 쓰일 가능성이 있는 용어를 선정해서 그것을 반대의 뜻으로 쓴 것입니다. 이를테면 독재정치를 민주정치, 전체를 일부, 낭비·향락·방탕을 미덕, 영구집권을 조국의 근대화라 했고, 인권을 탄압하고 고문을 일삼는 것을 십자가를 메는 것이다라고도 했습니다. 이 기도는 크게 효과를 나타내서 칭송하는 소리가 앞을 다투었습니다. 누가 '제2의 세종대왕'이다 하면 뒤질세라 하고, '오백년만에 처음 나타난 대인물'이라 했습니다. 뛰는 놈이 있으면 나는 놈이 있는 법이어서 '단군 이래의 명군'에까지 에스컬레이트 되었던 것입니다.[87]

유고로 남겨진 이 작품은 박정희 정권의 강력했던 유신통치에 대한 저항

이 국가이다. 가야노 도시히토, 김은주 역, 앞의 책, 25~26쪽.

86 장용학, 「현대의 야」, 『사상계』, 1960.3, 위의 책, 350쪽.

87 장용학, 「빙하기행」, 『한국문학』, 2001. 가을, 115쪽.

을 그리고 있다. 그런데 인용문에서 확인되듯이, 현실의 언어는 '독재정치=민주정치', '영구집권=조국 근대화', '인권을 탄압하고 고문을 일삼는 것=십자가를 메는 것' 등으로 의미와 가치가 전도되어 있다. 그런데 이러한 언어적 의미의 전도, 혹은 더 나아가 언어의 가치 전도는 현실 정치에서 지속적으로 경험하고 있는 일상이다. 권력은 언어를 장악함으로써 자신들의 행위를 정당화함은 물론, 대중의 인식과 판단을 흐리게 하여 지배하는 것이다.

이와 같은 상황에 대하여 「언어의 혼란」이라 이름 붙인 다른 글에서 장용학은 "아무리 대량생산大量生産해낼 수 있어도 아스팔트를 가지고 자연自然의 푸르름을 덮을 수 없는 것처럼 어떠한 언어의 혼란도 인간의 윤리의식倫理意識을 마비시켜버릴 수는 없다."[88]고 서술하고 있다. 이러한 낙관론의 하부에는 부당한 권력에 대한 저항이 필연적으로 요청된다는 사실을 알 수 있다. 미완의 유고 「빙하기행」의 결말이 혁명의 가능성으로 끝나고 있는 것도 이와 무관하지 않다.

작품을 분석하는 장에서 더 구체적으로 확인하겠지만, 그의 다른 작품에서는 일상의 언어 역시 그 기표작용적인 힘으로 우리 신체들을 구속한다. 이를 잘 보여주는 것이 바로 장용학의 작품 「肉囚」『사상계』, 1955.3, 「喪笠神話」『문학춘추』, 1964.4. 등이다. 「육수」에서 '언청이'로 태어난 주인공은 자신이 '불구'라는 사회적 기표에 갇혀 지내게 되다가, 그 '불구'라는 기표의 의미화 작용에서 벗어나는 이야기이다. 또 「상립신화」의 경우, 어머님의 병구완을 하던 주인공 인후는 '효자' 혹은 '효'라는 기표가 주는 의미에 갇힌다. 그는 엄마를 치료하는 과정에서 끊임없이 '효자'의 의미와 반대되는 상황을 겪고, 효의 기표에 편집증적으로 시달리다가 미쳐간다. 따라서 이러한 기표들은 구조주의가 말하는 언어적 요소가 아니라, 현재의 사회적 질서를 지탱시

88 장용학, 「언어의 혼란」, 『장용학문학 전집 6』, 국학자료원, 2002, 158쪽.

키기 위해 신체들을 포획하는 미시적인 명령어로 기능하고 있음을 보여준다. 따라서 장용학에게 언어는 개별 신체를 근대적 사회의 주체로 경화시키는 강력한 기제들이므로 여기에서 벗어나고자 했음을 알 수 있다.

장용학은 소설을 통하여 현실에서 우리를 강제하는 다양한 층위의 폭력과 권력을 거부하고 이에 저항했다. 아울러 그는 당대의 세계 문학과 어깨를 견주는 문학, 근대가 만들어낸 현실의 문제에 개입하고 이를 초극하는 문학을 추구했다. 그의 문제의식은 신체를 포획하는 모든 것에 예민하게 반응하고 있었다. 이는 언어적인 표상이나 비가시적인 제도에서부터 독재 권력이라는 거대 폭력, 더 근본적으로는 근대국민국가의 제도와 표상에까지 이른다.

이미 그는 한국전쟁을 근대의 파국으로 규정하면서 근대를 벗어나기 위하여 발버둥쳤다. 이와 같은 장용학에게 서구적 근대 리얼리즘 소설의 경지를 목표로 설정한 다음 도착적으로 구성된 '민족성'을 표상하기 위하여 '토착어'로 소설을 쓰라고 말하는 유종호는 퇴행적이어도 너무나 퇴행적인 평론가가 아닐 수 없었다. 하지만 식민지와 분단을 갓 벗어난 남한에서 대부분의 지식인들은 민족주의자이자 근대주의자그 정치적 지향의 차이에도 불구하고였다. 시대적 분위기는 유종호의 편이었고, 그들 속에서 끊임없이 오해받는 장용학은 '고독'에 빠질 수밖에 없었다.

Ⅲ.

신체 능력에 대한 긍정과 '생성'

근대의 메커니즘에 반발한 것과[1] 동시에 장용학은 전통 부정론자이기도 했다. 그만큼 그는 '현재의 인간'에서 벗어나고자 했기 때문이다. 그럼에도 불구하고 그의 소설은 '관념소설'이라는 일반적인 평가를 받아 왔다. 그러나 실상 작가 자신은 관념소설 작가라는 세간의 평을 강하게 부정하면서 당대 평론가들이 자기 소설의 저층에 흐르는 정서를 제대로 읽지 못했다고 항변한다.[2]

이 장에서는 장용학의 전기소설 가운데 우리의 신체를 미시적으로 구속하고 있는 여러 기제를 다룬 작품들을 살펴볼 것이다. 이 대부분은 현실태로서의 인간, 특히 다양한 표상 장치들에 갇힌 인간의 삶을 초극하려는 시도들을 표현하고 있다. 1절에서 다룰 「인간의 종언」과 「육수」는 근본적으로 삶에 대한 욕망을 위해 '식인'이라는 극단적인 실험을 하는 것에서부터, 우리에게 너무나 익숙한 신체를 둘러싼 정상/비정상의 표상을 초극하기 위해 도전하기도 한다. 장용학은 이미 일찍부터 정상/비정상의 표상이 삶의 능력을 박탈하는 허구적인 것이자 부정적인 것임을 간파하고, 이를 초극하기 위한 소설적 실험을 한 것이다.

2절에서는 '남성 가부장제'라는 사회 제도적 배치와 그동안 우리 사회에

---

1 "오늘의 휴매니즘은 人道主義라기 보다 人間主義라고 하는 것이 適合할 것이다. 루넷산스의 人文主義가 教會의 우리에서 信徒를 救出해낸 것이라면, 그리고 十九世紀의 人道主義가 資本主義의 桎梏에서 푸로레타리아를 解放시키려는 것이었다면, 오늘의 人間主義는 메카니즘 - 合理的「人間性」에서「人間」을 救援해내는 意慾이어야 할 것이다. 오늘의 휴매니즘은 이것이 (어 - '어'가 탈락한 오식인 듯)야, 하고 오늘의 文學이 指摘할 바는 여기에 있을 것이라고 믿는다." 장용학,「감상적 발언」,『문학예술』, 문학예술사, 1956. 9, 178쪽.

2 "흔히 내 작품을 관념소설이다. 나를 관념소설의 대부라고 일컫는데 이는 내 소설에 내재된 정서를 잘 파악하지 못해서 나온 소리 같습니다. 원래 나는 상당히 서정적인 사람이며 내 소설의 밑바닥에도 다분히 서정적인 요소가 깔려 있습니다. 이런 서정적인 정서 내면엔 약하게 표현하자면 설움이요, 강하게 표현하자면 통곡이 뒷받침되어 있다고 할 수 있는 거지요. 일부 평론가들이 내 작품을 평할 때 소설 행간 행간에 담겨 있는 의미와 작가의 깊은 의도를 파악하지 못한 채 피상적인 면만 살핀 후 평하곤 하더군요. 이는 상당히 잘못된 겁니다."「<요한시집>에서 <하여가행>까지」,『21세기 문학』, 이수, 1997년 가을 호, 18쪽.

서 한 번도 그 가치를 의심하지 않았던 '효'의 논리를 초극하려 한 소설들을 살펴볼 것이다. 「원형의 전설」은 그의 대표적인 소설로 인식되어 수많은 논의가 있었으나, 상당 부분의 논의는 근대적인 인식틀을 바탕으로 진행되었다. 이 작품에 등장하는 근친상간을 정치이념과 연관해서 해석해 온 것 등이 대표적이다. 하지만 장용학은 이 작품을 통해 지극히 당연한 것으로 이해되는 가부장제에 도전하고 있다. 다음으로 「상립신화」는 전통 윤리 덕목 가운데 하나인 효孝를 다루고 있다는 점에서 독특한 의미가 있다. 이 작품을 통해서 장용학이 보여주는 것은 전통과 근대가 공유하고 있는 효에 의한 신체들의 예속이라는 문제이며, 궁극적인 의도는 그 예속에서 벗어나는 것이다.

지금까지 이 작품들은 대체로 현실에 대한 '알레고리적 표현'으로 이해되었다. 장용학이 재현을 부정했으므로, 알레고리적 접근은 비재현적인 방식으로 작품에 접근하는 적절한 방식일 수 있다. 그러나 알레고리적 접근은 현실에 대한 직접적 재현이라는 논리는 비켜갔을 수 있으나, 여전히 문학을 현실에 대한 유비적인 해석으로 파악하고 만다. 그렇기 때문에 이러한 접근방법의 결론은 항상 '현실 비판'이며, 작품의 결말을 현실 초월적인 관념성으로 읽고 만다.[3]

이에 반해 그의 작품들이 잠재성의 표현이라는 점을 염두에 둔다면, 소설적 실험이 지니고 있는 정치적인 의미가 선명하게 드러날 것이다. 그러기 위해서는 무엇보다 이 작품들은 신체의 관점, 신체에 내재하는 능력의 관점에서 읽혀야 한다. 그래야만 작품의 결말이 단순히 현실의 비판이나 초월이 아니라, 우리 신체의 긍정을 통한 '생성'임이 드러날 것이다.

---

3 지금까지 크게 논의되지 않은 작품인 「喪笠新話」에 대해서 유철상은 장용학 소설의 전반적인 성격이 절대적 관념을 추상적으로 지시하는 것이기에 알레고리적 성격을 띤다고 하면서, "문제는 '비 - 인간적' 인간, 다시 말해 '비인'의 세계는 절대 자유의 관념에 불과하다."고 말한다. 유철상, 「절대적 관념의 예술적 승화 - 장용학의 <상립신화>론」, 『민족문학사 연구』 16권, 민족문학사연구소 편, 2000, 266쪽.

1. 지배적 표상의 거부와 신체에 대한 긍정

1) 삶에 대한 욕망과 '인간'이라는 표상에 대한 도전: 「인간의 종언」

「人間의 終焉」[4]의 상화尙和는 스승 격이 되는 Y교수로부터 천재라는 평가를 받는 수학자이다. 그는 유학생 선발 시험에 합격하여 미국 유학을 갈 기회를 얻게 된다. 그런데 신체검사만 끝나면 곧 비자를 받을 것이라는 말과 달리 그 이후에는 아무런 소식이 없다. 신체검사에서 상화는 '문둥이'라는 판정을 받았으며, 그로 인해 미국유학이 취소되었기 때문이다.

그에게 내려진 '문둥이'라는 의학적 판정은 말 그대로 사형선고에 다름 아니다. 그는 신체검사를 받은 후 완전히 다른 사람이 된다. 그는 "한 달에 한두 번 어린 것을 안고 무슨 구경이나 들놀이로 가 주던 명랑한 남편"[5]이었지만, 이제는 아내가 손찌검을 당할까 두려워해야 하는 인물이 된다. 미국 유학을 갔다 오면 뛰어난 수학자로서 장밋빛 미래가 약속되었던 그의 모든 삶이 한순간 나락으로 떨어진 것이다. 그 결과 그는 정상인들이 아끼는 꽃을 모두 따버리는 '꽃 도적'이 된다.

그는 자신을 비하하면서 동네의 다른 집의 꽃까지 모두 따버리면서도, 자신의 나병이 가족에게 전염될 것이 두려워 자살할 생각을 한다. 그러던 상화는 아들 양주와 아내의 몸을 살펴보고 나서 가족 모두가 나병 환자라는 것을 확인한다. 그들 모두가 '문둥이'라는 사실을 확인한 후 상화 부부는 집단 자살을 시도한다. 그들은 방 안에 장작을 쌓고 그 위에 아이와 함께 올라가서 아이에게 수면제를 탄 설탕물을 먹이고 자신들도 수면제를 먹은 후 장작에 불을 붙인다. 그러나 석유를 뿌려 붙인 장작불은 금방 꺼져버리고, 그들의

---

4 장용학, 「人間의 終焉」, 『문화세계』, 희망사, 1953. 11.

5 장용학, 위의 글, 209쪽.

몸은 "반쯤 구워진 고기"가 된다.

① 生의 强함이여. 연기 속으로 꿈찔거리는 것이 있었으니 상화의 손이다. 몸이었다. 그는 살아 있었다. 일어나지 않는가. 머리카락은 다 타버리고 움직일 때마다 타다 남은 옷 조각이 부스스 흘러 떨어져도 그래도 살아서 움직이는 것이었다. 그것은 살아 있는 송장이었다.

기계장치로 움직이는 로보트처럼 그의 움직임에는 느리고 빠른 그런 변화가 없었다. 동물적인 適應性을 이미 상실하였음인가.

물끄러미 두 시체를 내려다보다가 장작더미에서 기어 내려 구석으로 간다. 부스럭거리다가 돌아서는 그의 손에는 시퍼런 칼이 쥐어져 있었다. 더미로 다가서서 다시 한번 두 시체를 들여다보았다. 손이 올라갔다. 칼날은 한번 번득하더니 양주의 배로 내려가 푹 하고 꽂혔다. 쭉 찢었다. 갈라지는 뱃속에서 오장이 흘러나왔다. 칼을 버리고 오장을 헤치면서 간을 찾기 시작하는 애비의 두 손. 팔목의 시계가 어울리지 않았다.

이윽고 그의 위 속에는 자식의 간이 들어갔다. 胃液은 이 새로운 食物을 보고 분비되었고 신축작용은 기능을 발휘했다.

② 그것은 이미 인간이 아니었다. 무슨 銅像이었다. 인간을 먹은 인간은 이미 인간이 아니다. 인간을 끝낸 것이다.

人間은 끝났다.

枯木처럼 서 있는 것이 아니다. 불쑥 튀어나오려다가 거기에 멎은 것 같은 두 눈. 자식의 간을 받아들인 오장 육부가 그 몸 안에서 불타고 있는 것이다 이제라도 펑 하고 폭발할 것만 같은 그것은 하나의 鎔鑛爐 못지않았다.

손을 든다. 손을 들며 그는 뭐라고 입을 열려고 하였으나 그때는 늦었고 퉁 문지방으로 쓰러졌다. 이미 그것은 아까 타 죽었던 송장이었다. 아침바람이 그 시체 위를 넘어 들었다.

눈을 흡뜬 그의 팔목에서는 임자 없는 시간이 흐르고 있었다. 그러나 그것은 世界의 時間이었다.[6]

불이 꺼지자 충격적인 장면이 벌어진다. 상화는 완전히 죽지 않고 '살아 있는 송장'이 되어 칼로 아들의 배를 갈라 간을 꺼내 먹는다. 이로 인해 그는 '비인간'이 된다. "세계의 시간이었다."는 서술에서 알 수 있듯이, 장용학은 이 비인간을 통해서 '인간'의 시대가 끝난 것으로 선언한다. 상화가 아들의 간을 먹는 것은 분명히 '비인되기'이다. 하지만 이것은 위험한 생성이다.

그는 병원에서 나병 확정 판정을 받았고 나올 때, 사람의 간을 먹으면 낫는다는 풍문을 떠올리면서 아이들을 곁눈질하기도 했다. 이는 환자라는 진단과 동시에 불가능해진 미국 유학과 정상인으로서의 삶에 대한 상화의 욕망이 강렬함을 보여준다. 그런데 그는 가족들과의 집단적인 자살을 시도한다. 상화의 가족이 자살을 선택한 것은 환자로서 사회가 주는 차별과 억압을 견디기 어려웠기 때문임은 분명하다. 그러나 자살을 선택할 수밖에 없었던 더 근본적인 이유는 치료를 위한 유일한 수단일 수도 있는 어린 아이의 간, 즉 인간을 상화 스스로가 먹을 수 없다는 데 있다. 이는 사회가 타인의 신체를 먹는 행위를 '악'이라고 표상하고, 법으로 금지함으로써 모든 신체들에게 '식인食人을 욕망하는 것'을 금지한 때문이다.

현실에서 인간이 먹을 수 있는 것은 한정되어 있다. 그것은 신체적 능력에 의한 것인 경우도 있으며가령, 독을 먹을 경우 우리의 신체는 독에 의해서 분해된다., '동종포식 금지'와 같이 도덕적 표상이나 사회적인 관습에 의한 것일 수도 있다. 이때 전자의 경우는 신체 능력에 근거한 것이지만, 후자의 경우는 초

6 장용학, 앞의 글, ① 217쪽, ② 218쪽.

월적인 도덕에 근거한 것이다. 삶이 능력의 긍정이며 내재성의 펼침이라면, 신체 능력에 의한 한정은 긍정될 수밖에 없다. 음독을 하게 될 경우 신체는 그 자체로 죽음에 이르기 때문이다. 이에 비해 도덕에 근거한 '먹을 수 있는 것'의 목록은 내재하는 신체 능력의 부정이다. 내재성의 동일한 평면에서 특정한 능력을 부정하고 권리를 박탈할 수 있는 독단적인 권리를 지닌 것은 아무것도 없다.

그렇다면 동일한 권리를 지닌 주어진 능력에게 금지를 부과하는 것은 또 다른 차원, 초월적인 것에서 연유할 때에만 가능한 것이자, 삶의 무능력을 반증하는 것에 불과하다. 우리가 일상에서 수용하고 있는 '선과 악'의 표상과 '법'은 초월적인 것에 기초하는 것이고, 그런 한에서 인간의 욕망을 절단하기 위해 만들어진 허구적인 것에 불과하다.

상화가 "선악의 대립은 생 이전의 가상"이라고 말한 것은 이를 잘 드러내준다. 선과 악의 구분보다 더 중요한 것이 삶이며, 이를 위해서는 "악과 법이 양립할 수 있는 지역이 있어야 한다."[7]214라고 말하는 것도 동일한 맥락이라 할 수 있다. 신체의 능력은 초월적이고 가상적인 법과 그 법에 근거한 도덕인 선악의 구분이 만들어지기 이전부터 신체에 내재된 것이다. 다만 현실의 모든 신체들은 지배적 배치가 만들어낸 도덕적 표상에 의해서 욕망하지 못하도록 길들여졌거나, 법의 폭력 때문에 그 능력을 펼치지 못하는 것이다. 그리고 이와 같은 조건 안에 있을 때에만 우리의 신체에는 '인간'이라는 언표가 부여된다. 그런 맥락에서 볼 때, 상화의 '자식 먹기'는 사회체가 요구하는 지배적 배치를 넘어서는 하나의 '사건'이라고 할 수 있다.

따라서 상화의 '자식 먹기'는 다음과 같이 이해할 수 있다. 첫째, 그것은 도덕에 예속되어 있던 신체 능력의 회복이다. 장용학이 "생의 강함이여"라고

---

7 『장용학문학전집』 1에서는 "악과 생이 양립할 수 있는 지역이 있어야 한다."(81쪽)로 수정되어 있다.

말한 것은 삶과 욕망을 긍정한 것이다. 삶과 욕망 자체는 죄가 없기 때문이다. 다시 말해 상화는 욕망에 따라 인간을 먹을 수 있는 능력을 해방함으로써 기존의 도덕 표상에 근거한 '인간'의 범주를 넘어간다. 이는 현재적인 '인간'이라는 규정 아래 봉인되었던 신체의 능력이 열리는 '비인되기'인 것이다.

둘째, 그럼에도 불구하고 그것은 '슬픔의 비인되기'이다. 그의 비인되기는 능력의 상승으로 나아가지는 않기 때문이다. 근대 철학이 육체를 배제하고 정신을 강조함으로써 이성 중심주의로 흐른 반면, 불에 디디가 살아 난 상화는 정신이 사라진 "살아 있는 송장" 말 그대로 '좀비'이다.

상화가 집단자살을 선택한 것과 분신 후 "기계장치로 움직이는 로봇"이 된 것은 바로 현실의 지배적인 욕망에 지나치게 예속됨으로써 신체를 부정하게 된 때문이다. '미국 유학'은 전후 한국 사회의 욕망을 표상하는 지배적인 코드이다. 그가 죽은 상태로 '작동'했다는 것은 상화 자신의 욕망이기에 앞서 미국 유학이라는 전후 사회의 욕망이 죽음을 불사할 정도로 지독했음을 보여준다. 따라서 상화의 모습은 비인되기가 지니는 고유한 위험성으로 읽을 수 있다. 물론, 작품에서 가족들은 모두 죽었으므로 그들에게 가족의 표상은 무의미하다. 그러나 아이의 육체를 먹는 그 행위, 도덕에 의해 억압되었던 신체의 능력을 표현한 그 행위가 소수자의 신체를 파괴하는 파시즘적 폭력이 된다면 이는 '비인되기'의 치명적 결과라 할 수 있을 것이다.

근대 철학에서는 이성과 육체를 분리시켜 이성을 중심으로 사유한 반면, 니체는 육체와 정신은 분리해서 사유될 수 없으며, 신체 자체가 거대한 이성이라고 말한다.[8] 상화의 경우 오직 이성이 사라진 채 육체만 존재하는 상태일 뿐이다. 따라서 「인간의 종언」에서 제시된 상화의 모습은 실패한 비인이다.

---

8 백승영, 『니체, 디오니소스적 긍정의 철학』, 책세상, 2011, 435~445쪽 참조.

2) 정상/비정상의 표상에 대한 초극: 「육수」

이와 달리 「육수」『사상계』, 1955. 3는 언청이로 태어난 주인공의 자기 각성을 다루고 있는 작품으로, 성장소설로 읽더라도 그 독특함이 살아 있는 작품이다. 작품의 제목이 의미하는 바와 같이, 언청이인 '나'는 몸의 형상에 갇혀 자신에 대한 혐오와 연민에 빠져 있다. 물론 '나'의 이런 자기연민은 처음부터 생긴 것은 아니었다. '나'는 보통학교를 다니면서도 또래의 아이들에게 언청이라고 놀림을 당한다. "오학년 때 큰 눈이 내린 날 아침"171 아이들은 '나'를 놀리기 위해 등굣길 교문 앞에 언청이 형상의 눈사람을 만들어 둔다. 아이들이 숨어버려 "부끄러운 분함"을 터뜨리지 못해하면서 돌아서려는데 전학생인 밀희密姬가 가방으로 눈사람을 무너뜨린다. 숨어 있던 아이들은 밀희의 행동에 놀라고 그것을 못마땅해 하면서 여기저기서 나오지만, 그녀는 아이들 사이를 당당하게 지나쳐 교실로 들어가 버린다. 그날 이후 아이들은 교실 앞에 각자의 번호에 맞게 걸어둔 나와 밀희의 모자나 목도리를 바꾸어 걸어두거나, 동네로 들어오는 어귀에 서 있는 집의 담장에 분필로 "우산雨傘을 그려놓고 그 밑에다 내 이름과 밀희의 이름을 가즈런히"같은 쪽 낙서하여 두 사람을 놀린다. 특히 낙서를 본 '나'는 그것을 밀희가 볼까봐 노심초사한다.

> 밀희가 그것을 본다면, 하는 데에 생각이 미쳤을 때 옆에 도끼라도 있으면 그 낙서를 산산히 무수어버리고 싶었다. 사실 그날 밤, 이슥해진 어둠을 타서 나는 새끼꾸러미를 해들고 그리로 찾아갔으나 어둠 속으로 희뜩거려보이는 그 분필 자욱이 무슨 기물(忌物) 같아 그만 뒤도 돌아보지 않고 달아났던 것이다.
>
> 그러한 일들이 있은 뒤부터 내 마음은 병들었다. 그전까지는 놀려주는 놈이 있으면 개돼지처럼 달겨들어서 엎어뜨려놓고 한 절반쯤 죽도록 두들겨 패

놓고서야 물러서던 내가, 그런 놀림을 당하게 되면 설움부터 왈칵 밀려 나와서 손가락 하나 움직일 수가 없게 되었다.

멀리 밀희의 그림자만 보아도 가슴이 덜컥 내려앉았다. 어디서 밀희가 나타나지 않나, 길 걸으면서는 그 걱정뿐이었다. 집은 이웃이지만 대문이 서로 방향을 달리해 있는 것이 얼마나 다행이었는지 몰랐다.[9]

분명히 '나'는 "그전까지는 놀려주는 놈이 있으면 개돼지처럼 달려들어서 엎어뜨려 놓고 한 절반쯤 죽도록 두들겨 패놓고서야 물러서던" 아이였다. 또래 아이들의 악의적 행동에 굴하기보다는 적극적으로 대응하는 아이였다. 그러나 눈사람 사건 후부터 나의 적극성은 사라지고 "그런 놀림을 당하게 되면 설움부터 왈칵 밀려 나와서 손가락 하나 움직일 수가 없게" 된다. 내 마음이 "병"들게 된 것은 밀희 때문이다.

아이들에게 언제나 놀림을 당하던 것과 달리, 밀희로부터 위로를 받은 것은 '나'에게 처음 있은 경험이다. 눈사람 사건과 함께, 서울에서 전학 왔기 때문에 다른 아이들이 적대시하는[10] 밀희에게 '나'는 특별한 감정을 느낀다. 이 감정은 처음으로 느끼는 이성에 대한 감정일 수도 있고, 또래의 다른 아이들에게 따돌림을 당하는 것에서 온 동류의식일 수도 있으며, 이 둘 다일 수도 있다. 여하튼 '나'는 밀희에게서 특별한 감정을 느끼면서 그녀에게 비칠 자신을 인식하기 시작한 것이다.

그런데 '나'는 밀희에게 어떻게 비춰질지 자신이 없다. '나'는 다른 아이들에게 언청이라고 놀림을 당하므로 밀희에게도 놀림거리에 불과할 것이라고 상상하기 때문이다. 다시 말해 이는 다른 아이들의 시선을 '나' 자신이

---

9 장용학, 「肉囚」, 『사상계』, 사상사, 1955. 3, 171~172쪽.

10 "여자 아이들은 멋을 낸다고 흰 눈으로 수군거렸고 사내아이들은 건방지다고 멀리서 놀려주는 것을 재미로 했다."(장용학, 위의 글, 171쪽)

내면화한 것이다. 그 결과 아이들의 놀림에 적극적으로 저항하던 '나'의 적극적인 대응력은 사라지고 만다. 밀희의 배려는 연민이었는지 정확하지 않으나, '나'는 그녀의 행동을 통해 '자기 연민'을 느끼기 시작한 것이다.

이와 같은 '나'의 변화는 또 다른 주체화, 열등 주체로의 주체화라 할 수 있다. '나'는 자기 연민에 빠짐으로써 그동안 다른 아이들에게 저항할 수 있었던 자신의 모든 가치를 잃어버리는 것과 동시에 자신이 가진 능력조차 스스로 부정하게 된다. 작은 사건으로 인해 자기 삶의 가치를 상실하고 허무주의에 빠지게 된 것이다. 그 후 나는 스스로 언청이임에 대한 수치심과 자기 연민에서 헤어 나올 수 없게 된다.

그림을 그려달라는 밀희의 부탁을 들어주자, 그녀는 나에게 앞으로 그림을 그리라고 말한다. 그런데 그 후 달포도 되지 않아 밀희는 죽고, 그림을 그리는 '나'의 손은 그녀의 혼이 씐 것처럼 느껴진다. 열너덧 살 무렵인 중학교 4학년 때 '나'는 선전鮮展; 총독부가 주최한 조선미술전람회에 입선을 하게 되고, 이 사실이 시골신문에 "『不具의 天才』"라는 타이틀로 사진과 함께 실린다. 언청이인 자신의 얼굴이 사방에 알려지게 된 이 사건을 계기로 "나는 학교도 그만두고 화필을 끊어" 버린다. 그리고 "그럴수록 더 그리고 싶은 의욕을 누르면서" "내가 불쌍해주지 않으면 불쌍해줄 아무도 이 세상에 없는 나"163에게 연민을 느낀다.

학교를 그만 둔 지 3년이나 지난 얼마 전, 연민과 자괴감에 빠져 살던 '나'는 그동안 잡지를 보고 마음을 졸이던 성형수술을 하기 위해 무작정 상경한다. '나'는 어렵게 성형외과를 방문하지만 광고는 과장된 것이었으며, 수술은 불가능하다는 말에 실망하여 고향으로 돌아온다. 그 후 부모님은 '나'에게 "용삿골 안초시네 셋째 딸"173 옥분이와 결혼할 것을 종용한다. 그러나 더 깊은 자기 연민에 빠져 지내던 '나'는 아버지를 비난하고 결혼을 거부한다. 그러면서 '나'의 삶은 '아무 가능성이 없으며' 그렇기 때문에 "생이란 썩어가는 과정"175이라고 생각한다.

우연히 폐림으로 들어선 그는 그곳에 서 있는 굵은 나무 아래에 쓰러져 상념에 잠긴다. 언청이인 자신이 어떤 가능성도 없이 썩어가는 삶을 사는 것은 인간이기 때문이라는 자각을 하게 된 것이다.

> 부시럭 하는 소리에 그리를 보니 시꺼먼 덩어리가 나무뿌리로 튀어나와 사당 쪽으로 사라진다. 밑둥이가 펑 빼개진 것이, 가만히 보니 나는 지금 땅에 거꾸로 머리를 박고 있는 거대한 헤청이의 입 앞에 누워있는 셈이었다. 그런데 그 헤청이를 보니 싫은 것이 없다. 내가 이렇게 보기 싫은 것은 아마 내 이름이 인간이었기 때문일 께다.[11](밑줄 인용자)

여기서 '나'는 스스로가 빠져 있는 자기 연민이 오직 '인간'에게만 유효한 것임을 어렴풋이 깨닫게 된다. '나'가 누워 있는 머리맡에 밑동이 뚫린 채 서 있는 큰 나무는 인간의 입장에서 보았을 때 언청이의 형상이지만 그 자체로 "싫은 것이 없다." 나무는 신체의 외양에 대한 평가에서 자유롭다. 이 말은 신체 모양에 따라 존재를 평가하는 것은 오직 인간에게만 한정된 것이다. 따라서 문제는 '인간'이라는 존재 혹은 인간이라는 종적 본질 속에 갇힌 나 자신이다. '나' 스스로가 인간에서 벗어난다면 언청이인 신체에 달라붙는 수많은 평가와 인식으로부터 자유로울 수 있는 것이다. 그래서 언청이 형상의 나무 아래에 누워 '나'는 자신을 포함한 인간이라는 종種 자체가 세상의 모든 생명체들 가운데 보잘 것 없는 존재라는 생각에 빠진다. 즉 연민에서 비롯된 삶에 대한 혐오는 인간 종 전체에 대한 혐오로 확장된 것이다.

결혼을 거부하던 나는 결국 그것을 받아들인다. 결혼식 날 '나'의 감정은

---

11 장용학, 앞의 글, 175쪽.

더욱 더 끔찍하다. 좋은 날씨에 구름처럼 모여든 구경꾼들을 보면서 '나'는 "오늘의 구경거리는 내가 아니고 신부"인데, 그 이유는 백정의 쇠갈고리에 끌려가는 "강아지 새끼"와 마찬가지로 옥분이는 언청이인 "나에게 바쳐지는 제물"이기 때문이다. 결혼식은 나와 옥분이를 위한 것이 아니라, "사냥 갔다가 곰 새끼를 사로잡아 온 날"178만큼 크게 만족해하는 아버지를 위한 것이었다.

그런데 실제 주인공인 '나'는 주변의 가족들과 구경꾼들이 더욱 더 흥을 낼수록, 결혼식이 자신과는 무관한 것이라는 소외감에 빠진다. 처음부터 거부하지 못했고, 또 그 전날 달아나지 못한 채 결혼식장에서 느끼는 소외감과 불만이 커지면 커질수록 '나'의 모든 감정은 사냥개인 마루에게 투사된다.[12]

결혼식이 진행되는 동안 '나'는 신부의 곤지를 "도살장에서 찍어준다는 검인檢印"이라고 여긴다. 그녀를 "누런 보리밥이 아닌 흰 밥"을 위해 팔려서 죽기 위해 들어온 가축과 같다고 생각하기 때문이다. 그렇게 부정적이던 '나'의 의식은 결혼식이 끝나고 난 이후 변화를 보이기 시작한다.

> 신부의 얼굴에서 면사보가 걷히면서 그 이마에 찍힌 곤지가 내 눈가에 비쳐 들었을 때 나는 그것을 도살장에서 찍어준다는 검인(檢印)에 지나지 않는 것으로 보려고 했고, 누런 보리밥 아닌 흰 밥을 먹게 되는 것으로 그 기맥힌 설음도 꾹 참자고 하면 참을 수도 있다는 그의 목석(木石)같은 탐욕의 표지라고 보아버리려고 했고 결국 그렇게 보아버렸지만, 그 순간 내 가슴에 딸랑, 맑은 방울소리가 이는 것 같은 애처로움이 느껴지는 것을 금할 수는 없었던 것이다. 권태의 낮으로 사라져버린 그 방울소리가 이제 내 가슴으로 되살아

12 "분한 것은 저놈이('의'의 오기) 개다. 마루 밑에서 나올 염도 못내고 썩은 눈알을 굴리면서 사람의 눈치를 살피느라고 꼬리만 젓고 있는 저놈을 저대로 두고 내가 갓을 쓰고 여기에 이렇게 서 있다니……."(장용학, 위의 글, 177쪽)

오른 것이었다.

(중략)

그 숨 막히는 젊음 절망……. 이 내 아니고 누가 또 알아줄 사람이 이 하늘 아래에 있었을 것인가 ……. 내가 아픈 것만 아프다고 했다!

일어섰다. 그에게도 젊음의 권리는 있었고, 이미 그를 사랑하고 있은 나였었다.[13]

그런데 낮의 예식이 끝난 첫날밤 '나'는 옥분에게 애처로움을 느끼면서 그녀에게 다가가려고 한다. 그런데 '나'의 손이 신부에게 닿으려는 순간 그녀의 몸이 움츠러드는 것을 느끼고 자책감과 자기연민에 빠지지만 이내 그녀를 이해하려고 한다. '나'는 그동안 언청이인 자신의 고통만 생각했을 뿐 "내가 아픈 것만 아프다고 했다!", 원하지 않은 결혼을 한 신부의 고통을 헤아리지 못했음을 깨달은 것이다. 그와 동시에 그는 "그에게도 젊음의 권리는 있었고, 이미 그를 사랑하고 있는" 자신을 느낀다. 흐느끼는 신부의 슬픔을 알기 때문에 '나'는 자리를 피해주기 위하여 신방을 나온다. 그리고 사냥총을 들고 산으로 올라간다.

'나'의 산행은 원하지 않았던 결혼을 마치고 아내의 고통을 이해한 직후, 자신에게 주어진 현실을 수용하기 위한 전신轉身의 길이라 할 수 있다. 이는 지금까지 '언청이'라는 불구의 육체로 인해 끊임없이 부정했던 자신과 현실을 그대로 수용하고자 하는 것이다. 그러므로 신방을 나와 산을 향해 걷는 '나'의 행보는 "피안彼岸에의 길이요, 신생에의 참도參道였고, 비원悲願의 길"180인 것이다. 동시에 이는 자신이 '언청이'임을 인정하고, 타자의 시선을 그대로 수용하는 자기 망각의 길이기도 하다. 산을 올라가던 '나'는 한쪽

13 장용학, 앞의 글, 179쪽.

눈이 썩어가던 사냥개 '마루'가 뒤따르는 것을 알아차리고는 "모든 것이 다 깨어져버리는 것 같은 분노"같은 쪽를 느낀다. 마루의 썩은 눈은 '나'의 코밑을 끊임없이 생각나게 하기 때문이다. 마루가 "나의 망령"이라고 느낀 '나'는 마루를 향해 총의 방아쇠를 당기지만 총은 격발되지 않는다. '나'는 다시 마루를 쏘려다가 포기하고 동행한다.

마루는 산길이 익숙한지 '나'를 인도한다. 시간이 흘러감에 따라 날이 점점 밝아지면서 추위가 엄습한다. 그 과정에서 지친 '나'는 마루가 없었다면 쓰러져버렸을 것이라고 느낀다. 그러다가 갑자기 '나'는 길을 버리고 "해맞이"를 하기 위해 불그스름해진 산등성을 오르고 혼신의 힘을 다해 절벽 꼭대기에 이른다. 해맞이는 현실과 타협한 삶을 살아가려고 결심한 '나'의 새 삶이 시작됨을 의미한다. 그런데 잠시 시야에서 사라졌던 마루가 짖는 곳을 본 '나'는 밤길을 걸어서 도착한 곳이 어릴 적 죽었던 밀희가 묻힌 무덤임을 알게 된다. 우연에 의해 '나'는 자기 연민에 빠지게 만들었던 밀희의 무덤과 마주한 것이다.

그 순간 '나'는 마루가 자신의 신생의 길에 훼방을 놓았다고 판단한다. 그러자 "키는 크지 못하고 꼬길꼬길 외틀어지고 곁가지도 거의 꺾여져 상투만 한쪽으로 남은 그 소나무"182 아래에 앉아 있는 마루를 보면서 갑자기 강한 혐오감을 느낀다. 물론 마루에게서 느끼는 혐오감은 바로 언청이인 '나'에게서 느끼는 혐오감에 다름 아니다. 마루는 '나'의 망령이자 부정적 '분신'이기 때문이다. 혐오감에 휩싸여 마루에게 총을 겨눈 '나'는 개가 총구 끝을 피하지 못하고 우물쭈물하는 것을 보면서 우발적으로 총을 격발하고 만다.

> 아뿔싸 했을 땐 늦었다. 껑충, 뛰었던 마루의 그림자는 거기에 없다.
>
> (중략)

얼떨떨해졌던 내 머릿속을 섬광(閃光)이 획, 스쳤다. 마루는 썩은 눈을 청산한 것이다!

벌떡 일어난 나는 방앗쇠를 부러진 소나무가지에 걸고 총끝을 내 입술 거기에 대면서 그대로 앞으로 쓰러졌다. 청산(淸算)을 느꼈다. 정화(淨化)였다. 탕 하는 총소리처럼 그제야 이마를 내민 태양의 불덩이가 내 눈망울에 비쳐들었고 칙하고 바위 끝에서 데굴 떨어져가던 마루의 시체는 마치 내 입술 끝에서 떨어져가는 헤청이의 덩어리와만 같게 느껴졌던 것이다…….

…… 눈이 떠졌다? 죽은 내가 눈을 떴다? 불덩어리를 안고 있다. 내 가슴 위에 해가 앉아 있다. 여기가 어디멘가? 어디가 여긴가? 내 혼이 저 나무 끝에가 자리잡은 것일까? 누구의 혼이 내 몸을 빌어가지고 있는 것일까?…… 옛곳으로 찾아드는 의식……

파란 하늘 로당의 『발작』상처럼 생긴 저 바위. 마루를 죽인 이 총자루…….

저기 저 十字架……

나는 살아 있었다! 아까 총소리는 나지 않었었다. 그래서 나는 지금도 살아 있는 것이었다.

유연(油然)히 이는 생의 용솟음…… 해가 있었다. 산등성이에서 새빨갛게 타오르는 해! 慈悲와 意慾! 생명의 근원 나는 太陽의 아들이었다.[14]

마루의 주검이 절벽 아래로 떨어지는 것을 보면서 '나'는 죽음을 통해 마루가 "썩은 눈을 청산"한 것이라고 생각한다. 동시에 '언청이' 역시 죽음을 통해서 청산할 수 있음을 깨닫는다. 그리하여 '나'는 갈라져 언청이가 된 입술에 총 끝을 대고 앞으로 쓰러지면서 자살을 감행한다. 그러나 "맞기는 잘 맞지만 가끔가다가 안전장치가 저절로 걸리는"180 사냥총의 결함 때문에

14 장용학, 앞의 글, 183쪽.

자살은 실패로 돌아간다. 그 대신 총알이 아니라 "탕 하는 총소리처럼 그제야 이마를 내민 태양의 불덩이가" '나'의 몸을 적중시킨다. 이를 통해 '나'는 새로운 신체로 거듭난다.

「육수」의 절정에 해당하는 이 부분은 장용학 소설의 특징적인 면모를 고스란히 보여준다. 마루를 죽인 후 '나'는 스스로 자살을 결행하지만 총의 결함으로 살아남는다. 그런데 여기서 '나'의 부활은 동일시하던 마루를 '나' 대신 죽임으로써 이루어진 것이 아니다. 다시 말해 마루를 희생양으로 만들어 '나' 대신 죽게 함으로써 부활한 것이 아니다.[15] '나'는 분명히 죽었다가 또 다른 '나'로 다시 살아난 것이다.

첫날 밤 자기 연민에만 빠져 있던 '나'는 아내의 고통을 공감하고 산에 오른다. 그 산행은 타자의 고통을 함께 할 것임을, 거부했던 아내와의 삶을 수용할 것임을 예감케 한다. '언청이'라는 타인들의 부정적인 시선을 그대로 인정하는 것과 동시에 '나의 고통과 다른 사람의 고통을 함께 수용하는' 삶이었다. 하지만 그와 같은 '나'의 선택은 부정의 긍정에 불과한 것이다.

그런데 마루의 죽음을 보면서 오직 죽음을 통해서만 '언청이'의 삶을 청산할 수 있음을 깨달은 '나'는 죽음을 감행한다. 그러나 '나'는 총의 불발로 생물학적인 죽음을 면한다. 그런데 여기서 중요한 것은 단순히 '나'가 생물학적으로 죽지 않았다는 사실이 아니다. 오히려 중요한 것은 '나'의 비신체적인 죽음과 재생이다. 삶이 타고난 능력을 펼치는 것, 잠재적으로 내재된 역능을 펼쳐내는 것이라면, 밀희에 의해 연민에 빠진 후 자신을 부정해 온 삶은 그 자체로 삶이라 하기 어렵다. 내면화된 부정적 가치는 소위 '정상인'들이 만들어낸 불구라는 신체적 표상 속에 갇힌 삶에 불과한 것이다.

이 삶은 끊임없이 '나'의 능력을 부정하는 과정이었으며, '나'가 지닌 능

---

15 이상민, 「장용학 소설에 나타난 탈근대적 주체의 형성 양상에 관한 연구」, 가톨릭대 박사학위논문, 2003, 51쪽.

력이 스스로에게 독이 되는 삶이었기 때문에 오히려 죽음의 과정이었다. 이는 밀희 앞에 서기를 부끄러워하며, 그림 그리는 능력을 부정하고 마침내 학교까지 그만둔 것에서 잘 나타난다. 게다가 성형수술에 대한 욕망은 바로 타고난 자신의 육체를 부정하는 것이다. 이와 같은 '나'의 모습은 바로 니체가 말한 가책에 빠진 인간, 고통을 내재화하고 외부로 향하던 원한의 힘을 자기 자신으로 돌림으로써 이제는 자신이 가진 능력 때문에 스스로가 고통을 받는[16] 상황에 처해 있었음을 보여준다.

실제로 이것이야 말로 주체화의 가장 극단적인 모습이다. 주체는 타자의 가치 혹은 외부자의 가치평가를 내면화함으로써 '자기 자신'과 '자신의 능력'에서 분리된다. 게다가 부정적으로 주체화된 언청이가 가진 능력은 타자의 가치에 의해서 '잘못된 것'이거나 '무능한 것'이 되고 만다. 따라서 언청이 상태에서 '나'가 죽게 되었다면 이는 죽은 것이 아니라 '기능정지'에 불과할 뿐이다.

이에 비해 총의 우발적인 오작동으로 인해 '나'는 '눈이 썩은 - 마루개 - 죽다'와 공명하던 죽음의 정동에서 벗어난다. 그리고 정신을 차리기도 전에 '나'는 솟아오른 "불덩어리를 안고 있"음을 느끼며, '나'의 신체는 "유연油然히 이는 생의 용솟음"에 정동됨으로써 "太陽의 아들"183이 된다.

> 혈관을 흐르는 새로운 피. 이슬이 맺는 태양의 광파에 황금의 여울이 물결치는 수해(樹海). 소리없이 이는 교향악의 우렁찬 음영(陰影)에 내 육신은 울고 싶은 오열에 꽉 찼다. 생명의 샘이 피부를 흘러내리는 오열이었다.[17]

---

16 질 들뢰즈, 김경신 역, 『니체와 철학』, 민음사, 2001, 230~231쪽; 프리드리히 니체, 김정현 역, 『전집 14』, 책세상, 2013, 493~495쪽.

17 장용학, 앞의 글, 184쪽.

"“새빨갛게 타오르는 해”와 ‘나’'의 접속 속에서 나의 신체는 태양의 생명력과 공명하고 이를 통해 ‘태양의 아들’로 다시 생성된 것이다. 이것은 살아있는 모든 것과 함께 공명하는 “교향악”과 같은 생기 속에 신체가 공명하는 것이다. 따라서 자살 직후 태양과 함께 변용되는 ‘순간’은 궁극적으로 ‘나’의 신체가 죽음의 정동에서 삶의 정동으로 새롭게 열리는 카이로스의 시간[18]이다. 이때 ‘나’의 생성은 태양과 나의 신체가 만나는 질료적 순간에 일어난 사건일 뿐, ‘나’의 의식으로 환원되지 않는다. 그렇기 때문에 ‘나’는 자신의 살아있음을 나중에야 자각하게 된다.

그리고 이 ‘되기’야 말로 삶의 가장 구체적인 모습인 ‘이것임haecceity’을 보여준다. 변용된 ‘나’는 그 전의 ‘언청이에 갇힌 나’와는 완전히 다른 인물이기 때문이다. 이와 달리 ‘나’의 변용된 신체를 단순히 물리적으로 동일한 이전의 육체로 환원시키는 것은 신체를 지극히 관념적으로 이해하게 되는 오류를 저지르는 것이다. 우리의 신체 더 나아가 우리의 육신이란 하나의 고정된 물체가 아니기 때문이다.

우리의 신체는 단순히 우리 몸을 구성하고 있는 물리적·화학적 원소 내지 질료들로도, 종의 본성적 관점에 따르는 생물학적 분류로도 규정되지 않는다. 그렇기 때문에 들뢰즈와 가타리는 모든 것을 ‘기계’로 정의했으며, 이 정의에 인간의 신체만큼이나 잘 들어맞는 것도 드물기 때문이다. 인간의 신체란 무한한 정동의 상태 속에 놓인 것이므로, 결코 하나의 실체로 규정되지 않는 연속적 변이체인 것이다. 따라서 「육수」의 ‘태양의 아들되기’는 신체를 둘러싼 수많은 근대적 실체론을 넘어서 구체적으로 실존하는 ‘사건’으로써의 신체, 다시 말하면 생성을 표현한다.

작품의 후반부에 이르러 ‘나’의 사유가 급격하게 변화하는 것은 바로 언

---

18 안토니오 네그리, 정남영 역, 『혁명의 시간』, 갈무리, 2004, 53쪽.

청이라는 기표에 의해 '육체에 갇혀 있던 자기 자신肉囚'을 뛰어 넘어 '생성'에 이른 결과이다.

> 나는 克服되어야 할 그 무엇이었다. 극복되어야 할 무엇을 가지고 있는 나는 나를 克服한다. 轉身을 꾀하는 것만이 너를 밭에 서게 한다.
> 물린 것은 물어뜯어야 한다! 그 밖에 너에게는 길이 없다.
> 뺏어가는 것은 뺏겨야 한다! 飢渴이 너의 自然이라면 飽食은 그들의 自然이었기 때문이다. 개구리가 뱀에게 잡아먹히는 것이 自然인 것처럼 너는 그들의 포식 앞에 기갈을 감수해야 한다. 그래도 개구리에게는 營爲가 있었고 하나의 完成은 있었던 것이다! 自然은 秩序은 善은 秩序였다.('자연의 질서는 선의 질서였다'의 오기)[19]
> 拒逆하지 말아라 그러면 외면하지 않게 될 것이며 따라서 아픔이 없어질 것이다. 네가 그들을 시기하고 저주함이 그들이 너를 조소하고 너에게 돌을 던지는 원인이 됨을 기억하고 있어야 한다. 그들에게 너의 모든 것을 줘버려라! 그러면 빼앗길 아무 것도 다 없어졌는데 누가 또 다시 너더러 뺏을 무엇을 내 놓아라 할 것인가.
> 회피하지 말고 끝끝내 直視해야 한다! 네 아픈 것만 탓하지 말고 웃고 싶어하는 그들의 食慾도 알아야 한다. 그들은 健康한 胃를 갖고 있는 것이다. 그들이 건강하지 않었던들 너의 그 설움이 있었겠는가. 이것을 알아야 한다. 그렇지 않다면 健康이 惡이어야 한다는 말인가.[20]

삶은 언제나 '되기'이므로, 사회가 규정한 '언청이' 내지 '불구'라는 기표

19 참고로 『장용학문학전집』 1에서는 "자연은 완성(完成)에의 질서였다."(191쪽)로 수정되어 있다.

20 장용학, 앞의 글, 184쪽.

에 갇혀있던 '나'는 '극복되어야 할 존재'임에 틀림없다. '언청이'는 표상에 불과한 것으로 '나'가 저항을 포기하고 내면화했기 때문에 스스로를 예속했던 '초월적인 것외재적인 것'일 뿐이다. 게다가 만약 생성 중인 우리가 '자연'이라면 자연에는 '선악'이 있을 수 없다. 모든 생성 - 존재는 말 그대로 '스스로 그러한' 것이기 때문이다. 이와 달리 세상을 창조하는 신이 '나'에게 '언청이'의 삶을 주었다면 여기에서 어떤 '부정'도 있을 수 없다. "신은 생生에게 육체와 함께 사명을 주었다. 사명을 위하여 육체를 준 것이다."185 절대적으로 무한한 능력을 가진 신의 창조에 '부정' 내지 열등함이 있을 수 없기 때문이다. 따라서 '나'가 언청이로 태어난 것은 '나'를 통해 보이고자 하는 무언가긍정가 있기 때문이다.

여기에서 도출되는 것은 모든 존재가 동등하다는 점이다. 존재하는 모든 것은 바로 능산적 자연에서 생겨난 것이므로 동등하며, 설령 그것이 신의 창조에 의한 것이라 하더라도 그 속에는 어떤 '부정'도 존재하지 않기 때문이다. 더 나아가 존재하는 것이 항상 현실의 시간 속에 있으며 그 자체가 끊임없는 생성임을 생각할 때양자역학에서 고정불변의 상수로 존재하는 것은 아무것도 없다., 모든 존재란 곧 생성 중의 존재이다. 따라서 "自然의 秩序는 善의 秩序였다"는 '나'의 깨달음은 자연이 만들어내는 존재는 모두 '악'이 없는 기쁨의 생성이라는 말이다.

따라서 '나'에게 남은 것은 '생성 - 존재'를 긍정하는 것이다. 언청이라고 이름 붙여진 육체 역시 그 어떤 부정도 없는 생성이기 때문이다. 지금까지 부정 속에서 슬픔에 가득 차 있던 신체는 기쁨으로 정동된다. 그리고 이는 필연적으로 '나'의 신체에 부정성을 부여하던 기표와의 전쟁으로 귀결될 수밖에 없다. 소위 '정상인들'로 표상된 것, 지배적인 현실과 언청이임을 긍정하는 '나' 사이에는 무한한 전쟁이 놓이게 된다.

> 生은 使命이요 事業이다! 싸움이다! 싸움 속에서 生은 이루어지는 것이다!
> 어서 시('내'의 오기인 듯)려가서 저 네거리의 揭示板에 네 얼굴을 가져가거라! 이보다 더 큰 싸움이 어디에 있을 것인가. 그것은 입술을 가리어보려고 땅속을 뒤지는 것보다 더 큰 싸움이요 보다 쉬운 싸움일 것이다. 나는 나무! 그늘은 그들의 것!
> 이 孤獨은 나의 용서요, 희열이요, 오직 하나의 肯定, 나의 마지막 出發인 것이다![21]

따라서 「육수」의 결말 부분인 이 인용문은 장용학 소설 전체의 성격을 단적으로 요약한 것이라 할 수 있다. 삶은 생성 - 존재의 내재적 역량이다. 그래서 초월적인 것에 근거하여 생성 존재의 역량을 '부정'하는 것과 양립할 수 없게 된다. 이 전쟁은 본성상 타협이 불가능한 전쟁이므로 어느 한쪽이 사라지지 않는 한 끝나지 않는 '이념'으로서의 절대 전쟁이 현실에서 전개된다. 이 전쟁에서 이긴다면 존재에게는 영원한 생성의 긍정만이 남을 것이다. 이에 반해 전쟁에서 진다면 생성은 부정되고, 모든 신체의 역량은 예속될 것이다.

21 장용학, 앞의 글, 185쪽.

2. 전통적 가족 표상에 대한 부정과 '비인되기'

1) 가부장제에 대한 저항과 초극: 「원형의 전설」

「원형의 전설」[22]의 첫 장은 프롤로그에 해당하는 부분과 본 이야기로 나누어 볼 수 있다. 장용학의 여러 작품들에서와 마찬가지로 프롤로그는 작가의 창작 의도와 방향을 가늠하는 중요한 장치이자 작품의 전체적 의미를 파악하는 핵심 열쇠가 된다.

이 작품은 "이것은 세계가 자유와 평등, 이 두 진영으로 갈라져 싸우고 있던 시절, 조선이라고 하는 조그만 나라에 있는 한 사생아의 이야깁니다."[23]로 시작한다. 그리고 르네상스에서 태어난 '프랑스 혁명이 낳은 남매라고 할 수 있는 자유와 평등'이 각기 상이한 경로를 통해 조선으로 유입해 들어와서 충돌한 것이 한국전쟁이다. 자유와 평등이라는 단어는 당대의 냉전 이데올로기의 중심축이었던 자본주의와 사회주의라 할 수 있으며, 이는 분명 근대의 야누스적 두 얼굴이라 할 수 있다. 아울러 이 전쟁으로 인해 '그들 남매'는 원수가 되고 말았다는 이야기를 함으로써 「원형의 전설」이 한국전쟁과 직접적인 연관관계를 가지고 있음을 알 수 있다.

그런데 여기에서 문제적인 것은 한국전쟁을 평등과 자유의 충돌로 바라보는 작가의 시선이 그렇게 단순하지만은 않다는 것이다. 우선 저자는 평등과 자유가 르네상스의 '자아의 발견'이 배태한 것이며, 이를 통하여 '인간'을 발견했지만 오히려 이는 '발견'이 아니라 '발명'으로 봐야 한다고 말한다. 그 까닭은 "인간의 발견이 아니라 그것은 인간의 상실"을 의미하기 때문이다.

---

22 장용학, 「圓形의 傳說」, 『사상계』, 사상사, 1962. 3~11월 연재.
23 장용학, 「圓形의 傳說」, 『사상계』, 사상사, 1962. 3, 390쪽.

> 기도만 드리는 것이 인간 생활이 아니다. 노래도 부르며 살아야 완전한 人間生活이다. 해서 그렇게 산다는 것은, 마치 앞모습만 거울에 비추어 보고 살던 사람이 뒷모습도 보아야 완전한 내 모습을 알 수 있다. 해서, 뒤에다 또 하나의 거울을 세워 놓는 것과 같은 것입니다. 그렇게 하니 과연 뒷모습도 볼 수 있게 되었지만 그와 동시에 거기에는 無數의 내가 줄지어 있어서 어느 것이 낸지 알 수 없게 된 것입니다. 이것이 낸가 해서 그를 보면 그 뒤에 또 내가 있읍니다. 그래서 그를 보면 또 그 뒤에 내가 있고……. 결국 「自我」의 발견이란 「無數한 自我」의 발견이었고, 「無數한 自我」 속에 「自我」를 상실하는 일이었읍니다.
>
> 그로부터 人間의 歷史는 잃어버린 自我를 찾아 거울 속을 헤매는 過程이 되었읍니다. 그것이 그들의 새로운 祈禱, 새로운 教會였읍니다.[24]

인용문에서 나타난 바와 같이 르네상스가 발견한 것은 오랜 기간 동안 종교라는 초월적 존재에 예속되어 있던 인간의 자기발견이다. 이는 "기도만 드리는 것"에서 "노래 부르는 것"으로의 변화, 다시 말해 신체의 예속을 벗어나 능동성을 회복하는 일이다. 그런데 이 과정에서 실제로 발견된 것은 "무수한 자아", 다양체로서의 자아였다. 그리고 무수한 자아의 발견은 그동안 알고 있던 '동일성' 혹은 '정체성'을 지닌 단일하고 고정된 자아에서 벗어난 것이다. 이것은 인간의 무규정성, 인간의 능동성과 그에 따른 생성의 능력을 회복함을 의미한다. 그러나 인간들은 자신의 본래 능력을 찾았음에도 불구하고 이를 긍정하지 못한다.

자신의 능동성을 발견한 인간은 오히려 동일성으로서의 자아를 상실할지도 모른다는 두려움에 빠지게 되고, 그로 인해 자발적으로 새로운 예속을

24 장용학, 위의 글, 392쪽.

행하게 된다. 이는 '평등'과 '자유'라는 새로운 두 개의 '교회'를 세우고 여기에 예속됨으로써 두 개의 자아로 고착되는 것이다. 분명한 것은 "인간의 역사는 잃어버린 自我를 찾아 거울 속을 헤매는 과정"이라는 점이다. 예속과 동시에 인간의 역사는 자신의 삶을 살아가는 것이 아니라, 거울 속에 비친 자신의 모습을 실제의 자신으로 오인하는 역방향의 거울단계[25]에 빠진 것이다.

다시 말해 원래 인간은 복수複數의 다양체, 무수한 자아이므로 평등과 자유를 '신봉'할 이유가 없다. 그러나 인간은 동일성의 자아를 잃지 않기 위해 평등과 자유라는 교회에 스스로 예속한다. 다수의 자아는 평등과 자유에 의해 각각 단일한 자아가 된다. 무수한 자아의 측면에서 본다면 자유의 자아와 평등의 자아는 수많은 자아 가운데 한 양태일 뿐이다. 그러나 예속을 통해 만들어진 단일한 자아의 입장에서 보면 이 둘은 서로 모순되는 것으로 오인된다.

여기에서 말하는 교회는 신체의 예속장치이므로 단순히 종교의 의미가 아니라 국가로 치환 가능하다. 인간들의 자발적인 예속으로 세워진 평등과 자유라는 국가는 우리의 상황에서 결국 북한과 남한이 된다.[26] 국가는 맹신적 복종과 믿음만을 강요하는 장치이다. 공산주의와 자본주의라는 이념의 차이에도 불구하고 이 두 국가는 그 근원적으로 신체를 예속하는 근대의 산물에 지나지 않는다.

---

25 라깡이 말하는 주체화가 바로 '거울단계'이다. 라깡은 거울에 나타난 이미지가 실제의 자신과 다름에도 이를 자신이라고 동일시함으로써 '오인'된 주체, 분열된 주체가 형성된다고 말한다(권택영 편, 민승기 외 역, 『자끄라깡 욕망이론』, 문예출판사, 1994, 39~46쪽). 그러나 여기서는 라깡과 반대로 원래 다양체로서의 주체가 거울이미지를 통해 하나의 주체로 경화되는 것을 말하고 있다.

26 우리의 근대 초기에 나타난 국가주의로의 지향은 도면회, 「자주적 근대와 식민지적 근대」(임지현 외, 『국사의 신화를 넘어서』, 휴머니스트, 2004), 같은 책의 윤해동, 「식민지 근대와 대중사회의 등장」 참조.

이렇게 해서 만들어진 '인간'은 '손'과 '말'을 통해 스스로를 정의 내리게 된다. 그런데 손이 신체적 능동성이자 욕망을 의미한다면, 말은 그 능동성을 억압하는 명령이다. 따라서 '손'은 '말'에 예속 당한다. 장용학은 그 까닭을 인간의 보편사에 근거하여 설명한다. 즉 어린아이는 끊임없이 손을 통해 자신의 욕망을 긍정할 뿐인데, 어른들은 그 어린아이의 행동을 비건설적인 것으로 규정하고 금지하기 때문이다. 여기서 말은 성경의 '말씀'으로 이어지는데, 성경의 '말씀'이란 전도된 세계에 세워진 초월적인 것이자 금지의 규율에 다름 아니다.

장용학은 '태초의 말씀'이 있는 것이 아니라, 행동이 선행했음에도 불구하고 예속의 결과로 인해 인간에게는 그것이 전도된 형태로 드러나고 있음을 지적한다. 이와 같은 언급은 욕망을 억압하면서 진행되어온 인류 보편사에 대한 부정이라 할 수 있다. 여기에서 오이디푸스의 삼각형이 문제가 되는 것은 아버지가 아들을 단순히 억압한다는 것만이 아니다. 오히려 문제는 오이디푸스의 삼각형은 사회체의 표상을 가족 삼각형에 끌어들이고, 이 표상 내용이 욕망의 대표가 되게 만들기 때문이다. 따라서 욕망은 이제 다른 것을 욕망할 수 없는 스스로 거세된 존재가 된다. 장용학은 이러한 전도된 역사의 궤적이 아니라, 또 다른 가능성으로서의 역사가 만들어졌으면 어떠했을지 자문한다.

> 그런데 여기서 한 가지, 가령 어린이들의 그 動作을 禁止하지 않고 그대로 둬 두었더라면 人類歷史는 과연 어떻게 되었을까 하는 것입니다. 이에 대한 답은 둘에서 하나를 빼면 하나가 된다는 셈보다 더 쉽게 알 수 있을 것입니다. 즉 어린이들의 動作을 禁止시킨 <말>에 의하여 엮어진 歷史가 우리가 본 바와 같이 非理와 矛盾으로 가득 찬 암담하고도 不吉한 博物館과 같은 것이었다면, 그 반대의 역사는 적어도 밝고 順하고 싱싱한 植物園과 같은 것이 되었

으리라는 것은 정한 이치라 하겠습니다.[27]

이러한 언급은 어린아이의 '손', 다시 말하면 인간의 근원적 존재는 결핍의 존재가 아니라 자신이 가진 욕망의 능동성과 욕망을 긍정하는 것이다. 욕망은 근본적으로 생산이자 과잉이며 무한한 능동이다. 이에 비해 예속을 통해 만들어진 표상은 이를 전도시켜 욕망을 목적 속에 가두고 결핍으로 만든다. 그리고 욕망이 주어진 목적을 벗어날 경우 잘못된 것으로 유죄판결 한다. 이 과정에서 모든 욕망은 표상이 만들어낸 '정상성' 속에 갇힌다.

그렇기 때문에 '손'과 '말'의 관계, '자유와 평등'의 대립은 근대국가의 예속과 함께 만들어진 '인간' 또는 '자아'에 의해 전도된 것에 불과하다. 따라서 장용학은 "자유와 평등의 대립은 고양이 한 마리도 죽을 필요가 없는 대립"이며, "남매라기보다 하나로 결합해서 서로 자기를 완성시키는 부부"와 같다고 말한다. 이 말은 '자유'와 '평등'은 원래 하나임에도 불구하고 근대 이성으로 넘어오면서 배타적 쌍으로 바뀌어버렸다는 말이다.

작가가 보기에 근대적 '인간'은 철저히 오인되고 전도된 인간이다. 이러한 전도된 인간은 도처에 펼쳐진 오이디푸스적 삼각형의 구도 속으로 들어가며, 그 속에서 거세 위협에 떨면서 스스로 오이디푸스를 확대 재생산하고 있는 것이다. 그럼에도 불구하고 이 '오인된 인간'이 '정상적인 인간'으로 뒤집혀 있으며, 이는 단순한 언표적 측면에 국한되는 것이 아니다. 오히려 우리는 이처럼 전도된 사회 속에서 살고 있는 비인간임에도 불구하고 '인간'으로 표상되고 있다는 것이다.

맑시즘은 이 빵의 문제를 해결하고 自由를 준다고 약속한다. 무릇 約束은 福

27 장용학, 앞의 글, 393쪽.

音이다. 그러나 그 約束이 教理를 갖출 때 福音은 그 教理 속에서 죽는 것이다.

맑시즘은 無産獨裁로 階級을 없앤다고 한다.

人間이 그렇게 簡單하단 말인가.

階級은 빵의 不足에서 생기는 것이지, 獨裁 바꾸어 말하면 慾望의 抑制에 의해서 없앨 수 있는 것이 아니다. 慾望을 억제함으로써 階級을 없앨 수 있다고 생각하는 것은, 잎사귀를 따버림으로써 나무를 죽일 수 있다고 하는 것과 같은 卽興이 아니면 더 깊은 罪惡이다.

그것은 階級의 말살이 아니라 人間의 抛棄다. 直立을 중지하고 네 발로 기어다니면서 살라고 강요하는 것을 의미한다. 牧者와 家畜, 딴은 階級이 아니다. 대신 두 가지 人間이 出現한다. 牧者라는 人間과 家畜이라는 人間.

階級을 없앨 수 있고 人間을 해방시켜 주는 것은, 獨裁가 아니라 生産이다.[28]

위 인용문에서 나타나듯이, 결국 이와 같은 마르크스주의는 욕망을 억압하고 더 나은 내일을 약속하면서 인간을 지배한다는 점에서 종교와 어떠한 차이도 없다. 이들은 현재의 고통이나 불만을 해소해 주는 것이 아니라 미래에 대한 약속을 통해 '지금 여기'의 삶을 끊임없이 뒤로 유예시키기 때문이다. 종교와 마르크스주의는 인간의 욕망을 채워주는 것이 아니라 그 욕망을 한없이 지연시키고 억압하면서 존재하는 것에 불과하다. 따라서 장용학은 '비인간'의 측면을 종교, 정치적 이념, 인류의 보편사 등 인류 문명 전체에서 겹쳐져 있는 오이디푸스화에 대하여 비판하고 있는 것이다.

그런데 여기서 가령 어린이들의 그 動作을 禁止하지 않고 그대로 둬 두었다라면 人類歷史는 과연 어떻게 되었을까 하는 것입니다. 이에 대한 답은 둘에

---

28 장용학, 앞의 글, 417쪽.

서 하나를 빼면 하나가 된다는 셈보다 더 쉽게 알 수 있을 것입니다. 즉 어린 이들의 動作을 禁止시킨 「말」에 의하여 엮어진 歷史가 우리가 본 바와 같이 非理와 矛盾으로 가득찬 암담하고도 不吉한 博物館과 같은 것이었다면 그 반대의 역사는 적어도 밝고 順하고 평화로운 植物園과 같은 것이 되었으리라는 것은 정한 이치라 하겠습니다. 아무튼 그 動作의 禁止야말로 人類의 原罪라 할 수 있겠고 人間의 苦惱와 彷徨과 罪惡은 이에서 비롯된 것입니다.

人間이 파괴를 즐기고 爭鬪的이 되지 않을 수 없었다는 것은 인간이 人間이기 위한 條件이었고, 人類前史에 終止符를 찍게 한 核戰爭은 그들이 스스로 자기의 條件을 淸算하기 위한 전쟁이었는지도 모릅니다.[29]

인간이 가진 본연의 욕망에 대한 억압에 의해 인간의 파괴욕이 만들어지는 것이며, 현재의 전쟁은 원초적 억압으로 인해 생긴 문명을 극복하기 위한 인간의 자기 정화작용이다. 이것이 종래에 가서는 핵전쟁이라는 종말로 치닫게 되는 것은 당연지사이다. 따라서 장용학은 '인간적인' 세계에 존재하는 그 어떤 것을 준거로 한 단순한 참·거짓의 문제로는 더 이상 논의를 진행시킬 수 없다는 것이다. 사차원이라는 생소한 논의를 도입하고 있는 부분도 바로 이러한 자신의 관념을 이해시키기 위한 수사로 볼 수 있다. 다시 말하면, 전도된 세계의 가치들은 이미 초월적 정견doxa이자 공통감common sense일 뿐이다. 따라서 이를 단순히 다시 뒤집는다고 해서 올바른 인식이 될 수 없다.[30] 가능한 방법은 정견에서도 아니며 초월된 천상계에서도 아니다. 오히

29 장용학, 앞의 글, 393~394쪽.

30 의미(sense)는 불어로 방향과 의미(meaning)를 동시에 지칭한다고 할 때, 여기서 doxa는 다수적 권력 장치에 의해 단선화된 의미(sense)에 지나지 않는다. 따라서 방향을 뒤집는다고 하더라도 동일한 다수적 의미체계를 벗어날 수 없기 때문에 이 역시 재현된 그 무엇에 다름 아니다. 따라서 제대로 된 인식이 되기 위해서는 기존의 표상체계를 뛰어넘어 방향과 의미 두 층위 모두를 바꾸어야만 한다.

려 그것은 철저하게 지상계의 엄밀한 내재성의 장에서 다시 시작할 수밖에 없다. 그리고 전도되기 전의 세계로 회귀하는 것이 불가능하다면, 오로지 남은 방법은 전도된 세계의 모순을 가속하여 이 세계를 끝내는 것이다. 따라서 「원형의 전설」 전편은 이러한 '인간적인' 것을 벗어나서 '인간'을 찾아가는 긴 여로가 된다.

이 작품에는 세 개의 근친상간이 나온다. 작품에서 근친상간은 직접적으로 인간의 원죄, 즉 기독교적 원죄와 이어진다. 하지만 장용학은 이러한 단순한 논리를 부정한다. 그는 자신이 그리고 있는 근친상간이 기독교에서 말하는 원죄가 아니라 "인간이 자기 자신을 어긴 데서 온 원죄"라고 말한다. 그것은 바로 "자기 자신을 식언食言"[31]했다는 것, 다시 말해 자기기만 때문이라는 것이다. 이 말은 초월적인 세계의 개입을 부정하는 진술이다. 그가 말하는 원죄란 신의 명령 내지 초월성을 어긴 것이 아니라, 인간이 자신의 능력을 부정하고 허구적인 초월성을 도입하여 스스로 예속된 것에서 비롯된 것이다. 이에 비해 만약 기독교적 원죄, 초월적 원죄를 인정하게 되면 세 개의 근친상간은 초월적 도덕에 의해 모두 동일한 것으로 치부되고 말며, 그 결과 주인공 이장李章의 마지막 근친상간 역시 '인간적' 세계 속으로 다시 휘말려 들어가 버리고 만다. 따라서 근친상간의 의미를 찾아보기 위해서는 다시 프롤로그에서 이야기한 '인간적'과 '인간'의 구분으로 돌아가야 한다. 지금까지 이 근친상간의 모티프를 알레고리로 이해온 것이 대부분이다.[32] 하

---

31 장용학, 김붕구, 이정호, 「방담 - 뛰어 넘었느냐? 못 넘었느냐?」, 『사상계』, 사상사, 1962. 11, 280쪽.

32 기존의 연구들 대부분에서 「원형의 전설」에 나타난 근친상간을 알레고리로 읽고 있다. 이에 비해 최혜실의 경우 이장의 선택을 오이디푸스에 대한 반항으로 보고 있다는 점에서는 타당성이 있다. 하지만 그는 이와 같은 이장의 근친상간을 오이디푸스화가 없는 과거로의 회귀로 읽고 있다는 점에서 일정한 한계가 있다. 가부장제 사회에서 근친상간은 가부장제 자체가 뛰어 넘을 수 없는 한계의 지점이면서 동시에 이에 벗어나려는 욕망을 포획하여 가두는 장치가 된다. 가령 모계사회의 경우 근친상간이란 말은 존재하지도, 성립하지도 않는다.

지만 이 경우 알레고리는 현실의 그 무엇을 유비적으로 지시하는 것이 되고 만다는 점에서 한계가 있다. 오히려 근친상간의 모티프는 우리의 근원에 있는, 우리의 욕망을 가두는 가부장제 사회의 억압을 벗어나기 위한 소설적인 실험이다.

이 작품에 나오는 세 개의 근친상간에서 앞의 두 개와 뒤의 것은 차이가 있다. 오택부 - 기미 남매 사이, 그리고 윤희 - 그녀의 아버지 털보의 근친상간은 한 쪽의 일방적인 강압으로 이루어진다. 오택부 남매 사이의 근친상관과 윤희 부녀 사이의 근친상간은 부정적으로 그려짐에도 불구하고, 이장이 마지막에 가서 자신의 배 다른 누이인 안지야와 근친상간의 관계를 맺고 마는 이유를 살펴보아야 한다.

먼저 이장이 오택부를 찾아가는 까닭을 살펴볼 필요가 있다. 이는 단순히 잃어버린 '아비찾기'가 아니다. 아울러 오택부가 갓 태어난 이장 자신을 죽이려 한 것에 대한 개인적 복수심 때문도 아니다. 이장이 바라는 것은 오택부가 누이를 강간한 자신의 행동을 정당하게 시인하는 것이다.

> 「당신은 나에게 뭐가 되죠.」
>
> 「뭐라니, 외삼촌이지 뭐이겠나.」(중략)
>
> 「三十二年 전에 간난애를 이부자락으로 입코를 틀어막아 죽이려다가 실패한 그 손 임자말입니까?」(중략)
>
> 「이 패륜이 망덕할 놈의 아가리를 못 닥치겠느냐?」
>
> 「그렇습니다. 대낮에 오빠에게 강간을 당한 뷔너쓰에게서 난 사생아니까 원래가 悖倫이죠……」
>
> (중략)
>
> 「그 당시에 지금과 같은 勢道가 당신에게 있었다면 돈 내라고 공갈을 일삼는 이도무는 아마 죽여 버렸을 것입니다. 당신은!」(중략)

「이놈아, 나두 인간이다! 사람의 탈을 쓰구 어떻게 그런 것을 할 수 있단 말이냐! 응 이놈아!」

(중략)

「그러지 말고 그것은 내가 한 짓이라고 인정만 해주시오. 그러면 당신이 제안한 대로 이북에라두 가버리겠읍니다.」(중략)

「나는 살아 있는 한 당신의 입에서 『나는 내 동생을 강간한 네 외삼촌이다』란 말하게 하구야 말겠습니다!」

「오냐 오냐. 알았다. 네가 내 재산이 탐나서 그 지랄이구나. 그래 가지군 살아 있는 한 너는 거기서 못 나온다! 일생을 그 속에서 썩는 줄 알아라.」[33]

하지만 오택부는 자신이 저지른 일을 시인하지 않는다. 이장의 입장에서 오택부의 잘못은 여기에 있다. 즉 오택부는 자신의 욕망에 의해서 여동생을 범했고 그 결과 이장을 낳았다. 하지만 그는 어린 이장을 살해하려 했고, 그것이 불가능해지자 '맹팔'이라는 머슴에게 죄를 뒤집어씌운다. 그것도 모자라 이도무李道武에게 돈을 주고 맡겨 아들로 삼게 한 것이었다. 이 과정은 근친상간을 한 사실을 은폐하거나 말소하려 한 것이다. 이러한 오택부의 행동은 자신이 저질렀던 근친상간을 부정하는 것으로, 이는 사회체의 오이디푸스화에 굴복하는 것이다.

이장이 원하는 것은 오택부가 자신의 행동을 인정하는 것이다. 그런데 이를 인정하는 것은 그가 여동생을 강간하고 "패륜"을 저질렀음을 스스로 밝히는 것이기도 하다. 이 사실이 밝혀지면 그는 사회적 거세위협에 시달리게 되고 현실의 사회에서 축출 내지 배제 당할 것이다. 그러나 자신의 행위를 인정하는 것은 실재하는 욕망을 인정하는 것이며 가부장적 사회의 오이디

---

33 장용학, 「圓形의 傳說」, 『사상계』, 사상사, 1962. 6, 423~425쪽.

푸스화에 저항하는 것이 된다. 그러나 오택부가 근친상간을 부정한 것은 사회적 오이디푸스에 굴복함으로써 실재를 부정한 것이다.

우리는 윤희 - 털보의 근친상간 역시 이와 같은 방식으로 이해할 수 있을 것이다. 사냥꾼인 털보는 이장을 구해주고 그에게 지나친 호의를 베푼다. 그는 자신의 딸인 윤희를 이장의 방에 밀어 넣어 강제로 동침시키려고까지 한다. 그런데 이장은 윤희와의 육체적 관계를 맺지 않고 하룻밤을 보내자 그 다음날 아침 윤희는 집 뒤에 있는 소나무에 목을 매고 자살하고 만다.

> 「어허 끝내 죽었구나……」
>
> 털보는 축 늘어진 딸의 시체를 쳐다보이며 이렇게 탄식하는 것이었습니다. 그러나 슬퍼하는 빛을 찾아볼 수 없었읍니다.
>
> 二章은 집안으로 뛰어 들어 가더니 獵銃을 들고 나와 총알을 재면서 털보의 가슴에 들이대는 것이었읍니다.
>
> 「저 배 안에 있는 것은 누구의 아이오!」
>
> 「바른대로 대지 않으면 죽여 버리겠다!」
>
> 「참구 참구. 내 말두 들어보! 무슨 거짓말을 들었는지 모르지만 생각해 보오! 딸의 뱃속에 어떻게 애비의 새끼가 들 수 있단 말이오?」
>
> 「뭐라구?!」
>
> 세상에 이런 소리가 어디 있을 수 있었겠읍니까.
>
> 공포에 질려 이장은 소나무가지를 쳐다보았읍니다. 푸르고 붉은 옷에 잠긴 「不倫」은 새벽바람에 흔들흔들 춤을 추고 있었읍니다.[34]

털보는 딸인 윤희를 강간하여 임신시켰다. 그래서 그는 강간근친상간에 의

34 장용학, 「圓形의 傳說」, 『사상계』, 사상사, 1962. 4, 406~407쪽.

해 딸이 임신했다는 사실을 은폐하고, 그 임신이 이장 때문인 것으로 꾸미기 위해 이장을 윤희와 동침시키려고 한 것이다. 털보의 행동 역시 "불륜"이라는 도덕적 평가 때문에 실재 욕망과 그로 인한 결과를 부정하는 것에 불과하다. 자신이 행한 근친상간이 세상에 알려지는 것은 딸의 죽음보다 더 무섭기 때문에 털보는 자기 딸의 죽음을 보면서 "슬퍼하는 빛"을 띠기보다는 오히려 안도했던 것이다.

이 두 가지의 근친상간은 모두 실재하는 욕망과 그에 따른 자신의 행위를 부정한다는 점에서 공히 '자기기만'이다. 오택부와 털보는 금치산자들이 아니었다. 그러므로 이들은 상대를 겁탈할 때에는 모두 자기 욕망을 긍정했고, 이로써 근친상간이 이루어졌다. 이는 자기 욕망에 대한 긍정이자 가부장 사회의 초월적인 성도덕에 대한 부정이다. 그러나 사건이 발생한 이후에 이 둘은 스스로가 행한 행동을 부정하면서 누이와 딸을 죽음에 이르게 한다. 그리하여 이들은 욕망이 부정하고자 했던 사회의 지배적 표상 속으로 다시 오이디푸스화된다. 따라서 두 사람의 태도야말로 자기 욕망의 실재를 부정함으로써 자신을 부정하는 약자의 모습이며, 이를 통해 사회의 지배적 배치는 지속된다.

이와는 반대로 이장 - 안지야 커플의 근친상간은 위의 두 커플이 보여준 그것과 다르다. 이 둘은 서로에 대한 사랑으로 결합한다. 처음 이장이 안지야에게 청혼했을 때, 그녀는 그의 청혼을 거부하고 다른 사람의 후실로 들어가려고 한다. 하지만 안지야가 후실로 들어가는 것은 아버지인 오택부의 명령을 따르는 것이므로 여전히 가부장적 질서에 복종하는 것이라 할 수 있다. 그런데 안지야를 술집 마담으로 내몬 것은 바로 자신의 아버지 오택부이다. 현실의 아버지가 사회의 지배적인 욕망을 욕망하고, 그 속에 포획됨으로써 딸의 삶을 불가능하게 한 것이다. 따라서 이장 - 안지야의 근친상간은 이와 같은 가부장적 표상을 벗어나는 작용을 한다.

㉠「圖書館에서 『카인』을 찾아봤어요.」

「…………」

「성경책에는 『아다』라는 여동생이 없었는데…….」

「聖經은 원래 誤植과 거짓말의 동산이야. 예수가 私生兒라는 것두 거기서는 遁甲하고 있잖어?」

「험하고 무서운 사람이라고 미워도 해봤지만 演劇을 할 만두 했겠다구 理解가 가요. 저는 사랑을 위해서였지만.」

「사랑하기 위한 연극이었다! 사랑하지 않았다면 이런 연극은 있을 수 없다!」

㉡ "아, 우리는 같이 죽는 거에요!"

芝夜의 幻戱에 찬 소리가, 그 무엇에 홀린 것 같은 李章에게 매달렸읍니다.[35]

이 두 남매는 사랑을 위해 관계를 가진다. 여기서 이들의 행위는 어떠한 초월적 준거도 가지지 않는다. 그리고 두 인물은 죽음을 앞두고서도 어떠한 망설임이나 두려움도 없으며 오히려 '환희에 찬' 모습을 보인다. 이는 스스로의 선택, 즉 '인간적'인 세상, 오이디푸스적 세상을 벗어나기 위해 자신들의 선택에 대해 절대적으로 긍정하고 있는 모습이다.

현실의 가부장적 표상이 규정하는 '인간적'인 눈으로 보았을 때, 이들의 행위는 동물적인 것, 혹은 비인간적인 것이다. 이것은 인간적이라는 '표상'을 벗어나는 비인되기이다. 이 둘의 근친상간은 남북한이 공유하는 혹은 대부분의 인류문화가 공유했던 가부장제의 표상을 벗어나는 것이며, 동시에 여전히 가부장제 표상에 갇힌 부모 자식 사이의 편집증적 근친상간과 달리 모든 가부장체계를 벗어나 새로운 결연을 가능하게 만드는 분열증적 근친

---

35 장용학, 「圓形의 傳說」, 『사상계』, 사상사, 1962. 11, ㉠ 361쪽, ㉡ 369쪽.

상간[36]이라 할 수 있다. 아울러 이러한 탈영토화는 자신의 신체에 내재하는 능력을 긍정하는 것, 그 능력을 긍정하는 의지의 표현이다. 이장 - 안지야 커플은 이장으로도 안지야로도 환원되지 않는다. 오히려 그들은 현재가 아니라 내세, 혹은 도래할 세상의 문을 열어젖히는 그 무엇이다.

「원형의 전설」에서 이장은 이분법적인 세상을 넘어서 4차원의 세상이 도래하기를 바란다. 상대성 이론에 따르면 4차원은 공간에 시간을 더한 것이다. 그런데 「원형의 전설」에서 말하는 4차원은 물리학적인 의미의 복수시간만으로 해석할 수는 없다. 오히려 작가는 이러한 4차원의 논의를 통해 포괄적인 '다원주의'를 도입하고자 하는 것이다. 이는 연장적延長的 시간을 의미하는 것이 아니라 질적인 시간이며 차이의 시간이 된다. 이는 사건의 시간이며 생성의 시간이다.[37]

근대적 인식체계에서는 시공간뿐만 아니라, 모든 이질적인 가치와 차이들은 유일한 준거점에 의해서 사라진다. 특히 작가는 이와 같은 유일한 준거점의 형성을 원형의 붕괴와 이분화에서 시작되었다고 말한다.

> 「모두 二分法이란 것 때문이오, 세상에는 分法이 여러 가지 있지만 이 二分法이란 것이 압도적으로 많고 따라서 가장 人間的인 分法인데, 그래서 가장 주먹九九로 대 있는 거요. 二分이란 바꾸어 말하자면 對立인데 소위 科學的이라는 입장에서 볼 때 세상에 對立이라는 것은 없는 것이오. 한줄로 『나라비』를 시켜 놓으면 서로 이웃이 되어서 모두 親戚이란 말이오. 青은 남색과 藍은 紫朱와, 자주는 赤色과, 적색은 朱黃과, 朱黃은 綠色과, 녹색은 青色과, 이렇게 한 바퀴 돌게 되거든. 道德도 마찬가지지. 봐요. 善은 忠과, 충은 愛國과, 애국은 暗殺과, 암살은 惡과. 그리고 이번엔 거꾸로 말이오. 惡은 도둑질과, 도둑

---

36 질 들뢰즈·펠릭스 가타리, 김재인 역, 『안티 오이디푸스』, 민음사, 2014, 344쪽.
37 안형관, 『화이트헤드 철학의 이해』, 이문출판사, 1988, 51쪽.

질은 孟주림과 奉養과 봉양은 孝와, 효는 善이거든…….」[38]

인용문에서와 같이 결국 모든 것은 상대적으로 존재함에도 불구하고 절대적 기준이 제시되기 시작하면 모든 이질성들은 사상되고, 질적 차이들은 양화量化되며 이에 의해서 존재들은 이분법으로 나뉘게 된다. 그리고 이렇게 이분화시킨 기준에 의해서 하나는 '정상', '우등', '진·선·미'가 되고 다른 하나는 '비정상', '열등', '위·악·추'로 규정되어 후자들은 끊임없는 억압을 당하게 되는 것이다. 이와 같은 이분화와 이분화에 따른 억압과 대립의 근원을 장용학은 이미 앞에서 말한 근대적 자아, 즉 왜곡된 자아의 형성에서 시작되었다고 말하고 있는 것이다.

주체의 성립은 타자를 만들어내게 되며 이는 곧 내부와 외부의 구획으로 나누어지게 되는 것이다. 그와 함께 주체는 타자의 이질성과 차이를 인정하지 못하게 되어 끊임없는 억압과 폭력, 금지의 사유가 등장하게 된다. 이는 이미 서구의 이성중심주의에 대한 비판으로 일어난 후기 구조주의적 사유를 선험적으로 통찰하고 있는 부분이다.[39] 이와 같은 근대 사유의 체계와 그에 대한 비판을 벗어나는 지점으로 등장한 것이 바로 4차원인 것이다.

"四次元의 세계가 어떻게 생겼는지, 볼 수도 만질 수도 없지만 하여간 지금 이 현재에도 우리는 그 四次元의 世界 속에 살고 있는 것으로 되어 있는 사실이오, 그러면 말이오, 그러면 人間의 四次元은 어떤 것인가? <禁止><罪><神>, 이 三次元을 어느 方向으로 遊牧시키면 그 四次元이 出現할 것인가? 아무도 몰라. 몰라야 하고 알 도리가 없지만, 한 가지 움직일 수 없는 사실은 그 方

38 장용학, 「圓形의 傳說」, 『사상계』, 사상사, 1962. 7, 355쪽.

39 최혜실 역시 「원형의 전설」에 나타난 후기구조주의의 선취성에 대하여 언급하고 있다(최혜실, 「분단문학으로서 「원형의 전설」」, 국어국문학회, 『국어국문학』, 1996, 458쪽).

向은 현재도 보고는 있으면서도 보지 못하고 있다는 것, 더 正確하게 말하면, 눈이 없어 못 보는 것이 아니라 卑怯해서 보려고 하지 않아서 못 보고 있다는 사실이오. ……"[40]

위의 인용문을 통해 볼 때, 작가는 물리적 담론을 사유의 층위로 끌어들이는데, 이때 현재의 '인간적'인 삶을 구속하고 있는 3차원의 것은 모두 단일한 기준, 즉 어떤 상정된 보편의 관점에 의한 것이 된다. 3차원의 기획은 단일한 시간, 규준, 환영적 비전에 의해서 존재하는 것이다. 그리고 이와 같은 3차원의 형식은 끊임없이 존재의 괴리를 만들어내는 거짓 표상으로 기능하게 되는 것이다.

이에 비해 4차원은 이미 우리의 삶에 내재하는 잠재적 형식이라는 말이 된다. 그럼에도 불구하고 근대적 인식체계는 이러한 4차원의 상대적 인식틀을 금지함으로써 현실을 존속시키고 있다는 것이다. 이것이 바로 단선화된 연장적延長的 시간인 크로노스적 시간을 의미한다. 이 시간에 따르면 현재란 과거와 미래 사이의 어떤 점으로만 존재하는데 이때 과거, 현재, 미래라는 각각의 시간은 균질화된 시간이다. 이에 비해 3차원의 시간을 "유목"시킨 것이 바로 끊임없이 새로 열리는 시간이다. 이장이 동굴에서 시계를 버리는 것도 이와 같은 양화되고 균질화된 시간에 대한 거부로 볼 수 있다.[41]

누가 時間을 쪼개였는가?

時間을 「時間」으로 쪼개지 않았던들 世界는 더디지도 않고 빠르지도 않고,

---

40 장용학, 「圓形의 傳說」, 『사상계』, 사상사, 1962. 11, 357쪽.

41 김장원 역시 「비인탄생」과 「역성서설」을 연구한 앞의 글에서 장용학의 시간관이 크로노스적 시간이 아니라 열림과 생성의 시간이란 점을 정확하게 지적하고 있다. 김장원, 앞의 글, 90~91쪽.

따라서 空氣처럼 意識에 떠오르지도 않았을 것이다.

쪼개는 것이 그렇게 能事라면 한번 空氣를 쪼개 보라지. 그러면 쪼개는 일이 어떤 것인지 뼈에 사모치게 알게 될 것이다.

時間은 원래 生成의 根本形式이었는데, 「時間」이라는 私生兒가 그것을 토막을 내서 서로 물고 늘어지게 했다.[42]

「원형의 전설」에서 회복해야 할 4차원의 세계는 종교에서 말하는 내세도 아니며, 마르크스주의가 말했던 선적 시간에서의 유토피아도 아니다. 그 공간은 언제나 현재에 내속하는 공간이며, 언제든지 회복할 수 있는 잠재적 삶의 형식인 것이다. 아울러 이 시간은 항상 생성의 시간이며, 다양한 가치와 관점이 어떠한 구속과 억압 없이 공존할 수 있는 카이로스적 시간의 형식이 될 것이다. 이장과 안지야의 근친상간은 가부장제의 억압과 배제를 만드는 다양한 인식적·제도적 층위에 대한 적극적 대결의 의지를 드러낸 것이며 새로운 세계를 열어젖히는 출구의 의미로 작용한다. 그들의 죽음은 허무주의적인 모습이 아니라 '인간적'인 세상을 탈구시키고 '인간'의 세상을 여는 돌쩌귀이며, 그리고 두 세계의 이음과 단절을 나타내는 분절의 의미를 지니는 것이다. 따라서 작품의 끝에서 핵전쟁이 일어난 후 나타난 세계는 단순한 과거로의 회귀라기보다는 근대가 가진 모순의 극점이 파열되고 난 후 열려진 신세계라 할 수 있을 것이다.

2) '효(孝)' 기표의 의미화에 대한 거부: 「상립신화」

「상립신화」[43]는 우리의 전통 사상인 '효'의 문제를 다룬다. 이 작품은 어머니의 복막염 발병에서부터 죽음에 이르는 동안 아들인 주인공 인후가 보

42 장용학, 「圓形의 傳說」, 『사상계』, 사상사, 1962. 7, 344쪽.
43 장용학, 「喪笠新話」, 『문학춘추』, 문학춘추사, 1964. 4.

여주는 광기의 심화를 형상화하고 있다. 어머니의 복막염이 발병하기 이전까지 인후는 그저 평범한 아들이었다. 어머니는 신경통을 앓고 있었지만 인후는 이것을 "병이라기보다 신경통은 어머니의 일부"212 정도로 여긴다. "무슨 바람이 불었는지"라는 진술에서처럼 신경통 치료도 우발적인 것일 뿐 아들의 특별한 자의식에 의한 것이 아니다. 게다가 과거에 인후가 보여준 행동들은 평범하다기보다 오히려 불효에 가깝다고 할 수 있다. 피난 시절 그는 육십이 넘은 어머니가 산기슭의 샘터에서 산 중턱까지 물을 길어오는 것을 방관한다. 그는 "방바닥에 덜퍼덩 드러누워서는 소설 나부랑이를 들여다보고 있다가 기껏 한다는 일이 그 동이를 받아주는"233 것이 전부였다. 월남을 해서도 어머니를 식모 부리듯 하고, 음식 타박을 하는 '시아버지 노릇'까지 한다.

그러던 인후가 심해지는 어머니의 복막염을 치료하려고 욕망하는 순간 그는 '효'의 기표 작용 속에 자리 잡는다. 어머니의 병과 그것의 치료는 신체들 간에 일어나는 능동/수동 작용으로만 독립적으로 존재하지 않는다. 치료 행위는 그것이 일어나는 동시에 효孝와 관련된 의미화기표작용와 맞물린다. 우리 사회에서 효孝 관념 또는 효 기표의 작동은 이미 공기와 같은 암묵적 전제여서 부모와 관련된 모든 행위는 여기에서 자유로울 수 없기 때문이다.

실제로 우리 사회에서 부모와 관련된 행위는 효 기표의 의미화 작용에서 벗어나서 생각하기는 힘들다. 다음 부분은 특별히 효에 관하여 생각하지 않을 시기에 인후가 자신의 행동에 대해 평가하는 부분이다. 이는 인후 자신의 내면적 독백의 타당성 여부를 떠나 부모와 관련된 일상의 행위들이 이미 효 기표 속에 장악되어 있음을 알 수 있다.

> "그렇게 식모 부리듯 하다가도 어머니가 한번 정색을 하고 언성을 높이면 꼼짝을 못했다. 五분이고 十분이고 콧등에 날아와 앉은 파리도 쫓지 못하고 숨

도 조금씩 조금씩 흘려내는 것이었다. 그럴 땐 다리도 저려 들어서 몰래 꿍꿍거리면서 한 편으로는 스스로 意識은 못하지만 거기에 일종의 快感을 느끼고 있었다. 平素의 報償을 하는 셈이 되어서인지도 모른다. 그리고, 어머니가 야단치는 度數가 점점 줄어 가는구나 하면서, 옛날 어떤 사람이 어머니의 매가 점점 아픔이 덜해져 가는 것을 슬퍼했다는 古事를 생각하고, 어느 쪽인가 하면 자기는 孝子 쪽에 속하고 있으려니 했다."[44]

어머니의 병이 깊어짐에 따라 치료하려는 아들의 욕망은 커진다. 인후에게 어머니의 병, 다시 말해 어머니의 신체는 주체화의 점[45]이다. 이로 인하여 효와 관련된 모든 말들은 인후에게 강력한 명령어로 작용한다. 처음에 인후는 대수롭지 않게 치료를 시작한다. 그러나 어머니의 병세는 그가 선택하는 치료의 행위가 거듭될수록 악화되고, 병세가 깊어질수록 아들인 그의 심정은 점점 더 절박해진다. 인후의 외적인 행동들과 신체 내적인 정동들은 그의 절박성을 보여준다. 다음은 인후가 어머니의 치료를 위해 기도하는 장면이다.

「하나님, 어머니의 배에서 물이 나오게 해 주십소서. 저의 목숨 五年과 어머니의 수명 一年을 바꾸어서 어머니의 병을 낫게 해 주십소서」
꿈에서 그는 꺼졌던 전기가 다시 켜지면서 시원스럽게 물이 쭈르르 흘러 떨어지는 것을 보았고, 병원에 가 보니 어머니의 배에서는, 이렇게 후련하기는

---

44 장용학, 앞의 글, 234쪽.

45 인후가 효의 실천에 빠지게 되는 것은 어머니의 복막염이 발병하고 나서다. 주체화의 점에서 언표행위의 주체(반성적 주체)와 언표의 주체(경험적 주체)가 발생하며 이것이 후 - 기표작용적 기호계의 정념적 선을 구성한다. 그리고 이 정념적 선을 예속의 선 또는 주체화의 선으로 만드는 것은 이중화된 주체의 포개짐이다. 질 들뢰즈, 펠릭스 가타리, 김재인 역, 『천개의 고원』, 새물결, 2001, 247~253쪽 참조.

처음이라고 할 만큼 물이 빠져 나간 것이었다.[46]

인후는 기도를 한 다음날 어머니의 병세가 호전되자 다시 전날의 기도를 번복한다. 어머니가 나을 수 있다고 판단한 때문이다. 만약 자신의 목숨 5년을 어머니의 목숨 1년과 바꾸어서 어머니의 병이 낫게 된다면 자신보다 더 오래 살게 된다. 그렇게 되면 그가 어머니를 봉양할 수 없게 되므로 전날 기도했던 자신의 목숨 5년을 3년으로 깎아 달라고 기도 내용을 바꾼다. 그리다가 또 다음 날 어머니의 병세가 악화되자 어머니 목숨 1년과 바꿀 자신의 목숨을 10년으로 늘인다. 작품 발표 당시 유종호로부터 세상의 사회사상, 어머니와 신 등을 야유하는 것으로 비판받기도 했던[47] 이러한 인후의 발화 행위는 어머니의 치료를 바라는 아들의 절박함을 잘 보여준다.

인후의 기도와 여타의 다른 행동들은 상식적인 입장에서는 이해하기 힘들다. 그는 이성적인 것 같으면서도 망상에 빠지고, 주변 사람들의 사소한 말이나 풍문에도 쉽게 영향을 받기 때문에 소위 정신적으로 불완전한 인간으로 보이기 때문이다. 하지만 이는 인후의 절박성 때문이다. 인후의 외적 발화나 내적 발화에서 그 문장기표의 표면적 뜻기의만을 해석하는 것은 작품을 정확히 이해하지 못하는 것이다.[48] 오히려 장용학 소설은 대부분 인물들이 극한의 상황에 처해있기 때문에 그들의 발화는 어떤 대상의 표상이나 사

---

46 장용학, 앞의 글, 211~212쪽.

47 유종호, 「씨니시즘 其他」, 『문학춘추』, 문학춘추사, 1964. 7, 323~324쪽. 물론 이는 분명 작품에 대한 유종호의 피상적 이해라 할 수 있다. 그럼에도 불구하고 어머니를 야유했다는 것을 들어 비난하는 것은 우리 사회의 효에 대한 암묵적 전제가 그만큼 강력하다는 것을 반증한다.

48 이철범도 유종호와 유사한 평가를 내린다. 그는 「상립신화」가 종교적 태도에서는 불성실한 인간과 어머니에 대해서는 성실한 인간이라는 이중의 구조를 가진다고 말하면서 "표면에 흐르는 것은 냉소와 반발이고, 내면으로 흐르고 있는 것은 한 인간과 한 인간과의 성실성이다."(이철범, 앞의 글, 442쪽)라고 평가한다.

실의 전달보다는 인물의 내면에서 일어나는 욕망, 정동, 정서의 표현이 일차적이기 때문이다. 절규하는 듯한 인후 내면의 진술은 표면에 나타난 문장의 의미를 전달하는 것이 아니다. 그것은 일차적으로 어머니의 주검에서 나는 냄새를 지워달라고 초월자에게 촉구하는 명령어이다. 그 내적 절규는 실현 불가능한 현실에서 발화수반행위와 함께 일어나는 그의 신체적 정동 또는 강도, 다시 말해 비물체적으로 일어나는 신체의 변화를 표현한 것이다. 이것은 인후가 어머니 병환을 치료하고자 하는 욕망의, 효의 주체화 정도를 표현한 언표이다.

어머니는 자신의 병이 치료될 수 없다는 것을 알고 객사客死를 피하기 위해 시립병원에서 퇴원 하자고 한다. 과거의 죽음관에 따르면 객사하면 집 밖에서 죽은 귀신이 집으로 들어오지 못한다고 생각했고 그렇게 되면 부모와 자식 간의 관계는 단절된다. 어머니가 집으로 돌아오자고 한 것은 이 때문이다. 그런데 아들이 퇴원을 만류하자 "넌 어미를 병원 귀신 만들고 싶으냐!"374라고 말한다. 인후는 어머니의 말이 무엇을 의미하는가를 알지 못한 채 집으로 돌아온다. 그 다음날 인후는 어머니의 건강이 더욱 나빠진 것을 알게 되고 그제야 어머니가 한 말의 의미를 깨닫는다. 그때 그의 내면에서는 "집에 돌아오지 말 일이었다. 어머니로 하여금, 병원침대에서는 눈을 감지 못하겠다는 마음을 품고 있게 하는 것만도 병원은 힘이었던 것"220이라고 생각한다. 어머니가 병원에 계시는 한, 객사를 면하기 위해 죽지 않으려고 할 것이기 때문이다. 이는 객사를 면하려는 어머니의 욕망과 무관하게 어머니의 죽음을 연기시키고자 하는 인후의 욕망이다.

그는 어머니가 살아계실 동안 하느님을 향해 기도를 드리거나, 안수기도를 종용한다든가, 성당을 다니는 어머니의 종교 활동과 어긋나게 절에 가서 불공을 드리고 부적을 붙이기도 한다. 게다가 나중에는 죽은 어머니의 주검에서 냄새가 난다는 사실을 깨닫는다. 물론 그것은 객관적 사실이 아니라 인후에게만 지각되는 것일 수도 있다. 하지만 생전에 바르지 못하게 산 사람이 죽으면 냄새가 난다는 '풍문'에도 인후가 절박하게 반응한다는 것은 어머니에 대한 그의 사랑이 그만큼 지극하기 때문이다. 그는 주검에서 나는 냄새로 드러날지 모르는, 자신은 알고 있는 어머니의 치부를 숨기고자 한다. 그래서 그는 하느님에게 다음과 같이 절규한다.

> 나는 時間이 없다. 빨리 어떻게 해보란 말이야! 이 거지발싸개 같은 것아! 알았어? 나는 지금 거지발싸개라고 한 거야. 자기 앞에 와서 굽실거리는 者에게는 곧잘 호통을 치면서 나 같은 것에는 束手無策이면서 뭐가 하나님이야! 하나님은 있을 땐 있고, 없을 땐 없다. 이것이 하나님이 언제까지라도 健在할 수 있는 公式이다.[49]

인후의 내적 발화는 어머니의 허물을 감추고자 하는 아들의 절박함, 그럼에도 불구하고 벗어날 수 없는 현실에서 절대자에 대한 극도의 의존, 과포화 상태에 이른 그의 내면적 정동을 표현한 것이다. 작품 내에서 나타나는 인후의 모든 언표외적, 내적인 언행는 어떠한 시니시즘도 내포하지 않는다. 이는 어머니의 병환과 죽음을 겪는 과정에서 인후가 보여주는 어머니에 대한 마음을 표현하기 때문이다.

그런데 근대는 신이나 전제군주와 같은 초월적 주체에서 기인하는 상징 질서의 해체와 함께 성립한다. 전제군주제에서는 전제군주의 초월적 상징 기표가 사회적 장의 전체 기표에 의미를 배분하는[50] 보이지 않는 지붕 역할

49 장용학, 앞의 글, 243쪽.

50 기표(작용)적 기호체제는 의미화하는 기호체제로 번역이 가능하다. 이 체제의 작동방식을 간단히 설명하면 다음과 같다. 먼저 체제의 중앙에 전제군주의 얼굴이 있고 이 얼굴이 기표를 방사한다. 그리고 사제나 관료는 끊임없이 이것을 해석하고 기의를 대응시킨다. 여기서 광범위한(제국주의적인) 기의의 확장이 일어난다. 히스테릭한 군중은 이 기표에 복속되어

을 했다. 현재에도 효의 기표적 체제는 여전히 유지된다. 대신 기표가 작동하던 방식이 변한다. 의미화를 위한 해석은 정해진 좌표를 상실하고 개인이 내면에서 직접적으로 행하게 된다. 초월항이 사라진 후 남은 것은 부모와 자식이라는 두 항이다. 그런데 초월적 기표는 실제로 사라지는 것이 아니라 각 항에 내면화되고 이것이 망상적 정념이 된다. 거대한 상징질서는 개인들에게 내장되면서 분자화/미시화되면서 개개인의 해석을 통한 의미화에 맡겨지는 것이다. 우리 사회에서 효가 암묵적인 전제를 구성하고 있음에도 불구하고, 특정한 사건 등에 대한 의미화가 일치하지 않고 다양한 프리즘을 형성하는 것도 이와 관련된다.

이제 효의 의미화는 부모의 얼굴표정을 통해 일어난다. 그런데 부모는 욕망을 지닌 현실적 존재이므로 의미화의 절대적 항을 차지하지는 못한다. 의미화는 부모의 욕망에 따라 상대적일 수밖에 없기 때문이다. 그러므로 자식은 부모의 의미화를 전적으로 받아들일 수 없다. 부모와 자식이 현실의 동일한 평면에 타자들로 존재하기 때문에 완전한 소통은 상대적으로 내면화된 기표의 의미화의 차이로 인해 불가능하다. 따라서 현실에서 부모나 자식 모두 각자에게 내면화된 가치에 의해 이중화된 주체가 된다. 분열된 자아에 의해 스스로의 삶을 추동하는 정념적 체제 또는 주체화 체제가[51] 되는 것이다. 더 엄밀하게 말하면 각각의 분열된 자아에 의해 추동되는 정념적 체제와 부모의 얼굴을 통해 의미화되는 상대적 기표작용의 체제가 섞인 복합적 기호체제인 것이다. 이 체제에서 효의 의미화가 가장 이상적으로 실현되는 경우

주체화되며, 기표의 극한을 벗어나는 경우 희생양으로 축출된다. 질 들뢰즈·펠릭스 가타리, 앞의 책, 226쪽 참조.

51 후(탈) - 기표작용적 기호체제의 하나인 정념적 체제 또는 주체화 체제는 이중화된 자아를 포개는 체제이다. 이는 반성하는 자아와 경험하는 자아로 나누어지며, 하나의 주체로 성립하기 위해서는 이 둘이 서로 포개어져야 한다. 이것이 데카르트적 주체/예속이라 할 수 있을 것이다.

는 부모와 자식의 의미화나 욕망이 동일한 경우가 될 것이다.

하지만 부모와 자식의 욕망이 일치하지 않는다면 두 항은 어떤 형태로든 갈등을 겪게 된다. 특히 자식아들의 경우 반성하는 자아는 의식에 내면화된 기표의 의미작용에 의해 자신의 행위를 반성하게 된다.[52] 일차적으로는 부모의 표정에 의해 자신의 행위가 의미화될 것이다. 그러나 부모의 얼굴이 의미화를 행한다 하더라도, 그 의미는 절대성을 지니지 않으므로 전적으로 아들에게 수용되지도 않고, 아들의 의식에서 일어난 의미화 정도와 일치되지도 않는다. 오직 내면화된 의미화에 의해 자신의 행위를 스스로 반성하는 것, 이것이 근대 코기토의 보편적 형상인 '반성하는 자아'와 '존재/행하는 자아'의 이중체의 모습이다. 그리고 근대의 주체는 이 이중체생각하는 나와 존재하는 나가 동일하게 포개어질 때포개어진다고 상상할 때 형성되는 것이다.

「상립신화」에서 인후와 어머니가 모두 서로를 위하여 행동하지만 항상 시선과 욕망이 일치하지 않는 것은 위에서 살펴본 기호체계의 작동 때문이다. 어머니의 유언과 이를 받아들이는 인후의 내면의 반응은 이것을 잘 보여준다.

> 세상은 혼자서는 못 살아가는 것인데 너는 남에게서 받기도 싫어하고 남에게 주기도 싫어하니 어떻게 보면 떳떳한 것 같지만 그래서는 큰일을 못한다는 것에서부터, 故鄕에는 이러이러한 친척들이 있으니 통일이 되면 찾아가

52 전통적인 효의 기호체계는 부모와 자식의 이항관계로 있으며, 효의 대립 쌍으로써 존재하는 부모의 자애(慈愛)에 대한 기표 체제도 존재한다. 이 기호체제들은 이중으로 개인들을 포획한다. 누구든 세상에 존재하는 한 부모가 있으므로 효 기표에서 자유로울 수 없다. 동시에 자식을 가진 한, 부모가 되기 때문에 자애의 기표에서 자유로울 수 없다. 이러한 기호체계는 의미화에 따른 책임을 개별화된 가족(전근대 사회에서 가문)에게 지움으로써 만인의 구속이 일어나게 된다. 이것은 언제나 지배적 배치에 유리한 기표이다. 전제군주제 시기에 혼인을 강조한 이유도 여기에 있다. 혼인은 이처럼 기표의 이중적 사슬에 개인을 갇히게 하기 때문이다.

인사를 해야 한다는 것에 이르기까지 한 시간 가까이나 타이르는 것이었으나, 아들은 들으면서도 듣고 있지 않았다. 그것은 모두 어머니가 다시 살아나면 銘心해 볼 것들이었다. 어머니가 돌아가신 다음에 그런 것을 지켜, 어머니가 살아 계실 때보다 더 잘 되려고 한다는 것은 천하에 둘도 없는 不孝라는 것이다. 그러면서 지금 이렇게 생각하고 있다는 것을 어머니가 안다면 恨歎하실까 하는 것도 알고 있다. 방금 말한 遺言 가운데서도 가장 강조해서 타이른 事項의 하나가 바로 이런 심보에 관한 것이었다. 평소 어머니는 아들의 그런 심보를 꽁생원과 이웃 四寸이 되는 못된 마음이라 해서 기를 쓰고 야단을 쳤던 것이다.[53]

어머니의 욕망은 인후가 '큰 인물이 되는 것'이다. 그것은 보편적 유교윤리가 원하는 출장입상의 전형적인 욕망이다. 어머니가 인후에게 못마땅해 하는 것은 현실의 불만을 참지 못하는 "우뚝밸"371, 그로 인하여 주변 사람과 어울리지 못하는 고립된 성향, 현실의 여러 부조리들을 너그럽게 넘겨버리지 못하고 "한두 마디나 하고선 소리부터 질러"389버리는 비타협적인 성격, 결혼하지 않는 것 등이다. 어머니가 원하는 것은 일차적으로 아들이 자신의 말을 따르는 것인데, 이는 자신이 현실에서 복종한 것을 아들에게 소통시키고자 하는 오이디푸스화의 욕망이다. 어머니의 욕망은 이미 무수한 사회의 욕망과 연결되어 있기 때문이다.

그러나 인후는 사회의 욕망을 인정하지 않는다. 그는 "무엇이 생길 데가 없나"375하는 타산을 위해 편지를 하지도 않고 자신의 욕망을 실현하기 위한 "활동"을 하는 "수완가"386를 인정하지도 않는다. 그렇지만 어머니의 병을 치료하기 위해서 그는 시립병원의 무성의한 의사들의 행동에 굽실거리

53 장용학, 앞의 글, 240~241쪽.

고, 동창회에 가서 친구들에게 수모를 겪기도 하고, 또 친척을 찾아가 병원비를 구걸하기도 한다. 이런 일들은 인후의 성격에 맞지 않지만 어머니의 치료를 위해서 한 행동이었다. 게다가 그는 여러 종교로, 점쟁이로, 또 부적을 모시는 것으로 수없이 옮겨 다닌다. 이 모두가 효를 실천하고자 하는 인후의 욕망에서 기인한 것임은 말할 것도 없다. 그럼에도 불구하고 아들의 모든 행동들이 어머니에게 좋은 평가를 받는 것은 아니다.

따라서 인후의 이중화된 자아는 지속적인 반성을 하게 된다. 그러나 반성하는 자아와 행위하는 자아는 결코 포개어지지 않는다. 오히려 경험적 자아가 감각하는 것은 효의 가치에 반하는 것이다. 그는 어머니에 대한 효를 행하고자 하지만 실천에서는 끊임없이 효와 어긋나는 상황을 겪게 된다. 효 기표의 명령/금기가 이중구속의 상황을 유발하는 것이다. 간병이나 치료행위 그 자체는 어머니의 고통을 줄이기 위해 반드시 행해야 하는 것이다. 그런데 실제로 그가 어머니를 치료하면서 맞닥뜨린 상황은 다음과 같다.

> 방바닥을 짚고 있는 어머니의 몸을 더 앞으로 구부리게 하고서, 눈으로 항문을 찾는 人後의 얼굴은 울상이었다. (중략) 철이 든 이래 그는 어머니의 치마위가 되는 가슴이나 등과 같은 데는 가끔 본 일이 있으나 그 아래는 禁忌처럼 여겨 왔는데, 모양새부터 망측한 容器를 들고 방바닥으로 가져간다는 것은 아무리 老人이요, 病者요, <어쩌면 돌아가실지도 모르는 내 어머니다!>라고 자기를 채찍질하고 꼬집고 해도 끝내 嫌惡를 지워 버릴 수는 없었다. <어머니는 어머니고 징그러운 것은 징그러운 것이다!> 그의 얼굴은 땀과 눈물로 범벅이 되었다.[54]

54 장용학, 앞의 글, 231~232쪽.

변비를 겪는 어머니에게 관장약을 투약하는 과정에서 인후는 어머니의 생식기를 보게 된다. 이는 금기를 어기는 것이다. 게다가 관장약의 모양이 남성의 성기 형태와 유사한 것이 있다는 점을 감안할 때, 인후는 "망측한 용기"를 투약해야 하는 행위 자체에서 성적인 이미지근친상간의 이미지를 떠올리지만 그럼에도 그것을 하지 않을 수 없다. 아들에게 성聖스러워야 할 어머니이지만 실제에서 발생하는 순간적인 느낌은 성性과 연루되거나, 추함, 징그러움 등의 정서로 나타나는 것이다. 이와 같은 상황은 어머니를 치료하고 간병하는 과정에서 끊임없이 발생한다. 인후는 어머니의 모습에서 '파충류'를 떠올리는가 하면, 몸을 가누지 못하는 어머니가 용변을 보는 것을 돕는 과정에서 똥과 오줌으로 범벅이 된다. 연속되는 상황에서 절규하는 인후의 발화와 동시에 '경련을 일으키거나', '눈이 활활 달아오르고', '날뛰는' 등의 신체적 정동의 변화는 이중구속의 상황을 잘 보여준다.

효의 가치와 그것의 실천이라는 관점에서 볼 때 부모는 공경의 대상이므로 자식은 부모의 어떠한 허물이라도 덮어주어야 한다. 자식은 부모의 구체적인 형상이 어떠하든 간에 가치 판단을 해서는 안 되며 더 나아가 '할 수 없어야' 한다. 부모란 무조건적 긍정의 대상이기 때문이다.[55] 이것은 어머니의 죽음과 마주한 인후의 반성적 자아가 내면화하고 있는 것이자 우리 사회에서 통용되는 효의 극한, 진정한 효의 주체가 실현되는 지점이다. 그러므로 아들이 부모의 행위를 판단하거나, 부모의 형상에서 추하거나 더럽다는 느낌을 떠올린다는 것 자체가 이미 불효이자 불경에 해당된다.

---

55 이 지점이 동아시아의 역사에서 효와 충의 충돌 내지 효와 다른 여타의 사회적 가치체계의 충돌에서 항상 문제가 된 지점이었다. 실제로 「상립신화」에 대한 해석의 타당성 여부에 앞서, 유종호가 어머니를 야유한 소설이라고 주장하는 전제 또한 이를 잘 보여준다. 앞의 글에서 유종호가 "어머니란 존재는 이 세상 대부분의 아들들에겐 야유가 허용되지 않는 존재다. 야유를 하기엔 너무나 近거리에 있고 또 너무나 약한 존재다."라고 말하는 것도 효라는 기표를 둘러싼 통념에 근거한 것이라 할 것이다.

더 큰 문제는 인후에게 어머니의 인격이 모든 가치판단을 초월하는 존재로 인식되지 않는다는 점이다. 평소 사이가 좋지 않은 친척이 방문했을 때 어머니는 이들을 위해 떡을 하고 닭을 잡아 준다. 어머니가 인후가 판단할 수 없는 초월적인 존재이려면 그 행위는 세속적인 이해관계 때문이 아니라 그녀의 "거룩한" 본성에 의한 것이어야 한다. 그런데 어머니는 그 친척이 "다시 우리 집을 나쁘게 말 못하"235도록 하기 위해 호의를 베풀었다고 말한다. 그 말을 통해 인후는 친척에게 베푼 어머니의 친절이 타산적인 것이었음을 알게 된다. 그는 그러한 어머니를 보면서 실망하게 된다.[56]

경험적 자아의 신체적 반응과 어머니에 대한 인식이 이러하다면 그것은 무언가 잘못된 것이다. 인후가 어머니를 위해 행동을 함에도 불구하고 의식에서건 무의식에서건 이러한 판단이 생기는 것은 자신의 효성이 모자라기 때문이다. 그렇지 않으면 어머니가 현실 초월적 존재가 아니기 때문이다. 그런데 사실은 그 둘 모두이다. 그가 "내 효는 상대적인 효에 지나지 않았다. 어머니가 훌륭한 어머니여야 바쳐지는 그런 효였다."라고 절규하는 것도 이 때문이다. 그러므로 자신의 행위가 불효인 줄 모르고 행하는 것은 그나마 다행이지만, 그것이 불효인 것을 알면서도 행할 수밖에 없는 "상대적 효는 구제될 길이 없다."236고 자조하는 것도 동일한 맥락에서 이해할 수 있다. 따라서 자신의 행동이 상대적인 효임에도 불구하고 행하지 않을 수 없는 아들의 삶은 "지옥"이 되는 것이다. 인후의 입장에서 현실은 그 자신이 아무리

---

56 작가는 유종호의 비평에 대한 반론에서 이를 다음과 같이 분명하게 서술하고 있다. "…… 人後로 하여금 그렇게 빈정거리게 한 것(어머니가 천주교에 다니는 것은 묏자리를 마련하기 위한 것이라는 인후의 생각 - 인용자)은 어머니를 너무 美化하지 않았나 하는 作者의 計算에 의해서이다. 너무 美化만 하면 작중인물로서의 어머니는 죽어 버리기 때문이다. 참고로 말하면 「그럼 그것은 타산이 아닌가? 人後는 마음에 간직하고 있던 母像이 와르르 무너져 버리는 것 같았다」도 그런 또 하나의 例이다. 이 두 대목이 없다면 「母像」은 레알리티를 잃고 허공에 떠 버릴 것이라고 작자로서 계산하고 있다."(장용학, 「해바라기와 「純粹」 新版」, 『문학춘추』, 문학춘추사, 1964. 8, 281~282쪽).

효의 이념에 충실하려 해도, 아니 충실하면 할수록 불효가 되며 이는 스스로에게 용서받을 수 없는 것이기 때문이다.[57] 효의 주체가 되는 것은 이중화된 자아가 동일하게 포개어져야 하는 것이다. 하지만 현실에서 이는 불가능하므로 인후는 영원히 미달된 주체일 뿐이다.

인후가 광기에 휩싸이는 것은 이중구속 속에 갇힌 이중적 자아가 도달한 극한의 지점이다. 효를 실천하는 인후가 아무리 부정하려고 해도 어머니는 결코 초월적인 존재가 되지 않는다. 동시에 그 스스로도 어머니의 신체에서 지각되는 감각과 의식을 부정할 수는 없다. 내면화된 효가 지시하는 것과 경험적 사실은 초월적인 것과 현실적인 것으로 나누어지고, 두 층위의 거리는 결코 일치될 수 없기 때문이다. 그러므로 불가능한 것을 명령하는 반성행위와 그 명령을 실행하는 현실의 실천 행위는 하면 할수록 도달점에서 더욱 더 멀어지며, 멀어지면 멀어질수록 효에 대한 갈망은 더 커지는 모순에 처하게 된다.[58] 그 속에서 살아가는 것 자체가 이미 지옥인 것이다. 이를 벗어날 수

---

57 "簡單히. 어머니를 오늘날 이 지경으로 만든 것은 따지고 보면 모두 이 <簡單히>였다. 처음부터 끝까지! 그는 어머니의 病勢를 좇아가는 데는 보통 아들에 별로 遜色이 없었다고도 할 수가 있었다. 그렇지만 언제나 병세에 뒤지고 있었다. <간단히>만을 일삼았기 때문이었다. (중략) 按手기도의 件만 하더라도, 어머니야 뭐라고 하든 한번 업고 가 볼 일이었다. 그러나 그것은 복잡한 일이었다. 「설마 이렇게 될 줄을 누가 알았는가?」 정말 이렇게 될 줄은 몰랐다고 꺼지는 것 같은 소리를 내지만, 한편 「사람의 자식이라면 그런 것은 알 줄 알아야 한다」 이렇게도 소리할 줄 아는 그였다."(장용학, 「해바라기와 「純粹」 新版」, 『문학춘추』, 문학춘추사, 1964. 8, 235~236쪽) 반성적 자아에 의한 반성은 경험적 자아에 대하여 언제나 사후적으로만 가능할 뿐 '지금 여기'에서 자신의 행위가 어떤 가치가 있는가를 알 수 없다. 그런 측면에서 반성은 언제나 과거를 부정적으로 평가하게 만들고, 부채를 가중시킨다.

58 "굳이 설명한다면 「파충류」라는 말은 人後의 性格分裂(그것은 현대인의 自我分裂이라고도 할 수 있겠다)을 나타내는 데 필요한 것이고, 나아가서는 主題에 이어진다. 어머니를 생각하는 지극한 마음(氏는 찬성하지 않겠지만), 그래서 눈물이 고인 눈이건만 그의 그 눈에는 그 어머니의 모습이 벌레충(虫)이 들어 있는 파충류로 보인다. 그것은 어머니를 그렇게 만든 自己의 不孝를 보는 것이기도 하지만 그렇게 보는 눈이 詛呪스럽다. 그래서 마음의 孝는 더 깊어진다. 점점 버려져('벌어져'의 오식인 듯 - 인용자)가던 그 「눈」과 「마음」의 乖離는 결국 어머니의 죽음과 함께 發狂으로 幕을 닫는다. 바꾸어 말하면 發狂은 어머니를 爬蟲類

있는 방법은 자신이 내면화한, 그럼에도 불구하고 현실에서 암묵적인 전제로 작동하는 효 기표가 초월적인 허구임을 드러내고 이를 욕망의 내재적 장으로 끌어내리는 것뿐이다.

> 眞實은 하나지만, 事實은 언제나 두 개다. 슬픔은 슬픔이고, 냄새는 냄새다.
> 냄새도 事實이지만, 슬픔도 事實이다. 이것이 眞實이다.
> 이쯤 되면 孝와 不孝는 兩立될 수 있는지도 모른다.
> 가만 있자? 그것은 파랑과 빨강의 差밖에 안되는 것인지도 모른다.[59]

인용문은 인후의 신체가 이미 더 이상 견딜 수 없는 과포화 상태에서 터져 나오는 내적 절규이다. 초월적인 이념에서 만들어진 효의 논리에 따르면 이는 서로 양립할 수 없다. 효의 논리는 실재하지 않는 가능한 것the possible이기 때문이다. 경험적 자아가 지각하는 두 개의 사실이 공존한다는 것은 모순인 까닭이다. 하지만 어머니를 치료하는 행위, 더 나아가 어머니에 대한 사랑을 실천하는 실제의 삶은 어머니가 죽은 사실에 대한 슬픔과 어머니의 주검에서 나는 냄새를 함께 지각하는 것이며 이는 모순적인 것이 아니다. 삶에서 일어나는 지각은 언제나 이질적인 것이 공존하는 복합체인 강도의 장이다. 그러므로 개념상 모순이 공존하는 것이 실제 삶인 것이다.

따라서 내적 절규는 단순히 인후의 관념을 표상하는 것이 아니라, 이중화된 자아가 현실의 삶에서 체험한 고통의 표현이고 존재의 깨달음이다. 그가 "효와 불효는 양립될 수 있는지도 모른다."라고 절규하는 까닭도 이 때문이다. 그리고 이것만이 현실의 삶을 가능하게 한다. 인후의 절규는 "선과 악이

로 본 데 대한 罰이다." 장용학, 장용학, 「해바라기와 「純粹」 新版」, 『문학춘추』, 문학춘추사, 1964. 8, 281쪽.

59 장용학, 앞의 글, 243쪽.

라든지, 순결과 타락이라든지 하는 것도 따지고 보면 파랑과 빨강만한 차밖에"229없는 것, 즉 동일한 평면의 연속성 속에서 볼 수밖에 없다는 말들과 이어진다. 이는 어떤 본성적인 차이도 없는 정도의 차이이며 연속이다. 그럼에도 불구하고 현실에서는 정도의 차이를 실체적인 것으로 보고 평가하는 것이다. 인후의 발화행위는 단순히 현실을 비판하기 위한 것이 아니다. 그의 발화는 자신의 삶이 걸려 있는 절체절명의 문제이다. 효의 기표를 내면화한 이중 주체, 더 확장하면 이와 같은 방식으로 작동하는 기호체계 속의 주체는 결코 합치될 수 없는 분열된 주체이다. 그럼에도 불구하고 효의 기호체제는 이것이 합치될 수 있다고 표상함으로써 효를 행하는 그를 끊임없이 '부족한' 존재로 만든다. 오히려 차이를 그 자체로 인정하는 자아, 효와 불효라는 관점에서 보았을 때 분열된 자아가 실재인 것이다. 그러므로 분열된 자아의 일치를 주장하는 코기토적 근대 주체는 기만이다. 자명한 것으로 표상되는 근대주체의 실체는 이미 분열된 것이다. 그리고 그것을 통합된 자명한 주체라고 믿는 한에서, 현실의 삶은 언제나 경험적 자아에게 빚을 지우는 무한부채의 체계이다. 따라서 관념과 실제는 도치된다. 마치 영화 『매트릭스』에서처럼 스스로 통합된 주체라고 여기면서 살아가는 삶은 허구적 관념 속에서 살아가는 것이다.

그렇다면 작중의 현실에서 내면화된 초월적인 기표와 신체의 물질성이 만들어내는 모순에서 벗어나는 해결 방법은 무엇일까? 가장 손쉬운 방법은 아들임을 포기하고 어머니를 버리는 것 내지 부정하는 것이다. 이때 모든 책임은 어머니에게 있다. 어머니는 초월적 존재가 아닌 현실의 육체를 지닌 존재이기 때문이다. 어머니를 지각하는 한, 그 효는 상대적인 효 즉 불효일 수밖에 없으므로 불가능한 효의 실천 자체를 아들이 포기하는 것이다. 그러나 이 경우 아들은 불효자를 넘어 '패륜아', '말종末種' 등등의 부정적인 기표를 부여받게 될 것이고, 어떤 형태로든 심판을 면치 못할 것이다. 인후의 경우 어머니의 발병 이후부터 효의 화신이라 할 만큼의 삶을 살아오고 있으므로 이것은 불가능하다. 실제로 인후는 자신의 입을 통해서 어머니의 불완전성을 언급하기도 한다. 하지만 그것은 진정한 효를 행하지 못한 자신의 부족함에 대한 자기반성이지 실제 어머니가 그러하다고 인정하는 것은 아니다.

그 다음의 방법은 죽음을 선택하는 것이다. 이때 죽음은 두 가지로 생각할 수 있다. 하나는 자신의 신체를 부정하는 것이다. 이는 현실에서 어머니를 감각하고 그에 따라 심리적 갈등을 느끼게 하던 자신의 신체를 버리는 것이다. 이것이야 말로 '신체 없는 기관'[60]이 되는 것이다. 지금까지 살아온 자신의 삶과 신체를 부정하고, 내재화된 효의 기표를 완전히 신봉하고 실행하는 '믿음의 신체'가 되는 것이다. 그것은 생물학적 죽음이 아닌 비신체적 죽음이다. 이 경우 현실에 반응하던 자신의 물질적 신체는 망각된다. 이것이 초월적 기표에 따른 완전한 주체화, 기표와의 행복한? 화해일 것이다. 그리고 이것이야 말로 지배적 배치가 원하는 주체화이다. 또 다른 하나는 생물학적 죽음인 '자살'이다. 자살은 스스로를 기표의 체계의 외부에 놓는 것이기는 하지만, 자신이 가진 모든 역량을 포기하는 것이다. 자살은 '지금 여기'를 함께 버린다는 점에서 현실의 모순이 주는 하중을 피할 수 있다. 이 경우 인후가 지향하는 삶은 '지금 여기'가 아니라, '언젠가 어느 곳' 내지 '다른 때 다른 곳'에서야 가능하게 된다. 이는 현실의 부정적 초월이다. 이것이 전자보

---

60 들뢰즈의 '기관 없는 신체'를 전유해서 새롭게 만들어 낸 지젝의 개념을 들뢰즈적으로 재전유하면 이와 같은 해석이 가능해진다. 이는 더 이상 감각하고 정동하는 신체가 중요한 것이 아니라, 기표에 의해 부과된 기능을 철저히 수행하는 것, 기표의 명령을 수행하는 기계가 되는 것이다. 역사적으로 볼 때, 제국의 주체들이 명령에 충실하면서 식민지 타자의 신체를 아무런 거리낌 없이 훼손하는 것이 좋은 예이다. 여기에 신체들의 마주침인 감각은 없다. 단지 명령을 실행하는 장치로서의 기관만 남는다. 더 나아가 자신의 신체를 훼손하는 지배자를 존경하고 신봉하는 것은 신체 없는 기관의 가장 극단적 형태라 할 수 있을 것이다. 신체 없는 기관에 대해서는 슬라보예 지젝, 김지훈 외 역, 『신체 없는 기관』, 도서출판 b, 2008, 66~67쪽 참조.

다 더 나을 것은 없다. 자살은 내재화된 초월적 기표의 부당성을 비판하는 저항일 수는 있지만, 부당함을 막는 것도 그 표상을 지우는 것도 아니다. 자살은 소극적인 저항의 방식일 뿐이다.

하지만 작품에서 인후는 광인이 된다. 그는 어머니의 주검에서 나는 냄새가 지워지기를, 그리고 스스로도 그것을 지각할 수 없기를 욕망한다. 이것이 인후가 하느님에게 한 절규이다. 광인되기는 효의 주체화 체계의 극한을 욕망하는 순간 우발적으로 생성된 것이다. 장용학은 이 광인되기를 미욱한 자식이었던 인후에 대한 '벌'이라고 말한다. 이 말은 틀린 것이 아니다. 광인되기가 '벌'이 되는 것은 기표가 지시하는 효의 실천을 수용하고 그것을 욕망하는 주체 또는 그것을 통용시키고자 하는 사회체가 가진 욕망의 관점에서이다. 기표 체계를 인정하는 보편적 삶은 부정적인 효자/긍정적 불효자로서 살아가는 것, 기표의 의미화 속에서 '그나마'의 효자로 살아가는 것이다. 이는 현실에서 효자에 '모자라기는 하지만' 그래도 효자가 될 '가능성'이 있다고 보기 때문이다. 그러나 분명한 것은 자식으로서의 삶은 기표가 지시하는 것에 모자라기 때문에 언제나 부채를 진 것, 부정적인 것이 된다. 이것이 현실의 기호체제 속에서 살아가는 보편적인 삶이라 할 수 있을 것이다. 이러한 맥락에서 광기는 스스로 효자이기를 욕망하는 개인에게 효자가 될 수 있는 후보자의 자격을 박탈하므로 그를 영원히 배제시키는 형벌이 된다.

그러나 다른 관점에서 볼 때 인후의 '광인되기'는 비자발적인 것인데, 그것은 신체가 감각하던 육체적 물질성과 욕망을 고스란히 간직한다. 따라서 광인되기에는 어떠한 승화도 초월도 없다. 오히려 광기는 효가 의미화하는 현실의 틈을 순식간에 빠져나간다. 광인은 '지금 여기'를 벗어나지 않으면서 기표의 외부에 자리 잡는다. 광인은 '죽지' 않는다. 광인의 존재 자체는 효의 기표가 작동하는 메커니즘 자체에 끊임없이 문제제기하며, '삶'의 입장에서 기호체제의 부당함을 증명한다. 광인은 효의 기표작용의 초월적 이념과 실제의 일치불가능성을 주장하고 효 기표의 전횡에 대해 항변한다. 기표가 지시하는 것은 아무리 최선의 삶을 산다고 해도 도달할 수 없는 부재하는 신기루이기 때문이다.

그러므로 「상립신화」에서 인후의 광인되기의 의미는 다음과 같다. 그것은 동일한 평면에서 경험되는 정도의 차이를 효와 불효로 가르고, 후자의 신체에 물리적이든 심리적이든 어떠한 형태로든 심판을 내리는 내면화된 기표의 작동방식을 보여준다. 또, 주체에 내면화된 효 기표가 실재할 수 없는 초월적인 것임에도 불구하고 주체화의 장치로 작동하는 현실의 표상을 탈주시킨다. 아울러 통일된 것으로 인식되는 근대 주체는 사실 분열된 이중체이며, 이 이중체가 기표작용에 구속되어 작동하는 한 모든 삶은 영원히 빚을 진 열등한 자의 삶이 됨을 보여준다. 내면화된 초월적 기표의 의미화 작용을 인정한다면 모든 삶에 내려지는 가치평가는 부정적인 것이 될 것이며, 삶은 자신이 가진 모든 역량을 박탈당한다.

인후의 '광인되기'는 현실에서 효의 가치를 부정하지 않는다. 그렇기 때문에 <상립신화>에서는 효의 표상에 대한 어떠한 비판도 없다. 오히려 '광인되기'는 현실에서 작동하는 모든 효를 둘러싼 표상 자체를 탈영토화시킨다. 현재에도 여전히 국가의 법을 통해 장려되는 효의 표상은 그것이 의미하는 표면적인 뜻과 전혀 다른 기계적 배치의 작동방식을 감추고 있을 뿐이다. 표상 아래에 감추어진 것은 기표체계 아래에 모든 신체들을 부정적으로 예속 시키는 것이다. 따라서 사회적 배치를 바꾸지 않는 한, 그리고 이러한 표상을 그 자체로 수용하는 한 기표에 의한 예속에서 벗어날 방법은 없다.

Ⅳ.

국민국가의 포획을 넘어서

이 장에서는 장용학이 지속적으로 관심을 가졌던 근대 국민민족 국가에 의한 신체의 예속에 대한 진단과 그 예속에서 벗어나기 위하여 실험한 작품들을 살펴볼 것이다. 지금까지의 연구들 대부분은 장용학을 '전후 소설가'로 규정하고 후반기 작품을 '세태 소설' 정도로 평가절하함으로써 마치 전반기 소설과 후반기 소설을 이질적인 것으로 보아 왔다. 이로 인해 한국적 근대 속에서 장용학이 가장 근본적으로 고민해 온 국가라는 포획장치에 대한 문학적 대응과 실험은 한 번도 제대로 평가된 적이 없었다.

장용학은 1995년 책세상 출판사에서 펴낸 선집에서 자신의 문학 활동 전반을 전기와 후기로 구분한다. 그는 먼저 「요한시집」1955.7.에서 「원형의 전설」1962. 3.~ 11.에 이르는 시기의 작품을 전기前期이자 '정도正道'의 문학 활동으로, 이후의 작품 활동을 '외도外道'로 규정한다. 그리고 그 '외도' 기간이 '정도' 기간의 두 배나 된 것에 대해 안타까워하면서도, 그 시기의 창작이 "박정희와 그의 '하면 된다'식의 야만주의에 대한 반감과 저항의식에서" 비롯된 것이지만 "전력을 다한"[1] 것이었다고 밝힌다. '부조리, 메커니즘 등의 굴레에서 인간을 구제'하려고 시작했던 처음 창작 의도는 박정희 정권에 대한 저항이라는 현실 문제 때문에 '인간 수호'로 선회한 것이다. 이는 쿠테타로 등장한 군사 정권이 더욱 강력한 폭력으로 주민을 억압했

---

1 "꼭 시기를 끊어서 말할 수 없지만 나의 문학 활동에 있어서 전기라고 할 그 이전의 내 작품을 부조리 메카니즘, 이런 것의 굴레에서 인간을 구제하려는 절규였다고 하면 그 이후의 것은, 땅에 내려와 독재의 억압에서 인간을 수호하려는 저항, 그 비명이었다 할 것이다. 대체로 나는 <요한 詩集>에서 <圓形의 傳說>에 이르는 작품 경향을 정도로 보고, 그 이후의 작품 활동은 표현의 자유가 회복될 때까지의 잠정적인 행로, 좀 과장해서 말하면 외도를 하고 있다는 의식으로 했던 것이고, 그런 속에서 표현의 자유가 약간 회복된 것 같은 분위기에서 쓴 것이 <오늘의 風物考>, <何如歌行>이었는데, 그 잠정적인 행로가 그렇게 길어질 줄은 정말 몰랐다. 계산해보니 그 기간은, 정도가 되는 기간의 배가 되니 주종의 자리가 바뀐 셈이 되었다고 할까. (중략) 후기의 작품 활동을 외도라고 했지만, 그 작품을 쓸 때에는 나로서 전력을 다했는데 그것은 박정희와 그의 '하면 된다' 식의 야만주의에 대한 반감과 저항의식에서였다고 할 것이다." 「작가의 말」, 『장용학 대표작품 선집』, 책세상, 1995. 첫 페이지(쪽수 표시 없음).

으므로 그것에 저항하고자 한 때문이다.

이 작품들에 대해 1절에서는 「逆流」에서부터 「靑銅紀」에 이르는 비교적 전기에 해당하는 작품들을 살펴볼 것이다. 일련의 작품들은 한국전쟁과 휴전 이후 국가의 작동 방식을 형상화하면서 국가가 어떻게 주민 신체를 포획하는가를 진단한다. 따라서 이 작품들을 살펴보는 것은 우리의 근대국가가 물리적 폭력과 법 폭력의 작동을 통해 만들어졌음을 파악하는 작업이 될 것이다. 아울러 이는 장용학의 시선을 통해 근대국가의 허구적 표상을 해체하는 것이기도 하다.

2절에서는 장용학의 문학적 '외도'의 산물인 후기 소설 중 박정희 독재 권력의 폭력과 이에 대한 저항을 다루는 작품을 살펴볼 것이다. 「태양의 아들」부터 유고작 「천도시야비야」, 「빙하기행」이 여기에 해당한다. 작가 스스로가 '외도'로 규정했으나 최선을 다했다는 후기 작품들은 장용학 문학의 또 다른 핵심 면모를 보여주는 것이라 할 수 있다. 이 작품들은 소위 '근대화'로 불리는 남한의 자본주의화와 독재 권력의 폭력, 그리고 이에 대한 저항을 그리고 있다. 특히 유고로 남겨진 「빙하기행」의 경우, 유신체제를 역사의 퇴행으로 진단하고 이에 대한 혁명을 형상화하고 있다.

마지막으로 3절에서 다루는 후기 작품들은 한일 관계와 민족 문제를 다루는 「상흔」, 「부여에 죽다」, 「산방야화」 세 작품들이다. 이 작품들은 민족국가의 표상 작용과 포획을 넘어가는 새로운 인간상을 그려냄으로써 근대 국민국가의 배치를 넘어가는 새로운 실험을 하고 있다. 국민국가의 표상에 갇혀 있는 한, 모든 신체들이 능동적인 삶을 살아갈 수 없음을 인식하고 이와는 다른 새로운 정동의 능력을 가진 신체를 표현함으로써 도래할 '종족'을 보여준다.

후기 소설 가운데 「청동기」, 「태양의 아들」 등 당대의 현실을 진단하고 있는 작품들은 우리에게 익숙한 재현의 소설처럼 보인다. 특히 이는 개별 작품들을 독립적으로 볼 경우 더욱 그러하다. 반면 유고로 남은 「천도시야비야」, 「빙하기행」은 역사적으로 일어나지 않았던 혁명을 형상화하고 있기 때문에 관념적인 환상을 그린 것처럼 보인다. 하지만 그의 소설 작품 전체에서 국가의 문제를 다루고 있는 작품들을 계열화해서 살펴보면 각 작품들이 무엇을 표현하고 실험하고 있으며, 장용학이 궁극적으로 추구했던 문학적 지향이 무엇이었는가를 선명하게 파악할 수 있을 것이다.

1. 국가장치의 폭력에 대한 진단과 거부

1) 북한의 국가 포획에 대한 탈주: 「역류」

「역류」[2]는 북한에 있는 여자고등학교에서 일어난 사건을 다루고 있다. 해방이 된 이후 남·북한 양측에 분단 정부가 수립되자 북한은 직접적으로 소련의 영향력 하에 들어간다. 졸업을 며칠 앞두고 'Z 온천'에 졸업 여행을 온 학생들은 모두가 「울밑에선 봉선화」를 부르면서 감상에 빠진다. '해방'된 나라의 학교에서 식민지 시대에 가장 많이 불린 노래가 울려 퍼진 것이다. 학생들의 노래를 들으면서 지호는 졸업생들이 해방된 나라에 살면서도 여전히 겨레의 "여수旅愁", 즉 여전히 주인이 아닌 객客의 감정에 빠져 있음을 느낀다. 북한에서 인민들의 삶이란 국가의 독립에도 불구하고 식민지의 삶과 크게 다르지 않다. 학생들에게 그 여수의 원인은 "시베리아 바람"162으로 표현된 "매일처럼 계속되는 민주사업"에 강제로 시달린 일상 때문이었다. 오랫동안 민주사업에 들볶였던 그녀들은 졸업 여행에 와서 "여학교 시절에 있어서의 처음이고 마지막이 되는 감상感傷"에 빠진 것이다. 따라서 졸업생들에게 졸업 여행은 학교라는 공적인 기능 속에서 유일하게 허락된 사적 감회의 자리가 된 것이다. 여기에서 학생들의 사적인 정서를 표현하는 노래는 국가의 공식적인 노래와 대립한다.

> 「에—듣기 싫다!」
> 옆에서 잠을 청하고 있던 최선생이 이렇게 소리 지르면서 벌떡 창을 열어 제꼈다.

---

2 장용학, 「역류(逆流)」, 『무학』 3호, 무학여자고등학교, 1955. 10.

「게 무슨 노래야!」

아미·월드(내세상)라는 별명을 자랑하는 최선생의 고함이다. 노래소리가 뚝 그쳤다.

「두번 다시 그 따위 썩어빠진 노랠 불러 봐!」「그럼 무슨 노래를 부르면 좋아요?」

멀리서 이런 소리가 들려 온다.

「무슨 노래? 응 김일성 장군의 노래다. 그것을 부르자.? 『장백산 줄기줄기』 왜 안 불러!」

「푸른 하늘 은하수」

누가 이런 노래를 끄집어냈다. 모든 소리가 그것을 따랐다.

하얀 쪽배에

계수나무 한 나무

토끼 한 마리

「그만 둬! 빌어먹을 것들이!」[3]

이에 열렬한 국가주의자인 "마이 월드" 최선생은 아이들의 감상이 담긴 「울 밑에선 봉선화」 대신에 김일성의 노래인 「장백산 줄기줄기」를 주문하지만, 이미 감정이 동요된 아이들은 이를 받아들이지 않는다. 이런 인물들과 달리, "허수아비"라는 별명을 가진 지호는 교사들이 앞다투어 당에 충성 경쟁을 벌이는 것이 잘못되었다고 생각한다. 그런 그의 생각은 졸업생들과 암암리에 공유되고 있었다. 그러나 정작 다른 선생들이 당과 관련된 일을 지시하면 지호는 그것을 거부하지 못한다. 그의 별명이 허수아비인 까닭도 여기에 있다.

3 장용학, 앞의 글, 163쪽.

지호가 교사생활을 시작한 것은 일제에서 "해방된 이듬해 초여름"부터였는데, 북한은 이미 소련에 예속된 상태였다. 이를 단적으로 보여주는 것이 교실에 걸린 스탈린의 초상화이다. 교무회의 시간이 되어 최선생이 스탈린의 사진에 금테를 두르자는 제안을 하고 다른 선생들이 모두 이에 찬성한다. 하지만 학교에 갓 부임해온 지호는 이러한 제안을 비판한다.

> 「(금테를 - 인용자) 얻을 수 있다 해도 학생들의 동향으로 보아 우선 쏘비에트와 일본제국주의가 다르다는 것을 보여주어야 할 것이 아닙니까. 그러려면 스탈린의 사진과 적기를 교실에서 떼 내는 것이 효과적이겠읍니다.」[4]

지호는 북한이 소련의 신식민지가 되고 있다는 사실을 정확히 알고 있다. 스탈린의 사진과 적기가 일본의 그것이 있던 자리를 다시 차지하고 있기 때문이다. 그래서 그는 "쏘비에트와 일본제국주의가 다르다는 것"을 보여주기 위해 사진과 적기를 떼어내야 한다고 주장한다. 교실의 초상화는 단순히 물리적 공간의 벽에 걸려 있는 장식물이 아니라, 교육이라는 배치에 의미를 부여하는 안면성의 기호이다. 이데올로기적 국가장치인 학교 속에서 모든 인물들은 스탈린의 시선에 주체화되고 그의 표정에서 의미를 부여받기 때문이다.[5]

그러므로 지호의 요구가 받아들여질 리는 없다. 오히려 다른 선생들은 자발적으로 복종할 뿐이다. 최선생을 위시한 열성분자들이 교실에 걸린 "스탈린의 초상에 금테"를 두르자는 주장은 가장 극단적인 예속의 표현이다. 열성분자들의 전략은 더욱 더 열성적으로 권력에 예속됨으로써 자신의 안녕을 보장받는 것이다. 그렇기 때문에 이들은 경쟁적으로 북한 정권과 소련에

---

4 장용학, 앞의 글, 165쪽.

5 조원광, 「얼굴의 정치학」, 이진경 편, 『문화정치학의 영토들』, 그린비, 2007, 314~316쪽.

대한 자발적인 충성을 표현하는 것은 물론, 이를 다른 교사들과 학생들에게까지 강요한다. 국가장치가 필요로 하는 인민을 재생산하기 위하여 행해지는 교육은 근본적으로 예속과 주체화에 불과하기 때문이다. 최선생과 그를 추종하는 무리들이 보여주고 있는 모습은 근대 교육장치가 행하는 기능의 본질이다. 그런 측면에서 지호의 반응은 지극히 비현실적이고 낭만적인 것에 불과하다.

최선생으로부터 "반동이니 숙청이니 하는 무시무시한 술어"를 들은 그 날부터 지호는 두려움에 빠진 후 "허수아비" 생활을 시작한다. 그 이후에도 열성분자들은 민주사업을 위해서 "七 메 - 터"짜리 표어탑을 세우자는 제안을 하고, 이에 대해 또 다시 지호는 반대 의견을 피력한다. 그는 그런 표어탑보다 중요한 것이 '글이 써지는 흑판'을 마련하는 것이라는 발언을 하자, 회의는 흑판을 먼저 만들고 여유가 남으면 표어탑을 만들기로 결정한다. 하지만 그 다음날 학생들이 가지고 온 것은 표어탑을 만드는 재료였고, 이에 지호는 아무런 말도 못하고 만다.

졸업식 날 재학생이 송사를 하고 졸업식은 오열로 끝난다. 그런데 그 일로 인해 지호는 교장실로 불려가고, "이 소도시에서는 무엇에든지 권위자인" "쏘련에서 돌아왔다는" 사람으로부터 사상검열에 가까운 강한 추궁을 당한다. '소련에서 온 자'가 스탈린의 초상화를 떼어버리는 것이 낫다는 지호의 발언 등을 다시 언급하면서 그를 심문하자, 지호는 두려움으로 자신의 본심과 다르게 추궁자의 의도대로 대답하고 만다.

오전에 당한 지호의 추궁은 송사와는 무관한 것이었다. 쏘련에서 온 자는 그 동안 다른 교사들이 공산주의와 소비에트에 열성인 것에 비해 지호가 비협조적이라는 것을 알고 고의로 "주물러 놓은" 것이다. 지호 역시 이것을 알기에 분개한다. 졸업식이 끝나고 해질 무렵이 되어 사은회가 시작되고 지호는 술을 마신다. 그러다 촛불이 켜지고 자신의 이름을 부르는 소리에 정신이

든 지호는 여흥의 순서가 자기의 차례인 것을 알고 일어서다가 취기에 넘어진다. 그리고 넘어져서 주저앉은 상태에서 그는 「울밑에선 봉선화」를 부른다. 그러자 그 노래는 며칠 전 졸업여행에서처럼 졸업생들의 합창이 되면서 흐느낌으로 변하고, 누군가가 "요지음 새로 제정된 것이 아니라 원래의"169 애국가를 부르기 시작한다.

> 촛불이 꺼졌다.
> 와 ―하고 솟아오르는 함성과 비명.
> 그릇이 부서진다.
> 책상이 넘어진다.
> 유리창이 깨어지는 소리……
> 그보다도 우름소리……
> 지호는 「이때야 말로 자유만세를 불러야 할 때다. 독립만세를 불러야 할 때다」라고 뇌까리면서도 몸을 움직일 수가 없었다.
> 「비겁하다! 취한체하고 꼼짝 않는다니 참 비겁하다. 난 정말 비겁한 놈이야―」[6]

결국 지호는 끝까지 "독립만세"를 부르지 못한다. 그는 다음 날 "쏘련군 사령부에서까지 사람이 나와서 어젯밤 사건의 주모자를 조사하였다."170는 소식을 듣고 안심한다. 그 후, 제자들이 강압적인 북한을 떠나 남한으로 가자고 해도 지호는 결단을 내리지 못한다. 그는 언제나 자신이 처해진 상황에 불만을 가지지만 이를 벗어나지는 못한다. 그래서 '허수아비'라는 별명이 붙은 것이다. 이 작품에서 학생들은 북한 국가의 영토화를 피하여 남한으로

6 장용학, 앞의 글, 169~170쪽.

벗어난다. 그러나 정작 주인공 지호는 남은 학생들에 대한 연민과 어머니에 대한 미련으로 재영토화되고 만다.

이 작품은 표면적으로는 소련에 의해 재식민지화되는 북한 사회를 비판하는 것처럼 보인다. 여학생들 가운데 소수가 북한의 억압적인 분위기를 비판하고 남한으로 넘어가기 때문이다. 그러나 장용학은 이 작품에서 남한의 정치적 이념에 근거하여 북한을 비판하는 것이 아니라, 국가라는 포획장치에 의한 인민의 예속을 문제 삼고 있다. 하지만 장용학의 신분이 무학여고의 교사였고 작품이 실린 곳이 학교의 교지라는 점에서, 그리고 전쟁 직후의 사회의 경직된 분위기를 감안한다면 국가를 부정하는 그 자신의 의중을 결코 문면에 드러낼 수는 없었을 것이다.

2) 한국전쟁과 국민화에 대한 거부: 「요한 시집」

「요한시집」[7]에서 국가 문제는 더욱 강력하게 초점화된다. 「요한시집」의 본 서사상, 중, 하는 동호의 시선에서 펼쳐진다. 작품의 주된 내용은 포로수용소에서 누혜를 중심으로 일어나는 사건과 그의 유서, 동호가 수용소를 벗어나서 경험한 누혜 어머니의 죽음 등이다. 그런데 거제도 포로수용소를 배경으로 북한군, 소위 '친공포로'들의 폭력에 의해 누혜가 죽는 모습은 자칫 이 작품을 단순히 '반공주의'로 읽히게 할 우려도 있다. 하지만, 전후의 상황은 남북한의 이념적 현실에 대한 '균형있는 비판'이나 '거리두기'를 용인하지 않았다.

연구에 따르면, 전쟁이 교착상태에 빠진 1951년 중순부터 시작된 휴전협정은 1953년 7월 27일 조인식이 끝날 때까지 거의 20개월 이상이 소요되었으며 휴전협정과 동시에 진행된 포로송환협정에서는 포로 송환 방식이 문

---

7 장용학, 「요한詩集」, 『현대문학』, 현대문학사, 1955. 7.

제가 되었다고 한다.[8] 미국이 제네바협정을 무시하고 자유송환협정을 택함으로써 남북한 각각에 감금된 포로들은 자신이 원하는 국가를 자발적으로 선택하는 것이 아니라 포획당한 국가에 의해 선택을 강요당한다. 거제도 포로수용소의 경우, 이승만 정권은 포로들에게 조직적으로 폭력을 가하거나 회유를 한다.[9] 이 과정에서 포로수용소는 전쟁이라는 예외가 만들어낸 또 하나의 예외공간이 되고, 포로들은 자본진영의 폭력 속에서 언제든지 죽을 수 있는 잠재적으로 죽은 존재가 된다.[10]

일반적으로 '포로수용소'는 전쟁과 구분되는 공간으로 표상되지만, 전쟁에 포함된 예외적 정치공간이다. 따라서 '전쟁은 정치의 연속'이라는 클라우제비츠의 공식을 '정치는 전쟁의 연속'으로 뒤집은 푸코의 말을 수용한다면,[11] 전쟁과 정치는 원환을 이루게 된다. 국가의 입장에서 정치와 전쟁은 항상 상호전제하는 것이다. 그렇다면 포로수용소는 단순히 전쟁 상태에서만 만들어진 특이한 공간이거나 전쟁 바깥의 공간이 아니다. 오히려 수용소는 전쟁에서 배제됨으로써 전쟁에 포획된 '예외공간'이다. 그러므로 포로수용소야말로 전쟁과 공존하는 국민국가의 배치 자체를 보여주는 곳이다. 더욱이 휴전과 함께 전쟁 속에서 살아가는 우리의 조건에서 볼 때 포로수용소야말로 남북한이라는 근대국민국가의 창출과 그 작동방식을 보여주는 가장 적절한 공간이다. 왜냐하면 포로들이 적국남한이 강요하는 예속을 벗어나더라도 그 벗어나는 행위가 국가장치의 외부가 되는 것이 아니라 거울을 보고

---

8 조성훈, 『한국전쟁과 포로』, 선인, 2010, 182~189쪽.

9 전갑생, 「최초 발굴: 거제도포로수용소의 숨겨진 진실」, 『민족 21』 제108권, (주)민족 21, 2010, 161~166쪽. 이 글에는 거제도포로수용소에서 벌어진 '반공포로 생산'을 위한 국가적 기획, 북한 포로들의 폭력성에 대한 허구적 조작, 반공포로들을 최종적으로 군사기계로 이용할 계획 등이 적나라하게 드러나 있다.

10 김학재, 「진압과 석방의 정치」, 『제노사이드 연구』 제5호, 한국제노사이드연구회 편, 2009, 58~64쪽.

11 미셸 푸코, 박정자 역, 『사회를 보호해야 한다』, 동문선, 1998, 34쪽.

있는 북한의 국민이 되기 때문이다.

그런데 흔히 전쟁은 외부의 적이 공동체를 위협할 때, 국가장치가 인민들의 안전과 안녕을 도모하고 적을 물리치기 위해 행사하는 폭력으로 이해된다. 국가는 인민의 삶을 보호하고 이들의 안녕을 지키기 위해, 전쟁을 저지하기 위해 인민들 사이의 계약에 의해 발생했다고 보기 때문이다.[12] 이에 따를 때, 공동체를 위협하는 전쟁을 저지하는 거대 장치인 국가의 등장은 인류의 역사적 진보에서 필연적인 것으로 표상된다. 하지만 이는 국가의 관점에 불과하다. 한국전쟁이 소위 '자유민주주의'를 수호하고 국민의 안녕을 지키기 위해 치른 정당한 방어전이 되는 것도 이 때문이다.

국가가 만인의 동의에 의해서 구성된 것이 사실이라면, 예외상태인 전쟁이 발발할 때 모든 인민은 자신의 공동체를 위협하는 적을 물리치기 위해서 자발적으로 전쟁에 참여할 것이다. 그러나 「요한시집」에서 드러나는 양상은 이와 전혀 다르다. 특히 포로, 국민과 국가의 안녕을 지키기 위해 전쟁에 참여했던 자들의 실상은 이와는 너무나 판이하다.

> 이 땅이 「民主堡壘」니 「두개의 世界」니 「萬國平和아필運動」이니 하는 따위의 「레알리즘」이 네이팜彈의 세계와 함께 쏟아져 들어왔을 때, 농부의 옷을 채 벗지 못했던 그 시골내기들은 살이 찢어지고 피를 줄줄 흘리면서 어안이 벙벙해했다. 언제 都會人으로 출세한 것 같기도 하고 꼭두각시가 된 것 같기도 하고, 무슨 최면술에 걸린 것 같았다. <…>
>
> 그러던 그들은 마치 좀도적이 까막소살이를 하는 사이에 소도적이 되어가

12 이러한 이해를 대변하는 것이 로크의 국가론일 것이다. 로크에 따르면 만인이 소유권의 주장을 통해 전쟁상태로 돌입하며(24~25쪽), 이를 벗어나기 위해 "다른 사람들과 함께 공동체(국가 - 인용자)를 결성하기로 합의"(93쪽)한다는 것이다. 존 로크, 강정인, 문지영 역, 『통치론』, 까치, 1996.

는 투로, 포로생활을 하는 사이에 뼈마디가 굵어져서 「제네바協定」이니「人道的待遇」니 하고 도사릴 줄 알게 되었다.

「내 살이 뜯겨나가고 내 피가 흘러내린 이 전쟁은 과연 내 전쟁이었던가?」

한편에서 世界의 孤兒가 된 포로병들의 가슴속을 이렇게 거래하던 회의는 이리 몰리고 저리 몰리고 하다가 마침내 生에 대한 애착에 부디쳤다. 한 개의 나사못으로 밖에 취급을 받지 못했던 자기의 삶에 대한 애착이었다. 살아야 하겠다. 어떻게든 살아야 한다. 그래서 그들은 남을 죽이기 시작했다. 싸움은 다시 일어났다. 남을 죽여야 내가 살 것 같았다. 남해의 고도에는 붉은 기와 푸른 기가 다시 바닷바람에 맞서서 휘날리게 되었다. 살기 위하여 그들은 두 깃발 밑에 갈려 서서 피투성이의 몸부림을 쳤다. 철조망 안에서의 이 두 번째 전쟁은 완전히 자기의 전쟁이었다. 그렇기 때문에 그 전쟁에 참가하지 않는다는 것은 스스로 생존의 권리를 포기하는거나 마찬가지였다.[13]

동호의 진술에 따르면 포로가 되기 전 북한 인민들은 국민이라는 인식조차 없던 '농부들'이자 '시골내기'에 불과했다. 그들은 전쟁에 동원되어 "살이 찢어지고 피를 줄줄 흘리면서"도 이유도 모른 채 그저 "어안이 벙벙해" 할 뿐이었다. 그들은 전쟁에 '끌려와' 군인이 되었지만 자기 자신이 지켜야 할 국가라는 개념조차 없는 식민지 '백성'이었다. 이들은 '국민'이기에 자발적으로 참전한 것이 아니라 국가의 전쟁수행에 동원되어 소모품들이자 "나사못"이 된 것이다. 이것은 해방과 정권수립 이후에도 이들이 '국민'이 아닌 단순한 '백성', 지배 권력에 예속된 자들에 불과했음을 보여준다.[14] 남북 양측의 정부 수립은 폭력으로 조선을 장악했던 '일제'가 물러간 자리를 지배적 '다수'가 장악한 것일 뿐이다. 따라서 모든 개인들이 국가를 지키기 위해

13 장용학, 앞의 글, 70~71쪽.

14 김동춘, 『전쟁과 사회』, 돌베게, 2000, 85쪽.

자발적으로 전쟁에 참가했다는 흔한 수사는 국가의 전쟁 표상일 뿐이다. 더 나아가 개인들의 자발적인 동의와 자기 권리의 양도에 의해서 국가가 형성되었다고 하는 자유주의적 근대국가 기원론은 한낱 허구에 지나지 않는다. 국민국가는 인민의 평화를 위해 전쟁을 저지하는 것이 아니라 인민을 죽임으로써, 그리고 전쟁의 공포를 통해 인민들을 예속시킴으로써 형성되었기 때문이다.[15]

작품에서 포로들은 이승만 정권의 정책에 따라 수용소 당국이 가하는 폭력과 그에 대한 대응폭력 속에서 비로소 삶에 대한 애착을 가지게 된다. 이들이 남한 및 자본주의 국가들의 폭력에서 살아남는 방법은 자신들의 신념을 버리고 그들의 회유에 굴복하거나, 반대로 그들의 폭력에 대항하여 북한의 국민이라는 이념적 정체성을 드러내는 방법 밖에 없었다.[16] 이는 결국 잠재적으로 '국민'이 되는 방식이다.

포로들은 국가장치에 예속/주체화됨으로써 국가전쟁의 부품이자 수단이 된다. 그 후에야 비로소 전쟁은 국민화된 자신의 생존을 위한 '완전한 자기의 전쟁'이 된다. 국가의 입장에서 '인간'은 오직 국가장치에 예속된 자들이며 그 외에는 소멸시켜야 할 '적'이다. "시체에서 팔 다리를 뜯어내고 눈을 뽑고, 귀 코를 도리어내"는 신체 훼손은 '국가인'이자 전쟁 수단이 되어

15 홉스는 국가를 '획득국가'나 '설립국가'로 나누어 설명한다. 전자는 전쟁으로 적을 정복함으로써 형성된다면, 후자는 인민들의 자발적인 복종에 의해 만들어진 것이다(토마스 홉스, 진석용 역, 『리바이어던 1』, 나남, 2008, 233~234쪽). 서로 다른 두 개의 국가주권의 차이에도 불구하고, 이 둘 모두는 현실적이든 잠재적이든 간에 폭력에 의한 인민의 공포와 예속이라는 점을 공유하고 있다.

16 사실 북한 국민임을 드러내더라도 현실적으로 이들이 살아남을 수 있는가의 여부는 미군과 유엔군의 임의적 처분에 맡기는 수밖에 없었다. 그럼에도 불구하고 이들이 할 수 있는 것은 자본진영의 폭력에 폭력으로 맞섬으로써 국제적인 여론의 지지를 획득하는 것과, 이를 통해 정전협상의 북한측 대표들이 자본진영에 대한 적극적인 비난을 이끌어내는 방법뿐이었다. 유엔군측에 수용된 포로들의 저항에 관해서는 김학재, 「전쟁포로들의 저항과 반공오리엔탈리즘」, 『사림』 제36호, 수선사학회 편, 2010, 158~171쪽 참조.

"사상의 이름으로. 계급의 이름으로. 인민이라는 이름으로!" 이루어진다. 실질적으로 그것은 인간의 신체에 가해지는 "인계人界의 한계"71를 넘어선 무한 폭력이다. 그래서 포로수용소는 또 다시 "붉은 기와 푸른 기가 다시 바닷바람에 맞서서 휘날리게" 되고, "살기 위하여 그들은 두 깃발 밑에 갈려 서서 피투성이의 몸부림"을 치게 된 것이다.

따라서 국가는 평화를 위하여 전쟁을 억제하거나 방지하기 위해 존재하는 것이 아니라 전쟁의 결과물로 탄생함과 동시에 전쟁을 독점한다.[17] 국가는 스스로가 존립하기 위해서 전쟁과 신체 훼손을 통해 불구 - 인간을 만들어내며, 더 나아가 전쟁 이전에 "인간이 불구로서 또 좀비zombie로 태어나도록"[18]하는 죽음의 장치이다. 그리고 국가의 전쟁이야 말로 이를 실현시켜주는 기제이다. 한국전쟁은 직접적으로 신체적 불구와 죽음을 양산했으며 더 나아가 모든 인민을 '공포'로 몰아넣음으로써 신체를 망각하게 하거나 극도의 수동상태로 만들었다. 「요한시집」에 나타난 거제도 포로수용소의 경우, 철조망 내부는 포로들의 자발적인 예속을 통해 북한에 포획되는 공간이며, 외부는 남한에 의해서 포획되는 공간이다. 대한민국은 '공포'와 그에 따른 인민의 예속/국민화를 바탕으로 생성된 '획득국가'인 것이다.[19]

「요한시집」의 누혜가 선택한 자살은 장용학이 전쟁을 통하여 국가가 자행하는 인민의 살육과 예속을 어떻게 받아들였는가를 잘 보여준다. 포로들이 생물학적 '생존'을 위해 국가를 선택했음에도 불구하고 그 결과는 오히려 자신의 신체를 잃어버리는 것으로 귀결된다. 포로들은 전쟁 수단이 됨으로써 국가에 반하는 인간에게 무한한 폭력을 휘두르는 '살인기계'가 된다.

---

17 김 항, 『말하는 입과 먹는 입』, 새물결, 2009, 95~102면; 김동춘, 앞의 책, 52쪽.

18 질 들뢰즈, 펠릭스 가타리, 김재인 역, 『천개의 고원』, 새물결, 2001, 818면. 들뢰즈와 가타리가 말하는 국가에 의한 포획과 그로 인해 양산된 신체인 좀비에 대해서는 박지웅, 「좀비와 버그」, 『경제학연구』 제54집 3호, 한국경제학회, 2006. 9, 68~85쪽 참조.

19 김동춘, 앞의 책, 83쪽.

그들은 누혜에게 국민화를 강요하지만 누혜는 이에 동조하지 않는다. 그 결과 그는 자신의 동료들로부터 극심한 구타를 당하고 며칠 후 자살을 한다. 그렇다면 전쟁에서 용감성으로 훈장까지 받아 "인민군의 영웅"으로 불린 누혜가 동료들의 강요를 거부한 이유는 무엇일까.

> 나는 한 살 때에 났다.
>
> 나자마자 한 살이고, 이름이 지어진 것은 닷새 후였으니 이 며칠 동안이 나의 오직 하나의 故鄕인지도 모른다. 世界는 「이름」으로 이루어진 것이니, 가령 이 며칠사이에 죽었더라면 나는 이 세상에 존재하지 않는 것으로 되었을 것이다.
>
> 이름이 지어지자 곧 戶籍에 올랐다. 이로서 나는 두터운 호적부의 한 칸에 갇힌 몸이 된 대신, 死亡屆라는 법적 수속을 밟지 않고는 소멸될 수 없다는 엄연한 존재가 된 것이다.
>
> 네 살에 젖을 버리고 쌀을 먹기로 비롯했다. 이것이 連帶責任을 지게 되는 契約이 되는 것인줄 몰랐고, 또한 말을 뇌우기 시작했으니 「類化」作用을 본격화 한 셈이다.
>
> 아홉 살이 되매 소학교에 들어갔다. 이렇게, 公民社會의 한 分子가 되는 과정을 나는 나도 모르는 사이에 착착 밟아간 것이다. 학교는 罪의 집이었다. 별에서 罪를배웠다. 일분 지각했는데 삼십분 동안이나 땅에 손을 집고 「오또세이」처럼 엎드리고 있으면 학교는 그만큼 잘 되어가는 것이었다. 그렇게 하고 엎드리고 있는 내 앞을 내보다 一○초가량 앞서 뛰어가던 아이가 싱글벙글 줄 속에 끼어, 「하나 둘 하나 둘」 발을 맞추며 교실로 들어갔다. 그때 나는 六○초 지각은 지각이지만 五○초 지각은 지각이 아니라는 것을 배웠다.[20]

---

20 장용학, 앞의 글, 75~76쪽.

이 서술은 누혜의 '유서'에 쓰인 성장기이다. '백성'들이었던 수용소 포로들이 전쟁을 통해 국민화되었다면 지식인인 누혜는 근대국가, 제국의 국민으로서 국가장치 안에서 양육되었다. '이름'을 가지는 순간, 삶은 제도 안에 등록됨과 동시에 갇히고 신체는 삶 권력 속에서 벗어날 수 없다. 그리고 그는 학교의 '국민교육'을 통해 국민이 되었다. 교육은 "공민公民사회의 한 분자"를 생산하는 "과정"이며, "나는 나도 모르는 사이에" 국가장치가 요구하는 인물이 된다. 그렇기 때문에 "학교는 죄의 집이었다. 벌에서 죄를 배웠다."는 진술에서처럼 학교는 주체를 재생산하는 이데올로기적 국가장치[21]인 것이다. 개인은 국가장치에 의해 기획된 훈육 시스템 속에 갇힘으로써 능동적인 신체의 능력을 잃어버린 채 태어나는 것이다.

삶의 능력을 키우는 것이 제대로 된 교육이라면, 이와 반대로 이데올로기적 국가장치에 의해 국민을 재생산하는 모든 교육은 죽음 또는 예속을 생산할 뿐이다. 모든 신체들은 특이성을 지닌 차이나는 존재들이므로, 교육의 목적은 신체들 각각이 지닌 특이적 능력을 긍정하고 자극함으로써 그것을 극대화하는 것이다. 이에 반해 국가의 교육은 신체들의 능력을 부정하고 국가가 요구하는 표준적인 척도에 맞추는 것이다. 국가가 행하는 교육의 목표는 신체들을 국가에 필요한 부속품공무원으로 만들거나 자원인적자원화하는 것이기 때문이다.

따라서 제국에 의한 식민지 교육 자체가 이미 국가의 폭력이다. 국가의 폭력은 일반적인 폭력과 달리 "폭력이 현실로 행사되기 전에 이미 존재하기 때문에 스스로를 전제하고 있는 것처럼"[22] 보이므로 마치 자연적인 것으로 인식될 뿐이다. 누혜가 태어나서 이름을 얻고, 말을 배우고 학교를 다닌 모든 삶 자체는 이미 국가 폭력 내부에서 진행된 것이므로 일반인들에게는 자

---

21 루이 알튀세르, 김동수 역, 『아미앵에서의 주장』, 솔, 1994, 98~102쪽.
22 질 들뢰즈·펠릭스 가타리, 앞의 책, 861쪽.

각되지 않는다. 이에 비해 누혜가 이러한 사실을 알게 되면서 "현기증"76을 느끼게 되는 것은 그것이 조작된 것임을 깨달았기 때문이다. 신체는 국가가 허용하는 것 속에서 생산된 것이다.

누혜는 식민지의 끝인 "이차대전이 끝"나고 난 후 전신轉身을 꾀하게 된다.

> 二次大戰이 끝났다.
>
> 나는 人民의 벗이 됨으로써 再生하려고 했다. 黨에 들어갔다. 당에 들어가 보니 인민은 거기에 없고 人民의 敵을 죽임으로써 人民을 만들어 내고 있었다. 「만들어내는」 것과 「죽이는」 것. 이어지지 않는 이 間隙. 그것은 生의 乖離이기도 하였다. 生은 意識했을 때 꺼져버렸다. 우리는 그 재(灰)를 삶이라고 한다. 우리는 다른 데를 열심히 살고 있는 것이다. 산다는 것은 다른 데를 사는 것이다. 그래서 善意識에만 善이 있다는 樣式. 이 深淵. 그것은 「一○秒間」의 間隙이었고, 自由에의 길을 막고 있는 壁이었다. <…>
>
> 그 외로움과 절망 속에서 나는 생활의 새 樣式을 찾아냈다.
>
> 奴隸. 새로운 自由人을 나는 노예에 보았다. 차라리 노예인 것이 자유스러웠다. 不自由를 自由意思로 받아드리는 이 第三奴隸가 現代의 英雄이라는 認識에 도달하였다. 그 認識은 내 호흡과 꼭 맞았다. 오래간만에 생각해보니 나의 이름이 지어진 이래 처음으로 나는 나의 숨을 쉬었고, 나의 육체는 그 자유의 숨결 속에서 기지개를 폈던 것이다.
>
> 그러나 그것도 한때의 기만이었다. 흥분에 지나지 않았다. 생각해보니 歷史는 흥분과 냉각의 되풀이에 지나지 않았다. 地動說에 흥분하고 「바스튜」의 破獄에 흥분하고, 「適者生存」에 흥분하고, 「붉은 廣場」에 흥분하고 ……. 늘 그때마다 환멸을 느끼고 했던 것이다.[23]

---

23 장용학, 앞의 글, 78~79쪽.

광복이 된 이후 누혜는 "인민의 벗이 됨으로써 재생"하기 위해 당에 들어간다. 그러나 그는 당이 표상하는 인민은 실재하는 것이 아니라 "인민의 적을 죽임으로써" 만들어진다는 사실, 즉 국가 폭력의 결과물임을 알게 된다. 이는 국가의 근원적인 작동 방식이다. 그 과정에서 유일하게 남는 것은 국가의 선의식善意識뿐이며, 이에 포획되는 순간 생성으로서의 삶은 불가능해진다. 국가에 예속된 상태에서 "생은 의식했을 때 꺼져버렸"으며 "우리는 그 재灰"일 뿐이다. 예속된 삶은 결국 죽어서 사는 삶이며 그 인민이란 죽어서 살아가는 자이다. 그러므로 누혜가 뛰어든 당과 국가의 작동은 그의 자유를 가로막는 또 다른 벽이다.

누혜는 이 '자유를 막는 벽'을 깨기 위해서 전쟁에 참가하여 영웅이 되었으며 그 후 다시 전쟁 포로가 된다. 그 어느 곳에도 자유는 없었다. 그런데 그는 포로가 된 후 노예의 삶에서 역설적으로 자유인의 모습을 발견한다. '영웅'조차 노예의 또 다른 이름일 뿐이었다. 이는 "부자유를 자유의사로 받아드리는 이 제삼노예가 현대의 영웅이라는 인식에 도달하였다."는 진술에서 확인할 수 있다. 제3노예는 자발적으로 예속을 받아들임으로써 예속 자체를 망각하는 자이다. 이 모습이 바로 동호가 본 누혜의 모습이다.[24] 그것은 노예 중의 노예이며, 억압에 의해 타율적으로 예속된 식민지 노예보다 더 지독한 노예이다.

그렇지만 얼마 후 그는 노예가 자유인이라는 자각은 잠시 동안의 기만이었을 뿐 노예 역시 자유의 노예에 불과하며, "자유가 있는 한 인간은 노예"일 수밖에 없다는 사실을 깨닫는다. 이런 점에서 '누혜'라는 이름은 단순히

---

24 동호는 수용소에서 본 누혜에 대해 다음과 같이 서술하고 있다. "누혜는 모든 현재에 만족하고 있는 것 같았다. 천막 내의 잔일을 도맡아 하는 그런 인물이었다. 그러나 아무도 그를 부리지 못했다. 오히려 그가 모두를 부리고 있는 것인지도 몰랐다. 그러면서 그가 때로 자기도 모르게 짓는 침통한 표정에 나는 어리둥절해지지 않을 수가 없었다." 장용학, 앞의 글, 61쪽.

비단을 뽑고 나방이 되어 날아가는 '누에'가 아니라 '노예'를 함축한다. '누혜'를 '누에'로 해석하는 것은 그의 현실부정이 현실을 초월하여 '승화'하기를 바라는 것, '기는 현실'을 벗어나 '날기'를 바라는 초월적 욕망으로 읽기 때문이다.[25] 그러나 그가 추구했던 삶은 현실의 '초월'이 아니라 노예인 현실을 '벗어나는 것'이다. 이는 그가 자유를 죽이려 했던 것에서 분명하게 드러난다.

> 그 노예도 自由人이 아니라 自由의 奴隸였다. 自由가 있는 한 人間은 奴隸여야 했다. 自由도 하나의 數字. 拘束이었고, 强制였다. 극복되어야 할 그 무엇이었다.「뒤」의 것이었다!
> 神 永遠……. 自由에서 빚어져 생긴 이러한「뒤에서 온 說明」을 가지고「앞으로 올 生」을 잰다는 것은 하나의 屠殺이요, 冒瀆이다. 生은 說明이 아니라 權利였다! 迷信이 아니라 意慾이었다! 生을 살리는 오직 하나의 길은 神, 영원…… 自由가 죽은 것이다!
> 「自由」 그것은 진실로 뒤에 올 그 무슨「眞者」를 위하여 길을 외치는 預言者, 그 신발끈을 매어주고, 칼에 맞아 길가에 쓰러질「요한」에 지나지 않았다![26]

누혜는 국가전쟁에서 포로가 되었으며 포로들에게 또 다시 국가를 강요하는 모든 예속이 "자유에서 빚어져 생긴" 것이라는 인식에 도달한다. '자

---

25 누혜의 죽음을 초월적으로 읽어온 것은 지금까지 상당히 일반화되어 있는 관점이다. 김현, 「에피메니드의 역설」, 『현대한국문학전집 4』, 신구문화사, 1965, 414쪽; 박창원, 「장용학 소설연구」, 세종대 박사학위논문, 1995, 45~58쪽; 최강민, 「한국 전후소설의 폭력성 연구」, 중앙대 박사학위논문, 1999, 57~58쪽; 구수경, 「장용학의 단편소설 연구 - 「요한시집」「현대의 야」를 중심으로」, 『현대문학이론연구 13호』, 현대문학이론학회 편, 2000, 48쪽. 이는 장용학의 소설을 우리 소설사에서 익숙한 재현의 관점으로 읽어낸 때문이다. 이상의 평가는 작가가 강력하게 부정했던 시각으로 그를 재단하는 것이다.

26 장용학, 앞의 글, 79쪽.

유'는 현실의 부정에서 생겨난 관념이다. 초월적 자유는 실제로 어떠한 외적인 인과율에도, 내적인 결정성에도 의존하지 않는 것으로 언제나 현실 부정적으로 정의될 수밖에 없다는 점에서 현실의 구체적이고 실제적인 삶을 부정하는 허구적인 관념에 불과하다. 그럼에도 불구하고 자유에 대한 믿음은 삶을 신, 영원 등 모든 현실 초월적인 것들transcendents과 가치들에 예속시킨다. 이 초월적인 것은 삶을 절단하고 불구로 만든다. 국가 역시도 이와 다르지 않다. 그러므로 "自由에서 빚어져 생긴 이러한 「뒤에서 온 說明」을 가지고 「앞으로 올 生」을 잰다는 것은 하나의 도살이요, 모독"인 것이다. 따라서 "자유도 하나의 숫자. 구속이었고, 강제"이며, 그런 한에서 "극복되어야 할 그 무엇"인 것이다. 이에 비해 자신의 신체가 지닌 능력을 키우고 펼치는 삶이야말로 '권리'이며 '의욕'이자 자유가 죽고 난 이후에 도래할 "진자"the real이다. '자유'를 죽인다는 것은 일체의 초월적인 것, 허구적인 것을 벗어나는 것을 의미한다.

따라서 누혜가 꿈꾸는 세계는 현실을 초월한 유토피아의 몽환적인 세계가 아니다. 그것은 삶을 절단하고 불구화시키는 모든 초월적인 것들이 일소된 이후에 도래할 세계로, 만물이 자신의 역량에 따라 그 삶을 펼치는 내재적이고 능동적인 자기 긍정의 세계일 뿐이다. 그곳은 초월적인 것들에 의해 잠재화되었던 신체들의 능력을 현실화하는 세계이다. 그러나 초월적 가치들에 예속되어 있는 한 이러한 세계는 거꾸로 현실 외부의 세계로 비칠 뿐이다.

자유를 죽이고 초월적인 것을 일소한 이후에 도래할 삶의 세계는 다음과 같다.

> 이 세계는 二律背反이 없다. 무수의 律이 마치 穹窿의 星座처럼 서로 범함이 없이, 고요한 詩의 밤을 밝히고 있다. 王者도 없고 奴隷도 여기에는 없다. 憂慮가 없다. 그러니 妥協이 없다. 風習이 없으니 頹廢가 없다. 萬物은 스스로가

자기의 原因이고, 스스로가 자기의 자(尺)이다. 太陽이 반듯이 동쪽에서만 솟아야 할 이유가 여기에는 없다. 늘 새롭고 늘 아침이고 늘 봄이다. 아— 젊은 大陸…….[27]

누혜는 수용소의 철조망에 목을 매고 자살한다. 그는 자살을 선택함으로써 자발적으로 예속된 포로들의 '미몽'을 부정하면서 '탈출'을 시도한 것이다. 그가 "파괴해야 할 것은 「바스튜」의 감옥이 아니라, 이 섬을 둘러싼 해안선이다."80고 말한 것은 바로 이 때문이다. 따라서 「요한시집」에서 철조망은 두 가지 의미를 지닌다.

첫째, 포로들에게 철조망은 국가에 예속되기를 강요하는 포획의 틀이다. 이들은 수용소에서 공포에 의해 다시 국가에 예속됨으로써 자기 신체의 능동성을 망각하고 잔혹한 파괴 - 기계, 국가전쟁의 기관으로 거듭난다. 이는 신체의 정동적 죽음이다.[28] 그 결과 이들은 선명한 아/피의 구분을 통해 타자에 대한 파시즘적 무한 폭력을 분출하는 것이다. 포로들의 살기 위한 선택이 거꾸로 자신의 신체적 능력을 망각하는 것신체망실으로 나아간다는 점에서 이는 역설이다. 그것을 극단적으로 보여주는 것이 이미 자살한 누혜의 시신을 훼손하는 그들의 행위이다. 그는 국가에 의한 예속을 부정하고 삶을 찾으려고 했던 유일한 인간이었기 때문이다.

둘째, 누혜에게 철조망은 국가라는 노예의 삶 외부를 깨닫게 해 주는 것이다. 그는 포로수용소를 "땅의 끝. 땅의 시작되는 곳. 「온 시간」과 「올 시간」이 이어진 매듭. 발톱으로 설만한 자리도 없"는 "경계"79로 인식한다. 그에게 유일하게 남는 것은 예속의 극한, 만인이 부정한다면 이를 수도 있는 문턱으로써의 철조망이다. 철조망이 '경계'인 것은 이것 때문이다. 그것은

27 장용학, 앞의 글, 80쪽.

28 B. 스피노자, 강영계 역, 『에티카』, 서광사, 2003, 245쪽.

국가장치의 외부라는 잠재성을 드러내 주는 상징이다. 근대국가의 기원이자 완성인 전쟁 속에서 '국민화' 외부를 볼 수 있는 것, 그것이 바로 '경계'로써의 철조망이다.

그러나 이러한 철조망의 잠재성이 단순히 양兩 국가를 가르는 '물리적 구분선'으로 폐색될 때, 누혜가 선택할 수 있는 것은 포로로 살아가기를 거부하는 자발적인 죽음뿐이다. 누혜의 죽음은 국가에 의한 예속의 극한/외부를 볼 수 있는, 그렇지만 국민화 기획으로 인해 사라져가는 그 철조망의 존재를 드러내는 행위이다. 그의 자살은 초월적인 '비상'도, 절대 자유의 추구도 아니다. 그가 본 것은 국가 표상과 포획의 바깥, 진정으로 자신이 가진 능력들을 펼쳐내는 삶의 가능성 그 자체이다. 그리고 이것이야 말로 누혜가 다른 어떤 곳도 아닌 '철조망'에 목을 맨 이유이다. 그의 자살은 국가 외부라는 사라지는 잠재성, 사라지는 철조망에 '산 자의 피'를 칠하여 보이도록 하는 행위이다.

포로수용소의 호모사케르들이 단순히 국적, 즉 국가의 가면을 바꾼다고 해서 예속을 벗어날 수 있는 것은 아니다. 예속을 벗어나는 유일한 방법은 가면과 함께 얼굴 자체를 뜯어내는 것, 국가 - 인간이기를 거부하는 것뿐이다.[29] 그 때문에 누혜는 스스로의 생명을 끝낸 것이다. 그러나 그의 죽음이 국가의 예속 자체를 끝나게 하는 것은 아니다. 그런 점에서 누혜의 죽음은 철조망을 '가시화'하는 것 이상의 의미를 지니지는 않는다. 그렇지만 동호가 그의 죽음을 계승하는 한에서 그것은 끝이 아니다. 누혜가 자살로써 드러내려 했던 국민국가 외부, 잠재적으로 실존하는 '예속의 외부'에 대한 인식은 분명히 동호에게 이어진다.

누혜가 죽은 후, 동호는 해가 뜰 때까지 누혜의 눈알을 들고 있으라는 다

29 김 항, 앞의 책, 41쪽.

른 포로들의 말을 행하는 과정에서 "철조망은 눈망울에 비쳐는 들었건만" 그것의 의미를 깨닫지는 못한다. 이때까지 동호가 본 것은 "눈알을 손바닥에 들고 서 있어야 했던 안 세계와 감시병이 향수를 노래하고 있었던 밖 세계"[75]를 물리적으로 구분하던 철조망뿐이었다. 그러던 동호는 누혜의 유서를 읽고 난 이후에야 그의 삶과 죽음을 이해하게 된다. 그리고 누혜의 시체가 걸렸던 '철조망'이 국가 외부를 가리키는 "돌파구"라는 사실도 깨닫게 된 것이다. 누혜의 죽음과 그의 유서를 통해 동호가 얻은 깨달음은 포로수용소에서 본토로 송환되는 동안의 내면이 잘 보여준다.

> 파도를 헤치고 몸이 본토(本土)의 품으로 안겨들어도, 왜 반가워지는 것이 없었다. 섬에 무엇을 두고 온 것만 같았다.
> 돌아보니 섬은 포수의 자루(囊)처럼 수평선에 던져져 있었다.
> 한줌의 평화도 없이 비바람에 훑이고 씻긴 熔岩의 殘骸. 寒流와 暖流가 부디쳐서 딩구는 現代史의 誤算이 피에 묻혀 맴도는 「카오쓰 - 」! 아 - 그 바위틈에도 봄이 오면 푸른 싹은 움트던가.
> 「海岸線」을 우는 갈매기의 구슬픈 소리…… 무슨 搖籃이 저 섬이었던가?
> 무엇이 가까이 오는 발자욱 소리. 안개를 헤치고 새로운 그림자가 가까이 비쳐져야 하는 저 섬! 와도 좋을 때다— 오늘은 지금 가고 있는 것이다.
> 「피」와 「땀」 이외의 무엇을 흘릴 그것은 저 푸른 하늘같은 살결을 가졌을 것이다. 하늘은 저렇게 가깝다. 그렇게 멀어 보이는 것은 그렇게 가깝기 때문이다. 「그것」은 그렇게 가까운 存在이다!
> 그러나 내 손은 좀체로 머리 위에 든 雨傘을 놓으려고 하지 않는 것을 어쩌랴…….
> 돌아서니 本土의 重壓은 내 이마 위로 덮어들고 있었다.
> 自由는 무거움이었다. 설레임이었다. 그것은 다른 섬에의 길이요, 다른 포로

수용소에의 門에 지나지 않았다.[30](밑줄 인용자)

동호는 누혜가 죽고 계절이 여섯 번이나 바뀌어서야 본토로 돌아온다. 이는 휴전과 함께 이루어진 포로송환의 결과이다. 그는 '북한 동무'에 의해 강제로 동원된 '의용군'이었기 때문에 본국인 남한으로 송환된다. 그런데 동호는 수용소 바깥으로 풀려남으로써 '포로'에서 자유로운 상태가 되었으나, "몸이 본토本土의 품으로 안겨들어도" 반가움을 느끼지 못한다. 오히려 그는 송환의 과정에서 "본토의 중압"을 느낀다. 송환이라는 "자유는 무거움"이자 "설레임"소란스러움이다. 그 까닭은 그가 본토로의 송환이 예속에서의 해방이 아니라 또 다른 예속의 연속, "다른 섬에의 길이요, 다른 포로수용소의 문"임을 알기 때문이다. 그에게 자본진영의 '인도주의적 원칙'에 따른 포로의 선별과 그에 따른 본국 송환이란 '포로들의 해방'이 아니라 '포로들의 분리수용'에 불과한 것이다. 주권권력의 법 - 폭력이 여전히 상존하는 한 이 두 공간은 동일한 포로수용소이며, 그런 한에서 그는 여전히 포로인 것이다.

동호는 자신이 겪은 수용소의 현실을 "한류와 난류가 부딪쳐서 뒹구는 현대사의 오산이 피에 묻혀 맴도는 카오쓰"이자 극한으로 보았다. 그 가운데 그는 극한의 현실을 탈구시킬 수 있는 '문턱'[31]으로서의 사건"그것"이 도래할 것을 예감한다. 작품 속 사건의 맥락상 동호가 예감하고 기대하는 '그것'이란 국가 폭력과 예속에서 벗어나는 것임에 틀림이 없다. 그리고 이는 어떠한 초월적 전망에 의해서도 예상할 수 없기 때문에 동호는 "그것"이라 지칭한 것이다. 이는 오직 예속의 문턱을 넘어서 '현시'될 때에만 확인이 가

30 장용학, 앞의 글, 61~62쪽.

31 '극한 또는 한계'는 다시 시작이 가능하게 되는 것으로 '마지막의 바로 앞의 것'이라면, '문턱'은 불가피한 변경을 가리키는 '마지막 것'을 의미한다. 질 들뢰즈, 펠릭스 가타리, 앞의 책, 842쪽 참조.

능한 것이다. 그럼에도 불구하고 그가 도래할 '그것'을 "그렇게 가까운 存在"라고 생각하는 것은 그것이 어떤 초월적인 것의 작용이 아니라, 현실에 내속하는 것이기 때문이다.

그렇다면 그 문턱은 어떻게 도래하는가? 다시 말해 국가의 예속을 벗어나는 것은 어떻게 가능한가? 그것은 오직 국가에게 빼앗겼던 '전쟁권'을 되찾아서 전쟁기계[32]를 구성하고, 국가와의 전쟁을 통해 국가를 소멸시켜야만 가능하다. 그리고 이를 위해서 우선되어야 할 것은 예속/주체에서 벗어나는 것이다. 주체란 예속화로 형성되었으며 우리의 신체를 오직 대주체의 호출에만 반응하도록 불구화한 것이기 때문이다.[33]

이에 비해 동호는 국민 혹은 '주체'가 아니라 분열증적 신체를 가지고 있다. 그는 "남이 당하는 고통도 내 신경을 에여내는" 것처럼 느끼고, 나무에서 벌레가 떨어지는 것에도 "내가 그렇게 떨어지는 것만 같"61이 아파한다. 그 때문에 그는 포로수용소에서 동료들에게 '반편' 취급을 당하며 비웃음거리가 되었다. 그런데 동호는 이러한 자신의 상태가 "정상적인 것"이며, 오히려 보통 이상의 자극에도 반응하지 않는 일반인들의 신체야말로 "신경이 마비된 탓이고 마음이 병들었기 때문"이라고 생각한다. 그의 신체는 인간/자연의 구분조차 없이 사소한 '벌레'의 아픔마저도 공감각한다. 이는 어떠한 목적에 종속된 것이 아니라, 존재하는 모든 것에 연결 접속하는 예민한 신체이기 때문이다.[34]

동호는 이미 완전히 탈주체화된 신체, 국가의 포획에서 벗어난 공감능력을 지니고 있었던 것이다. 그럼에도 불구하고 다른 신체와 접속하여 그 감각

---

32 전쟁기계는 본질적으로 국가의 외부에 존재하는 것이었다. 이것은 국가의 속박을 부정하면서 포획장치에서 벗어나 '창조적 도주선'을 만들어내는 것으로 언제나 국가와 대립하는 구성체이다.

33 대주체의 호출과 주체의 화답에 관해서는 루이 알튀세르, 앞의 책, 115~130쪽 참조.

34 질 들뢰즈, 펠릭스 가타리, 김재인 역, 『안티오이디푸스』, 민음사, 2014, 23~24쪽.

을 공명하는 동호의 '예민한 신체'가 완전히 무능력한 것은 아니다. 그가 누혜의 어머니를 통해 '본토'에서의 인간의 삶을 확인하고 죽음을 공감하는 것도 이러한 신체 덕분이다.

> 그것은 사람이기는 하였다. 살아 있는 것이기는 하였다. 그러나 그것은 하나의 過去形에 지나지 않았다. 과거에 죽은 사실이 없으니까 지금도 살아 있는 것으로 되어 있다는 표가 거기에 찍혀있는데 지나지 않았다.[35]

동호가 만난 그녀의 모습은 살아 있으면서도 죽은 삶, 단지 '죽은 사실이 없기 때문에' 살아있다고 말할 수 있는 '무젤만'[36]이다. 이는 기능이 상실되어 언제든지 배제의 위험에 처해진 노예일 뿐이다. 그녀는 중풍에 걸려 말도 할 수 없는 상태에서 죽지 못한 생명을 이어가기 위해 고양이가 잡아다 주는 쥐로 연명해 온 것이다.

유일한 벗의 어머니인 그녀를 만난 동호의 감정은 너무나 복잡하다. 중풍에 걸려 운신을 하지 못하는 그녀가 자신을 찾아 온 이가 아들이 아님을 알고 눈물을 흘리는 것을 보면서 그는 안타까움을 느낀다. 그러나 동호는 그녀가 쥐를 잡아먹으려는 몸짓에 경악하면서 그녀에게서 쥐를 빼앗아버린다. 그리고 그렇게라도 목숨을 연명하려는 그녀의 모습에서 '살의殺意'와 "구역과 분노"65를 동시에 느낀다. 그러한 느낌은 곧바로 '변소에 던져진 누혜의 손'과 겹치면서 그는 "분한 눈물"을 흘리고, 그녀의 모습에서 서러움을 느낀

---

35 장용학, 앞의 글, 63쪽.

36 '무젤만(Muselmann)'은 아감벤이 삐에르 레비의 글에서 가져온 것이다. 그것의 어의(語義)는 '하느님의 뜻에 무조건 복종하는 자'인 '이슬람교도'이다. 그러나 이 말은 아우슈비츠에 갇힌 수감자 가운데 죽음의 극한에 이른 자들을 지칭하는 데 쓰였다. 이는 '모든 의지와 의식을 상실한 자'로 정의할 수 있을 것이다. 조르조 아감벤, 정문영 역, 『아우슈비츠의 남은 자들』, 새물결, 2012, 67쪽.

다. 이러한 동호의 반응은 주체 이전, 혹은 주체를 벗어난 신체들의 공명이자 '감응'이다.

그렇기 때문에 동호는 죽어가는 그녀의 손을 통해서 죽음을 경험한다.

> ① 등곬이 시려진다. 노파의 식은 피가 손구락으로 해서 내 혈관으로 흘러드는 것이다. 노파의 얼굴에 떠오르는 생기를 보아라. 냉기는 내 팔을 얼어붙이고 있지 않은가. 위로 위로…….
> 사실은 내가 죽어가고 있는 것이 아닌가! 그렇지 않으면 왜 내 육체가 이렇게 자꾸 차가워지는가? 구리(銅) 같아지는 내 손의 차가움……과 팔. 어깨를 지나 가슴으로……. 穴居地帶로 穴居地帶로, 나는, 자꾸 靑銅時代로 끌려드는 鄕愁를 느낀다. <…>
> 내 가슴을 그슬려버린 죽음의 고동은 귓속에까지 비쳐든다. 귀안에서 죽음이 운다. 막 우는 진동에 눈동자가 초점을 잃어버린다. 환영(幻影)이 비쳐든다.

> ② 나무 가지를 타고 침입해 들어오는 猿人. 아직 쭉 펴지 못하는 허리에 차고 있는 것은 또 그 돌도끼이고 손에는 횃불이다. 그가 배운 재주는 그것밖에 없다는 말인가.
> 저 망측스런 것들이 이제 좀 있으면 「뷔너쓰」를 찾고 그 앞에 祭壇을 세운다. 呪文을 몇 번 뇌까리면 땅이 움직이기 시작하고 自我가 눈을 뜬다. 그 눈가에 工場이 서고, 그 연기 속에서 二층 건물이 탄생한다. 그 共和國은 만세를 부르는 市民들에게 自由를 보장하는 鑑札을 나누어준다.
> 바깥 세계에서는 눈이 시름없이 내리고 있는데, 이런 歷史는 그만하고 그쳤으면 좋겠다.[37]

37 장용학, 앞의 글, ① 66~67쪽, ② 68쪽.

①은 동호가 누혜의 어머니의 손에 잡혀 죽음을 공감하는 부분이다. 그는 그녀의 신체를 통해서 죽음에 이른다. 그러다가 그녀가 마지막 발악을 하면서 손을 놓자 가까스로 거기서 벗어난다. 죽음의 감각은 여전히 그의 몸에 남아서 그를 환영으로 이끈다. 그 환영이야 말로 죽음을 통해 변용된 동호의 긴장된 신체가 지각하는 어떠한 형상이다. 환영 속에서 몰려온 돼지들은 인간의 모든 도시를 폐허로 만들고, 수많은 나무들이 무작위로 몰려와 자리를 차지하자 낙원이 만들어진다. 그러나 ②에서처럼 다시 원인猿人들이 등장한다. 그들은 또 다시 자아를 각성하고 국가를 세운다. 그런데 동호는 "이런 역사는 그만하고 그쳤으면 좋겠다."고 느낀다. 결국 동호가 누혜 어머니의 죽음을 통해 감응한 것은 인류사 전체이다. 그것이 '죽음'의 정동과 함께 동호의 신체에서 포착된 것이란 점에서 현재의 인류사 전체가 곧 죽음의 역사인 것이다.

그런데 이미 언급했듯이 국가의 예속화에서 벗어날 수 있는 유일한 길은 국가가 독점한 전쟁을 되찾는 것, 그리하여 국가 자체를 없애는 것이다. 하지만 「요한시집」에서 동호는 여전히 누혜의 시선 속에서 방황한다. 그는 누혜의 시선을 계승함에도 불구하고 출구를 찾지 못하고 있다. 작품은 "과연 내일 아침에 해는 동산에 떠오를 것인가…….."82라는 그의 내적 진술로 끝난다. 동호는 포로수용소가 되어버린 현실의 탈출구를 찾기 위한 실질적인 움직임을 보여주지 못한 채 모호한 수동적인 상태에 머물러 있을 뿐이다.

3) '법 폭력'에 의한 인민의 포획에 대한 거부: 「현대의 야」, 「청동기」

「요한시집」이 포로수용소에서 일어나는 국가의 포획을 보여준다면, 「현대의 야」[38]는 일반 인민들이 어떻게 전쟁을 겪었으며 국가장치는 이들을 어

38 장용학, 「現代의 野」, 『사상계』, 사상사, 1960. 3.

떻게 취급했는가를 보여준다. 특히 이 작품에서 장용학은 휴전과 동시에 인민들 모두가 법에 의해 포획당했음을 드러낸다.

「현대의 야」 1장 마지막에서, 시체를 치우는 '민주사업'에 강제로 동원되었던 현우는 분열증적 허탈상태에서 시체를 매몰하기 위해 파놓은 구덩이에 자신이 옮겨온 시체와 함께 빠진다. 그와 함께 시체를 운반하던 사람들은 그가 구덩이에 빠지는 모습을 목격하지만 곧 올라올 것으로 짐작하고 그냥 가버리고 만다. 그러나 현우는 시체더미에서 올라오지 못하고 구덩이를 메우는 작업은 그대로 진행된다. 그때 누군가 "그 무덤 속에 산 사람이 끼어들었으니 도루 파보아야 한다."[336]고 말하자, 북한 동무는 "동무들의 말은 사실"이라는 것을 알지만 "개인을 위해서 조국의 시간을 늦출 수는"같은 쪽 없다는 이유로 현우를 시체와 함께 묻어버린다.

국가의 입장에서 개인의 생사는 중요하지 않다. '인민'을 위한다는 명목으로 전쟁을 수행한다고 하나 국가가 추구하는 전쟁의 목표는 인간의 온전한 삶을 보전하는 것이 아니다. 오히려 국가가 궁극적으로 요구하는 인간 형상은 국가에 예속된 자, 그럼으로써 자신의 신체를 망각한 자이다. 국가의 입장에서 볼 때 '시체의 산'은 국가가 자신의 목적을 달성하는 과정에서 필연적으로 일어나는 부산물일 뿐이다. 살아있는 현우의 매장과 전쟁을 통해 양산된 즐비한 시체들은 국가의 전쟁에 의해 죽어갈 수밖에 없었던 인간들의 비참함을 드러내는 동시에 국가 - 전쟁의 근원적인 작동방식과 욕망을 표현한 것이다.

시체들의 무덤에 묻혀 있던 현우는 빗방울이 목덜미에 떨어지는 것을 감각하면서 의식을 차린다. 그가 살 수 있었던 것은 북한군과 노무자들이 유엔군의 기총소사에 놀란 나머지 시체들을 덜 묻은 상태로 도망을 간 때문이다. 그는 의식을 찾았지만 시체들 사이에 끼어 꼼짝할 수 없었다. 그 상태에서 그는 다시 의식을 잃기도 했지만 지속적으로 목덜미에 떨어지는 빗방울의 감각이 고통스럽다는 자각이 들 즈음 자신의 두 입술 사이에 구더기가 기는 것을 느낀다. 그와 동시에 그동안 지각되지 않던 오른 손의 감각을 회복하면서 순간적인 힘을 발휘하여 '무덤'에서 살아나온다. 이 경험을 현우는 "인간을 장례한 고역"343이라고 말한다. 그가 경험한 '인간 장례'에서 청산된 것은 낭만적인 문학청년이자 도덕적 감상에 빠져 있던 실제 '현우의 삶'이다.

'인간 장례'의 경험 이후 현우는 오직 "목숨을 유지하는 데 필요한 것 이외에는 아무것도 필요없"는 오직 생존을 위한 삶을 산다. 이 삶은 북한군 장교들이 시체를 취급하던 방식에 분개하고 타자의 주검에 공명하면서 아파하던 현우의 죽음변용을 의미한다. 그 후 현우의 삶은 주어진 조건 속에서 연명할 수 있는 모든 것을 수용한다. 그렇기 때문에 한국전쟁 속에서 현우의 삶은 표면적으로 국가에 예속됨에도 주체로 고정되지 않는다. 그것은 살아남는 것 자체가 목적일 뿐이므로 외부 권력이나 조건을 무조건 수용하는 '과잉예속'의 상태가 되어 오히려 "셈 밖의 존재"가 된다.

> 收復의 혼란은 경찰서를 시장처럼 만들었다. 그 혼잡 속에서 그는 움직이는 備品 같은 존재였다. 시일이 흘러감을 따라 그 備品은 主人이 되었다 그는 거기서 자고 일어나고 세수하고 먹고 일했다. 署長도 경찰의 長이지 집 주인은 아니었다.
>
> 一·四後退 때 그는 방위군에 끼여 南下했다. 거기서 나와서는 埠頭勞動도 하고 飛行場에 가서 포탄도 날랐다. 그러다가 어찌 어찌해서 捕虜收容所에 가서 한 자리 끼여들었다.
>
> 포로도 아니고 노무자도 아니고 경비원도 아니고, 그가 거기서 뭔지 아는 사람은 없었다. 그러면서 그가 거기에 있을 수 있는 것은 완전히 셈 밖의 존재였기 때문일 것이다. 누구와도 말이 없고, 주위에 무슨 일이 일어나도 그와는 관계없게 되어 있는 것이었다. 목숨을 유지하는 데 필요한 것 이외 그에게는

아무것도 필요 없었다.[39](밑줄 - 인용자)

현우의 이력은 이 사실을 잘 보여준다. 그는 인공치하에서 강제로 인민군 부역자가 되어 죽음을 경험했지만 '무덤'에서 살아 나온 이후에는 보안서에서 인민군들을 위해 "밥을 지으면서" 지냈으며, 그들이 패주할 때는 지독한 설사 때문에 따라가지 못하고 그대로 보안서에 남는다. 서울 수복 이후 보안서가 경찰서가 되어서도 그는 그곳에서 "움직이는 비품처럼"350 지낸다. 그는 남북한 국가장치 어느 쪽에도 치우치지 않고 모두를 고스란히 받아들인 것이다. 그 후에 그는 살아남기 위해 방위군, 부두노동자, 군대 부역자, 포로 등 다양한 신분의 굴곡을 겪었다. 그럼에도 불구하고 그가 자신의 이력을 "포로도 아니고 노무자도 아니고 경비원도 아니"었다고 말하는 것은 그의 목적이 '살아남는 것'이었기 때문이다.

그런데 여기서 눈여겨보아야 할 것은 그가 '박만동朴萬同'으로 살기 시작했다고 밝히고 있는 구체적 시기가 서울 수복1950. 9. 28과 1·41951. 1. 4후퇴라는 사실이다.[40]

저금통장을 보았다. 분명히 「朴萬同」이다. 九·二八 이후 사용한 이름이다. 戶

---

39 장용학, 앞의 글, 343쪽.

40 장용학이 「찢어진 『윤리학의 근본문제』」(『문예』, 문예사, 1953. 6)에서 보여주는 것이 바로 버려진 서울 사람들의 일상이다. 작품의 결말 부분에서 적시하고 있는 "오늘은 九月 며칠인지, *解放*"(146)이라는 서술에서 작중 시간이 인공치하에서 '서울수복'일인 1950년 9월 28일까지임을 알 수 있다. 이 작품이 초점을 맞추고 있는 것은 전쟁의 공포 속에서 일상의 인간들이 생존에 대해 보였던 집착과 행동들이다. 기독교 신자였던 반장 아주머니는 북한의 주구가 되어 주인공인 상주를 의용군으로 보내고, 교사였던 상주는 자신의 생존을 위해서 제자인 영애를 끊임없이 핍박한다. 국가에 의해 유기된 서울시민들은 근본적으로 북한의 위협에 노출되어 그들의 요구를 듣지 않을 수 없었으며, 개인들은 자신의 안위를 위해 타인들에게 폭력을 행사할 수밖에 없었다. 이 시기는 제목이 의미하는 것처럼 윤리가 불가능했던 무한 파시즘의 시기였음을 알 수 있다.

籍도 以北으로 고치고 요즈음은 一·四後退 때 越南한 것처럼 하고 있다. 무슨 생각이 있어서 그런 것이 아니다. 그저 그러고 싶어서 그랬다.[41](밑줄 - 인용자)

서울 수복과 일사후퇴를 기점으로 현우는 인민군 부역자의 경력을 은폐하기 위해 호적을 북한 사람으로 고치고 이름을 박만동으로 바꾼다. 그러나 그는 단순히 이름만을 바꾼 것이 아니라 말 그대로 박만동이 되었다. 현우의 '박만동되기'는 "그저 그러고 싶어서"라는 그의 말과 달리 당대의 현실적 조건 속에서 살아남기 위해 선택한 전략이다. 한국전쟁 발발과 동시에 이승만 정부는 한강철교를 폭파하고 국민을 서울에 유기했기 때문에 북한의 점령 하에서 연명하기 위해서는 그들의 요구를 듣지 않을 수 없었다.[42] 그럼에도 불구하고 서울 수복 당시 이승만은 서울 시민들을 상대로 부역자를 엄단하라는 지시를 내림으로써 이들을 범죄자로 몰아간다.

따라서 현우의 '박만동되기', 권력에 대한 과잉예속은 전쟁 속에서 그가 선택한 '생존전략'이다. 전쟁기간 동안 남북한이 교대로 점령함으로써 국가의 폭력에 번갈아 노출되어야 했던 현우가 살아남기 위해서는 남북한 어디에도 주체화되지 않는 것이다. 이름 자체가 의미하듯 그것은 오직 연명할 길을 찾아야 했던 '모든 인민들의 삶과 동일한 외양萬同'이다. 박만동으로 살아가는 것은 남북한을 막론하고 국가가 강제하는 일을 그대로 수행하되, 그 속에서 예속/주체화되어 고정되지 않는 것이다. 전쟁이 진행되면서 서울을 교차로 점령하는 남·북한 국가의 폭력 속에서 어느 쪽으로든 견고하게 주체

---

41 장용학, 앞의 글, 346쪽.

42 전쟁 발발과 이 시기의 상황에 대해서는 김동춘, 앞의 책, 86~90쪽; 전갑생, 「또 하나의 전쟁 '부역자' 학살; 국민 버리고 야반도주한 이승만 정부 서울 수복 후 무자비한 보복학살 자행」, 『민족 21』 116호, (주)민족, 2010, 100쪽; 윤택림, 「서울사람들의 한국전쟁」, 『구술사연구』 제2권 1호, 구술사학회 편, 2011, 16~20쪽. 참조.

화되는 것은 생존을 위한 현명한 방법이 결코 아니었기 때문이다.

하지만 현우의 박만동되기는 전쟁의 혼란기 동안에만 유효한 생존전략이었다. 그는 전쟁기간 동안 살아남지만 휴전이 되고 남한의 자본주의적 일상이 회복되어 상황이 변하자 위기를 맞이한다. 그것은 전쟁의 어수선함 속에서 가능했던 "적당히 어디 끼어들어 살 데"가 없어진 때문이다.

> 그가 還都라는 것을 했다가 지금의 은행에 취직하게 된 것은 그 소녀의 아버지가 억지로 밀어 주어서이다. 장사나 할까 하고 거리를 헤매다가 그 소녀에게 붙잡힌 것이다. 그가 취직한 것은 休戰도 되고 보니 적당히 어디 끼여들어 살 데가 없이 된 때문도 있었다.(밑줄 인용자)[43]

그러던 차에 그는 뜻하지 않게 은행원이라는 직업을 얻게 된다. 과거 그는 '방위군'에 끼어 생활하면서 누구와도 교통하지 않았으나 유일하게 동행하는 '미소년'만은 도와주었다. 그들이 함께 한 방위군의 행군은 국가장치의 비리로 인해 동사와 아사에 내몰린 말 그대로 죽음의 대장정이었다.[44] 그 속에서도 현우는 "하루 종일 굶어서 행군했다가 겨우 한 덩어리 생길까 말까 하는 주먹밥을 반 쪼개어"343 소년에게 나누어준 적이 한두 번이 아니었다. 오직 자신의 생존만을 위해 살아가던 현우가 국가에 의해 동원된 소년만은 외면하지 못했던 것이다. 환도 후 현우는 서울에서 그 소년과 우연히 만난다.

---

43 장용학, 앞의 글, 343쪽.

44 이승만 정권은 1·4후퇴를 하면서 보충병력을 확보하기 위해 100만여 명에 달하는 청장년(17~40세)들을 남쪽으로 후송하려는 계획을 세우고 약 50만 명에 이르는 국민방위군을 모집했다. 전선이 후퇴하자 이들을 남쪽으로 이송시키게 되고, 방위군 간부들은 이 기회를 틈타 이들에게 쓰일 막대한 돈과 물자를 빼돌려 사복을 채우거나 정치자금으로 유용한다. 그로 인해 동사자, 아사자, 병사자, 환자 등이 속출하게 된다. 김삼웅, 『해방 후 정치사 100장면』, 가람기획, 1994, 67~70쪽 참조.

그리고 그의 아버지의 '호의'에 의해 은행원으로 취직하게 된 것이다.

적당히 끼어 살 데가 없어진 현우가 은행원이 된 것은 생존할 수 있게 된 것이므로 소년에게 고마워해야 마땅하다. 그런데 박만동이 된 현우는 그러한 자신의 취직을 달가워하지 않는다. 그는 소년의 아버지가 "억지로 밀어주어서" 은행원이 되었다고 말한다. 그리고 생계의 방편을 찾아다니는 어려운 상황임에도 불구하고 그는 소년을 만난 것을 "붙잡힌 것"이라고 말한다. 이를 통해 은행원으로서의 삶은 휴전 후 남한의 현실적 조건 속에서 살아가기 위해 어쩔 수 없이 선택한 것일 뿐, 자신의 욕망과 무관한 것이었음을 알 수 있다.

전쟁 기간 동안 현우는 '셈 밖의 삶'을 선택함으로써 다행히 살아남을 수 있었다. 그러나 물리적인 전쟁이 끝나고 난 이후 휴전을 맞으면서 만동은 남한 자본주의에 포획되고 만다.

휴전이 됨으로써 국가는 나름의 '정상'을 회복하는 것처럼 보이지만 그것은 외면적 '정상화'에 불과하다. 그 까닭은 무엇보다 '휴전'이 전쟁의 종결도 아니고 물리적인 폭력의 지속도 아닌, '전면전의 지속적인 유예'인 때문이다. 그러므로 국가의 외면적 '정상화'는 국민의 삶을 증진하는 것으로 나아가지 않는다. 적국과의 전면적 전쟁이 유예됨으로써 오히려 국가는 외부로 향했던 총구를 내부로 돌려 사회와의 전면전을 실행한다.[45]

정권 수립 후 지속적인 내전상태예외상태 속에서 적대국 상호간에 벌어진

---

45 지젝은 트로츠키의 전기 작가 아이작 도이처의 말을 인용하면서, 러시아 외부로 향하던 혁명이 소련의 일— 국가로 한정되자 그 역동적 힘이 내부로 향하게 된 것이 스탈린주의였으며, 이는 나폴레옹의 혁명적 선동이 테르미도르 반동에 의해 차단당하자 외부의 전쟁으로 전화되었던 것과 동일한 방식의 전도였다고 말한다(슬라보예 지젝, 알랭 바디우 외, 이현우, 이재원 외 역, 『레닌 재장전』, 마티, 2010. 128쪽). 이를 참고하면 휴전 이후의 한국 정치(북한 역시 이에서 자유롭지 않을 것이다)는 적국을 향하던 폭력이 미국·중국·북한의 정전협약에 의해 가로막히자 국가의 내부로 역투사된 것으로 볼 수 있다.

폭력은 말할 것도 없거니와, 한국전쟁 이후 인민에게 가해진 국가의 폭력은 직접적이고 물리적인 폭력 행사인 '압제적 포획'과 법 제도에 의한 '마법적 포획'이 구분 불가능한 형태로 나타난다.[46] 이것을 단적으로 보여주는 것이 국가보안법과 계엄법이다. 이 두 개의 법은 "국가건설, 혁명, 내전, 냉전의 교차 속에서 창출된 예외상태의 법적 구조라는 차원에서 '폭력적 법'이자 '법제화된 폭력'"[47]이기 때문이다. 더 나아가 이 법들이 일제의 조선 식민통치에서 기원한 것임에도 불구하고, 소위 독립국가인 남한에서 여전히 유효하다는 것은 국민국가의 작동이 일제와 다르지 않음을 보여주는 단적인 근거이다. 이 법제도들은 국가 간의 '정치=전쟁'인 외향적인 전쟁을 내향적인 '전쟁=정치치안'로 바꾼 것이다. 그렇기 때문에 종전이 아닌 '휴전'은 예외상태의 폭력을 국가 내부에 내면화/일상화하여 전 인민의 포획을 완성하는 더없는 조건이 된다.

생존 자체를 목적으로 '셈 밖의 삶'을 살아왔던 만동은 휴전 이후 외면적으로 정상화된 현실에 최선을 다해 적응한다. 그가 선택한 은행원으로서의 삶이란 "지각과 저녁밥 사이를 열심히 왕복하는 것"이며, 그래서 "그 반복

---

46 들뢰즈와 가타리에 의하면 국가는 "마법사로서의 무시무시한 황제"와 "사제 - 판관으로서의 왕"이라는 두 개의 극으로 구성되며, 전자는 "일망타진"의 폭력을, 후자는 "결연과 법률"에 근거한 폭력을 각 체제의 특징으로 한다고 한다. 황제의 극에 의한 포획을 '압제적 포획'으로, 법 - 계약에 의한 포획을 '마법적 포획'이라 부를 수 있을 것이다. 여기서 전자보다 후자가 더 낫거나 합리적이라고 생각할 이유는 어디에도 없다. 이 두 체제는 고유하게 '폭력'을 행사하여 인민들을 속박하고 불구로 만들기 때문이다. 질 들뢰즈, 펠릭스 가타리, 앞의 책, 815~819쪽 참조.

47 강성현, 「한국의 국가 형성기 '예외상태 상례'의 법적 구조 - 국가보안법(1948·1949·1950)과 계엄법(1949)을 중심으로」, 『사회와 역사 제94집』, 한국사회사학회 편, 2012, 120쪽. 실제로 우리 사회에서 국가보안법과 계엄법은 헌법을 능가하는 초헌법적인 힘을 가졌다. 그리고 국가보안법은 일제의 '치안유지법'을 계승했으며(박원순, 『국가보안법연구 1』, 역사비평사, 1992, 71쪽), 계엄법 역시 일제의 '계엄령'을 계승한 것이라는 점은 '대한민국'이라는 국민/민족국가의 형성과 작동이 제국주의 국가와 다르지 않은 '포획국가'임을 단적으로 보여준다.

이 그의 인생"344이다. 그렇지만 살아남기 위하여, '지각을 면하기 위하여' 그는 최선을 다한다. 그것은 그가 결혼 상대자로 평소 호감을 가지고 있던 성희가 아니라 미숙을 선택하는 데에서 잘 드러난다. 미숙은 모든 면에서 성희를 따라가지 못하지만 "시간을 지키구 알아맞히는 데는 귀신"339이기 때문이다.

그런데 결혼식을 며칠 앞둔 어느 날 만동은 간첩혐의로 경찰에 강제구인된다. 텍스트에 드러나 있지는 않지만 그것이 국가보안법에 의한 것임은 자명하다. 국가보안법에 의해 호출된 순간 만동은 국민으로서의 모든 법적 권리에서 배제됨과 동시에 국가의 적간첩으로 규정/포획된다. 역사상 국가보안법의 기능은 헌법을 초월하는 실질 헌법의 역할을 하면서, "결사·집단 성원개인의 마음 속 목적과 사상을 매개로 적과 내통하는 내부의 적을 규정하고 예외상태 논리에 기반해 그 집단더 나아가 대중을 적대적으로 배제"[48]하는 것이었다.

혐의를 인정하는 도장을 찍으라는 경찰의 요구에 "맞는 게 질색인" 만동은 조서의 내용을 읽어보지도 않고 도장부터 찍는다. 이는 당시 치안권력의 폭력과 그에 대한 공포 때문이기도 하다. 도장을 찍고 난 후 조서를 "읽어내려 가면서 그는 처음에는 놀라면서 감탄했고 끝에 가서는 산다는 것이 시시해"345면짐을 느낀다. 그가 철저한 감시사회에서 살고 있음을 자각한 때문이다. 경찰은 자신의 모든 행적을 정확하게 알고 있다. 경찰은 박만동의 명의로 된 통장을 증거로 제시하면서 그에게 '간첩활동'을 했음을 인정하라고 요구한다. 그때까지도 영문을 모르던 만동은 그제야 자기가 "간첩의 혐의로 감시받고 있던 중 은행 돈을 훔쳐 썼다는 투서"346 때문에 붙잡혔다는 것을 깨닫고 간첩혐의를 부인한다. 하지만 문제는 조서에 적힌 박만동의 행

48 강성현, 위의 글, 91~92쪽.

적이 사실 그대로라는 점이다. 그나마 조작된 것은 그의 명의로 된 통장뿐인데, 그것은 미숙의 엄마가 "은행 사람의 이름으로 하면 이자가 많아질까 해서"346 만든 것이다.

경찰의 심문 과정에서 만동은 결국 자신의 간첩혐의를 인정하게 된다. 이는 그가 경찰의 조서를 부정할 방법이 없기 때문이다.

> 그런 투로 四, 五일 걸려서 조서의 罪狀을 모두 시인하였다. 걸핏하면 때렸다. 拷問당할지도 몰랐다. 고문당하면 나는 죽는다. 죽는 것만은 싫다. 그들이 이러이러한 일을 이러저러하게 했지 하면, 무슨 횡설수설을 늘어놓다가도 결국에 가서는 당신들은 참 귀신같습니다, 하고 마는 것이었다. 道理가 없었다. 答은 틀리지만 그 복잡한 式에는 틀린 데가 없는 것이다. 그는 模範答案을 의심해 보았다가 先生님에게 머리를 얻어맞고 찍소리도 못 하는 學童과 같았다. 그 귀신같은 사람들이 그렇게 많은 시관(간의 오식)과 노력, 기술을 들여서 풀어낸 答이 틀릴 리 있겠는가 하는 생각이 드는 것이었다.
>
> 가끔 정신이 나서 뭐라고 할까 하면 발길이 들어오고 주먹이 쏟아지고, 그렇게 걷어차이고 얻어맞고 하면, 아 그 者 때문에 내가 이 고생이구나 하는 쪽으로 낙착되게 마련이었다. 그것은 苦痛을 면할 수 있는 가장 勝利的인 방법이었다. 그의 意識은 警察署 밖으로 미치지 못했다. 따라서 人生이 이와 마찬가지라는 것도 깨닫지 못하고 있는 것이었다.[49] (밑줄 - 인용자)

그가 살아온 '셈 밖의 삶'의 '행적'은 경찰이 감시를 통해 작성한 조서와 일치한다. 신분만을 놓고 볼 때 그는 부역자, 방위군, 부두노동자, 비행장 부역자, 포로 등을 전전했다. 그럼에도 불구하고 그는 자신의 모든 이력을 부

49 장용학, 앞의 글, 347쪽.

정한다. 오직 '살아남기 위해' 이 모든 과정을 겪었을 뿐 그가 간첩행위를 한 것은 아니기 때문이다. 하지만 법의 시선은 이와 다르다. 국가장치는 그가 '부두노동을 하면서 정보를 수집했으며, 비행장에 가서는 군사기밀을 탐지했고, 포로수용소에 가서는 지령을 전달하는 일을 했다.'고 보기 때문이다.

따라서 혐의에서 벗어나는 방법은 자신의 '알리바이'를 입증하는 것뿐이다. 하지만 경찰 조서에 기록된 자신의 행적이 거짓이 아닌 한 이를 부정할 방법은 없다. 그래서 만동이 경찰의 폭행과 구타, 고문에 대한 공포 속에서 찾아낸 "고통을 면할 수 있는 가장 승리적인 방법"이란 고작 예전의 '현우'에게 범행을 전가하는 것이었다. 이는 결과적으로 스스로의 간첩행위를 인정하는 것이 된다. 조서의 내용에 대한 알리바이를 입증할 수 없다는 사실은 곧 간첩행위를 한 것을 시인하는 것이기 때문이다. "도리가 없었다. 답은 틀리지만 그 복잡한 식에는 틀린 데가 없는 것이다."는 서술은 그가 처한 상황을 단적으로 보여준다.

이러한 만동에 대하여 "그의 의식은 경찰서 밖으로 미치지 못"할 뿐만 아니라, 그런 한에서 "인생이 이와 마찬가지라는 것도 깨닫지 못하고 있"다는 서술자의 진술은 법 - 폭력에 포획된 사실을 만동 스스로가 모르고 있음을 정확하게 지적하고 있다. 그렇기 때문에 만동은 경찰에서 검찰로 송치된 후 또 다시 자신의 무죄를 주장한다. 하지만 그러한 주장이 받아들여질 리 만무하다.

> 「그러면 당신이 아니 했다는 증거를 보이오.」
>
> 「증거…………」
>
> 「이 조서에 씌어 있는 것을 반박할만한 증거말이오.」
>
> 「그건 말입니다. 式은 다 맞는데 答이 틀립니다.」
>
> 「式에 틀림이 없다면 答도 맞는다는 것이 이 세상의 약속이오.」

(중략)

「부두노동하면서 정보를 수집하지 않았고 비행장에 가서는 군사기밀을 탐지하지 않았고 포로수용소에 가서는 指令을 전달하는 일을 하지 않았다는 증거를 대오! 환도해서 반년동안 이북에 갔다 오지 않았다는 증거를 제시해 보오![50] (밑줄 인용자)

법의 관점에서 볼 때 박만동의 삶의 궤적은 분명한 간첩행위이다. 그래서 검사는 "식에 틀림이 없다면 답도 맞는다는 것이 이 세상의 약속"이며, "은행돈을 훔치지 않았고 간첩행위를 안했다는 증거만이 당신을 여기서는 무죄로 할 것"348~349이라고 말한다. 여기에서 그의 무혐의를 입증해 줄 수 있는 유일한 증거는 만동 자신의 '내면적 진실'뿐이다. 그러나 법은 그것이 표상하는 것처럼 '진실'을 밝히고 초월적인 정의를 실현하기 위해서 존재하는 것이 아니다. 그것은 다만 제도 내부에 있는 삶의 적법 여부를 심판할 뿐이다. 따라서 법이 인정하는 증거는 증명 가능한 '사실fact' 내지 '사실관계'일 뿐이므로 그의 무죄는 애초에 증명이 불가능한 것이다. 증거를 대라는 검사의 요구에 만동이 "그건 살고 있다는 증거를 대라는 것과 마찬가지"라고 대답하는 것도 그 때문이다.

검찰은 만동에게 징역 십 년을 구형한다. 그런데 신문의 취재 각도가 달라지자 검찰의 논고에서 만동이 은행 돈을 횡령했다는 사실은 슬그머니 사라진다. 그러자 여론은 간첩 사건 자체에 대해 의심하기 시작한다. 그런데 공판 자체는 기이하게 진행된다. "법정의 안팎"이 모두 피고의 편을 들고 있는데 도리어 피고만이 자신에게 불리한 진술을 한다. 자신의 자백은 경찰의 고문에 의한 것이 아니라, "노래 부르는 것처럼 자백했다고 하는 것 따위이

50 장용학, 앞의 글, 348쪽.

다.” 따라서 ‘터부인 간첩사건’의 공판은 마치 “모의재판”처럼 흘러간다. 그러던 중 “사실심리가 끝나서 변론에 들어갔을 때” 자신에게 쏟아지는 방청석의 “시선의 비雨를 등에 느끼면서 그는 고독에 휩쓸”349면리면서 ‘실어증’에 걸린다.

> 그는 재판장을 보았다. 검사를 보았다. 변호인을 보았다.
>
> 이들은 왜 저렇게 앉아 있고, 서 있고, 떠들고 있는 것일까? 무엇을 하고 있다. 무엇을 하고 있는 중일까
>
> 그는 그들이 왜 이렇게 성낸 얼굴들을 해 가지고 모여 있는지 알 수 없었다.
>
> (중략)
>
> 이쪽 편의 이것은 여우고 저편 저것은 늑대고 정면에 버티고 있는 것은 곰이고 그리고 내 뒤에 있는 것은 원숭이들이다.
>
> 내만이 人間이다! 그래서 나는 孤獨하다.
>
> (중략)
>
> 斷絶이다. 그들과 단절되어 있는 것이다. 交通이 끊어졌다. 그래서 나는 이 모든 것들의 中心에 위치하게 된 것이다.
>
> 그래서 나를 재판하고 있는 것이다! 그렇다. 재판을 하고 있는 것이다. 孤獨을 재판하겠다는 것이다. 生에게 有罪判決을 내리겠다는 것이다!
>
> 이것은 中止시켜야 할 性質의 것이다! 나는 내가 아니다! 監視 속에서 산 나는 내가 아니다. 내가 내 生命을 가지고 산 것은 監視 밖이다. 이 나를 재판할 權利는 그들에게 없다![51]

위의 장면은 만동과 법장치 사이의 갈등이 가장 최고조에 달하는 부분이

---

51 장용학, 위의 글, 350쪽.

다. 만동이 실어증에 걸린 것은 타자들과의 의사소통, 의미전달이 불가능함을 의미한다. 그런데 이는 단순히 그의 정신적 병리성을 표현하는 것이 아니다. 재판하는 과정 내내 그는 지극히 이성적이기 때문이다. 그가 자기 삶'식은 맞으나 답이 틀렸다'을 주장하고 법의 논리'식이 맞으면 답도 맞다'를 받아들이지 않는 한, 결코 국가 내에 있는 타자들과 소통할 수 없다. 그것은 자신의 '삶', 즉 '먹는 입'을 주장하는 한에서 법 내부의 권리인 '말하는 입'의 절단을 의미한다.[52]

법이 문제시하는 것은 만동이 '비오스bios' 즉, 법이 요구하는 정치적 생명삶을 따르지 않고 오히려 비오스를 삶이라는 단순한 사실인 '조에zoĕ'를 위한 수단으로 사용한 때문이다.[53] 국가의 입장에서 이것이야 말로 가장 근원적인 범죄행위인 것이다. 이에 반해 만동은 "생에게 유죄판결을 내리"는 법 장치에 대항하여 '삶 자체zoĕ'의 무죄를 주장한다. 만동의 삶 자체는 법 장치와는 배타적 이접의 상태에 있는 것으로, 법이 결코 받아들일 수 없는 것이다. 그러므로 실어증은 이미 그의 신체적 정동이 법의 문턱을 넘어가고 있거나 법 외부에 놓여 있음을 표현한다.

그런데 법적 언표는 단순히 수많은 언어활동 가운데 하나가 아니다. 법이야말로 모든 언어활동이 명령어라는 사실을 가장 극명하게 보여주는 것이자 일반적인 언어활동의 암묵적인 전제가 되는 것이다.[54] 법이 허용하는 범

---

52 '먹는 입'과 '말하는 입'의 분화와 관계에 관해서는 김 항, 앞의 책, 23~27쪽 참조.

53 아감벤에 따르면 고대 그리스에서는 삶(생명)을 그저 살아 있는 '단순한 삶'을 나타내는 조에(zoĕ)와 정치적으로 주조되어 어떤 '개인이나 집단에 특유한 삶의 형태나 방식'인 비오스(bios)로 구분되어 있었다고 말한다. 하지만 근대정치에서는 "원래 법질서의 주변부에 위치해 있던 벌거벗은 생명의 공간이 서서히 정치 공간과 일치하기 시작하며, 이런 식으로 배제와 포함, 외부와 내부, 비오스와 조에, 법과 사실이 무엇으로도 환원되지 않는 비식별역으로 빠져"버렸다고 말한다. 조르조 아감벤, 박진우 역, 『호모사케르』, 새물결, 2008, 46쪽.

54 모든 단어나 언표는 신체의 변형(수행적 발화와 발화수반행위)을 암묵적으로 전제하며, 이 암묵적인 전제를 구성하는 것 중 하나가 바로 법적인 언표이다. 질 들뢰즈·펠릭스 가타리,

위 내에서 일어나는 발화행위는 '의미 전달을 통한 의사소통'이라는 일반적으로 표상되는 언어활동의 양태를 보인다. 하지만 법의 극한을 넘어갈 때, 그것은 '의미'를 벗어나는 것과 동시에 법률적 선고를 불러일으킨다. 선고는 '의미'를 전달하는 것이 아니라 구속을 통한 행위능력의 제한이나 직접적인 신체 절단 혹은 죽음을 집행한다. 의미를 통한 의사소통은 오직 법의 한계 내에서, 법의 구속 내에서만 가능한 것이다. 그러므로 실어증은 단순히 말로 표현할 수 없다는 것이 아니라 '말이 허용되지 않음', '의미의 외부', 다시 말해 '법의 외부'이자 삶의 회복을 의미한다. 그런 까닭에 만동은 "입술과 혀가 어긋나면서 헛소리가 되"어 "소리와 뜻의 괴리"가 발생한 상황에서 오히려 "생의 해방"[350]을 느끼는 것이다. 따라서 만동이 느끼는 절대적인 고독이란 바로 이와 같은 상태, 즉 법 속에서 증명 불가능한 자신의 삶을 증명하고자 하는 자의 고독이다.

그런데 만동이 처한 이러한 상황은 번갈아 이루어진 남북한 국가장치의 점령 속에서 살아남은 서울 사람들, 더 나아가 남한 인민 전체의 운명이기도 하다. 국가의 입장에서 볼 때 인민들이 북한의 점령지에서 '살아남았다는 사실 자체'가 '죄'였기 때문에 이들을 '잠재적인 적'으로 취급했다. 그리고 휴전과 함께 이 '잠재적 적'들은 자유인이 아니라 피의자가 된 것이다. 따라서 법 장치가 호출하는 한 이들은 언제나 이에 응해야 하며 동시에 자기 '삶'의 알리바이를 증명해야 했다. 그런데 만동과 마찬가지로 이들은 법 장치 속에 있는 한, 결코 발화할 수 없으므로 언제든지 '유죄' 판결을 받을 수밖에 없는 법에 예속된 존재이다. '만동萬同들'의 삶 자체가 이미 소송 속에 있는 것이다.

앞의 책, 153~155쪽 참조.

> 最後陳述에 일어선 그는 미지근한 말, 즉 그들에게도 통하는 말을 늘어놓았다. 그러나 그것도 통하지 않았다.
>
> 저는 김미숙 양과 결혼하기로 작정한 이래 聖經책을 읽기로 했는데 그 가운데에 이런 구절이 있더군요. 「너희들 가운데 죄가 없는 자가 이 여자에게 돌을 던져라.」 검사의 논고를 보면 間諜罪이외 네 댓가지의 죄목이 들어 있는데 나는 왜 그것이 그런 罪가 되는지 모르겠고 이런 투로 하면 재판장도 피고석에 세워 놓으면 서너 가지에 여나무件이 있을 것입니다. 없다면 없다는 것을 증명해 보시지. 절대로 증명 못합니다. 그런데 당신은 피고석에 서 있는 것이 아니고 또 아무도 서라고 하지 않습니다. 왜냐 하면 여기는 「世界」 안이기 때문입니다. 당신의 손에 들고 있는 그 六法全書에는 世界가 다 들어 있지요? 그러나 그 六法全書 밖에 나가 있는 世界가 더 너르지요. 그래서 당신은 거기 편안히 앉아 있을 수 있지요. 이게 모두 「世界」 안에서 일어나고 있는 일이기 때문입니다. 그렇지만 나는 무덤에서 나온 이래 世界(논리상 법안의 세계를 의미하는 「世界」가 맞다. - 인용자)안에서 살지 않았읍니다. 나에게 有罪判決을 내릴 수는 없읍니다. 그것은 그 「世界」 안에서 당신에게 有罪判決을 내릴 수 없는 것과 같습니다.[55]

만동이 된 현우의 최후진술은 이를 잘 보여준다. 그의 진술에 따르면 검사를 포함한 모든 인간들은 죄를 지은 인간이다. 그런데 국가장치인 법 자체는 법 바깥의 "세계"에 있다. 판사 역시 죄인이지만 국가장치의 기관이므로 "육법전서 밖에 나가 있는 세계", 판결하는 자리에서 "편안히 앉아 있을 수"있다. 하지만 국가는 인민들에게 '법의 "「세계」"'만을 허용한다"육법전서에는 세계가 다 들어 있지요?". 인민들은 법에 포획됨으로써 국민이 되지만 현우

---

55 장용학, 앞의 글, 351쪽.

는 법을 부정함으로써 이에 저항한다. 그는 "무덤에서 나온 이래 세계 안에서 살지 않았"으니 "나에게 유죄판결을 내릴 수는 없"다고 말한다. "그것은 그 「세계」 안에서 당신에게 유죄판결을 내릴 수 없는 것과 같"다고 항변한다. 그러나 그의 최후진술은 현우/만동의 개인적 진실일 뿐, 법의 관점에서는 결코 인정되지 않는 '무의미'한 '소음'에 불과하다.

이 최후진술로 인해 만동은 징역 10년을 선고받는다. 선고 역시 우발적이다. 아침에 일어날 때까지 판사는 무죄를 생각했으나, 아침에 부부싸움을 하면서 아내에게 멱살을 잡히는 수모를 겪었다. 등청해서야 배석 판사가 그에게 와이셔츠의 단추가 떨어졌음을 알려준다. 그러자 "그의 관자놀이는 수치와 부아로 경련을" 일으키면서 피고의 엉뚱한 최후진술에 화가 난 판사는 검사가 구형한 10년을 그대로 선고한 것이다. 물론 그는 이심을 생각하고 있었으나, "피고는 상소를 포기"351한다. 그러자 판사는 당황하지만 곧 자기 합리화를 하고 만다. 만동은 자신의 무죄를 끝까지 주장하다가 마지막에는 "설마, 했는데 「십년의 징역에 처함」을 들었을 때 순간 얼떨떨했고, 그렇다면 나에게도 할 말이 있다 해서 상소를 포기"352 한다. 이는 법 장치에 대한 그의 저항이다.

형이 그대로 집행되어 해질 무렵 형무소에 도착한 그는 한사코 감방에는 들어가지 않겠다고 버티자, 화가 난 간수는 강제로 그를 감방으로 밀어 넣고 문을 닫는다. 그러자 "안에서 목에 칼이 꽂힌 것 같은 고함"이 터져 나온다. 밤중이 되어 이상해진 간수가 문을 열어보자 손가락이 감방 문틈에 끼어서 "고통으로" 죽어 있음을 발견한다. 이와 같은 결말은 국민으로 사는 것이란 바로 법 장치의 포획된 삶이며, 단지 법의 임의적인 무죄방면 속에서 살아가는 것을 의미한다.[56]

---

56 질 들뢰즈·펠릭스 가타리, 이진경 역, 『카프카』, 동문선, 2001. 124~126쪽.

이리하여 한 人間의 歷史는 끝났다.

가을밤의 사늘한 공기에 조는 듯한 등불 빛 아래, 四肢를 가두고 기도드리듯 쓰러져 있는 罪人, 그것은 化石도 胎兒도 아니요, 다 자란 現代人의 주검이었다.

어머니의 訃告를 손에 들고 집을 나온 以來 무덤에서 기어나와 겪은 일, 경찰에 붙잡혀 가서 당한 受侮, 그리고 거기서 받은 傷處, 그 아픔은 비단 그만이 겪고 당하고 느낀 아픔은 아니었다. 現代에 生이 주어진 모든 人間이 깊거나 얕거나 당하고 있는 수모요, 傷處, 아픔이었다. 다만 그것이 미미하거나 마음이 살졌거나 중독이 되어서 느끼지 못하고 있을 따름이었다.[57](밑줄 인용자)

장용학은 현우/만동의 죽음을 "화석도 태아도 아니요, 다 자란 현대인의 주검"이라고 언급한다. 휴전과 동시에 근대국가 '남한'이 완성되고,[58] 한국전쟁에서 살아남은 모든 인민은 정치/치안을 위한 법장치에 포획된다. 그러므로 삶에 대하여 법 장치가 행하는 심판유죄판결에 저항하던 만동의 죽음은 단순히 그 개인의 죽음이 아니라 유일한 '인간'의 죽음이자 모든 '삶'의 죽음이다.[59] 다시 말해 이는 모든 인간들이 법장치의 포획 속으로 들어감으

57 장용학, 앞의 글, 352쪽.

58 흔히 남한/북한은 '민족'이 분할되었기 때문에 '미완성'의 근대국민/민족국가라고 인식한다. 하지만 이는 지극히 서구중심적인 근대국민국가에 대한 인식이라 할 수 있다. 국민국가는 서구적인 '정상'의 형태와 그 이외의 여러 '비정상' 내지 '미달'의 형태가 있는 것이 아니라, 한국 또는 북한이라는 국가 그 자체가 가능한 근대국민국가의 또 다른 형상을 실현시켜 주고 있을 뿐이다.

59 각주 51의 인용문에서 법정과 방청석에 앉은 자들이 만동의 눈에 여우, 늑대, 곰, 원숭이 등의 동물로 보이는 것은 이들 모두가 법을 자명한 것으로 여길 뿐, 스스로 법에 예속되었으며 그렇기 때문에 삶이 불가능함을 자각하지 못하기 때문이다. 그러므로 만동에게 가해진 법-폭력은 "현대사회 어디에서도 일어날 수 있는 보편적인 것"(이주형, 「1960년대 초 소설의 두 양상 - <젊은 느티나무>와 <현대의 야>의 세계」, 『현대문학연구』 29호, 한국현대문학회, 2009, 398쪽)이라는 지적이 틀린 것은 아니다. 그러나 「현대의 야」는 근대국민국가

로써 삶의 불가능함을 의미함과 동시에, 국가의 포획을 벗어나기 위한 현우의 '박만동되기'의 실패이기도 하다.

법장치의 부당함에 저항하고 이를 벗어나려는 시도가 사라진 후, 국민 또는 국가인간으로 살아가는 것은 언제든지 법 장치에 의해 '유죄판결'을 받고 죽음에 처해질 수 있는 삶이며, 그렇기 때문에 인민은 잠재적으로 죽은 자인 '좀비'이다. 이들이 좀비인 한에서 자신이 죽었다는 사실 자체를 알 수 있는 방법은 없다. 따라서 장용학은 이를 "현대에 생이 주어진 모든 인간이 깊거나 얕거나 당하고 있는 수모요 상처, 아픔"임에도 "그것이 미미하거나 마음이 살졌거나 중독이 되어서 느끼지 못하고 있을 따름"이라고 말한다.

결국 「현대의 야」는 국가가 전쟁에서 인민들을 보호한 것이 아니라, 전쟁과 휴전을 통해 '법 - 폭력'으로 인민들을 포획한 것이었음을 진단한 것이다. 또 만동이 된 현우의 저항은 그와 같은 국가의 포획에서 벗어나려는 노력이 실패했음을 보여준다. 하지만 장용학은 이어지는 작품들에서 '법 - 폭력'에 의한 예속에 지속적으로 저항한다. 신체를 포획하는 법 제도에 대한 비판과 저항은 그의 지속적인 관심사였다.

「대관령」『자유문학』, 한국자유문학자협회, 1959. 2이 법 외부의 존재인 '무적자'를 내세워 법 장치에 대응하려 하였다면,[60] 「청동기」[61]는 법장치의 폭력에

가 '인민들의 합의'에 의해 형성되었으며 그 자체가 역사적 진보의 결과라는 보편적 표상과 달리, 법 - 폭력에 의한 인민의 예속에 의해 완성되었다는 은폐된 사실을 보여준다. 만동의 죽음은(그것이 실패라 하더라도) 이와 같은 한국적 근대에 대한 저항을 표현하고 있다.

60 「대관령」에서 주인공인 '나'는 출생 등록이 되지 않는 무적자로, 살인자로 몰려 재판을 받는다. 법정에서 '나'는 법 장치의 권위를 인정하지 않지만, 법장치의 요소들인 검사, 변호사, 판사 모두는 '나'에게 사형을 선고한다. 그러자 '나'는 살기 위해서 법의 권위에 굴복할 것인지, 아니면 사형을 당하더라도 법의 권위를 인정하지 않을 것인지 갈등한다. 사형이 집행되기 전에 진범이 잡혀 '나'는 무죄로 방면되지만, 법 외부자라 하더라도 '법-폭력'의 구속에서 자유롭지 못하다는 것을 보여준다.

61 「청동기」(『세대』, 세대사, 1967. 8~1968. 12)는 1963년 『사상계』(증간호, 128호)에 발표된 「위사가 보이는 풍경」을 개작하여 장편화한 작품이다. 주인공 기오의 이름이 기오(紀吾)에

서 벗어나기 위한 새로운 소설적 실천을 보여준다. 이 작품은 법장치의 구체적인 작동방식을 현미경적으로 확대함으로써 '입헌주의 국가' 내지 '법치국가'라는 표상 아래에 작동하는 법장치를 분해하는 것이다.

「청동기」의 후반부에서 기오는 자기 아내를 강간하고 자살하게 만든 김내과 부부를 살해한 살인범으로 몰려 경찰에 연행된 지 1주일 만에 검찰에 송치된다. 그리고 소매에서 떨어진 "단추 하나 때문에"[62] 범인으로 지목받고 취조를 받게 된다. 그러나 실제로 형사가 증거로 제시한 단추는 그의 것이 아니었다. 형사는 경찰서 바닥에 떨어진 기오의 단추가 범행현장에 떨어진 것과 동일하다는 억지를 부려 그를 범인으로 몰고 간다.

기오는 자신의 알리바이를 댔으나 형사는 모든 사건의 결과에 그의 행적을 끼워 맞추어 범인으로 만들고 만다. 제8장의 절반은 기오가 경찰에 끌려와 고문을 당하는 장면이 묘사되어 있다. 기오는 갖은 고문을 겪는 동안 철재가 범인이라는 사실을 말하지 못하고이때까지 기오는 철재가 살인사건의 범인으로 알고 있다 끝내 고통을 이기지 못한 채 자신이 범인이라고 거짓 자백을 한다.

> 杞吾가 그렇게 내가 죽였다고 한 것은 拷問도 고문이었고, 또 法廷이라는 곳이 있었기 때문이기도 했지만, 哲哉가 下手했던 것이 아닌가 하는 생각 때문이었다. 꼭 그렇게 생각한 것이 아니고 고문을 면하기 위해서 자기의 自白에 명분을 붙이기 위해서 그렇게 지어낸 것이었는지는 몰라도 하여간 그는 그래서 虛位 자백을 했던 것이다.[63]

서 기오(杞吾)로 바뀐 것을 뺀다면, 전체 내용에서 눈에 띄는 개작은 없는 편이다. 여기에서 주로 다룰 부분은 장편화한 「청동기」에만 실려 있다.

62 장용학, 「靑銅紀」, 『세대』, 세대사, 1968. 9, 407쪽.

63 장용학, 앞의 글, 417쪽.

기오가 자백을 하자마자 경찰은 미리 만들어진 조서대로 기오의 행위를 끼워 맞춘다. 억지 자백을 당한 기오는 검사를 만나는 것만을 기다리고 미결감에 수용되어 있었지만 검사를 만나자 더 당혹스러운 일을 당하고 만다. 검사는 형사가 억지로 끼워 맞춘 조서를 사실 그대로 인정하고 기오에게 법정에 가서는 고문 때문에 거짓 자백을 했다는 말은 행여 하지도 말라고 주의를 준다. 검사의 심문이 끝나고 돌아온 기오는 자신의 감방이 바뀌었고 새로운 감방에서 미술 교사로 재직하던 학교의 교감 선생을 만난다.

교감은 작년 봄방학 때 기오가 대학 졸업장이 없다는 것을 구실삼아, 뇌물을 받은 새로운 미술 선생을 기오의 자리에 앉힌 인물이다. 그리고 다니지도 않은 대학의 졸업장을 만드는 등 자신의 모든 이력을 허위로 꾸미고 문교부 관리들에게 뇌물을 주어 그것을 사실로 인정하게 할 만큼 대단한 수완을 가졌는가 하면, 학교에서 수많은 비리를 저지른 범죄자이기도 하다. 심지어 그는 학생의 학부형을 겁탈하여 법정에까지 가게 되지만 "납입금"을 대신 물어주었다는 사실을 이유로 풀려나기도 했다.

교감이 감옥에 수감된 이유는 비리 때문이지만 그 비리가 직접적인 원인은 아니었다. 그는 교장 선생이 학교 건물을 지으면서 공금을 횡령하는 것을 알아채고 자기도 한몫 끼워달라고 교장 일당을 협박했다. 그러나 교장이 거절하자 학부형회에서 그의 부정을 폭로한 것이다.

> 學父兄會에 나가 교장 一黨의 부정을 폭로해 버렸지. 아 그런데 이튿날 경찰에 불려간 것은 이 나요. 그렇지만 난 마음이 든든했소. 그런데 公文書 僞造하는 게 내 卒業狀이 아니구, 우리 학교의 在學證明書라든지 졸업증명서요. 나더러 그걸 팔아먹었다는 거요. 天地神明에 맹세하지만 난 그런 것을 만든 일은 있어두 팔아 먹은 일은 없소. 前途有望한 젊은이가 그까지 종이조각 한 장쯤 없다구 앞길이 막히다니 그런 矛盾이 어디 있소. 그래서 난 手數料만 약간

> 받구 몇장 해 줬지. 생각해 보오. 알려지면 그렇게 경찰에 불려 가게 되는 일을 공짜로 해줄 등신이 세상에 어디 있겠소? 그렇지만 통하지 않더군. 통하지 않을 뿐 아니라, 내 졸업장까지 문제가 됐단 말이오. 이제까지 몰라서 그대로 놔 둔 것처럼 말이오.[64]

하지만 정작 경찰에 잡혀가서 구속된 것은 교장 일당이 아니라 교감 자신이다. 교장과 교감은 모두 자신의 사욕을 위해 범행을 저지른 범법자이다. 그러므로 법장치가 정확하게 작동한다면 두 사람 모두가 구속되어야 할 것이다. 그런데 오히려 직접 부정을 폭로한 교감이 구속되었다는 것은 결국 교감에 비해 교장이 법장치를 다루는 데 더 뛰어난 능력을 지닌 인물이기 때문이다.

교감은 과거에 기오에게 저지른 잘못을 속죄하겠다며 그를 도와준다. 또 스스로를 '변호사 이상'의 능력을 가진 인물이라고 평가하면서 1심에 불복하고 2심을 기다리는 기오를 나무란다. 그리고 그는 법의 현실을 알려주는 데 기오는 비로소 법장치가 돌아가는 실제를 알게 된다.

교감은 변호사를 사는 것보다 직접 재판관에게 그 돈을 안겨주는 것이 가장 첩경이며, 변호사는 그 루트를 모를 때 사는 것이라고 말한다. "법정에서 하는 변론은 구색을 갖추기 위한 절차"402에 불과하며, "어느 판사가 재판관일 땐 어느 변호사가 유능하다. 이렇게 계보가 서 있는데, 여기에 검사까지 끼어서 삼박자가 들어맞으면 십년이 오년두 되고, 집행유예두 되구, 더 잘 맞으면 무죄가 되는 수도 있"같은 쪽다는 것이다. 그들이 재판을 두려워하는 이유는 거꾸로 판사, 변호사, 검사의 삼박자가 맞지 않을 경우에는 아무리 돈을 안겨주어도 교수대행을 면하지 못하기 때문이다.

---

64 장용학, 「靑銅紀」, 『세대』, 1968. 10, 400쪽.

最高의 재판관은 형무소 안에 있는 罪囚들이오. 법정에서 재판이 끝날 때마다 여기서는 그 재판을 재판하는데, 아무개는 몇 년이 될 것이 몇 년이 되었다구 말이오! 그쪽이 더 正確하던 말이오. 알겠소? 그것두 모르구 재판관이네 검사네 변호사네 하구 큰 얼굴을 해 들구 있으니, 그게 新派지 어디 裁判이오? 그렇지만 그런 신파를 敢行해두 괜찮은 것이 三審制 거든. 이 삼심제라는 것은 마치 被告 諸氏들을 위한 제도인 것처럼 생각을 내고 있지만, 실인즉 엉터리 재판을 마음 편하게 할 수 있으려구 있는거요.[65]

죄수들이 현실에서 법이 작동하는 방식을 가장 잘 아는 최고의 재판관들이라는 말은 장용학의 유머이자 역설에 해당할 것이다. 수인들이 재판이 끝날 때마다 "재판을 재판"하면서 그 형량을 정확히 맞추는 것은 그들이 '법의 표상'이 아니라 법장치 또는 법기계의 '실제 욕망'을 정확히 판단하기 때문이다. 다시 말해 수인들은 단순히 사법 시스템이 외부적으로 표상되는 것과는 다른 방식으로 작동한다는 것, 그리고 그 구체적인 방식을 알고 있음을 보여준다. "재판관이네 검사네 변호사네 하구 큰 얼굴을 해 들구 있는 것"은 "신파"에 불과하다. 삼심제란 어쩌다 법이 저지르게 되는 판단의 오류로 피해자가 발생하는 것을 구제하기 위한 것이 아니라, 오히려 엉터리 재판을 편하게 하기 위한 것이라는 진술은 기오가 가지고 있던 모든 법 표상을 무너트리는 말이다.

우리의 근대에서 국가의 주권적 권력은 국민에게서 나오는 것이 아니라 한국전쟁을 통해 인민을 예속한 지배 권력의 폭력에서 나오는 것이었다. 따라서 법 자체가 국민들의 동의에서 나올 수 없고 그렇기 때문에 「청동기」에서 나타나는 법장치의 작동은 기형적이지 않을 수 없다. 당대의 현실에서 국

65 장용학, 위의 글, 402쪽.

가의 통치방식을 규정하는 '헌법'이 존재하고, 헌법에 입각한 입헌주의를 표방하는 한에서 법장치는 국민의 권리를 지키기 위해 헌법에 따라 작동해야 한다. 그러나 실제로 법장치는 헌법에 준하여 작동하는 것이 아니다. 게다가 법장치는 국민들의 권리를 보호하기 위하여 작동하지도 않는다.

작품 속에서 법장치를 구성하는 부품인 수인, 간수, 판사, 검사 등이 법 조문과 무관하게 작동하더라도 아무런 문제도 되지 않는다. 오히려 법장치는 구성요소들이 철저하게 욕망을 충족시키는 것을 통해 작동한다. 그리고 그 모든 욕망의 근원에는 돈의 순환이라는 원리가 숨겨져 있다. 교감은 "여기서는 돈이면 女子를 불러들이는 것을 내놓구는 못할 것이 없"으며, 돈을 벌기 위해서 "저 간수들은 서로 내 연락원이 되려구 경쟁하"[403]고 있다는 사실을 알려준다. '법질서의 수호자'인 법 장치와 범죄자는 서로가 대립하는 존재임에도 불구하고 화폐를 매개로 할 경우 이들의 욕망은 서로 소통하며, 심지어 권력관계가 역전되기조차 한다.

기오는 이러한 교감의 말을 듣고 나서야 그에게 자신의 사건을 이야기해 준다. 그러자 교감은 기오가 당한 판결을 다음과 같이 유추한다. 경찰이 죄 없는 사람을 가두는 경우는 범행이 완전범죄라 증거가 없어 아무나 잡아서 범인으로 만들어야 할 때이거나, 아니면 큰 사건이 연달아 일어났는데 해결을 못해서 무능경찰이란 욕을 먹고 있을 때이다. 기오의 경우는 후자로, 경찰은 치안을 잘 유지하고 있다는 스펙타클을 만들어내기 위해서 기오를 범인으로 만들어버린 것이다. 그런데 교감은 '경찰'은 '원래' 그렇지만, 검찰이 그렇게 한 것은 이상하다고 하면서 정보를 알아봐 준다. 그리고 교감을 통해 알아 낸 정보는 다음과 같다.

변하일 소장이 병원에 입원해 있는 동안 김 내과 원장이 소장의 부인을 겁탈한 사건이 있었다. 변 소장은 자신의 부하였던 제대군인을 시켜 김 내과 부부를 교살한다. 철재는 사건 당일 살인을 하러 갔다가 누군가 자기보다 먼저 사건을 저지른 것을 보고 살인범의 차를 몰래 타고 가서 소재를 확인하고 향월을 통해 이 사실을 검찰에 알린다. 그런데 검찰은 향월을 감금하고 만다. 이삼 일 지나 철재가 직접 경찰서장에게 자신이 과거 괴뢰군 준장이었다는 것, 목포 살인사건의 진범이라는 사실, 그리고 이번 살인사건의 목격자라는 사실을 알린다. 그러자 그의 진술이 사건에 참작되기는커녕, 그는 유치장에 갇혔다가 정신병원에 감금된다.

과거에 향월을 괴롭히던 자가 살해되었던 '목포 살인사건'의 진범은 철재였다. 그런데 철재는 세상에 활보하고 있고 그 사건은 이미 해결되어 범인은 어느 형무소에서 복역 중이다. 철재가 말한 진실이 밝혀지면 사법 시스템의 작동 자체가 문제가 생기게 된다. 마찬가지로 김내과 살인사건의 교사자는 변하일 소장이 맞지만, 기오의 담당 검사의 아버지가 변 소장을 통해 겨울용 김장을 납품하게 되었기 때문에 그 대신에 기오를 범인으로 만들어야 하는 것이다. 이와 같이 사회정의라는 초월적 표상과 달리 법 장치가 현실의 물질적인 욕망을 충족시키기 위해 '물물교환'의 원칙에 의해 작동한다는 사실은 법장치의 부품인 사법 기관에 있는 사람들 모두가 알고 있다.

그렇기 때문에 교감에 따르면 법에 걸려드는 것은 범죄를 저질렀기 때문이 아니라 '재수가 없기 때문'이며, 법에 걸린 이들에게는 "나쁜 놈아"가 아니라 "어리석은 놈아" 또는 "바보 같은 놈아"라고 읍참마속을 할 수밖에 없다는 것이다. 이와 같은 사실은 법 앞의 평등이라는 입헌주의의 원리가 표상에 불과한 것임을 보여준다. 실제로 법 장치는 '정의'나 '선의식'과 같은 원리에 입각해 작동하지 않는다. 법장치야 말로 가장 음험한 욕망이다.[66]

그럼에도 불구하고 그 누구도 법장치의 작동에 문제를 제기하지 않는다. 기오는 선고공판이 있기 이틀 전에 열린 공판에서 교감으로부터 들은 사실

---

66 질 들뢰즈·팰릭스 가타리, 이진경 역, 『카프카』, 동문선, 2001, 118쪽.

을 판사에게 알린다. 검사는 자기 아버지의 이권에 관한 대목을 기오가 말하자 그가 꿈을 꾼 이야기를 한 것이라고 조롱한다. 이에 대해 기오는 "검사가 범인과 증인을 한꺼번에 증발시킬 수 있을 때는 붉은 벽돌담에도 구멍이 숭숭 나 있으리라는 것을 짐작할 줄 알아야"407 한다고 말하자 감옥의 간수들에게 기강 확립이라는 '엄중한 시달'이 내려진다. 검사까지 출장을 와서 간수들을 들볶고, 이에 앙심을 품은 간수들은 또 다시 화풀이를 죄수들에게 한다. 그리고 기오와 같은 감방에 있던 죄수들은 "몽둥이찜"을 당한다. 그러나 그 구멍은 발견되지 않는다. 엄연히 실재하는 법 장치의 비리가 상부의 문책이 있어도 발견되지 않는 기이한 현상이 벌어진 것이다. 이와 같은 사태에 대해 교감은 기오에게 다음과 같이 설명해 준다.

> 「엄중한 시달은 왜 내렸구, 서슬은 왜 그렇게 퍼랬는줄 아오?」
>
> 교감은 모든 것이 자기 예상대로여서 기분이 좋았다.
>
> 「구멍을 찾아 내려구? 천만에 免疫의 度를 더해 놓기 위해서요. 불이 난 자리엔 더 큰 빌딩이 들어서는 것처럼, 엄중한 시달이 내리구 서슬이 퍼래졌을 때마다 잔뼈는 잔뼈대로 굵은 뼈는 굵은 뼈대로 한층 굵어지구, 수법은 한층 교묘해지더라 이 말씀이오, 그들이 말하는 紀綱確立이란 이렇게 해서 구멍이 가리어지게 된 상태를 두고서 말하는 것이오. 전에는 結果的으로 그렇게 된 것인데, 요새는 그 結果를 미리 計算해 가지고 紀綱을 외치거던. 그리구 전에는 도둑질은 손끝으로 하는 것이어서 一般國民은 손끝만 注目하기 마련인데 요새는 가슴으로 해내니 鬼神이 哭"하지 않겠소. (중략) 난 말이오, 저들의 세계에서도 살아본 일이 있기 때문에 잘 아오. 아시다 싶이 난 낮에는 일개 교감에 지나지 않았지만 밤에는 局長이나 次官급, 때때로는 장관들과 두거나 해가지구 이 사람아 저 사람아 하면서 술잔을 주고받고 해서 잘 알지만, 그들이 걸핏하면 입에 올리는 紀綱이라는 것이 辭典에 있는 뜻대로 바로 잡혔을

때 제일 손해 보는 게 바로 저들인데 기강이 무슨 기강이오, 개나발이지.」[67]

「청동기」는 이미 개개인의 욕망에 의해서 법장치 자체가 법을 어기거나 위반하고 있음을 보여준다. 국가장치가 존속하기 위해서는 사법체계의 이념을 실천하는 것이 아니라 그것이 제대로 작동하고 있다는 표상을 유지하는 것이 중요할 뿐이다. 그리고 그 속에서 법장치를 구성하는 모든 요소들은 자본주의적 욕망을 충족시킨다.

법은 국가의 한 극을 구성하는 중요한 축이다. 그리고 현실에서 법은 '정의사회 구현'이라는 이념을 실현하기 위해 존재하는 것으로 표상된다. 그러나 교감의 말에 따르면 법 장치는 이러한 표상과 무관하며 장치를 이루는 요소들인 경찰, 검찰, 법정, 감옥 모두가 '문제'를 일으키지 않는 선에서 각 부분의 욕망을 충족하면서 유지되는 것이 현실이다. 그리고 각 요소들에 의해서 소통되는 욕망이란 궁극적으로 화폐 또는 자본이라는 잉여로 귀결된다.

따라서 여기서 발생하는 '문제'란 법장치가 법의 표상에서 어긋나는 오작동을 의미하는 것이 아니다. '문제'는 결코 드러나서는 안 되는 법장치의 실제 욕망이 표면에 노출되는 것을 의미한다. 다시 말해 법장치는 법 표상이라는 스펙터클을 생산하면서 실제로는 지배적 권력을 포함하여 법과 관련된 모든 요소들의 욕망을 소통시키는 프로그램이다. 따라서 '문제'는 지배적 욕망의 소통이라는 법장치의 프로그램이 '버그'를 일으킨 것이다. 그렇기 때문에 버그가 생겼을 때, 이를 고치기 위한 '기강 확립'이라는 수사는 법장치를 법의 표상에 맞게 개선하는 것이 아니라 표면에 노출된 그것의 작동을 은폐시키는 것일 뿐이다. 그 이유는 "기강이라는 것이 사전에 있는 뜻대로 바로 잡혔을 때 제일 손해 보는 게 바로 저들"이기 때문이다.

---

67 장용학, 「靑銅紀」, 『세대』, 세대사, 1968. 11, 404쪽.

아울러 더욱 문제라 할 수 있는 것은 수인들의 태도들이다. 기오의 발언으로 인해 몽둥이찜을 당한 수인들에게 중요한 것은 자신들에게 간수들의 폭력이 돌아온다는 말초적인 사실 뿐이다. 그들은 기오의 발언으로 폭력을 당했기 때문에 평소와 달리 위압으로 앓는 소리를 내는 그를 기피한다. 동시에 그들은 "그렇게 싫어하면서도 그를 무죄인 사람으로 보는 것은 여전했고, 그렇게 보고 있으면서도 二심에 가서 무죄판결이 내리리라고는 보지 않는 것이고, 그러면서 그것을 이상하게도 생각지 않"404는다. 현실의 모순을 눈앞에 목도하면서, 그들은 '재판을 재판'할 정도로 법장치의 문제점을 알고 있으면서도 이를 묵인하거나 굴종적으로 야합하면서 살아가고 있는 것이다.

> 세상은 우리가 보고 있는 것과는 이미 다른 것이다. 教科書와 다른 것은 民主主義만이 아니다. 그런데도 교과서에 맞추어 現實을 바로 잡으려는 노력도 없고, 현실에 맞추어 교과서를 고쳐 쓰려는 試圖도 없다. 현실과 교과서의 斷絶. 현실은 현실대로 있고, 교과서는 교과서대로 健在해 있다. 野合에 의해 共存하고 있는 것이다.
>
> 거기서 節介는 未練의 딴 이름이 되었고, 現象主義者의 탄식은 한낱 不平分子의 푸념이 되었다. 어저께의 掠奪者가 秩序를 외치고, 어저께의 破廉恥漢이 定義를 부르짖고 良心을 呼訴한다. 그러면서 그들의 표정은 진지하기만 하다. 이 無知, 이 厚顏無恥는 메카니즘과 함께 現代社會를 지탱하고 있는 二大支柱가 되어 있다. 陰謀와 중상, 搾取와 기만, 阿諂과 殘忍, 이런 것을 하나라도 갖추지 못하면 落伍者가 되어 버리는 密林. 그래서 價値가 가치대로 평가되고 法이 法대로 시행되면 이 社會는 송두리째 무너져 버리는 것이다. 錯倒와 弱肉强食의 原始林. 질식할 것 같은 이 風土, 여기서 유일한 知慧는 죽은 것

처럼 사는 것이다. 죽은 것처럼…….[68]

모든 국민들에게 가르치는 교과서의 민주주의와 실제의 현실은 판이하게 다름에도 "교과서에 맞추어 현실을 바로 잡으려는 노력도 없고, 현실에 맞추어 교과서를 고쳐 쓰려는 시도도" 없는 것은 논리적으로든 존재론적으로든 모순관계임에 틀림없다. 그런데도 그것이 현실에서 공존할 수 있는 것은 "야합" 때문이라는 것이다. 문제는 단순히 여기서 그치는 것이 아니라 이러한 야합에 의하여 모든 것의 전도가 일어나며 전도된 것이 주인의 자리를 차지하고 만다는 사실이다. 그리하여 모든 긍정적인 가치의 자리를 차지하고 만 "후안무치"는 합리성이라는 근대의 "메카니즘과 함께 현대사회를 지탱하고 있는 이대지주"가 되어버리고 만 것이다.

그렇기 때문에 우리가 살아가는 현실은 "음모와 중상, 착취와 기만, 아첨과 잔인"을 가진자가 우위를 차지하는 "밀림"이다. 법은 법대로 시행될 필요도 시행될 수도 없다. 앞서 살펴보았듯이 법은 정의를 실현하기 위한 장치가 아니라 인민을 포획하는 장치였다. 따라서 법 그 자체가 아무리 공명정대하게 지켜진다 하더라도 근본적으로 인간 삶을 제약하고 억압하는 것에 불과했다.

그런데 장용학이 본 우리의 근대는 전쟁이라는 예외상태가 상례화된 곳이므로 법질서조차도 의미가 없는 곳이다. 따라서 국가의 포획장치 중 하나인 법이 제대로 지켜질 것이라고 상상하는 것 자체가 오산일 수 있다. 법적 정의라는 말은 권력의 지배적 욕망이 실질적으로 작동하는 것을 은폐하는, 말 그대로 하나의 표상에 불과한 것이다. 법치국가 내지 입헌주의를 표방했던 우리 근대사에서 권력집단이 법을 어긴 경우 법이 한 번도 제대로 집행된

68 장용학, 앞의 글, 407쪽.

적이 없었다는 역사적 사실, 다시 말해 '법 내용과 법 실천의 낙차'[69]가 이를 증명해 준다. "가치가 가치대로 평가되고 法이 法대로 시행되면 이 사회는 송두리째 무너져 버리"기 때문에 결코 이를 실천하지 않는 것이다.[70] 따라서 지배 권력과 피지배 권력, 혹은 주권권력과 인민의 야합이 초래한 현실은 "착도와 약육강식의 원시림"이며 "여기서 유일한 지혜는 죽은 것처럼 사는 것"이다. 기오를 통해서 드러나는 사법적 현실은 모든 인간들의 야합으로 인하여 이처럼 엄청난 전도로 이루어진 곳이다. 그리고 그가 인간들이 타락했다고 말하는 것은 어떤 초월적인 도덕률에 근거한 것이 아니라 야합에 의해서 만들어진 현실에 인간들이 저항하지 않고 적응한 때문인 것이다.

어떠한 저항도 하지 않는 한, 인간은 모든 가치가 무너지고 도착된 현실 속에서 살아가도록 결정지워진다. 그리고 그것이 제도의 합리성이라고 불린다. 그런데 "합리"는 "자연계의 물질을 지배하는 법칙", 다시 말해 질적이고 차이나는 것을 양적이고 균등한 것으로 환원함으로써 생성을 설명하지 못하는 근대 자연과학의 의물화儀物化를 인간의 의식에 교육함으로써 만들어진 것이다. 그 결과 다양체로서의 인간, 잠재적 생성 능력의 담지자로서의 인간은 "마치 미골처럼 퇴화"하고, 종래의 "인간의 의식은 그러한 의물화의 소산"407에 불과한 것이 된다. "합리의 바탕"은 결정론적인 인식틀[71]인 "인

---

69 최장집, 「법의 지배와 민주주의」, 아담 쉐보르스키, 호세 마리아 마라발 외, 안규남, 송호창 외 역, 『민주주의와 법의 지배』, 후마니타스, 2008, 서문, 19~23쪽.

70 물론 바로 이러한 이유로 인해 더욱 엄격한 법치주의를 주장하는 것이 현실적인 타당성을 지닌다고 할 수도 있을 것이다. 이를 주장하는 것이 사법권의 절대적 독립이나, 민주주의 정치에서의 삼권분립이다. 하지만 이 논의 역시 우리의 현실 역사가 보여준 법 내용과 법 실천의 괴리가 실증하는 만큼이나 이상적인 것에 불과할 수 있다.

71 카우프만은 이를 '환원주의'라는 개념으로 설명하고 있다(1. 2장). 현재에도 여전히 강력한 위세를 떨치고 있음에도 환원주의는 생물권, 인류 문화 등이 예측할 수 없을 정도로 창조적인 방식으로의 진화한다는 사실을 설명하지 못한다. 스튜어트 카우프만, 김명남 역, 『다시 만들어진 신』, 사이언스북스, 2012, 453~454쪽 참조.

과률"인데, "이 인과율은 자연계에 있어서 되풀이되는 두 사실의 계기현상이 우리 마음에 투영된 것으로, 그 인과율의 눈을 통해서 보면 모든 현상이 필연적인 것으로"[408] 보이게 된다.

결국 이러한 인과율에 근거한 제도의 합리성은 그것이 표상적으로는 제대로 작동하고 있는 것처럼 보이지만 그 이면은 무원칙과 불합리로 가득 차 있다. 그럼에도 불구하고 인간이 그 제도의 틀 속에 있는 한 그 제도가 만들어낸 인과관계 속에서 벗어날 수 없다. "인간이라는 이론은 원래 자유"여서 인간은 "1+1=1도 되고, 1+1=2도 되고, 1+1=5도 되었"[같은 쪽]음에도 불구하고, 인간의식이 자연의 의물화에 길들여지면서 자신이 지닌 원래적 잠재성을 잃어버린 것이다. 따라서 현재의 상태를 벗어날 수 있는 방법은 야만을 가속화하는 수밖에 없다. 그리하여 인간의 타락이 극한에 이르러서 "이 세계가 완전히 악덕과 불법과 약육강식의 밀림이 된다면"[409] 그제야 인간은 야만시대에서 벗어날 수 있을 뿐이고, 그렇지 않은 경우 영원히 제도적 메커니즘 속에서 살 수밖에 없다고 진단한다.

진실을 밝히기 위해 2심을 기다리고 있는 기오는 교감에게서 오직 "소장 이상의 빽과 그보다 더 풍부한 자금"만 유효할 뿐이라는 이야기를 듣고는 "재판을 재판해 줄 생각"[406]이라고 말한다. 하지만 그는 결국 어떠한 구체적인 행위도 하지 못한 채 병보석으로 풀려난다. 그리고 그는 자신이 선고공판에서 했던 말 때문에 정신병원에 감금되어 있는 철재를 찾아가 만난 그날 저녁 병원 밖에 있는 초막에서 죽음을 맞이한다.

> 「나는 내가 죽는 것이 아니구 누가 내 대신 죽어 주는 것 같소.」
>
> 「마음 놓지 마세요! 살겠다고 꼭 살겠다고 해 보세요?」
>
> 香月의 말이 들리지 않는다기보다 杞吾는 자기 갈 길을 가고 있었다.
>
> 「나는 生을 산 것이 아니고 遺蹟을 살아온 것 같소. 人間은 그 管理人이나 觀

光客에 지나지 않는 遺蹟……」

밖에서는 바람이 더해져서 草幕안에서도 눈송이가 춤을 추었다. 「어제도 오늘도 그 遺蹟에는 바람이 불고 있오. 향월에게는 들리지 않소? 쌓이고 쌓인 인간의 呻吟소리와 忿怒의 입김으로 녹이 쓸어 기둥이 흔들리는 소리가, 永遠한 로마인듯 하던 神殿이 서서히 서서히 倒壞되어 가는 소리가 리듬처럼……」

그의 맥박은 점점 약해지고 사이가 느려졌다.

[껍질이 알(卵)이 아닌 것처럼 인간이 人間이 아니고 인간에 덮여 있는 깊은 속 豫感이, 새로운 발자욱 소리에 설레이는 豫感이 人間이오……」[72]

기오는 죽음에 이르러서 "나는 생을 산 것이 아니고 유적을 살아온 것 같"다고 말한다. 합리의 메커니즘과 후안무치의 야합을 벗어나지 못했으므로 그는 삶을 살아온 것이 아니라는 말이다. 그것은 단지 '죽지 않은 것'이며 그런 한에서 생물학적인 죽음을 유예시킨 것에 불과하다. 이 경우 삶이 자신의 것이 아니므로 죽음도 자신의 것이 되지 못한다. 따라서 그의 죽음은 하나의 '인간'의 죽음이라기보다는 여전히 불합리한 현실에 갇힌 인간 - 노예의 죽음이다. 다른 한편 그는 누구보다 야합의 현실을 자각하고 있었으며 그것에 저항하려 했다. 그리고 작품의 결말에서 그가 죽은 것은 결정적으로 '위암'이라는 점에서 기오의 죽음은 완전한 패배를 의미하지는 않는다.

장용학은 처음에 이 작품의 제목을 「위사가 있는 풍경」으로 명명했다가 「청동기」로 고쳤다. 그가 보기에 야합의 인간사는 '삶'을 살아온 것이 아니라 삶을 유예시켜 온 역사이므로 거짓 역사위사이다. 현실이 부조리한 원인은 권력을 가진 비도덕적인 집단이 선량한 민중을 억압하고 지배했기 때문

72 장용학, 「靑銅紀」, 『세대』, 세대사, 1968. 12, 426쪽.

이라고 말한다. 그런데 권력은 개별적인 누군가가 소유할 수 있는 것이 아니다. 권력은 '실체'가 아니라 실존하는 모든 신체들이 발현하는 '힘욕망들이 작용하고 반작용하는 과정' 전체이기 때문이다. 그래서 푸코는 권력의 외부가 없다고 말한 것이다.

그럼에도 이와 같은 논리는 선과 악이라는 이분법의 논리를 전제로 피지배자인 민중대중은 도덕적으로 정당하고 지배자인 권력 집단은 부당하다고 규정한다. 그런데 이 논리는 민중을 무능력한 존재로 표상하기 때문에 그들을 두 번 착취하는 논리이다. 먼저, 이 표상에 따를 때 민중은 권력이라는 다이어그램 안에서 언제나 수동적인 대상에 불과하다. 그들이 고통을 당하는 이유는 무능력 때문이다. 그들은 자신의 현실을 바꿀 수 있는 능력도 없다. 그렇기 때문에 민중들은 자신들이 처한 현실의 문제를 해결하기기 위해서 언제나 자신들의 대표자대리자를 외부에 요청하지 않을 수 없다는 것이다.

장용학은 「청동기」를 통해서 이와 같은 이분법에 의문을 제기한다. 그의 진단에 따르면 현실은 지배적 권력의 폭력 때문에 현실이 약육강식의 밀림이 된 것이 아니다. 오히려 중요한 것은 대중들의 야합 때문이다. 이들은 지배 권력의 욕망에 공명했거나, 스스로 자신의 능동성 혹은 반작용할 수 있는 힘을 포기했기 때문에 비참한 현실이 만들어진 것이다. 현실의 힘은 언제나 복수로 존재하며 상호관계적이다. 또 권력은 고정된 모델로 존재하는 것이 아니라 힘들이 작용한 결과이자 과정이다.[73] 그러므로 현재의 권력관계를 바꾸고 핍박받는 민중이 해방될 수 있는 방법은 민중 스스로의 능동성을 깨우는 방법뿐이다.

---

73 질 들뢰즈, 이경신 역, 『니체와 철학』, 민음사, 2001, 87쪽.

2. 독재국가의 '근대화'와 폭력에 대한 저항 그리고 혁명

1) '근대화'에 대한 진단과 거부: 「태양의 아들」, 「유피」, 「풍물고」

장편인 「태양의 아들」은 신흥 재벌 가족을 초점화하여 정경유착의 양상을 형상화하고 있으며, 나머지 두 작품은 소시민들의 삶의 모습을 그리고 있다. 그런데 당대 자본주의화에 대한 저항은 단순히 자본에 대한 저항뿐만 아니라, 국가장치에 대한 저항과 불가분의 관계에 놓인다. 한국적 자본주의화는 국가 주도로 진행되었기 때문이다.

당대의 살아있는 권력에 문학으로 저항한다는 것은 여러모로 어려움이 있다. 작품을 잡지에 발표하더라도 현실 권력 때문에 자율적으로든 타율적으로든 검열을 받을 수밖에 없으며, 심한 경우 발표 자체가 불가능했기 때문이다. 이를 뒷받침해 주는 것이 장용학이 유고로 남긴 작품들이다. 따라서 후기 작품을 좀 더 깊이 있게 이해하기 위해서는 검열 등 당대의 여러 제약들을 고려하면서 읽지 않을 수 없다.

들뢰즈와 가타리의 논의를 따르면 국가는 엄연히 경제와는 이질적인 성격의 장치이다. 그들은 아나톨리아 지역의 샤탈 휘크 등의 유적을 들면서, 국가는 맑스주의가 주장한 사적유물론의 논리와 무관하게 "거의 구석기 시대까지 제국이 존재하는 것으로 상정"[74]된다고 주장한다. 국가는 폭력이 주는 잉여를 누리기 위해 더 큰 폭력을 축적하는 과정에서 특정 영역에서 독점적 장악력을 획득하는 과정에서 발생하고, 자기 유지를 위해 폭력을 배가하는 운동을 한다. 이에 따르면 국가는 지배적인 폭력을 지속하기 위한 운동 그 자체라고 할 수도 있다.

---

74 질 들뢰즈, 펠릭스 가타리, 앞의 책, 824쪽.

그리고 국가의 운동은 조건에 따라서 그 구체적 형태를 달리한다. 역사적으로 나타난 전제군주제의 경우, 전제군주의 초월적 폭력을 바탕으로 한 관료제적 국가장치와 신분제의 잉여가치를 통해서 존속했다. 그리고 자본주의를 만나게 되면 국가는 국민국가의 형태로 변모하게 된다. 이때 국가는 폭력을 통하여 자본주의가 보편화되도록 조력하는 한편, 자본에게서 재화를 획득하여 자신의 폭력을 강화한다. 또 자본은 국가의 도움을 받아 잉여가치를 축적함으로써 자기 확장 운동을 하게 되는 것이다.

따라서 근대 자본주의-국가 체제에서 폭력국가과 재화자본는 상호 상승작용을 하지 않을 수 없다. 맑스는 "이 수탈의 역사는 피와 불의 문자로써 인류의 연대기에 기록되어 있다."[75]고 말한다. 우리의 경우 한국전쟁이 만들어낸 폐허의 조건 속에서 서구 자본주의-국가가 겪어야 했던 오랜 과정을 축약적으로 진행되었다. 주지하다시피 이승만 정권기는 해방된 남한이 본격적으로 자본주의-국가를 형성하는 시기였다. 다른 말로, 본격적인 산업자본주의의 형성을 위한 '시초축적Primitive accumulation of capital'의 시기였던 것이다.

전기 소설부터 국가의 예속을 문제 삼아온 장용학은 1962년 경향신문 논설위원이 된다. 논설위원의 역할을 고려한다면 그는 이 시기부터 당대 현실을 좀 더 구체적이면서도 전체적으로 조망하였을 것이다. 「태양의 아들」은 새롭게 구축되기 시작한 남한 자본주의의 근본 문제인 정경유착을 형상화하고 있다. 정경유착을 식민지라는 '왜곡된 근대'를 거친 신생독립국에서 일어난 '비정상적인' 작동방식이라고 보기 쉽다.[76] 그러나 이는 한국 자본

75 칼 마르크스, 김수행 역, 『자본론1 하』, 비봉출판사, 1998, 900쪽.

76 정경유착이라는 부패의 고리는 한국 자본주의의 지속적인 문제였다. 이는 일반적으로 후발자본주의 국가에서 경제성장을 추진할 경우, 국가가 경제에 개입하여 경제를 운용함으로써 경제성장의 성과를 정권의 업적으로 선전하고자 한 때문이다. 이 과정에서 집권 세력은 정권 장악 및 유지를 위해 막대한 정치 자금이 필요했으며 특정한 기업들(재벌들)은 특

주의의 특수성이 아니라, 자본주의-국가에서 보편적으로 일어날 수밖에 없는 권력의 자기 강화 운동이다.

「태양의 아들」에 등장하는 재벌은 김준업, 정치인은 변호사 겸 국회의원인 고병하이다. 총 10장으로 구성된 이 작품에서 본격적인 사건은 유평이 출옥하는 2장부터 진행된다. 김준업은 '선만물산주식회사' 사장 유승에게 고용되어 마골광산의 노무과장으로 지냈으나, 전쟁이 발발한 직후 개성에서 피난을 내려온 유승이 마골에 들르자 그를 살해하고 돈을 강탈한다. 한편, 그는 변호사였던 고병하와 협잡하여, 부친의 묘를 수습하고 1·4 후퇴 때 부산으로 피난 왔다가 우연히 자신을 찾아 온 유승의 아들 유평을 간첩으로 몰아 13년 형을 구형하도록 한다. 그렇게 억울한 옥살이를 하던 유평이 모범수로 10년만에 출옥하고, 김준업을 찾아온 것이다.

갑자기 등장한 유평 때문에 그동안 신흥재벌로 비교적 순조롭게 지내던 김준업 일가의 일상은 흔들리기 시작한다. 이 과정에서 김준업의 괴물적인 축재 과정과 그 일가의 내밀한 욕망의 갈등을 집중적으로 드러낸다. 그리고 김준업과 공생관계이자 장차 사돈이 되려고 하는 변호사 겸 국회의원인 고병하, 그의 아들 고성태 등의 관계를 보여준다.

무엇보다 중점적으로 제시되는 것은 성공한 신흥재벌 김준업이 성장해 온 연대기와 성공한 현재의 모습이다. "밀가루만 만들어내고 있는 것이 아니고 제당회사와 주정공장도 거느리고"[77] 있는 김준업이 부를 축적한 과정은 끔찍하리만큼 괴물스럽다. 만주에서 마약거래와 밀정노릇을 하던 그는 독립운동가인 아들이 왜경에 피살되자 어렵게 살다 죽은 선비의 초상을 치러준다. 그런 다음 남은 딸을 겁탈하여 두 번째 처로 삼고 재산을 차지한다.

혜를 받으면서 이들의 욕망을 충족시켜주었기 때문이다. 김인영, 「정경유착의 역사와 제도적 원인분석」, 『성곡논총 32』, 성곡언론문화재단 편, 2001.8, 480쪽.

77 장용학, 「태양의 아들」, 『사상계』, 1965.8, 379쪽.

한국전쟁이 발발하자 자신을 취직시켜 준 유승의 돈을 강탈하고, 그 돈을 자본삼아 일본을 오가며 밀수업을 시작한다. 그는 일본에서 요강을 밀수해서 팔고, 한국전쟁 중 탄피를 모아서 중국에 팔아[78] 자금을 모은다. 이를 바탕으로 이승만 정권에 아부하여 삼백산업에 뛰어들면서 재벌이 된 것이다.

재벌이 된 그의 삶은 일반적인 윤리를 초월해 있다. 이를 가장 잘 보여주는 것이 끊임없이 벌이는 그의 엽색 행각이다. 이와 같은 김준업의 모든 면모를 한마디로 요약해서 보여주는 것은 그 자신이 "난 모리간상배일 따름이오."[79]라며 웃는 부분이다. 그가 스스로를 이익만 쫓는 인물이라고 말하는 당당함이야말로 자본주의가 가진 냉소주의의 단면을 보여준다. 자본주의 사회에서는 더 이상 과거 신분적 차이도, 그 어떤 사회적 가치도 돈보다 중요하지 않기 때문이다.[80]

다른 한편, 재선 국회의원인 고병하는 김준업의 불법 사업들이 법망에 걸리지 않도록 도와주는 대가로 정치자금을 받아 중견 정치인으로 성장했다. 고병하는 미국 유학을 마친 아들 고성태로 하여금 장차 자신의 뒤를 잇도록 한다. 고성태는 아버지를 이어 정계에서 여전히 지배적인 위치를 이어갈 것이다. 그런데 이들도 심각한 결함을 가지고 있다.

> 그는 政治에 대한 포부에 있어서는 歸國 당시 보다 더 안하무인이었다. 정치 공부의 一環으로 그는 이 나라 政界에 있어서 쟁쟁하다고 하는 人士들과 만

---

78 그가 수출한 탄피는 중공군의 재생탄이 되어 국군을 상살하는 무기로 쓰였다.

79 장용학, 「태양의 아들」, 『사상계』, 1966.11. 191쪽.

80 자본주의 자체의 냉소주의는 돈 되는 것은 무엇이든 하겠다는 자본가의 마음과, 돈과 무관하게 품위에 목숨 거는 귀족주의를 대립시키면 선명하게 드러난다. 전통사회의 귀족들이 내세우는 가치에 대해 근대의 자본가들은 화폐의 양을 맞세워 놓는다. 그것 자체가 야유이자 조롱이다. 이를테면, 명예? 그거 얼마짜리인가, 내가 버리고자 하는 이 양심은 돈으로 환산하면 얼마인가 같은 질문들."이 이에 해당한다. 서영채, 『인문학 개념정원』, 문학동네, 2013, 252쪽.

나서 이야기해 보기를 힘써 왔지만 그럴 때마다 느껴지는 所感이란, 한국은 정말 後進國이구나 하는 것이었다. 長官의 平均水準은 邑長 정도였고, 國會議員은 面長 정도였다. 그래 가지고 나라가 이만큼이나마 다스려지고 있는 것이 신통했다.[81]

물론 한국에 대한 미국인들의 인식과 한국의 정치인의 수준이 사실이라 하더라도, 그가 보여주는 한국인에 대한 인식과 태도는 상당히 문제적이다. 그는 유평이 나타난 후 김준업이 유평네 머슴이었다는 말을 듣게 된다. 그 후 자신이 좇아다니면서 안달하는 서희가 머슴의 딸에 불과했다는 사실에 분개한다. 그러면서 그 분풀이로 도심에서 난폭운전을 하는데 "귀중한 딸라를 써 가면서 애써 배워 온 학식과 기술에 알맞은 직장과 보수도 주지 못하면서, 이 나라의 교통도덕은 지켜라, 난 사양한다"같은 쪽고 서슴없이 말한다.

이와 같은 고성태의 인식과 태도, 그리고 행동은 당대 해외파 지식인들의 실제 모습이었을 것이다. 한국은 미개인에 불과하며 국민적 수준이 저급하다는 것, 따라서 미국 박사인 자신은 일반 국민들과 달리 특별한 대우를 받을 권리가 있으므로 법에 초월해서 살아도 된다는 의식이야 말로 또 다른 선민의식이다. 그런데 이러한 모습은 우리 역사에서 크게 낯선 것이 아니다. 고성태가 보여주는 인식과 태도는 바로 과거 식민자와 동일하기 때문이다.

네그리와 하트가 지적한 바와 같이 이는 식민지 주권 구조가 해방 이후에도 지속되었으며, 고성태와 같은 지배적 인사들이 지배자가 된 것에 불과하다.[82] 다만 이들이 지적하는 1세계인 유럽의 상황과 달리, 우리의 경우 식민

---

81 장용학, 「태양의 아들」, 『사상계』, 1965.8, 375쪽.

82 그들은 특정인이 결정을 내리는 근대 주권구조 자체를 비판한다. 유럽의 경우, "식민지 주권은 처음에는 아메리카에 대한 정복과 식민화를 정당화하는 이데올로기적 틀의 일부로 나온 것이지만, 유럽으로 옮겨와 일종의 내부 식민주의, 즉 통치자와 피통치자를 분리하고 정치적 의사결정을 중앙집중화하는 지속적인 정치적 지배구조를 유지시킨다."고 말한

지가 끝난 다음 지배적 위치에 있는 자들이 제국주의자들의 위치를 점유했다. 그 후 이들은 재력, 권력, 학력 등을 더 쌓음으로써 내부의 식민지를 공고화하게 된 것이다.

원보는 자신을 경원시하는 아버지 김준업과 고병하의 실체를 유평에게 폭로한다. 그는 두 사람이 저지른 범죄에 대해 "이런 것은 한국 재벌 및 정치인 탄생의 그것도 애교가 있는 모델 케이스"에 불과하며, 이들을 잡아들이려면 "의사당 및 중앙청을 그대로 형무소로 삼구 문에다 창살만 박[83]"는 것이 더 효과적이라고 말한다. 대학생인 원규 역시 자기 집안의 재산은 전부 인민에게서 도둑질 한 것임에도 불구하고 아버지는 "어디서 얻어 들었는지 민족자본을 형성하기 위한 살신성인이라구 엄숙한 얼굴"[84]을 한다고 비판한다.

> 옛날에는 祭祀를 지내는 것이 곧 政治였는데, 요새는 정치자금을 만들어내는 것이 곧 정치라는 말이오, 政策이 따로 있는게 아니구 이권 구멍에다 팻말을 박고 무슨무슨 計劃이다 라구 써 붙이면 된단 말이오. 비근한 이야기로 한때 공무원에게 制服을 입히려는 아주 건실 하구 建設的인 案이 나왔는데 알고 보니 양복감을 팔아 먹구, 정치 자금을 뜯어내기 위한 건설이었다오.[85]

이는 한국 자본주의의 시초 축적이 어떠한 형태로 진행되었는가를 단적으로 드러내는 말이다.

고병하 역시 김준업의 모든 역사와 인간됨을 알고 있다. 고병하는 자신의

다.(안토니오 네그리·마이클 하트, 이승준·정유진 역, 『어셈블리』, 알렙, 2020, 79~80) 제국주의의 종주국인 1세계 내부에서 지배 피지배의 구축과 유지는 그들이 타자들(아메리카)에게 행했던 식민지 구조를 내재화하여 재생산한 것이다.

83 장용학, 「태양의 아들」, 『사상계』, 1966.11, 201쪽.

84 장용학, 「태양의 아들」, 『사상계』, 1966.11, 205쪽.

85 장용학, 「태양의 아들」, 『사상계』, 1966.1, 404쪽.

도움으로 재벌이 된 김준업과 사돈이 됨으로써 안정적으로 정치 자금을 확보하고 자신의 입지를 키우고자 한다. 그러나 김준업은 그를 혐오한다. 하지만 파혼을 허락하지는 않는다. 파혼을 할 경우, 자신의 과거를 언론에 밝히겠다는 고병하의 협박에 굴복하면서 김준업은 "악질이래두 최고 악질"인 "늑대 같은 여우와 사둔 간"193이 되어야 한다고 한탄한다. 그러나 그것은 단순한 굴복이 아니라 '딸과 이권을 교환하는 것'이다.[86]

이처럼 정치 권력과 재벌의 결합은 국민이나 국가의 공익을 위한 것이 아니라, 철저히 권력과 재벌의 사적 이익을 위한 것이다. 따라서 국민국가의 번영을 표상하는 수많은 슬로건들과 달리, 국가는 철저히 지배/피지배라는 식민지적 구조를 유지하게 된다. 그리하여 지배권력은 직접 결정을 내릴 수 있는 있는 주권자로, 그리고 일반 주민들은 식민지 인들과 크게 다르지 않은 피치자로 구분되고 이러한 구조는 국내의 민주주의가 성숙하지 않는 한 지속된다. 그래서 장용학은 작가 정관우의 입을 통해 근대화란 사리에 따른 합리가 아니라, "권력이라든지 금력, 이런 물리가 이 사회를 지배"[87]하는 것, 그리하여 역설적으로 야만으로 돌아가는 것으로 진단한다.

그런데 이 작품의 결말은 우발적이면서 다소 모호하다. 세상 물정을 전혀 모르는 '인삼도령'이었던 유평은 감옥에서 '독사'로 불릴만큼 강해진다. 이와 같은 유평의 변신은 기존의 질서에 의해서 '재배되던 인간'인삼도령에서 자신의 본능과 욕망에 충실한 '자연 그 자체로서의 인간'태양의 아들으로의 재탄생을 의미한다.

게다가 그는 감옥 안에서 한예윤에게 광범위한 지식을 배운다. 한예윤은 자기 아내를 겁탈한 사촌형을 살해한 대학 교수로 유평과 같은 감방에서 복

---

86 "그럼 이권은 뭘로 할까? 製鐵은 아직 이르구, 역시 하드· 아이스 디루 할까……." 장용학, 「태양의 아들」, 『사상계』, 1966.12, 197쪽

87 장용학, 「태양의 아들」, 『사상계』, 1965.12, 345쪽.

역하던 죄수였다. 감옥에서 불교의 깨달음을 얻어 출가를 결심한 한예윤은 유평이 출소하면 자신이 만들고자 했던 '이상촌' 건설사업을 이어갈 것과, 출가 후 남겨질 자신의 아내를 맡아 줄 것을 일방적으로 당부한다. 아울러 한예윤은 출소를 앞둔 그에게 섣불리 복수를 하지도 말고, 자신의 삶을 살라고 충고한다. 유평 역시 그의 충고에 동의한다.

하지만 출옥 직후 유평은 김준업을 찾아가고, 그곳에서 서희를 만나자 순식간에 그녀에 대한 욕망 때문에 발목을 잡히고 만다.[88] 그런데 유평의 등장은 김준업 주변의 모든 사람들이 숨겨왔던 욕망의 갈등을 가속화시키게 된다. 그들은 자신의 욕망을 실현하기 위하여 상대를 이용하거나 기만하면서 서로 충돌한다. 오택호가 자신의 정부인 한자를 요구하자 이에 분노한 김준업은 그와 혈투를 벌이고 우발적으로 그를 죽인다. 그 다음 유평을 살해해 묻으려고 파 둔 구덩이에 오택호를 밀어넣고 땅에 묻는다. 하지만 죽은 줄 알았던 오택호는 구덩이에서 깨어나 자기가 기르던 맹견을 몰고 와서 거꾸로 김준업을 죽이면서 소설은 결말에 이른다.

김준업의 죽음은 분단 이후 자본주의-국가를 지배하던 한 축인 자본가에 대한 처벌로 확대 해석할 수 있다. 그러나 작품에서 그것은 우발적으로 일어난 것에 불과하다. 굳이 의미화하자면, 자본주의는 외삽된 해결책이 아니라 내부의 조절되지 못한 갈등의 증폭으로 붕괴될 것이라는 진단으로 볼 수도 있을 것이다.

하지만 이 결말로 인해 작품을 구성하던 여러 요소들이 특별한 기능을 하지 못하고 남는다. 무엇보다 감옥에서 새롭게 태어난 유평이 작품 내에서 구

---

88 "여자 생각과 먹는 생각 뿐. 출옥하면 유곽 같은 데에 가서 한달이구 두달이구 푹 젖어 보려구 했다. 그래서 돈 구하려구 옛날 머슴을 찾아간 것이다. 그랬는데 첫 번째로 부딪힌 것이 서희다. 서희의 존재는 생각지도 않았다. 시집가서 어머니가 되어 있을 쯤 알았지 누가 옛날처럼 거기 서 있을 줄 알았겠나." 장용학, 「태양의 아들」, 『사상계』, 1965.12, 356쪽.

체적으로 하는 역할이 없으며, 한예윤이 그에게 맡긴 '이상촌 건설' 역시 몇 번 언급되고 유야무야 되고 만다. 그리고 유평이 자기 부모의 원수를 갚은 것도 아니며, 감옥에서 맹세했던 새로운 삶을 보여주지도 못하는 점 등은 분명한 한계일 것이다.

그럼에도 불구하고 이 작품은 당시 지배적 계급인 자본가와 정치가, 달리 말하면 정계와 재계, 자본과 국가장치가 우리 사회에서 구체적으로 어떻게 작동하고 있는가를 보여준다. 정치권력의 자기 강화와 자본가의 부의 축적은 각각의 사적 욕망이라 할 수 있다. 그리고 그 이질적인 욕망의 결합과 공명이 바로 자본주의-국가를 형성하고 주민들을 지배하는 결과로 나타난 것이다.

장용학은 '근대화', '경제발전', '국가발전', '민족자본' 등등 거시 정치의 표상들과 달리, 지배적 권력의 욕망은 언제나 사적인 것임을, 그리고 그것들의 기능은 주민들의 예속함으로써 지배적 지위를 누리기 위한 것임을 보여준다.

다른 한편, 국가주도의 자본주의화를 진행했던 박정희 정권과 자본 역시 자기강화라는 동일한 욕망으로 공명하였다.[89] 특히 정치적 지배를 지속하려는 정권은 근대화를 가속시켰다. 그리고 신체들은 그 속에서 일상을 살아감으로서 자본주의적 주체가 된다. 그 자본주의적 주체는 자본주의 사회를 작동시키는 사회적 기계이기도 하다.

자본가가 아니라 노동자들의 일상을 그리고 있는 「유피」[90]는 자본주의적 주체화에 대한 거부가 잘 드러나 있는 단편이다. 무엇보다 주인공 기야基

---

89 그렇기 때문에 장용학은 「태양의 아들」에 관한 '작가의 말'에서 "배경이 되고 있는 것은 自由黨 末期이지만 (중략) 요새 世上을 背景으로 해 보아도 별로 어색한 데가 없을 것 같다."(장용학, 「작가의 말」, 『사상계』, 1965.7, 335쪽.)는 부연설명을 단다. 그것은 두 정권이 근본적으로 동일한 작동방식을 보인다고 판단했기 때문이다.

90 장용학, 「遺皮」, 『사상계』(증간호), 1961. 11.

野의 자살이 이를 극명하게 보여준다. 생명보험외판원인 기야는 일본 유학을 갔다 와서 중앙청 과장으로 재직하던 중, 부서 국장이 저지른 뇌물 수수 비리를 뒤집어쓰고 미결수로 감옥살이를 한다. 그 후 무죄로 풀려나보니 이미 자신의 자리는 누군가 차지했고, 문제의 국장은 오히려 더 나은 자리로 옮겨간 것을 알게 된다. 그는 어쩔 수 없이 삼류 보험회사에 취업하게 된다.

공무원이었던 기야가 갑자기 보험판매원 일을 잘 해내기는 어렵다. 보험판매원인 그에게 가해지는 실적의 압박과 함께 매일 겪는 만원 버스 속의 비인간적인 출근 시간은 그를 광기에 빠지기 직전의 상태로 몰아붙이기 일쑤다. 이러한 일상 속에서 그가 떠올리는 막연한 희망은 "부자의 차에 치어"[85] 죽어서 거액의 위자료를 받는 것이다. 실적이 없는 그는 "빈 손으로 출근하기가 어려"[86]워서 출근길에 고객을 찾아 몇 군데를 들르기도 하지만 아무런 성과도 내지 못한다.

한편, 자본주의의 일상적 미시권력은 다양한 양상으로 그를 괴롭힌다. 회사에서 기야는 상사인 김과장의 질시와 압박에 시달린다. 김과장은 자신보다 더 나은 대학을 나오고, 관료까지 지낸 기야를 '아니꼽게' 여긴다. 무엇보다 여직원들에게 인기가 좋은 것이 그가 기야를 질시하는 큰 이유이다. 그는 "여학생들에게 제일 인기가 없는 X대학"[87]을 나온 반면 기야는 "Y대학"을 나온 때문이다. 하지만 과장은 여사원들 중 그와 결혼하겠다는 여자는 아무도 없다는 것과, "뭐니 뭐니 해두 삼류보험회사의 이만환짜리 외교원"[87]에 불과하다는 사실에서 가장 큰 우월감을 느낀다. 노동자들 속에서도 물신주의와 자본의 냉소는 동일하게 작동하는 것이다.

기야가 동창생 나미혜를 찾아가게 된 것은 김과장이 "목숨을 걸구서라두 한 구찌 따와야"[87]한다고 강요한 실적을 채우기 위해서이다. 집 안까지가 '십리나 될 듯한' 어마어마한 규모에 마당은 기화요초로 채워져 있는 집에서 나미혜와 기야가 간단한 인사를 하고 있는데 그녀의 남편으로부터 전화가 온다. 그런데 전화를 받으러 주인이 사라지자 집을 지키던 송아지만한 세퍼드가 기야를 위협한다. 공포에 빠진 그는 방안에 놓인 순은 촛대를 집어 들어 개를 쫓으려하다가 거꾸로 개에게 쫓겨 촛대를 든 채로 그 집을 나오게 된다. 그리고 때마침 호구조사를 하던 순경에게 현행범으로 체포되고 만다. 다행히 나미혜는 경찰에게 그를 먼 친척이라고 둘러대어 잡혀가는 것을 막아주지만 결국 그를 도둑으로 몰아서 쫓아낸다.

> 「신세가 불쌍해서 지금 전화로 생명보험 들어 주기루 했는데 사람이란게 아무리 궁하기루……」(중략)
>
> 「난 말이요, 미혜씨로 볼 때, 훔쳤다구 볼 수도 있으니, 내 모양이 이러니 말이요, 순사를 그렇게 돌려 보냈을 때 참말이요, 쟌발쟝에 나오는 미리엘主教 생각을 했지. 이 은촉대두 줄지 모르겠다구 난 그렇게까지……」(중략)
>
> 「얘, 파출소에 전화를 걸구 아까 도둑을 도루 붙잡아가라구 해라!」[91]

그런데 나미혜는 여고시절 이북에서 부족한 외모와 좋지 않은 행실 때문에 남학생들로부터 '을하乙下' 등급을 받았으며, 결혼 적령기가 되어서는 기야에게 결혼하자고 한 적도 있었다. 하지만 기야가 월남해 버리자 그녀는 상업학교 출신의 '다이야찡' 장수를 만나 결혼했다. 그 후 다이야찡 장수는 '대한약업'이라는 회사의 사장이 되고, 나미혜는 신흥 부르주아의 부인이 된 것이다. 그리고 부르주아가 된 그녀에게는 더이상 부도덕했던 과거도, 을하乙下로 평가받았던 외모도 아무런 문제가 되지 않는다.

이처럼 자본주의는 기존의 모든 가치체계를 해방한다. 그러나 해방된 가치들은 화폐의 가치로 초코드화된다. 이는 인간의 능력도 예외일 수 없다.

---

91 위의 글, 92쪽.

일본 유학생 출신 기야는 보험 외판원이 되어 자기보다 훨씬 모자라다고 판단했던 나미혜에게 보험을 구걸하고 있고, 초등학교 시절 은사는 그녀의 회사 수위장이 되어 있다. 이제 중요한 것은 이들이 가진 '능력'이 아니라, 화폐 가치의 정도가 평가 기준이 될 뿐이다. 자본가의 아내가 되어 자신을 인간 이하 취급하는 나미혜를 겪고 난 후 기야는 죽음을 선택한다. 그는 사장에게 직접 전화를 걸어서 '삼백만환 구찌'를 따냈다고 사표 대신 거짓 보고를 하고는 강물에 빠져 죽고 만다.

과거 기야의 뛰어났던 능력과 가치가 거꾸로 그를 괴롭히는 역설적 상황이 된다. 이것이 바로 자본주의의 냉소가 만들어내는 가책이라 할 수 있다.[92] 자본주의의 욕망과 사회적 예속을 받아들이는 입장에서 보면 기야는 단순히 사회부적응자에 불과하다. 그의 죽음은 안타깝지만 현 사회에 적응하지 못한 비정상인의 나약한 선택일 뿐이다. 그러나 자본주의의 바깥에서 보았을 때, 기야의 선택은 자본주의 사회가 요구하는 주체화와 사회적 예속[93]을 거부한 것이다.

「풍물고」[94]는 당대 사회의 근대화 압력에 대한 극단적인 거부를 보여주

---

92 니체의 논의를 원용해 보면, 자본주의의 표상체계에서는 오직 화폐의 양만이 유일한 능력이 되며, 그것이 바로 자본의 냉소였다. 그리고 이러한 조건이 바로 자본주의 체제에서 사람들이 화폐 물신주의로 빠지는 근본적인 이유이기도 하다. 그런데 자본주의적 표상체계를 인정하지 않는 경우 신체는 현실적 무능에 빠질 수밖에 없고 그로 인해 자신이 지닌 능력이 거꾸로 가책의 원인이 된다. 적극적 힘들이 가책이 되는 경우는 질 들뢰즈, 이경신 역, 『니체와 철학』, 민음사, 1999, 228~230쪽 참조.

93 질 들뢰즈, 펠릭스 가타리, 앞의 책, 866쪽.

94 장용학, 「風物考」, 『현대문학』, 1985.6. 이 작품의 내용은 박정희 정권의 근대화 정책에 대해 저항하는 내용임에도 불구하고 1985년에야 발표된다. 이는 작가가 스스로 밝힌 바와 같이 작품에 대한 정치적 검열 때문에 발표가 지체된 것이다. 그로 인해 발표 시기에는 당대 현실과 다소 거리가 있는 내용이어서 긴장감을 형성하기 어려웠을 것이다. 그럼에도 불구하고 작품을 통해 작가가 전달하고자 한 의도를 파악하는 것에는 별다른 무리가 없으리라고 여겨진다.

는 작품이다. 중단편 정도인 이 작품은 총 5장으로 구성되어 있는데, 1장에서 3장까지는 가족의 몰락사가 그려진다. 그리고 4장은 어머니의 자살을 준비하는 과정이다. 큰아들인 건일에게 자신의 자살을 도와달라는 요청과, 차마 들어줄 수 없는 요청임에도 엄마의 삶과 고통을 이해했기 때문에 그것을 들어줄 수 밖에 없는 모자간의 대화가 주를 이룬다. 그리고 마지막 5장은 엄마가 죽고 난 후, 자신의 신념을 지키기 힘든 현실과 '돈을 벌기 위해' 혹은 자신들의 삶을 포기하고 점점 더 수렁으로 빠져드는 동생들과 집단 자살을 실행하는 내용이다.

주인공인 대학 2학년인 건일의 집안은 아버지가 중앙청 과장으로 나름 다복한 집안이었으나, 청렴한 아버지가 뜻하지 않는 뇌물 사건에 연루되면서 면직된 후 급격하게 가세가 기울어간다. 중앙청 과장에서 군소 보험회사 감사역으로, 또 얼마지나지 않아 그나마의 일자리도 잃게 된다. 그의 집도 그간 살던 효자동에서 동대문으로, 그리고 최종적으로는 야산의 무허가 판자촌으로 내몰린다.

처음 이사간 집의 땅값이 오르고 목이 나쁘지 않아 부모님은 건물을 새로 지은 후 가게를 내고자 했다. 하지만 도로 계획은 권세가에 의해 변경되고 건일네 땅은 대부분 도로에 들어가게 된다. 결국 이 일로 아버지는 병원신세를 지다가 자살하고, 동생 건식은 대학 진학에 실패한다. 한편 건일은 우연찮게 가담한 데모에서 경찰에 붙잡혀 극렬분자로 낙인 찍힌다. 학교에서는 건일에게 전비를 뉘우치면 정학을 해제하겠다는 통보를 하지만 그는 이를 거부하고 휴학을 한다. 시위 도중 도망치다가 다친 건일의 무릎은 점점 나빠지고, 체질이 약한 어머니는 식료품 가게 일 때문에 과로로 병에 걸린다.

이와 같은 가족의 몰락은 다섯 남매를 점차 변화시킨다. 여주는 공부를 곧 잘하지만 형편상 대학 진학을 하지 못하고, 건식은 공부를 포기했으며 건수와 하주는 아직 학생이지만 공부에 열정을 잃고 만다. 그 와중에 건일은 가정교사 자리도 그만두게 된다. 가르치는 아이의 아버지가 준공무원이었던 것이다.

> 「그런 것 같지는 않고, 알아서 몸조심하는 것 같더라.」
>
> 「몸조심요? 정말 무서운 세상이군요.」
>
> 「무서운 것은 세상뿐이 아니었다.」
>
> 「세상뿐이 아니라구요?」
>
> 「나는 말이다, 그들에게, <전비를 뉘우치겠으니 그대로 써주십시오>라구 할 뻔했다. 알겠니?」
>
> 「오빠!……」
>
> 「나두 그렇게 무서운 세상인 줄 몰랐지만 내가 그렇게 타락한 줄도 몰랐다, 여주」[95]

"데모를 한 반정부 분자"라는 이유로 자신이 생계를 위해 할 수 있는 마지막 일을 잃어버린 상황에서 건일은 자칫 자신의 신념을 꺾고 사회와 타협할 뻔한 사실을 스스로 부끄러워한다. 이는 사회 전체가 지배권력의 예속을 받아들이거나 그와 공명하는 현실에서 이에 저항하는 그의 처지가 얼마나 극단적인 상황에 놓여 있는가를 보여준다.

이같은 상황에서, 건식은 가족의 유일한 수입원인 '이자 놓은 돈'에서 팔십만 원을 찾아서 가출을 한다. 그들이 무허가촌으로 오게 된 것은 전에 살던 집을 팔고 남은 삼백오십만원 가량의 돈으로 4부 이자를 놓으면 우선은 살아갈 수 있겠다고 계산했기 때문인데, 건식이 그마저 손을 댄 것이다. 건식은 "근대화라는 역사의 수레바퀴에 등을 돌리고 상자만들기나 하고 있는

---

95 장용학, 위의 글, 194~195쪽.

것이 보기 민망해서"196 자신의 몫을 챙겨서 집을 나간다고 했다. 건일이 과외 자리를 잃고 시작한 것이 집에서 밥그릇 따위를 포장하는 상자를 만드는 일이었기 때문이다.

그러나 그렇게 가출한 건식은 두달 여가 지나지 않아 돌아온다. 훔쳐간 돈으로 "해운대海雲臺나 경주 같은 유흥지에 가서 장사를 해서 큰돈을 벌어 가지구"210 올 계획이었으나, 텃세로 망하고 말았다는 것이다. 얼마 후, 열일곱 살인 하주 역시 나쁜 아이들이랑 어울리다가 남자 친구와 성관계를 하고, 건식은 그녀의 남자친구에게 돈을 뜯어간 사실이 드러난다. 이처럼 동생들이 무너져 가는 사실을 알게 된 건일은 그들을 살해할 결심을 하게 된다.[96]

건식이 돌아온 이틀 후 어머니가 수면제를 먹고 목숨이 끊어지자 건일은 막내 동생 건수부터 목을 졸라 살해한다. 그리고 하주를 죽이려는 순간 건식이 방에 들어와 살인은 미수에 그친다. 다리를 다친 건일보다 힘이 센 건수는 "난 고리타분한 것보다 근대화가 좋단 말이야! 돈 한번 크게 벌어서 신나게 살아보겠"222다며 하주와 함께 도망가고 만다. 결국 건일이 살려주려고 했던 여주는 오빠에게 죽음을 요청하고, 건일은 동생을 목졸라 죽인 후, 스스로 나무에 목을 매고 만다.

「풍물고」의 4장과 5장에서 가족 사이에 펼쳐진 자살과 살해의 서사는 국가 주도로 자본주의화가 진행된 당대 현실을 대하는 장용학의 태도를 단적으로 보여준다. 무엇보다 가족임에도 불구하고 사회적 욕망에 예속되어가거나 예속될 수밖에 없어보이는 동생들을 살해하는 장면은 섬짓한 공포감마저 느끼게 한다. 아무리 형제라 하더라도 타인의 목숨을 빼앗을 권리는 없기 때문이다.

---

96 "추잡하고 불결했다. 그렇게 까지 썩은 줄 몰랐고, 이제는 한 오리의 수치심도 찾아볼 수 없게 된 건식과 하주였다. 그들의 형이고 오빠인 것이 저주스럽고 원통했다. (중략) 「그렇다. 그 오예(汚穢)는 지워버려야 하고, 말소되어야 한다!」"(장용학, 위의 글, 213쪽.)

하지만, 역의 해석도 가능하다. 도저히 받아들일 수 없는 현실에 자신의 피붙이들이 굴복하는 것을 가족이기 때문에 허용할 수 없었을 것이다. 이 작품의 자살, 특히 건일과 여주의 죽음은 박정희 정권기 국가 주도 자본주의화와 사회화에 투쟁할 수 없는 신체들이 선택한 마지막 저항이다.

그런데 이상의 작품들에서 나타나는 죽음은 보는 방식에 따라 전혀 다르게 해석할 수 있다. 하나는 죽음을 수동적으로 보는 것이다. 이 경우, 현실이 너무나 부정적이기 때문에 주인공들은 패배할 수밖에 없다. 죽음은 독자들에게 당대의 현실이 얼마나 속악한를 인식하게 해 준다.

다른 하나는 죽음을 능동적으로 보는 것이다. 이러한 해석이 가능한 것은 재현론을 부정했던 장용학의 문학 이념과 관련된다.[97] 이에 따르면 소설은 외부 세계를 인식시키기보다 독자들로하여금 서로 공명하면서 정동을 바꾸기 위한 것이다. 장용학은 이 작품들을 통해 당대의 현실과 타협하여 살아가기보다 저항하도록, 죽음을 각오할 수 있도록 자극하는 것이다.

우리 국민국가 형성 역사에서 국가장치는 폭력으로 주민들의 삶과 죽음을 결정한다. 그러나 분명한 것은 주민들의 살림과 죽임을 결정하는 그 주권 결정하는 지배력은 푸코가 권력에 대해 말한 것과 마찬가지로 언제나 관계적이다. 즉 피지배자들의 수용 내지 복종이 전제되지 않는 주권은 성립불가능한 것이다. 그러므로 장용학이 그려내는 자살은 지배권력의 통제를 거부하는 것이자 주권 자체를 부정하는 저항인 것이다.[98]

97 장용학은 소설이 단순히 가시적인 현실을 재현할 것이 아니라, 현실을 현미경적으로 살펴서 진단하며, 이를 통해 독자들을 자극하고 의욕을 고취시키는 것이어야 한다고 생각했다.(장용학, 「감상적 발언」, 『문학예술』, 1956.9, 305쪽 참고.) 그는 인식이 아니라 신체에 작동하여 행동을 이끌어내는 문학을 하고자 했기 때문이다.

98 안토니오 네그리, 마이클 하트, 조정환 외 역, 『다중』, 세종서적, 2008, 395~397쪽 참고.

2) 독재국가의 포획에 대한 저항: 「부화」, 「잔인의 계절」, 「하여가행」

한국전쟁부터 진행된 역사를 국가가 인민들을 포획한 사건으로 진단하고, 문학을 통해 이에 저항하던 장용학은 박정희의 쿠데타와 집권을 역사적인 퇴행의 가속화로 받아들인다. 유족에 따르면 그 역시 초기에는 군사 쿠데타가 사회적 혼란을 잠재울 수 있으리라는 기대에서 이들에 동조했다고 한다. 그러나 군사정권의 본질을 간파한 장용학은 비교적 초기부터 군사정권과 근대화에 대한 저항을 형상화하기 시작한다. 이를 잘 보여주는 것이 「부화」와 「잔인의 계절」이다.

「부화」[99]에 나오는 정운대丁運大 노인은 소위 '한때 잘 나갔던' 인물이었으나 '증권파동'으로 몰락했다. 이 사건은 박정희 군사정권 시기에 4대 의혹 사건 중 하나로, 국가 장치가 공공연하게 주가조작을 저지른 경제범죄였다. 중앙정보부가 증권시장에 개입, 증권회사와 합작하여 주가를 엄청나게 올린 다음에 개미투자자들이 몰려들면 팔아넘기는 수법으로 엄청난 차액을 남기는 만행이었다. 국가장치는 이러한 경제범죄를 저질러 정치자금을 형성한 것이다.[100] 물론 이 사건으로 수많은 투자자들이 피해를 보았는데, 정노인 역시 그 피해자 가운데 한 명인 것이다.

그렇기 때문에 정노인은 현재 군사정부의 정책에 관하여 상당히 비판적인 안목을 얻을 수 있었다. 정노인은 자신이 잘못 알고 있었던 국가 개발 논리의 실상을 다음과 같이 설명한다.

> 「아 난 또. 그건 말이야, 이 나두 眞理를 좀 몰랐을 때의 이야기구. 다방에서 자주 만나는 친구에 전직 名教長이 하나 있는데, 講堂을 개축한다, 第二世國民의 보건을 위해서 체육관을 세운다, 一人一技를 위해서 과학관을 세운다

---

99 장용학, 「孵化」, 『사상계』, 사상사, 1965. 2.

100 강준만, 『한국현대사산책 1960년대 2권』, 인물과사상사, 2009, 153~154쪽.

해서 表彰狀을 한 아름이나 안았다는데, 알고 본즉 工事費의 반은 그 名教長의 호주머니 속에 들어간 거란 말이야. 돈 안 낸다구 정학을 당한 학생들은 더 말할 것두 없구 訓長들두 모교의 飛躍的 發展을 위해서 耐乏에 내핍을 거듭했는데 말이야. 알겠어? 왜 軍事政府밑에서 訓長님들의 월급이 쥐꼬리만 해졌는줄 알어? 그게 다 事前組織이라는 名教長 때문이야.」[101]

정노인이 자주 가는 다방에서 들은 바에 따르면 학교 교장이 학교나 학생을 위하여 건물을 세우는 것 같지만 실상은 교장 자신의 사복을 채우기 위해 공사 대금의 일부를 챙길 기회를 만드는 것이다. 이와 마찬가지로 군사정권이 내세우는 근대화 논리와 그에 따른 다양한 사업 역시 표면적으로 내세우는 언사들과는 달리 실제로는 정권의 배를 채우고, 그들 자신의 사리사욕을 위해 쓰일 자금을 모으는 데 있었다는 것이다.[102]

정노인이 전하는 이와 같은 발언은 당대의 현실을 정확히 지적하는 것이었다. 왜냐하면 박정희 정권은 표면적으로 부정과 부패를 일소할 것처럼 말했으나 실제로는 정치자금을 마련하는 데 부정한 기업가를 이용하였기 때문이다. 기업이 어떠한 비리를 저지르더라도 정치자금만 잘 헌납하면 군부는 그들에게 모든 특혜를 주었다.[103] 이로써 정권과 재계가 서로 도우면서 양측의 욕망을 충족시켜 나가는 정경유착이 강화된 것이다. 결국 이와 같은 방식으로 전체 국민의 세금과 노동력을 정치권력과 경제권력이 마음대로 포식을 하는 구조를 만들게 된 것이다.

하지만 정노인이 문제 삼는 것은 그것만이 아니다. 그는 기을하에게 "자

---

101 장용학, 위의 글, 336쪽.

102 이 시기 정부가 발주하는 사업에서 10%는 무조건 정치자금이었다. 강준만, 『한국현대사 산책 1960년대 3권』, 인물과사상사, 2009, 17~18쪽.

103 강준만, 위의 책, 77~85쪽.

네보다 계급이 하나 둘밖에 위가 아닌 자가 제가 뭔데, 제이의 이완용이가 되는 한이 있더라도 하는 실로 어마어마한 판을 치구 있는데 그래 자넨 이제 겨우 지게꾼이야?"332라고 말하면서 그를 충동질한다. 하지만 기을하는 술자리에서 주고받는 말이 혹시나 다른 사람들의 귀에 들어가 정치적 화를 입을까봐 두려워할 뿐이다. 여기서 정노인이 비난하는 '제2의 이완용이 되더라도'라는 말은 전 국민이 반대했던 한일협정을 성사시켰던 김종필의 발언이다.[104] 독재 권력은 "삼십육 년 간의 피눈물값을 그래 밀봉당의 십 년 세도 밑천으로"335 사용하기 위하여 민족 전체의 고통을 돈으로 팔아버린 것이다.

문제는 이와 같은 일들이 버젓이 벌어지고 있음에도 정노인은 자신이 할 수 있는 것이 없다는 것이다. 그는 김종필과 계급도 크게 차이나지 않는 군인인 기을하가 쥐 죽은 듯이 그대로 살고 있는 것을 못마땅하게 생각한다.

> 「아무리 팔자소관이기루 너무 差가 심하지 않아? 에? 이런 貧民窟에서 지렁이처럼 사느니보다 한번 눈을 딱 감구서 漢江을 건너 볼 생각이나 해 보문 어때?」
>
> 「정신 나갔습니까!」
>
> 「혁명이 벅차면 焚身自殺이라두 좋아……」
>
> 술상 건너로 乙河의 손목까지 덥석 잡는 것이다.
>
> 「世宗路 쯤에 가서 가마니를 깔구 앉구, 祖國은 누구의 것이냐 한번 외치구 해봐. 기름은 이 정운대가 부어줄테니 눈을 딱 감구 말이야, 응. 國君少領을 뭐에 써 먹어?」
>
> 「이 손 노시오! 아무리 취중이기루 이게 어느 세상이라구!」
>
> 허황한 소리는 익히 들어서 免疫이 된 터이지만, 革命이니 가마니니 하는 소

104 김충식, 『남산의 부장들』, 폴리티쿠스, 2012, 81~83쪽.

리는 또 무슨 잠꼬대람.

「여직공두 과분하니 이만 실례하겠습니다!」

가령 노인의 사위가 되었다간 언제 어느 귀신에게 물려 가두 호소할 곳이 없겠다.

「좋아 破婚이다. 썩 물러가!」[105]

정노인은 '뜨물'을 마시고 있음에도 마치 술에 취한 것처럼 기고만장하여 자신이 하고 싶은 말을 마구 내뱉는다. 하지만 정작 기을하는 그와 같은 정노인의 모습에 자기검열을 하면서 몸을 사린다. 이는 어떤 측면에서는 철저히 길들여진 군인 본연의 모습이기도 하다. 술자리에서나마 이렇게 서슬이 퍼런 정운대 노인과 비교하면 기을하는 너무나도 초라하고 나약한 인물이다.

그러던 정노인은 술도 아닌 '뜨물'을 마시고 취해서취한 척을 하면서 그의 딸 복희가 인천 공장의 노동자가 아니라 종삼에서 일하는 창녀라는 사실을 기을하에게 밝히고 만다. 그리고 복희가 가엾어서 늘그막에 일거리를 얻기 위해 다방에 나간다는 것도 알려준다. 관절염을 앓고 있는 아들 윤수는 기동을 잘 하지 못하므로 일을 할 수 없다. 그래서 가족이 먹고 살기 위해서는 복희가 어쩔 수 없이 몸을 팔고 있는 것이다. 이 말을 들은 기을하는 집을 뛰쳐나가는 윤수를 따라서 밖으로 나온다. 그리고 속으로 "때가 때라면 나두 일류 여대생을 거들떠 안 볼 수도 있"339었다면서 그에게 '창녀'를 맡기려 한 정노인을 못마땅해 한다. 그는 좀 전에 복희가 종삼의 창녀라는 말을 듣자, 지금까지 그런 딸을 자기에게 주려고 하면서 딸이 과분하다는 듯한 모습을 보였던 정노인에게 반발심이 생겼던 것이다.

하지만 기을하는 한 달 전의 일을 떠 올린다. 그 때, 자신이 자고 있는 이불

---

105 장용학, 앞의 글, 332~333쪽.

속에 복희가 알몸으로 들어와 있었던 것이다. 그는 처음에 여관집 식모인 옥분이로 착각했으나 복희인 것을 알게 되자 그녀를 집으로 돌려보냈다. 그리고 그 사건을 계기로 복희도 자신을 좋아한다는 것을 알게 된 것이다. 그는 복희가 창녀라는 말을 들었다고 해서 마음이 바뀔 수 없다고 생각하고, 날이 밝으면 정노인을 찾아가 조건을 내세우면서 당당히 청혼하리라고 마음을 먹는다. 그런데 그 다음날 아침 정노인을 찾아가보니 지난 밤에 온 가족이 집단 자살한 후였다.

「내처럼 다 죽은 사람인 줄 알았는데, 살아 있었네……」

自尊心같은 것이 솟아나는 것이다.

윤수와 福姬는 나란히 아랫방이고, 丁老人은 홀로 저승길을 더듬은 것이었는데 머리맡에는 한통의 편지가 있다.

— 奇乙河少領貴下라. 나두 죽기로 했네. 밤중에 목이 말라 아랫방문을 열고 보니 아무도 없는 줄 알았는데 福姬와 允壽가 煉炭까스 속에 누워 있는 것일세. 살리려면 살릴 수도 있었을는지 모르지만, 그 연탄불을 내 방에 들여 놓기로 했네. 貴下를 원망할 생각은 조금두 없네마는, 우리 셋을 땅에 묻는 일은 貴下가 責任지어 주게……

(중략)

…… 우리가 이렇게 죽는 것은 내가 수십 차례나 말한 바 있는 事前組織 때문일세. 한 조각의 愛國心과 아흔아홉 가지의 주먹구구로 된 날림工事에 깔려서 죽는 걸세. 國軍少領이 그래 국민들이 集團自殺을 밥 먹듯 하고 있는 것을 傍觀만 하고 있겠는가. 貴下는 말했기를 「要는 가죽을 남기면 되겠습니다.」라고 했는데, 이만한 가죽이 어디 있고, 이만한 大義名分이 또 어디 있겠는가. 한번 목숨을 걸구 우리의 원한을 풀어 주게. 어쩌면 大統領이 될지두 누

가……」[106](밑줄 인용자)

정노인 가족의 예상치 못한 죽음을 보고 기을하는 "다 죽은 사람인 줄 알았는데, 살아 있었네."라고 중얼거린다. 이는 실제로 기묘한 역설이다. 생물학적으로 죽은 것은 정노인의 세 가족이다. 그런데 기을하는 그들의 '죽음=삶生'으로 보고, 실제로 살아있는 자기 자신을 '죽은 사람'으로 보기 때문이다. 하지만 이것이야말로 정운대 노인 가족이 집단 자살을 한 이유이다.

속악한 군사정권의 폭력에 그대로 예속되어서 살아가는 것 그 자체가 이미 죽은 것이다. 살아 있다는 것은 단순히 '연명하는 것'이 아니기 때문이다. 외부의 폭력에 굴복하고 예속되는 것은 자신이 지닌 본연의 능력과 스스로가 떨어지는 것이며 이것이 노예이기 때문이다. 그리고 노예의 삶이란 언제나 그 원인이 외부에 있는 주인에게 있으므로 삶이란 아무것도 아닌 것, 즉 죽음에 불과한 것이다. 정노인은 자신의 유서에서 자기 가족이 죽어가면서 "국민들이 집단자살을 밥 먹듯 하고 있는" 것이 현실임을 보여준다. 그리고 그것을 통해 '죽어서 살아 있는' 기을하의 현재 모습에 자극을 주고, 그리하여 삶을 되찾을 수 있는 "대의명분"을 주고자 한 것이다.

물론 기을하는 정노인이 죽어간 의도를 처음부터 받아들이지는 못한다. 하지만 그가 경찰서에 연행되어 경찰들이 법을 집행하는 것을 보면서 서서히 자신의 저항능력을 되찾고 살아 있음도 느끼게 된다. 이 작품에서 기을하는 지나가는 자동차에 치여서 죽고 만다. 그러나 정노인이 죽음을 통해 생성하려고 한 것이 바로 저항할 수 있는 능력, 삶을 찾을 수 있는 '신체적 깨어남[孵化]'이다. 따라서 그의 죽음은 "삶을 완성시키는 죽음"[107]이다. 그는 죽음을 통해 삶을 이끌어내는, 그리하여 죽음조차 삶으로 귀환시킨 것이다. 이에

---

106 장용학, 앞의 글, 343쪽.

107 프리드리히 니체, 장희창 역, 『차라투스트라는 이렇게 말했다』, 민음사, 2013, 125쪽.

비해 군사정권의 근대화 기획은 모든 삶을 죽음으로 이끄는, 그리하여 삶 자체를 타락하게 만들어내는 죽음의 기술인 것이다.

「잔인의 계절」[108]에서 주인공 K는 개발 독재의 근대화 정책에 적대적이라 할 만큼 강한 반감을 지니고 있다. 장래가 촉망받는 소장학자였던 그는 학생에게 인기도 좋았거니와 그가 쓴 글이 종종 신문이나 잡지에 실릴 만큼 실력과 인지도도 상당했다. 그러던 그는 전임강사가 된 지 얼마 되지 않아서 필화를 겪고 대학을 그만두게 된다. K는 대학을 그만둔 후 2년 동안 실직 상태로 지내다가 작은 출판사에 취직을 하여 직장생활을 한다. 아내와의 불화가 있기 3개월 전에 그는 우연히 남산을 올랐다가 용산에 있는 자기 집이 생각보다 멀지 않다는 사실을 알게 된다. 그래서 그는 그 다음 날부터 일주일 정도를 종로에 있는 직장에서 남산을 경유하여 집으로 퇴근을 한다. 그리고 그는 그 기간 동안 자신이 근대화의 상징인 고층건물이 들어서 있는 서울 거리를 돌아보지 않았음을 깨닫게 된다.

그가 발전되어 가는 장안거리를 돌아보지 않은 것과 서울의 '고층건물에 대한 무감각'은 '의식적'이라기보다는 잠재의식에 가깝다는 말에서, 근대화에 대한 그의 반감이 단적으로 드러난다. 근대에 대한 적대감은 이미 그의 신체에 각인되어 의식의 상태를 넘어섰기 때문이다. 남산을 경유하는 1주일간의 퇴근길에서 근대화의 외양을 보지 않았다는 깨달음이 있은 후, 그의 행동은 '의식적'으로 행하다가 '맹서'가 되었다가 결국은 '집념'으로 굳어진다. 그런데 이러한 그의 집념은 한 순간에 생긴 것이 아니라 4년 전 필화를 겪게 되었던 글인 <인간전선>의 신념을 굽히지 않고 유지해온 것이다.

> K를 校壇에서 물러나게 한 글은 <人間戰線>이라는 제명의 짤막한 隨筆이었

---

108 장용학, 「殘忍의 季節」, 『문학사상』, 문학사상사, 1972. 11.

다. 그 글에서 그는, 이 당에서 民主主義를 요구하는 것은 마치 아프리카의 土人들이 白人더러 冷房裝置를 해 내라고 요구하는 것처럼 쑥스러운 일이니, 지금 우리에게 시급한 것은 도도히 흐르고 있는 濁流에서 人間을 지킬 堤防을 쌓아야 하는 일이라 하고 오늘의 이 社會가 소돔과 다른 점은 소돔의 墮落이 神을 저버린 데서 생긴 것인 데 대해, 오늘 우리 앞에 전개되고 있는 타락은 사람의 손에 의해 構造的으로 저질러진 것이란 데에 있다고 하였다.[109]

<인간전선>에서 K의 눈에 비친 '근대화'란 "사람의 손에 의해 구조적으로" 인간을 타락시키는 것이다. 그렇기 때문에 가장 시급한 것은 '인간'을 지키는 것이라고 말한다. 작품의 문면에 직접 드러나지 않고 또 드러낼 수도 없었겠지만 이미 1970년대에 들어서면서 박정희 정권은 완전한 1인 지배체제를 확립한 상태였다. 그리고 이 작품이 발표된 1972년은 시월유신이 단행된 때이기도 하다. 그러므로 K가 보기에 '민주주의'에 대한 요구가 받아들여지기 위해서는 시민 또는 인민들이 스스로 '주인'民主이 된 상태에서야 가능하지만 현실은 철저히 권력에 예속된 상태이다. 이 시기에 이르러 정치인들은 물론 지식인들까지도 대거 유신권력에 굴복하여 변절을 하고 말기 때문이다.[110]

그래서 K는 당대의 사회운동이 '민주주의'를 요구하고 있는 것은 "아프리카의 토인들이 백인더러 냉방장치를 해내라고 요구하는 것처럼 쑥스러운 일"이라고 말한다. 이는 흔히 근대국가가 보편적 국민 또는 민족구성원들의 합의에 근거한 집단이라는 표상을 부정하는 관점이다. 현실은 백인과

---

109 장용학, 앞의 글, 106쪽.

110 물론 이는 박정희 유신권력이 휘두른 지독한 폭력에 의한 것임은 분명하지만, 상당수 정치인들과 지식인들은 폭력이 도래하기도 전에 자발적으로 유신권력에 예속되고 만다. 김충식, 앞의 글, 393~396쪽; 강준만, 『한국현대사 산책 1970년대편 1』, 인물과 사상사, 2009, 109~117, 226~229쪽.

아프리카 토인의 관계와 마찬가지로 '지배종족'과 '피지배종족'으로 구성된 것이다. 유신권력이 군림하고 있는 한, 대부분의 인민들은 '국민'이라기보다는 '피지배 종족'일 뿐이다. 그렇기 때문에 민주주의를 요구한다는 것은 노예가 주인의 권리를 요구하는 것과 마찬가지로 어불성설이며, 만약 민주주의가 '주권을 가진 인민들이 스스로 행하는 정치'라면 무엇보다 먼저 노예가 아니라 '인간'이 되는 일이 선행되어야 한다. 따라서 <인간전선>에서 그가 말하는 것은 현실정치의 폭력과 억압의 부당성을 비판하는 것에서 그치는 것이 아니라 실질적인 해방을 위한 실천이 필요하다는 말이다.

그러나 이와 같은 당위성에도 불구하고 현실은 너무도 참혹하기만 하다. '근대화'란 오직 유신권력이 자신의 지배적 힘을 관철시키는 행위이고 그 권력에 예속되지 않을 경우 철저한 응징과 보복, 그리고 현실적인 배제가 뒤따르기 때문이다. 작품 전체에 울려 퍼지는 <창세기>의 구절은 K 자신의 <인간전선>에서 인용된 것을 재인용한 것으로, 단순히 현실을 비판하기 위한 것이 아니라[111] 종교적인 신념에 기대서라도 권력에 굴복하지 않으려는 존재론적 절박성을 보여준다.[112]

---

111 지금까지 모든 연구들은 장용학의 소설을 인식론적으로 바라봄으로써 그의 소설적 전략을 현실 비판을 위한 것으로 읽거나(류경자, 앞의 글, 122쪽), 양심을 지키는 것(이혜정, 앞의 글, 340쪽) 정도로 읽는다. 하지만 이 경우, 그의 소설에서 표현되는 절박함을 결코 포착할 수 없다. K가 치르고 있는 것은 일종의 전쟁이기 때문이다.

112 이러한 문제는 실제로 작가가 아니라 한 명의 인간으로서의 장용학 자신과 상당히 닮아 있다. 박창원이 밝힌 바와 같이 그는 박정희 정권에 대한 부정적인 입장 때문에 신문사 논설위원에서 해직되고, 남산의 중앙정보국에 두 차례나 끌려가 고문을 당했으며(그로 인한 후유증으로 청력을 상실하고 보청기를 껴야만 했다), 그 후 경찰서에서 온 기관원들에게 지속적인 감시를 당해야 했다. 그러한 일을 겪은 와중에도 그는 자유문학실천협회 초대회장을 공동으로 지내기도 했다. 그리고 제3공화국이 오래가지 않을 것이라는 예상에서 칩거생활을 했다고 한다(박창원, 「유고소설 <빙하기행>이 남긴 의미」, 『문학사상』, 문학사상사, 1999. 10, 57쪽). 유족들의 증언에 따르면 그가 칩거함으로써 가계는 굉장히 힘들어져 주변의 지인들에게 신세를 진 경우도 있었고, 때로는 대학생인 아들들이 과외를 해서 생활에 보태야 하는 지경에 이르렀으나 끝까지 군사독재정권과 대면하지 않았다고 한다.

소돔이 멸망한 것은 罪惡이 많고 심하여서가 아니고 그 城中에 義人이 十名도 없었기 때문이었다. 소돔에 義人 五十名, 아니 十名만 있어도 그렇게는 墮落하지 않았을 것이기 때문이다. 오늘 우리 社會도 罪惡이 많다기보다 義人이 없는 것이라고 할 것이다. 이 社會가 타락했는지 아니 했는지 분간하지 못하는 사람도 이 社會에 義人이 없다는 것은 否定하지 못할 것이다.

그렇다고 해서 소돔으로 하여금 이렇게 노래하게 할 것인가.

「우리 소돔은 墮落하지 않은 다른 都市보다는 그래도 繁榮했노라.」[113]

의인은 부정적 현실에 타협하지 않는 자, 더 나아가 부정한 현실에 적극적으로 저항하고 이를 소멸시키는 자일 것이다. 이에 반해 K가 말하는 타락은 도덕적인 타락이 아니라 지배권력에 복종하는 것, 지배권력의 욕망을 욕망하는 것이다. 공포에 의한 것이든, 아니면 욕망에 의한 것이든 간에 그것은 예속되는 것이다. 그리고 예속은 그 자체로 끝나는 것이 아니라 또 다른 예속을 확대재생산하는 계기가 된다. K는 현실에 적극적으로 저항하는 자가 없다는 것이 문제라고 보는 것이다.

이에 비해 K의 아내가 느끼는 문제는 바로 K가 지배적인 욕망을 욕망하지 않는 것이다. 항상 화폐라는 타자를 거쳐야만자기부정 상품이 자신의 가치를 확인할 수 있는긍정 자본주의와 마찬가지로, 그녀는 자기 삶을 스스로의 내재적인 가치에서 찾는 것이 아니라 타자의 시선과 욕망에서 찾고 있다. 그런 만큼 아내는 K를 이해하지 못한다. 그녀는 외제차를 마음대로 굴리는 남들동창생의 시선에 포획되어 있기 때문에 소규모 출판사의 주임인 K와의 삶을 '인간 이하'의 것이라고 느낀다. 아내가 생각하는 '인간적인 삶'이란 인정투쟁을 통해 남들의 가치에 의해서 규정예속되는 것이다. 그런 한에서 아내

113 장용학, 앞의 글, 107쪽.

는 자신의 삶 내부에서 자기 긍정을 찾아내려는, 다시 말해 예속되지 않으려는 남편과 모순될 수밖에 없다. 아내가 K를 포기하게 되는 것도 그가 실직한 때문이 아니라 출판사 직원으로 지내면서 더 이상 욕심을 내지 않는 그를 남들에게 자랑할 수 없기 때문이다.

남에게 내세울 남편이 필요했던 아내는 여고 동창에게 어렵게 부탁하여 '기획관리실장 대리'자리를 얻어내지만 K는 이를 단호하게 거부한다. 이에 아내는 부부의 권리는 동일한데"부부는 일대일" 자존심을 버려가면서까지 얻어낸 수고를 가차 없이 묵살하는 K를 비난한다. 그러면서 아내는 역사에서 가장 발전한 당대의 현실을 부정하는 남편을 비판한다. 아내는 남편이 부정하는 "지금 세상이 말세인지 성대인지 하는 것은" 아직은 알 수 없다고 말한다. 이에 K는 "후세를 내세우는 것은 약자의 비명이 아니면 강자의 둔사遁辭이고 분식粉飾"114일 뿐이라고 대답한다. 현재가 '소돔'이 된 것은 기득권자의 발뺌, 기만뿐만 아니라 거기에 일반 대중들이 적절히 타협한 때문인 것이다.

결국 아내는 자신이 욕망하던 예비 고위관료 김영규에게 몸을 허락한다. 그러나 그녀는 고위관료를 꿈꾸는 그 남자가 "동물적인 야망"120밖에 가진 것이 없음을 알게 되고, 그 몰염치와 탐욕과 치사함에서 벗어나기 위해 유서를 남기고 죽음을 택한다. 하지만 아내의 생사와는 무관하게 두 사람의 '시국관'뿐만 아니라 욕망의 차이는 결국 모순될 수밖에 없었을 것이다. 현재가 잔인의 계절인 것은 부부이면서 같은 삶을 살 수 없게 만드는 당대의 유신권력과 그들이 만들어낸 근대화의 욕망 때문일 것이다. 이로써 장용학은 자본주의 욕망에 예속됨으로써 가족이 그 욕망의 소비처이자 확대재생산의 장소, 아울러 가변자본의 재생산 장치로 전락하는 것을 부정한다.

그 다음으로 장용학은 당대의 참혹한 현실을 보면서 파시즘적인 권력이 어떻게 작동했으며, 이에 대하여 인민들이 어떻게 대응했는가를 진단하고 있다. 권력이란 단순히 특정한 주체나 집단이 소유하고 일방적으로 휘두르는 것이 아니라 언제나 복수적인 힘들의 관계이며 상호간 행사된 효과, 능동과 수동의 결과로 드러나는 것이기 때문이다. 권력은 '계약'도 '정복'도 아닌, "영원히 지속되는 전투"[114]라는 말에서처럼 일방적인 가해자와 일방적인 피해자는 없으며 이들 모두가 권력양상을 구성하는 요소들이다. 그렇기 때문에 장용학은 「청동기」에서 법장치의 기만적인 작동이 단순히 지배 권력의 일방적인 억압이나 탄압에 의해 만들어진 것이 아니라 지배 권력에 대한 인민의 '야합', 다시 말해 욕망의 공모관계 때문임을 해부했다. 그리고 「하여가행」과 「채국기」[115] 등의 작품들을 통해서는 사회 전반에 걸쳐 '야합'이 어떻게 진행되었는가를 해부하고 진단했다.

「하여가행」[116]은 "표현의 자유가 약간 회복된 것 같은 분위기에서 쓴 것"[117]으로 비판적 지식인이었던 주인공 박진우의 변절을 다룬 작품이다. 대학생 시절 진우는 배탈 때문에 내린 S마을에서 우연히 다전을 만나고 그녀와 사랑을 나누면서 결혼을 약속하지만, 결국 이를 지키지 못하고 미경과 결혼한다. 결혼 후 서울대 조교수이자 진보적이고 양심적인 인물이던 그는 데모학생의 처리문제로 학장과 다투고 사표를 제출한다. 그 후 그의 가세는 점점 기울어 변두리의 블록집으로 이사를 가게 되고 어려워진 형편으로 아내와 다툰다.

부부싸움 도중에 미경은 가족을 빈털터리로 만들면서도 비판적인 지식

---

114 미셸 푸코, 오생근 역, 『감시와 처벌』, 나남출판, 2007, 58쪽.

115 「채국기」(『사목』 통권 32호, 한국천주교 중앙협의회, 1974. 3)에서는 부정한 군사정권 편에 붙어 중앙청 과장이 된 작은 아들에게 노후를 의탁하고 물질적으로 안락한 말년을 보내던 유노인을 비판적인 지식인인 큰아들이 데리고 나온다. 여기서 장용학은 작은 아들이 제공하는 물질적 안락 속에 묻힌 유노인의 말년을 안락한 삶(安樂生)이 아니라 "安樂死"(75면)라고 보고 있다. 이 작품을 존재론적으로 읽을 경우 유노인의 결단은 물질적 재화와 타협하고자 하는 욕망을 거부하는 결연한 삶을 회복하는 것이다.

116 장용학, 「하여가행」, 『현대문학』, 현대문학사, 1987. 11.

117 장용학, 「작가의 말」, 『장용학 대표작품 선집』, 책세상, 1995.

인이기를 원하는 진우를 "소영웅주의"262로 매도한 다음, 돈을 벌어 올 것을 요구한다. 이러한 미경의 말에 진우는 자존심의 상처를 입는다. 공교롭게도 그날 진우는 고향의 선배이자 여당 국회의원이던 김원태를 만나 정치적 회유를 당한다. 고향에서 진우의 아버지는 제헌국회의원으로 명망가였고, 또 비판적인 지식인으로 야당색이 짙었던 진우 역시 인지도가 높았기 때문에 여당 사람인 김원태에게는 걸림돌이었다. 그래서 김원태는 다음번 선거를 위해 진우를 포섭하려고 한다.

술자리에서 김원태는 진우의 고교동창생 가운데 그보다 못났고 삼류대학을 겨우 나온 '맹꽁이'로 불리던 친구가 연줄을 잡아 벼락출세를 한 이야기를 들려준다. 김원태가 그 맹꽁이의 자식들이 조금 있으면 "명문대가집 자녀라고 해도 곧이 들을 지경이었다오. 박 선생의 일남 일녀는 어떤지 모르지만 말이오."260라는 말로 진우를 충동질한다. 그 이야기에 진우는 아침에 가난 때문에 푸념을 하던 아내의 말을 떠올린다. 그리고 자식의 미래를 묻는 김원태의 말에 신념이 무너지고 만다.

> 「네. 잘 자라서 이제 조금 있으면 독립투사의 자식이 다 되겠다 이 말입니다. 이 박진우의 아들·딸들이. 아 취한다, 기분 좋게 취한다……」
> 하면서 발작이라도 일으킨 것처럼 미스 윤의 허리를 끌어안는 것이었는데, 어쩌면 그렇게 끌어안고 싶어서 비감해졌던 것인지도 몰랐다.
> 「하, 그럼 박선생은 자식들이 그렇게 될 줄 모르구, 이 몸이 죽고 죽어 일백번 고쳐 죽어가 뭐가 어찌되어 넋이라고 있고 없고, 했소? 여름날의 베짱이처럼 말이오.」
> 「베짱이? 여름날의 베짱이처럼?」
> 「미스 윤, 하여가(何如歌)를 알지? 한번 불러봐. 어서.」
> 「하여가……?」

> (중략)
>
> 이런들 어떠하리, 저런 들 어떠하리.
>
> 만수산 드렁칡이 얽어진들 그 어떠리.
>
> 우리도 이같이 얽어져서 백년까지 누리리라.」
>
> 끝에 가서는 진우의 가슴에 안겨들면서 그더러 같이 부르자고 팔굽질을 자꾸 하기에, 몽롱해질 대로 몽롱해진 그도 몸을 이리저리 흔들면서 흥얼거리는 것이었다.
>
> 「이같이 얽어져서 백 년까지 누리리라. 백 년까지 누리리라. 넋이라도 있고 없고, 누리리라 누리리라. 넋이라도 있고 없고 넋이라도 있고 없고 ……」[118]

미스 윤을 따라 부르는 진우의 하여가는 "백 년까지 누리리라. 넋이라도 있고 없고, 누리리라 누리리라. 넋이라도 있고 없고 넋이라도 있고 없고 …….''라는 긴 중얼거림으로 끝난다. 그런데 이 중얼거림은 <하여가>의 구절인 "백년까지 누리리라."와 <단심가>의 구절인 "넋이라도 있고 없고"가 뒤섞인 것이다. 그러므로 그 중얼거림의 의미는 현 정권이 제공해 주는 물질적 쾌락을 '누리기' 위해서는 정신이나 혼백 따위는 버리겠다는 것을 의미한다. 그날 저녁 진우는 미스 윤과 동침하고 변절을 한다. 그는 이를 '인생관을 고쳤다'고 말한다. 하지만 이는 단순히 인생관을 고친 것이 아니라 비판적인 정신넋의 소멸이자 '신체 망실'로 예전의 진우가 권력에 공명하는 딴 사람이 되었음을 의미한다.

관계官界에 들어가서 한자리 하려면 대학교수를 거치는 것이 첩경이었기 때문에 그는 김원태의 후원으로 지방의 대학에서 "인기 있는 어용교수"263가 된다. 그리고 "시월 유신의 단행"은 그의 능력을 최대한 발휘할 수 있는

---

118 장용학, 앞의 글, 260~261쪽.

기회가 된다. 법학이 전공인 진우는 '국민윤리' 강좌를 맡고 유신교수가 되었으며, 대학강의보다 "학술세미나나 새마을운동의 수련장 같은 각종 집회"264에서 더 많은 강연을 한다. 이는 그가 '유신헌법'으로 인민을 '국민'으로 호출하는 국가장치의 '스피커'가 되었음을 보여준다.

이러한 진우의 모습은 스스로 권력의 논리를 내장하는 과정이자 동시에 대중들을 유신헌법의 논리로 주체화하는 공명점이 된다. 이는 권력에 대한 자발적 공명이라는 파시즘의 작동방식을 고스란히 보여준다. 게다가 반정부 분자였던 그의 전력은 오히려 "프리미엄의 구실"을 한다. 포섭된 적들은 권력의 정당성을 높이는 요소이기 때문이다. 그 결과 진우는 그 다음 해 봄에 서울로 불려가서 중앙청 어느 부서의 기획실장을 거쳐 반년이 안 되어 차관으로 발탁된다. 그리고 아내인 미경은 이러한 남편을 "대영웅주의자"로 받든다. 하지만 이러한 진우의 승승장구는 오래가지 않아서 끝이 나고 만다. 가파르게 상승하여 얻어낸 차관 노릇을 일 년 반 만에 그만두게 된 것이다.

한편 준일은 같은 서울대에서 교편을 잡고 있었으며, 진우가 변절한 이후 지방대학에 내려갔을 무렵에 시국선언문에 서명한 일 때문에 교단을 떠난다. 그에게 평소 라이벌의식을 지니고 있던 진우는 자신과 달리 정치적 소신을 지키는 준일의 처신을 괘씸하고 아니꼽게 여긴다. 그래서 그는 과거 김원태가 자신에게 했던 것과 동일한 방식으로 준일을 회유하여 "별수 없는 놈"292으로 만들고자 한다. 그가 준일을 망가뜨리려고 하는 이유 중 하나는 준일이 퇴짜를 놓은 여자인 미경과 자신이 결혼한 것이며, 다른 하나는 자기와 달리 준일은 "양심파"로 비치기 때문이다.

진우는 준일에게 아름답고도 섹스어필한 '신품'인 아가씨를 안겨준다. 그러면서 진우는 예전에 자신을 회유하던 김원태의 화신化身이 되어 유신권력의 입장에서 준일의 입장을 비판한다. 그러나 준일은 진우의 견해에 반박하는 과정에서 당대 현실에 대한 두 사람의 정치적 견해 차이가 고스란히 드러난다. 가령, 진우는 준일이 살아 있는 동안에 민주회복은 불가능하다는 것, 유신체제가 얼마나 철통같은 것인지를, 그래서 "이 정권은 천년성千年城"294임을 강조한다. 그리고 낙오의 딴 이름에 지나지 않는 절개가 미덕이던 시대는 지났으며, 현재에 필요한 것은 "미래지향적이고 생산적인 덕목"인 "발전"296임을 강조한다.

준일은 권력주체가 '한강의 기적'이라고 평가하는 발전은 외채를 비롯하여 투입한 것에 비해 상대적으로 대단한 결과를 낸 것이 아닐뿐더러, 실제로는 "한강의 기형奇形"299이라고 비판한다. 그리고 야만적인 방식을 쓰지 않고도 발전을 이룬 대만이나 홍콩·싱가폴과 비교해볼 때, 박정희가 없었으면 한국의 발전은 불가능한 것이라고 하는 대부분의 추종자들의 말은 우리 민족을 "열등민족"299으로 만들었던 일본의 논리와 같은 것이라고 반박한다. 이와 같은 준일의 평가에 대해 진우는 "그 사람에 대한 평가는 후세가 내리는" 것이라고 말하자, 준일은 또 다시 "후세의 평가를 들먹이면서 현장의 아픔을 얼버무리려고 하는 것은 비역사적"이라며 쐐기를 박는다. 준일의 이 말은 당대의 지배권력에 야합함으로써 예속의 대가를 향유하던 대부분의 무리들을 비판하는 말이다.

진우가 색시들을 불러 미인계를 쓰려고 할 때, 준일은 화장실을 가는 척하면서 그자리에서 슬그머니 빠져버린다. 결국, 진우는 김원태가 자신에게 했던 것과 동일한 방법으로 준일의 의지를 무너트리려고 하였으나 <하여가>를 같이 부른 자신과 달리 준일은 그것을 부정한 것이다. 그런데 유신권력을 비판하고 진우의 회유를 부정한 준일의 삶은 상당히 절망적이다. 작품의 말미에 준일은 2년 전 자신이 비판했던 진우에게 돈을 빌리러 찾아온다. 이에 진우는 "내 재산은 내 월급의 몇 십 년 치, 아니 몇 백 년 치가 되니 그런 장물을 갖다 쓰면 자네두 속절없이 공범자"333가 되므로 돈을 빌려줄 수 없다고 말한다. 그러자 준일은 자신의 처지를 말한다.

「뭐라구 할까. 나사못이 빠져버려서 못 쓰게 되었다구 할까. 난 버린 몸이야.」

「버린 몸? 못 쓰게 되었다?」

「자네를 찾아올 처지가 못 되는 것을 알면서두 찾아와서 돈 부탁을 한 그런 내게 2년 전의 이야기를 꺼내다니……」

(중략)

「나는 벌을 받고 있는 것인지도 몰라.」

「벌? 무슨 벌인데?」

「나는 내가 얼마나 약한지를 너무나 몰랐어. 한번 고쳐 죽는 밑천도 없으면서, 이 몸이 죽고 죽어 일백 번 고쳐 죽어라고 노래한 데 대한 벌 말이야.」[119]

대학을 떠날 수밖에 없었던 준일은 2년 전에 만났을 때 출판사를 시작했으나 잘 되지 않았고, 그후 양계를 하다가 닭의 돌림병으로 실패한다. 진우가 과거에 만났을 때에는 서슬이 보통이 아니었는데 그에게 돈을 빌리러 온 것이 의외라는 듯이 말한다. 이에 준일은 2년 전 청량리에서 진우와 나누었던 대화는 "촛불이 꺼질 때 한 번 밝아지는 것 같은" 지칠대로 지친 자신의 '마지막 서슬'이었다고 고백한다. 텍스트의 문면에는 등장하지 않으나 결국 준일은 서울대 교수로 재직한 엘리트였음에도 불구하고 정치에 반대했다는 이유로 사회에서 배제된 것임을 알 수 있다.

진우는 이러한 준일에게서 "그의 의식은 옛날과 다름이 없이 살아 있는 것 같지만 마음은 멍이 들어서 흐물흐물해졌다."고 느낀다. 그리고는 "갑자기 그런 준일과 마주 앉아 있는 것이 짐스러워"334짐을 느낀다. 20만원을 구걸하듯이 빌려달라는 준일에게 삼십만원과 백만원권 수표를 넣어

119 장용학, 앞의 글, 333~334쪽.

"환장하는 꼴"을 보려고 악의적으로 돈을 주던 진우는 그러한 마음을 거둔다. 그리고 나서 그는 준일이와 자기 자신 모두가 "사람이 못쓰게" 되었다고 생각한다.

이 작품은 진우가 아내 때문에 계단에 굴러 떨어지면서 우발적으로 죽는 것으로 끝난다. 그의 죽음에 대해 장용학은 '모호한 죽음'이라고 말하면서도, 진우가 죽음에 이르는 순간 자기 삶의 오류를 깨닫는 것으로 서술했다. 이와 같은 결말에도 불구하고 준일의 삶은 유신 체제 하에서 체제에 예속되지 않는 삶을 사는 것이 얼마나 어려운가를 보여준다.[120]

3) 국가에 반하는 혁명: 유고(遺稿) 「천도시야비야」, 「빙하기행」

이상의 작품들과 달리 「천도시야비야」[121]는 장용학의 유고[122]로 인간의

---

120 이 작품은 1987년에 발표되었으므로, 발표 시기만을 고려한다면 시대에 맞지 않고 다소 때늦은 감이 없지 않다. 그럼에도 불구하고 그의 문학 전체에서 볼 경우, 이 작품의 분위기와 내용은 유고로 남았던 「천도시야비야」, 「빙하기행」 등과 유사한 계열을 이룬다. 「하여가행」이 이 시기에 발표된 것은 군부의 세력이 급격히 약화되고 민주화의 물결이 휘몰아치던 1980년대 후반이 되어서야 문단이 이를 수용할 수 있었기 때문이다.

121 장용학, 『장용학 전집 3』, 국학자료원, 2002(유고). 전집의 작품 연보에 따르면 유고인 「천도시야비야」는 『한국문학』 2001년 가을 호에 실린 것으로 되어 있으나 이는 사실과 다르다. 『한국문학』에 발표된 것은 「빙하기행」이며, 「천도시야비야」는 잡지상에서 발표되지 않고 전집에 처음 실렸다.

122 장용학의 유고작은 문학잡지에 발표된 두 편의 「氷河紀行」(『문학사상』, 1999. 10과 『한국문학』, 2001. 가을 호에 각각 수록)과 전집에 처음 실린 「天道是也非也」가 있다. 그런데 이 작품들은 국가장치에 의한 잔혹한 고문과 혁명을 예감하는 지극히 정치적인 내용임에도 불구하고 지금까지의 논자들은 여기에 관심을 두지 않았다. 장용학은 자신의 후기 작품 활동을 "땅에 내려와 독재의 억압에서 인간을 수호하려는 저항, 그 비명"(「작가의 말」, 『장용학 대표작품 선집』, 책세상, 1995)이라고 밝혔다. 그의 후기 작품에서 독재의 억압에 대한 '비명'을 보여준 작품은 여럿이 있음에도 불구하고, '저항'이라고 할 만한 것은 소극적이거나 크게 눈에 띄지 않았는데, 이 유고들이 직접 관련되어 있음을 짐작할 수 있었다.

필자는 2010년 2월경 유족(작가의 부인(이화자 씨)과 둘째 아들)과의 인터뷰에서 이에 관한 말을 듣게 되었다. 부인에 따르면, 장용학은 1972년 동아일보논설위원직을 그만두고 난 후 정보부에서 수차례 고문을 당했으며 정보원들은 수시로 집을 감시했다. 그리고

능동성이 독재국가의 폭력으로 철저히 붕괴된 당대의 현실을 진단하고 있

장용학은 주기적으로 근처 다방으로 불려나가 취조를 당했다. 신문사를 그만둔 이후 장용학은 어떤 직업도 가지지 않고 작품 활동만 했다. 그런데 그가 작품을 써서 출판사나 잡지사에 출판의뢰를 하면 전폭적인 수정을 요구하면서 되돌아오거나, 내용이 너무나 정치적이라 잡지사에서 실어주지 않았다고 했다. 그 후 그는 작품을 써 봤자 실을 데가 없다며 한동안 창작을 하지 않았다고 한다. 미완성 유고작은 내용이 정권의 폭력적인 고문을 다룬 것과, 파시즘적 정권을 붕괴시키고 혁명을 꾀하고 있다는 점에서 당대의 유신정권에 대해 목숨을 건 문학적 투쟁이라 할 수 있다. 따라서 유고의 창작 연도가 언제인가를 확인하는 것은 작품의 발화와 관련하여 상당히 중요한 문제가 아닐 수 없다.

2014년 여름 필자는 박창원을 만났는데 고맙게도 그는 장용학의 육필원고와 창작노트를 장시간 살펴볼 수 있도록 배려해 주었다. 자료들 가운데 표지에 한자로 '天'이라는 글자만 쓰인 노트 한 권이 있었는데, 이 첫 페이지 상단에는 '천도(天道)' 두 자가 적혀 있었다(부록 <사진 11> 참조). 노트는 유고로 발표된 두 작품이 「천년성기행(千年城紀行)」이라는 가제로 상당히 정리된 형태로 총 3부작으로 계획되어 있다. 원고의 순서는 1 - 3 - 2부이며, 3부는 「빙하기행」(2001)이고 1, 2부는 「천도시야비야」이다. 그리고 「빙하기행」(1999)에 해당하는 내용은 없었다. 노트 자체만으로는 작품의 창작 연대를 밝힐 수 있는 어떤 요소도 없었으나, 다행히 노트와 함께 3개의 메모가 남아 있었다. 이 가운데 「천도시야비야」의 간략한 메모가 달력 뒷면에 남아 있었다(<사진 13>). 작품이 메모된 달력은 1979년 12월 것이었다(<사진 14>). 그나마 메모가 적힌 달력이 작품 창작 시기를 추측할 수 있는 가장 확실한 단서가 된다고 판단된다. 일반적으로 달력을 실제 목적 이외의 용도로 사용하는 것은 해당 연도가 끝났을 때이나, 반드시 그렇지 않을 경우도 있을 것이다. 따라서 새해 달력이 일반적으로 그 전년도 말이나 당해 연도 초에 배부된다는 점에서 메모가 이루어진 최대 상한선은 1978년 겨울이 될 수 있을 것으로 보인다. 이에 따를 때, 장용학이 집필을 한 시기는 1978년 말에서 1980년 정도일 것으로 보인다(최근 유족으로부터 「가제 빙하기행」과 「천도시야비야」의 원고가 남아았음을 사진으로 나마 확인했다. 다만 빛바랜 원고에서 작성 시기가 명시되어 있지는 않았다고 한다).

그리고 필자가 이와 같은 추측을 내리게 된 또 하나의 요인은 노트에 쓰인 「빙하기행」의 결말과(물론 노트에 남아 있는 것이 완결된 작품이라고 단정할 수는 없다.) 잡지에 발표된 작품의 끝 부분이 다르다는 점이다. 노트에서는 무평이 악마의 열쇠를 빼내어 '인간전선'의 조직원들에게 전달하고 조직원들은 시민들에게 혁명을 독려하지만, 조직을 이끌던 우애당 당수인 '설암스님'이 박정희 정권의 핵심인물이자 혁명세력에 침투한 스파이로 드러난다. 이에 따를 때, 혁명은 정권에 의해 좌절되고 '인간전선'의 요원들은 최후를 맞이한다. 이에 반해 잡지에 발표된 작품에는 무평이 천년성에 침입하여 총통의 연설을 보는 장면에서 끝나는데, 총통의 계획된 연설이 우발적인 기계의 고장으로 구국어로 전달된다. 구국어로의 발화는 총통의 거짓과 위선을 피지배종족인 우골층에게 적나라하게 전달하므로 피지배층이 정치의 진실을 알게 되는 사건이다. 즉 발표된 유고에서는 혁명이 성공할 것을 암시하는 것이다. 사마천의 고사에서 유래된 '천도시야비야'는 삶의 정도(正道)를

다. 장용학에게 5· 16 군사 쿠데타는 우리 사회의 모든 가치의 전도가 더욱 심화된 하나의 분수령에 해당한다. 주인공 무평의 재산을 차지하기 위하여 그를 치안권력에 밀고하는 무평의 백부 허종만과 사촌인 무창의 인물됨은 이를 뒷받침한다. 무평의 백부 허종만은 이름난 오입쟁이다. 그는 30년 전 술값으로 아버지무평의 할아버지에게 이, 삼백만 원의 빚을 지우는 것도 모자라 마지막에 사기로 고소를 당해 징역살이를 할 처지가 되자 오백만 원을 갚아주는 조건으로 부자간에 의절하고 그 후로는 건달로 지낸다. 그러던 그의 삶은 5·16을 기점으로 쿠데타 주체세력에 줄을 대어 건설업을 벌린 지 불과 이삼 년 동안 억대의 돈을 벌어 재벌처럼 살다가 “근대화의 물결에 떠밀려”[254] 군소업자로 전락한 다음 무평의 집으로 들어온다. 이에 비해 무평의 아버지는 법관을 오래 하다가 변호사를 얼마 동안 지냈으며 야당 국회의원 후보로 나갔다가 여당의 부정선거로 낙선하였으며, 지난해 세상을 떠났다.

사촌인 무창 역시 모든 면에서 무평에게 비할 것이 없는 별 볼일 없는 젊은이였으나 아버지가 벼락부자가 되면서 어깨를 펴드니 무평의 아버지 의 상대였던 여당 국회의원 K의 비서가 되어 활개를 치고 다닌다.

> 그에게 근대화란 이류삼류(二流三流)들이 일류(一流)를 타도하고 헤게모니

지키는 사람들은 재앙을 만나고, 극악무도한 자들이 천수를 누리는 것을 보면서 하늘의 이치가 옳은지 그른지를 물은 말이다(김원중, 「김원중의 한자로 읽는 고전 61, 천도시야비야」, ≪동아일보≫, 2012.6.25). 장용학이 제목을 이와 같이 붙인 것은 현실을 그만큼 절망적으로 인식했기 때문일 것이다. 그런데 처음에 3부로 구성되었던 이 작품이 두 개의 작품으로 분화되었으며, 3부에 해당하는 부분이 「빙하기행」이 되면서 최소한의 낙관적 전망을 보여준다. 이러한 결정적인 차이는 1979년 일어난 10·26의 영향이 아닌가 한다. 이상의 창작 시기와 유족들의 발언을 종합해 볼 때, 장용학의 유고작은 유신정권의 잔혹한 고문을 다루었다는 사실과, 체제를 부수기 위해 ‘혁명’을 형상화하였기 때문에 잡지에서 발표가 거부된 것이다. 유신 독재 시절의 사회·정치적 분위기를 고려할 때, 이 작품들은 권력에 목숨을 걸고 소설로 맞서려 했던 작가의 결연한 의지를 드러낸 것이라 할 수 있다. 아울러 이처럼 강직하고 비타협적 작가정신을 당대 문단이 수용할 수 없었음을 알 수 있다.

를 잡는 것이었다. 그리고 무평이 사·일구파(派)라면 자기는 오·일육파라고 했다.[123]

결국 무창과 같은 인물들에게 5·16 군사 쿠테타는 성공할 수 있는 기회가 된다. 그들은 군사정권에 자발적으로 복종함으로써 권력이 나누어주는 이권을 얻은 것이다. 역사적으로 유신헌법이 통과된 이후에 독재정권은 국가안보를 내세워 정당활동을 해산하는가 하면, 사회운동과 언론 등을 포함한 일체의 정치활동을 탄압했다.[124] 권력의 억압정책은 그만큼 사회 전반의 반감이 적지 않다는 것을 의미하며, 동시에 그것에 대한 강력한 적대감의 표현이기도 하다. 이러한 분위기로 인해 정치권력에 조금이라도 비판적인 모든 인민은 그렇지 않은 성향의 사람들에게는 사냥 대상이 된다.

무평의 집에 들어온 무창과 그의 아버지는 무평의 집만이 아니라 그의 명의로 된 땅까지 노리기 시작한다. 무창은 박정희 정권을 범죄 집단이라고 비판한 무평의 노트를 찾아내어 그를 사상범으로 고발한다. 그런데 사촌을 밀고한 그에게는 혈연 의식보다는 재산에 대한 탐욕이 우선하며 이를 위해서 정치를 이용한다. 그들은 야당 국회의원으로 출마한 자의 아들이자 데모에 참여한 경력이 있는 반정부 분자의 재산을 보호할 필요가 없다고 생각한다. 이와 같은 의식과 행동이야말로 군사정권의 정치적 욕망과 개인들의 물질적 욕망의 공명을 보여준다.

박정희는 자신의 최측근인 쿠테타 주체집단의 친위그룹들조차도 충성경쟁을 시켰으므로[125] 그의 눈 밖에 나지 않기 위해서는 경쟁에서 살아남아야 했다. 그의 인정을 받는 인물만 정권유지를 위해 필요한 자금정치자금운용 등

123 장용학, 「천도시야비야」, 국학자료원, 2002, 255쪽.
124 강상중·현무암, 이목 역, 『기시노부스케와 박정희』, 책과함께, 2013, 250~252쪽.
125 김충식, 『남산의 부장들』, 풀리티쿠스, 2012, 287~300쪽 참조.

과 같은 권력의 은밀한 일을 맡을 수 있었고, 그 과정에서 거액의 떡고물을 챙기거나 권력을 행사해 사적인 이권을 챙길 수 있었다. 따라서 관료 시스템에서도 고위직으로 갈수록 충성 경쟁은 치열해지며 이를 위해서 손발이 되는 하급 조직과의 긴밀한 명령체계는 물론이고 불법적이거나 비공식적인 공조체계가 구축되어야 했다.

하급조직의 경우에는 상급조직에 충성을 함으로써, 조직 외부의 인물인 경우에는 관료조직 자체와 결연을 맺음으로써 충성이나 예속의 잉여가치인 각종 재화나 이권, 더 나아가 권력을 분유 받을 수 있었다. 이와 같은 조건은 기존의 사회에서 불리한 위치에 놓여 있었거나 능력이 모자라던 인물들에게는 소위 출세의 기회이기도 했다. 그러므로 유신정권의 지배형태는 전체주의적인 성격을 지니면서도 각 층위의 요소들이 상호공명하는 분자적 성격을 지닌다. 결국 이질적인 두 욕망은 상호 공명하면서 사회 전체를 경화시키는 것이다. 작중에서 이들은 정보부로 끌려간 무평이 갖은 고문을 당한 후 우연히 풀려나자 그를 다시 정신병원에 가둔다. 그리고 무평의 명의로 되어 있던 땅 만 평의 가격이 상승하자 그를 없애기 위해 살인교사를 한다.

그런가 하면 이 작품에서 권력에 공명하는 또 다른 인물로 바로 신문사 기자인 성애가 있다. 그녀는 데모대에서 주동자로 낙인이 찍혀 고문을 당하고 육가촌에 와서 자살한 유리의 언니이다. 근처 사찰에 기획취재를 왔다가 우연히 육가촌에 들른 그녀는 무평에게 호감을 느낀다. 그런데 그녀는 무평이 동생을 사랑했다는 이야기를 듣고 나서도 수영복 차림의 나신을 그에게 보이면서 그를 유혹한다. 무평은 욕정을 참으면서 가까스로 그녀의 유혹을 거절한다.

그러자 갑자기 성애는 무평이 유리의 원한을 풀어주기 위해서 바위에 새기고 있던 '원怨'자가 "현 정권에 대한 원怨"임을 알고 있다고 말한 후, 그를 권력에 고발하겠다고 협박한다. 그녀에게 청와대는 큰집과 같으며 자신이 대통령 부인과 상당한 친분이 있다는 것을 밝히면서 무평에게 사과할 것을 강요한다. 무평이 아무런 반응이 없자 성애는 증오와 경멸에 찬 눈으로 '죽은 것으로 처리되어' "반 국가분자 같은 건 처음부터 안중에도 없었"334음을 밝힌다. 결국 그녀는 무평이 정권에 낙인찍힌 인물임을 알고 있었기 때문에 권력의 힘으로 그의 성性을 농락하려고 한 것이다.

이와 같이 행동하는 성애는 권력의 눈이고 촉수이다. 그녀의 성적인 욕망은 지배권력과 구분되지 않는다. 그렇기 때문에 그녀는 무평에게 자발적 예속을 요구하며 이것이 받아들여지지 않자 곧바로 권력의 물리적 폭력을 불러온다. 이를 통해 볼 때 유신권력 체제 하에서 개인의 욕망은 권력의 욕망과 쉽게 공명했음을 보여준다. 육가촌이라는 오지에서까지 이것이 가능하다는 것은 언제든지 권력의 촉수로 변할 수 있는 수많은 '성애'들이 편재함을 보여준다.

박정희 정권은 유신체제에 접어들어 국가안보위기를 앞세우면서 공안정국을 형성함과 동시에 전 인민에 대한 대대적인 국민주체화를 행했다. 이는 지배 권력의 입장에서 그만큼 내부적인 저항이 심화된 때문에 취하게 된 조치이다. 동시에 이러한 국가의 기획에서 벗어나는 신체들에게는 혹독한 고문을 통한 신체훼손이 행해진다. 장용학 작품에서 빈번히 등장하는 고문 받는 신체에서 느껴지는 고통의 강도는 이 작품에서 정점에 달한다. 고문이야말로 정치를 위한 치안행위와 전쟁이 다르지 않다는 사실을 드러내는 하나의 핵심적인 접점이며, 고문 기술들은 모두 군사 행위의 특징을 띤다. 이것은 예외상태의 또 다른 얼굴이며 정치권력이 자신을 법의 지배에서 해방시키는 경향이기도 하다.[126]

126 안토니오 네그리·마이클 하트, 조정환 외 역, 『다중』, 세종서적, 2008, 47쪽.

무평의 경우 그 고문의 목적은 자백(自白)을 얻어내려는 것이 아니고 첫째가 보복이고 둘째는 아픔과 공포를 주어서 저항의식을 꺾고, 바랄 수 있다면 아주 폐인으로 만들어 내려는 것이었다. 그 목적을 위해 효과적인 것은 수모를 주어서 자존심(自尊心)을 헐어내는 일이었다. ……

"똥개처럼 사람의 가래침을 핥아먹는 주제에 인권(人權)이 뭐고, 민주주의(民主主義)가 네 하래비냐!"[127]

인용문은 고문 자체의 목적을 정확히 보여준다. 적으로 간주된 인간의 신체에 가해지는 폭력인 고문은 '인간'이라는 신체를 소멸시키기 위한 고도의 기술이다. 처음이 적에 대한 보복이며, 그 다음이 적 신체의 비물질적인 소멸로 육체적인 고통을 시작으로 하여 정신의 붕괴에 이르는 것이다.

고문기계들인 기관원들은 수치심을 주기 위하여 그에게 옷을 벗으라고 하고 막대기로 성기를 건드린다. 이를 거부하면 몽둥이로 육체에 직접적인 폭력을 가한다. 그리고 그들은 자위를 강요하며 이에 응하지 않을 경우 담뱃불로 아무데나 지진다. 이와 같은 육체적 공포가 지속되고 나자 무평의 의식은 붕괴되고 "양심이니 신의니 진실이니 하는 것은 행방불명行方不明이 되고 그의 의식은 온통 공포와 고통과 수모로 멍이 들"260고 만다.

그러던 중 무평의 의식은 사라지고 고통을 피하기 위해 기관원들과 "인간적"으로 친해진다. 다소 자유로운 분위기 속에서 느닷없이 '산불조직'에 대해 말하라는 상부의 요구가 떨어지자 유령조직인 산불조직이 실체를 가진 것으로 둔갑한다. 물론 모든 것은 중앙정보부의 고문과 폭력이 만든 허구에 의해서 생산된 것이다. 상부의 지시를 이행하기 위하여 치안 장치는 고문을 가하고, 고문을 당한 무평과 제일교포 출신인 송교수는 고통을 피하기 위해 조서

127 장용학, 앞의 글, 258~259쪽.

를 허위로 작성해 준다. 그 과정에서 존재하지도 않는 '산불조직'이 구성된다.

유리由利가 겪은 고문 역시 무평과 크게 다르지 않다. 대학 3학년인 그녀는 데모에 나갔다가 자신의 몸을 만지려는 사복경찰의 얼굴을 밀치고 그 과정에서 경찰의 얼굴에 상처가 난다. 이에 사복경찰은 동료 몇몇과 짜고 유리만 집중적으로 노려서 잡은 것이다. 정치의식이 그다지 강하지 않았던 그녀는 '파시스트', '만주비적' 등의 소리를 했고 그 결과 데모의 주동자가 되어 중앙정보부에 넘겨진다. 그녀 때문에 중소기업을 경영하던 집안은 도산지전에 이르지만, 야당지라 불리던 신문사의 기자이면서도 "친여親與를 숨기지"315 않은 언니 덕택으로 파산은 면한다.

그러나 정보부에 끌려간 그녀는 갖은 고문을 겪는다. 기관원들은 취조하는 가운데 그녀의 몸을 만지거나 쓰다듬는 등 온갖 추행을 저지른다. 그러던 중 유리에게 잠을 재우지 않는 고문을 하고 극한의 졸음에 다다른 유리는 그들에게 집단 성폭행을 당하고 만다. 그런 아픔을 겪은 유리는 죽을 결심을 하고 육가촌에 들어온다. 고문의 후유증에서 어느 정도 호전된 무평은 그녀에게 동질감을 느끼고 사랑을 고백하지만 오히려 그 고백으로 인해 유리는 자살하고 만다. 자신의 더럽혀진 육체를 스스로 용서할 수 없었기 때문이다. 그 후 무평은 유리가 남긴 유서를 보면서 그녀가 가졌던 원한의 깊이를 이해하게 된다.

> 제가 죽음을 생각하게 된 것은 남자들의 세계에서 벗어날 수 있는 유일한 길이기 때문이었어요. 남자란 징그럽고 무섭고 치사한 동물이었어요. 저를 범한 기관원이나 친여들만을 두고 하는 말이 아니어요. 그들보다 적(籍)을 민주(民主)에 두고 있으면서 이 험악한 세상을 무사히 지내고 있는 대학교수, 예술인, 언론인, 정치인등 소위 지식층이 치사하기는 더할 거에요. 정권이라기보다 악당들의 결사(結社)같은 공화정권이 이 땅에 그토록 뿌리를 깊게 박

을 수 있는 것은 그들의 비겁에서 오는 애매한 포즈 덕분이었으니까요.

저는 성인(聖人)들도 그렇게 말했던 것이기에 여자란 간사하고 미련하고 제도키 어려운 동물인 줄 알고 그렇게 생각하고 자랐지만, 거기 들어가 있을 때 생각해 봤어요. 남자란 정말 그렇게 떳떳한 것일까 라고요. 외국의 남자는 어떨지 몰라도 조선남자는 남자가 아니었어요. 입으로는 양심이나 정의를 외치면서도 젊은이들이 오직 그 양심과 정의감 때문에 끌려가 고문 끝에 병신이 되고 공포증 환자가 되어 나오는 데는 방관만하다가 눈치를 살피면서 보신(保身)에 급급해하는 것이 이 땅의 지식층이라고 하는 남자들의 생태(生態)였으니까요.[128]

유서를 통해 무평이 알게 된 그녀의 죽음은 말 그대로 절망에서 비롯된 것이다. 이 절망의 저변에는 다수자들인 남성들의 비겁과, 그 비겁이 만들어낸 폭력권력과의 비의지적 공모에 대한 강력한 항의가 놓여 있다. 특히 "대학교수, 예술인, 언론인, 정치인 등 소위 지식층"의 기득권 남성들의 보신에 급급해 하는 생태가 독재 권력의 불의를 불러일으킨 원인으로 지목된다. 이들의 비겁이 현실의 불의를 묵인했으며, 그것이 공화정권의 야만적 폭력을 초래하고 악을 더 크게 키우도록 만들었기 때문이다.

무평이 바위 위에 '원怨'자를 새기기 시작한 것은 바로 유리의 죽음을 이해하고 난 이후이다. 그리고 이 원은 원한, 즉 '르상티망'이다. "쓸개가 조금이라도 있으면 죄수罪囚가 되거나 낙오자落伍者가 되어야 하니, 하늘은 뭣 때문에 푸르지 알 수 없"312다고 한탄하는 현준호의 말은 이 작품의 모든 것을 표현한다. 결국 무평이 바위 위에 새기는 '怨'자는 살아 있는 모든 자들은 죽거나 병들 수밖에 없는 현실을 진단하는 문장紋章이면서, 그 원한과 그동안 고

128 장용학, 앞의 글, 323~324쪽.

문 때문에 생겼던 자신의 가책을 외부로 돌리겠다는 강력한 표시인 것이다.

「빙하기행」2001의 세계는 폭력이 완전히 실현된 국가의 형태를 보여준다. 그리고 극단적인 국가의 예속에 저항하여 '정권을 탈취하는 것'이 아니라 '국가를 파괴하는' 진정한 혁명을 실험하고 있는 작품이기도 하다. 천년성공화국의 국민들은 "유화"거세되어 지배 권력에 어떠한 저항도 할 수 없다. 지배자의 영원한 통치가 가능한 완전한 통제사회가 만들어진 것이다. 이는 유신체제에 대한 장용학의 진단이자 도래할 미래에 대한 예견임은 두말할 것도 없다.

작품의 첫 도입에서 무평은 자신이 천년성에 온 이유를 명확히 알지 못한다. 처음에 그가 본 것은 차도의 중앙과 양 가장자리, 쇼윈도에 심겨진 꽃들이다. 그래서 그는 이 도시가 마치 꽃동산인 것으로 알았지만 실상 모든 꽃들은 조화造花로 되어 있다. 그리고 이러한 조화를 들여다보는 것은 '법'으로 금지되어 있다. '선전풍각대', '강제노동의 작업장', '수인', '조화로 된 꽃동산' 등의 배치는 모든 생기가 고갈되어 국가장치의 부속이 된 모습이다. 그리고 인간들의 일상의 단면들은 다음과 같이 묘사된다.

> 길은 동서남북으로 바둑판처럼 나 있었는데 어느 네거리가 되는 곳에서 행인들은 줄을 지어 서는 것이었습니다. 그래서 무평(茂平)도 그 뒤에 가 섰습니다. 뭘 하나 보니 모퉁이 끝에 로봇처럼 생긴 포스트가 세워져 있고 행인들은 한 사람씩 그 앞에 가 부동자세를 취하고, 로봇의 왼쪽 옆구리가 되는 구멍에 패스포트를 집어넣으면 삼초쯤 지나 오른쪽 옆구리로 그것이 흘러나오는 것입니다. 그 포스트는 검문장치로, 앞에 와 선 사람의 얼굴과 그 패스포트를 대조하면서 체크하는 것이었습니다.[129]

---

129 장용학, 「빙하기행」, 『한국문학』, 한국문학사, 2001. 가을, 113~114쪽.

국가의 미시권력이 국민들의 일상을 규율함으로써 국민들의 신체는 생기를 잃어버린다. 천년성의 모든 국민의 일상은 검열 장치에 의해 검열당하고 있다. 그리고 신체뿐만 아니라 국민의식도 철저히 통제/순화된다. 이를 위해 천년성공화국은 언어를 새롭게 개발했다. 천년성공화국에서 피지배계층들은 새국어를, 지배계층과 중간계층은 구국어를 사용한다. 그런데 새국어는 이미 구국어가 지닌 언어의 능동성을 상실한 거세된 언어이다. 지배계급은 구국어를 사용하지만 이미 상투어가 된 언어일 뿐이다. 따라서 후반부에서 대총통의 연설에 국민들이 무비판적으로 열광하는 것은 이와 같은 조작의 결과라 할 수 있다.

> 그리고 이 혼란기를 이용하여 생겨난 것이 두 가지 있었습니다. 하나는 도청장치의 보급이고 하나는 새 헌법의 공포였습니다. 도청장치는 모든 가정과 직장에 들어와 있는 전깃줄을 이용해서 가설한 것으로 새나라말 아닌 말을 하면 사이드카가 달려와서 연행해 갔습니다.[130]

새국어 사용을 시행하는 동안 온 나라가 새국어 강습소가 되고 국민은 그 기간 동안 의식의 혼란을 겪게 된다. 국가는 혼란기를 이용하여 전국에 도청기를 보급하고 새 헌법을 공포한다. 헌법에는 구국어 사용을 금지하는 규정이 있었으나 이미 새나라의 말로 공포가 되었기 때문에 사람들은 그것을 알지도 못한 채 찬성하고 만다. 그 결과 국민들의 신체는 정치적 능동성을 상실하게 되고 억압과 지배를 자연스럽게 받아들이는 새로운 민족이 생겨난다.

이는 단순히 언어가 의미를 전달하거나, 개인의 감정이나 사고를 표현하는 의사소통의 수단으로 끝나지 않음을 말한다. 언어 통제를 통한 의식과 표

---

130 장용학, 위의 글, 116쪽.

현의 강제는 단순히 의식의 강제로 끝나지 않고 무의식의 강제로 이어져 신체의 능동성을 제거하고 모든 국민을 국가의 권력에 수동적으로 반응하는 인간으로 만들어버린다. 앞서 언급한 것처럼 말하는 것은 곧 행위하는 것이자 '되기'이기 때문에 언어의 금지는 신체의 비물체적 생성의 금지이다. 처음에 무평은 평화롭게 공원을 다니는 사람들의 모습을 보고 행복한 삶을 살고 있다고 느꼈으나 사실은 "거세去勢"를 당해서 모두가 온순하게 유화柔化된 때문임을 알게 된다. 그 결과 무평은 천년성을 "지배민족이 범골분자를 수족으로 해서, 우골층을 관리하는 거대한 목장"118으로 인식한다.

천년성공화국이 목장이라면 그 속의 우골층은 가축이다. 우골층은 포획된 자들이자 관리당하는 대상이다. 목장주의 궁극적인 목적은 목장의 동물들이 포획되었다는 사실을 망각하고 목장의 삶을 자연적인 것으로 받아들이게 만드는 것이다. 바로 이것이 근대국가이다. '국민'들은 법의 마법적 포획 속에서 불구로 태어나기 때문에 신체 능력이 절단된 불구라는 사실도 포획되었다는 사실도 알지 못한다. 반대로 국민은 자발적으로 국가의 보호예속를 요청한다.

천년성공화국이 세 개의 계급으로 이루어졌다는 진술은 단순히 장용학의 임의적인 판단이거나 당시의 박정희 정권을 비꼬기 위한 수사가 아니다. 실제로 이 시기 5·16 주체세력 및 이들과 직접 관련이 있는 자들은 약탈자의 위치에 있었으며, 중간층은 약탈자들에게 공명하면서 일반 대중에게는 기득권을 행사하는 구조였다. 그리고 무엇보다 기층의 대중들은 국가장치가 만들어 놓은 근대화에 공명하면서 자발적인 국민이 되어갔다.[131] 천년성

---

131 연구에 따르면 1970년대를 지낸 노동자들을 구술면접한 결과 그들은 과거에 대한 향수를 느끼며 만족스러워 했다고 한다. 이들이 그 시절에 만족스러워했던 것은 앞서 언급했던 바와 같이 박정희 시대에 들어와서 한국의 신분제는 일상에서 해체 되었으며, 이와 동시에 개개인들은 원자화됨과 동시에 자본주의의 욕망에 공명하면서 희망에 들떠 있었다. 아울러 근대화와 함께 노동생산량이 늘어나면서 이전 시기보다 훨씬 나은 생활조건을 맞이한

공화국의 기층 대중이 '우골'층인 이유는 이들이 노동과 생활을 대가로 정치적인 능동성을 포기했기 때문이다. 그런데 모든 국민을 가축으로 만든 천년성의 통치집단인 진골 일등층은 5·16쿠테타를 일으킨 주체세력과 이에 호응하고 협력한 자들로 헌법과 국법을 초월한 존재이다. 법은 단지 우골층과 범골층의 통제를 위해서만 기능할 뿐이다. 그리고 그 진골 일등층의 최고 자리에는 대총통이 있다. 대총통은 '근대화'를 수단으로 영구집권을 하려고 했던 군부독재자 박정희임을 명확하게 제시한다.

> 대총통은 그 성분부터가 범죄적이었습니다. 8·15 해방 전에는 일군소위(日軍少尉)로 만군(滿軍)에 배속되어 한국의 독립운동을 억압했고 해방되어서는 빨갱이가 되어 군프락치로 책(責)을 맡으면서 국군의 적화공작을 했는데 체포되자 자기 목숨과 프락치의 명단을 맞바꾸었던 것입니다. 악에서 선으로 이라 해도 그는 배신자였던 것입니다. (중략) 그런 자가 국가 원수가 된 데서 한국의 비극은 그 막을 열게 된 것이었습니다.[132]

대총통은 천년성을 제외한 성 바깥의 전 구역에 폭발장치를 설치한다. 그가 설치한 폭파시설은 자신의 통치를 거부하거나 소요가 일어날 경우 그 지역을 폭파시키기 위한 위협용이며, 더 근본적인 것은 학정虐政에 대한 외국의 내정 간섭을 피하기 위한 협박용이다. 그러므로 대총통은 한 국가의 권력자이기 이전에 "정권을 유지하기 위해 육백만 시민을 인질로 잡고 있는"130 인질범이다. 천년성의 전주곡이 되었던 '시월유신'의 '시월'은 공산주의 시월

것도 사실이다. 그런 만큼 그들은 일상의 '정치적인 것'에서는 멀어지고 '치안' 속으로 빨려 들어간 것이다. 김준, 「박정희 시대의 노동 - 울산현대조선 노동자를 중심으로」, 장문석·이상록 편, 『근대의 경계에서 독재를 읽다』, 그린비, 2006, 참조.

132 장용학, 앞의 글, 131쪽.

혁명의 시월이며 유신은 일본 군국주의가 탄생한 '메이지유신'의 모방으로, 대총통은 "일본 군국주의와 소비에트 공산주의가 믹스된 혼혈아"[131]이다.

새천년공화국의 경제정책은 공업입국에서 시작하여 관광입국으로 정책을 바꾸는데, 관광입국이란 다른 말로 '여색입국'이다. 국가는 국민의 여성을 성적 노예로 만들어 그들의 화대로 "국가수입의 반"[135]을 충당하는 성매매 공화국이다. 국가에 의해 공인된 매매춘은 외화 획득을 위해 20대 여성을 일본에 수출하는가 하면 매춘관광을 위해 여행사와 관광요정, 호텔이 협력관계를 이루어 일본인 관광객을 국내로 끌어들였다.[133]

대총통은 자신이 엽색인이기도 하다. '요일부인'은 대총통의 성적 쾌락을 위해서 각 요일마다 지정된 여자들로 "평균 수명은 삼 개월"이며, 자신의 요일이 아닌 경우는 자유롭게 다닐 수 있는 대신 '정조대'를 차야 했다. 그리고 그 외에도 대총통은 영화나 텔레비전을 시청하다가 마음에 드는 여자가 생길 경우, 지명만 하면 비서들이 지명된 여자를 대령시켜 놓는다.[134]

게다가 언론은 이미 정권에 야합하여 정권과 "공동운명체"가 되어 있다. 천년성공화국은 완전히 외부가 차단된 밀폐의 공간임을 알 수 있다. 그런데 지배자인 대총통 역시 노예이다.

> 그는 처량한 생각이 들었습니다. 대총통은 한 마리의 가축, 노예였습니다. 그에게서 노예에게서만 나는 가축의 냄새가 있었습니다. 아까 그가 앞을 지나갈 때 그는 그 냄새를 맡았습니다. 본인은 그것을 향수내로 알고 있는지 모르지만 고약하게 비린 냄새였습니다. 천년성의 국민들이 공포의 노예라면

---

133 공덕귀, 「기생관광실태 조사보고/새가정광고」, 『새가정』 332권, 새가정사, 1984, 106~112쪽; 허혜정, 「유신여성과 민중시의 성담론 연구」, 『한국근대문학연구』 18, 한국근대문학회편, 2008, 378~379쪽 참조.

134 이러한 것은 궁정동 안가에서 일어났던 박정희의 성적 일탈을 꼬집은 부분이다. 여기에 대해서는 김충식, 앞의 책, 234~242쪽.

대총통은 권력의 노예, 최고락의 노예였습니다.[135]

천년성의 실체는 만인이 노예인 '노예국가'일 뿐이다. 분명히 '천년성공화국'은 국민이 주권자이고 국민에 의해서 대표가 선출되는 '공화국'이었다. 그럼에도 불구하고 국민은 자신들이 선택한 대리자에게 노예가 되고, 총통은 전권을 장악한 후 스스로 권력과 쾌락의 노예가 된 것이다. 따라서 푸코가 말한 '훈육사회'의 결정체인 '천년성공화국'은 지배자와 피지배자 모두가 삶의 능동성을 잃어버린 곳이며 예속화가 완성된 국가이기도 하다.

장용학은 이와 같은 유신체제를 빙하기氷河期로 인식했다.[136] '빙하기'는 현생인류가 탄생한 시기이다. 그는 국민들에게 장밋빛 미래를 약속했던 군사독재정권의 근대화 기획이 '빙하'로 뒤덮인 시대, 그리하여 모든 생명들이 얼어붙은 죽음의 세계라고 진단한 것이다. 자본화의 다른 이름인 근대화의 목표는 규율권력의 완성이며, 실제로 이는 국가가 인민의 신체를 완전히 장악하는 것이다. 결국 근대화는 인간들의 풍요로운 삶을 보장하는 것이 아니라 신체의 능동성을 박탈함으로써 인간의 퇴화로 귀결된다. 따라서 여기에서 벗어나는 길은 국가에게 위임해 주었던 폭력인 전쟁권을 되돌려 받는 것, 그리하여 국가가 행하던 전쟁을 국가로 되돌려주는 것이다.

작품의 서두에 자신이 누구인지를 깨닫지 못했던 무평茂平은 연락원과 만나는 순간 자기가 천년성공화국의 혁명을 일으키기 위한 비밀결사조직인 '인간전선'의 조직원이었음을 깨닫는다. '회천존운동回天尊運動을 맡은 총수는 미덕당美德黨 당수이기도 한 설암스님이며, 유리는 같은 동지이면서 대총통의 금요부인이다.

---

135 장용학, 앞의 글, 153쪽.

136 앞서 언급한 작가노트에는 '천년성기행(千年城紀行)'과 '빙하기(氷河期)'가 적혀 있다(<사진 12> 참조). 창작 당시에는 그가 이 두 제목을 두고 고민했음을 짐작할 수 있다.

"이것이 바로 '악마의 열쇠'요. 물론 가짜지만……."

"……?"

무평은 악마의 열쇠가 무엇이었던가 하고 생각해보았습니다.

"그 끝을 보오."

동그란 모양을 한 그 끝은 사각형으로 깊숙이 패어 있었습니다.

"그것으로는 정조대를 열지."

"……?"

설암 당수는 그 열쇠를 받아서 여인에게 건네주는 것이었습니다.

(중략)

"살아서 돌아오지 못할 것이라는 뜻이오. 허동지는 반반이고."

"저 여자는 대총통의 금요(金曜) 부인이오."

"금요 부인이라구요?"

"허 동지는 금요 부인을 섬기는 내시로 금성으로 들어가기로 되어 있는 것이오."

"제가요? 내시라니요? 지금이 무슨 시대인데……."

"정성애라는 여자를 알고 있소?"

"……?"

"요일(曜日) 부인 관계의 비서로 있는데, 허 동지를 내시로 삼을 생각을 해낸 것은 그 여자요. 무슨 앙갚음으로 그런 것 같았지만 우리는 그것을 역이용하여 이번 계획을 세운 것이오. 떳떳한 계획은 못되지만 상대방이 그런 인물이니 우리가 이런 방법을 취했다고 해서 후세의 역사가들도 비난하지 않을 것이오."[137]

137 장용학, 앞의 글, 128~129쪽.

그리고 설암스님의 말을 통해서 무평은 자신이 여기에 온 이유를 분명하게 알게 된다. 그는 정성애의 원한으로[138] 내시가 되어야 했으나, 오히려 내시가 된 것이 외부인인 무평이 금성禁城으로 들어갈 수 있는 기회가 된 것이다. 무평의 임무는 '회천존운동'의 거사를 위해 대총통의 금요부인이 된 유리가 악마의 열쇠인 정조대의 열쇠를 가짜와 바꾸어 그에게 전달해 주면 이를 성 밖으로 가져나오는 일이다. '악마의 열쇠'는 대총통이 요일부인의 성性을 독점하는 쾌락의 열쇠임과 동시에 국민을 공포로 묶어 두고 있는 폭파장치의 열쇠이기도 하다.

혁명 전술은 무평이 열쇠를 가지고 오면 '인간전선'의 동지들이 삼십여 대의 차량에 확성기를 달고 옛날의 애국가나 노래를 방송하고 구국어로 외치는 것이다. 그러면 구국어로 된 외침은 "잠자고 있던 '인간'을 눈뜨게"하여 시민들을 궐기하게 할 것이고, '인간전선' 동지들은 깨어난 시민을 무장시켜 혁명전선에 투입한다. 천년성공화국의 군대는 명령에는 철저히 복종하지만 국가나 대총통에 대한 충성은 없기 때문에 '최정예 부대'는 이름과 달리 전투 능력이 가장 약한 약병에 불과하다. 그래서 시민군이 들고 일어나기만 한다면 혁명은 성공하게 될 것이다.

거사일인 금요일을 위해 무평은 금성으로 들어간다. 그가 들어온 다음다음 날은 총선거를 공고하는 날로 국가의 축제행사가 열린다. 축제일에 대총통이 국민을 모아놓고 자신의 치적에 대하여 온갖 연설을 한다. 연설 장면은 이미 잘 짜인 하나의 웅변대회이며 그 자체가 하나의 거대한 스펙터클을 만들어낸다. 이것은 엄청나게 긍정적이어서 반박 불가능하고 접근 불가능한 어떤 것으로 제시된다. 스펙터클은 원칙적으로 '수동적 수용의 태도를 요구

138 여기서 정성애의 원한은 「천도시야비야」에서 무평이 정성애의 적나라한 구애를 무시해서 그녀를 수치심에 빠뜨린 것을 말한다. 그 일로 정성애는 무평이 죽지 않고 살아 있다는 것을 고발하기 위해 서울로 떠나고, 무평은 산으로 도주한다.

할 뿐'이다.[139] 이러한 특징은 대총통의 연설장면의 분위기와 기능 및 목적을 잘 설명해 준다.

> "인권의 역사를 살펴보면 인권은 쟁취하는 것이 아니고 주어지는 것이고 인권을 탄압하는 것은 인권을 주기 위한 것입니다. 노예들에게 인권을 갖다 준 것은 그들의 인권을 탄압했던 백인이었습니다. 인권을 탄압하는 것은 인권을 주려는 과정인 것입니다. 아니 탄압이 없는 곳에 인권은 없고, 탄압받아야 인권을 깨닫고, 인권은 그 깨달음 속에 있는 것이지, 무슨 돌처럼 거기에 굴러 있는 것이 아닙니다. 즉 인권을 탄압하는 것은 탄압하는 것이 아니라 실은 주는 것이란 말입니다."
>
> 이번엔 간단한 박수가 일 분간 계속되었는데, 그 시기나 길이는 대총통이 휘두르는 주먹과 그 주먹의 진폭에 맞추어 그것과 비례되는 것 같았습니다.[140]

그는 구국어를 사용하여 모든 정치 비판적인 언어를 자신의 논리에 맞추어 연설한다. 그러나 이 말은 우골층에게는 새국어로 전달되므로 우골층은 그의 말의 비논리성과 자신의 정치를 자찬하는 후안무치를 자각할 수가 없다. 소설은 대총통이 연설을 서둘러 마치고 건물 속으로 사라지는 것에서 멈춰 있다.

소설은 미완으로 끝났으나 작품의 분위기는 무평이 대총통의 '악마의 열쇠'를 탈취하고 혁명이 성공할 것임을 암시하고 있다. 이는 대총통의 연설 도중 기계의 오작동으로 인해 그의 말이 구국어로 우골층에게 그대로 방송되었으며, 벼락이 내리쳐 영구집권을 기념하는 대총통 부자의 기마상이 부서지는 등 일련의 사건이 상징하는 의미를 통해서도 유추해 볼 수 있다. 이

---

139 기 드보르, 이경숙 역, 『스펙터클의 사회』, 현실문화연구, 1996, 14쪽.
140 장용학, 앞의 글, 163쪽.

런 맥락에서 무평茂平이라는 이름은 평화를 무성하게 하는 것, 또는 인간의 능력을 무성하게 하기 위해 통제국가의 무력을 평정하는 것 등으로 이해된다. 그리고 '인간전선'의 혁명은 지금까지 진행된 '퇴행의 역사시대'를 종결시키고 인류의 새로운 시작을 알리는 혁명이기도 하다.

이혜정은 이 작품을 "가상의 혁명"이며 "유토피아의 꿈을 환상적 서사를 통해 성취하고자"[141]한 판타지로 규정하고 있다. 이것이 지금까지 유일한 적극적 평가이다. 그러나 장용학에게 현실이란 어떤 필연의 세계이자 견고한 진리의 장소가 아니다. 니체와 공명한 그에게 현실은 우발적으로 만들어진 하나의 세계, 수많은 잠재적 세계와 공존하는 어떤 세계일뿐이다. 다만, 실재 속에 내속하는 또 다른 세계를 이끌어내기 위해서는 엄청난 실천이 요구된다. 장용학은 이 잠재하지만 실재하는 다른 세계가 존재함을 드러내기 위하여 소설을 통하여 당대의 현실을 진단하고, 현실 속에서 잠재하던 혁명을 표현함으로써 독재국가에 장악당한 현실을 탈주시키려고 했다. 이러한 그의 문학적 실천은 국가의 폭력에 눈을 감은 당대의 모든 소설을 법정에 세울 수 있을 것이다.

141 이혜정, 앞의 글, 348~349쪽.

3. 내셔널리즘의 포획을 넘어서

장용학의 후기 작품들 가운데 일부는 민족 문제를 형상화하고 있다. 그런데 주인공들을 통해 형상화되는 한국과 일본 간의 문제, 그리고 인물들의 갈등은 상당히 반일본적인 성격이 강하다. 그렇기 때문에 많지 않은 선행 연구자들은 이를 장용학이 민족주의적인 세계관을 확립한 것으로 읽어내기도 하였다. 이는 당대 한국과 일본 사이에 지속되었던 정치적 문화적 갈등국면 속에서 그 역시 지배적인 분위기에 편승한 것으로 파악하기 때문이다. 하지만 이와 같은 평가는 그가 그려내고 있는 일련의 작품들에 대하여 지극히 피상적인 읽기의 결과이다.

앞 절에서 살펴본 바와 같이 장용학은 국가장치에 대한 예속을 벗어나는 것이 바로 본연의 '인간'이 되는 것으로 보았다. 이 절에서 살펴볼 한국과 일본의 민족 문제를 다루는 작품들 역시 지금까지의 경향들에서 결코 벗어나 있지 않다. 다시 말해, 후기에 쓰여진 일련의 작품들 역시 국민국가를 지탱하는 국가주의 또는 민족주의를 벗어나기 위한 실험이다. 이 작품들에서 장용학은 한일간의 피가 섞인 혼종적 신체를 가진 인물들, 지성을 통해 민족주의를 벗어나는 인물들, 그리고 이러한 지성적인 인물들 사이의 사랑을 보여준다.

1) 제국주의 기표화에 대한 거부: 「상흔」

<상흔>의 주인공인 병립丙立은 일본인 어머니와 조선인 아버지 사이에서 태어났다.[142] 그의 탄생은 말 그대로 제국주의 정책의 결과물이다.

142 장용학, 「傷痕」, 『현대문학』, 현대문학사, 1974. 1.

> 丙立은 사랑의 소생이라기보다 內鮮一體의 아들인 셈이다. 어머니는 그 내선일체의 아들을 훌륭한 皇國臣民으로 만든다고 조선말을 못하게 했고, 학교도 일본인 소학교에 보낼 생각으로 일본말만 가르치면서, 일본아이들과만 놀게 했다. 아버지가 뭐라고 하면 <國語常用>을 쳐들었고, 그래도 뭐라고 하면 <天皇階下께옵소서는……>해서 남편을 不動姿勢시킨다음 一視同仁의 皇恩을 설교했고, 자기는 非國民과 결혼한 것이 아니라고 했다.[143]

인용문에서 병립을 '내선일체의 아들'이라고 말한 것은 부모의 결혼 과정과 그가 태어난 이후 양육하는 모습 때문이다. 원산의 세관에서 같이 근무하던 그의 부모들은 사랑하는 사이도 아니고 결혼할 생각도 없이 우연히 맺게 된 육체관계를 지속했다. 그러던 중 엄마의 보호자인 세관장이 이 사실을 알게 되어 두 사람이 결혼할 것을 권고하고, 어머니를 설득한 후 "내선일체를 내들고 아버지에게 강요"81하자 아버지가 이를 받아들여 결혼을 하게 된다. 그는 일본제국에 조선이 완전히 융합되는 것내선일체을 표상하는 신체로 태어난 것이다.

장용학 소설에서 등장인물의 이름이 지니는 중요성을 고려할 때, 병립丙立이라는 이름은 갑을병甲乙丙이라는 순서 또는 그 위계성 안에서 이해할 수 있다.[144] 병립은 세 번째의 삶이다. 갑이 제국의 신체 다시 말해 '일본인'이라면 을은 '조선인'이다. 그러나 병립의 신체 자체는 일본인도 조선인도 아닌 혼혈의 신체인 병丙이다. 이는 제국의 논리에서 볼 때 민족의 표상을 넘어서 제국과 동화된 제3의 신체임을 의미한다. 그러나 제국이 패망하고 식민지와 제국이 각각의 '민족/국가'로 회귀한 상황에서 내선일체의 표상은 더

---

143 장용학, 위의 글, 81쪽.

144 물론 장용학 소설의 인물 이름은 단순히 에필레이션에 그치는 것이 아니라 그 인물의 정동, 삶의 자세를 포괄하는 것이다.

이상 유효성을 지닐 수 없다. 바뀐 조건 속에서 오히려 병립이라는 이름은 양쪽 민족/국가 어느 쪽에도 속할 수 없는 '열외존재'가 되고 만다. 건재한 제국의 관점에서는 장려되던 이름이 배치가 바뀌고 나니 3등의 존재가 된 것이다.

따라서 혼혈아인 병립의 삶은 다음 두 가지로 이해할 수 있다. 먼저 그는 말 그대로 미달된 신체이다. 병립은 제국주의라는 역사적 조건에 의해서, 그리고 제국주의의 욕망내선일체에 의해서 생산되었지만 제국이 패망함으로써 그 의미를 상실할 수밖에 없었다. 그후 그는 해방된 조선에서 살아야 했지만 '조선인'과 동일할 수도 없었다. 왜냐하면 그는 '튀기잡종'에 불과하기 때문이다. 병립은 일본에서도 조선에서도 인정받지 못하는 타자이다. 이것이 바로 작중 현실에서 아비에게 신체적 폭력을 당하고 밖에서는 '일본인'이라고 따돌림을 당하는 이유이다.

그러나 다른 측면에서 볼 때 그의 신체에 '튀기잡종'라는 낙인을 찍은 '순혈'의 민족주의는 그 자체가 근대적 표상에 불과하다. 그의 부모가 근대의 두 민족을 표상한 것과 별개로 신체는 하나의 생성이며 그 자체가 삶이다. 국적이 다른 부모에게서도 아무런 문제없이 태어난 병립 자신이 이를 증언한다. 하지만 근대국가의 표상에 갇혀 있는 모든 인물들은 그의 신체를 인정하지 않는다.

> 해방을 맞은 아버지의 家長으로서의 첫 발언은, 오늘 이 時刻 이후 이 집안에서는 일본말이 일언반구도 안 된다는 것이었고 주먹을 해가지고 丙立의 정수리를, 눈에서 불이 뻔쩍 나게끔, 마치 못 박듯 치고 「너 이 놈, 잠꼬대로두 일본말을 하는 날엔 대문밖에 내던진다! 알았느냐?」 호령했다[145].

145 장용학, 앞의 글, 82쪽.

여기에서 병립에게 폭력을 가하는 근대적 표상은 아亞제국주의를 내면화한 조선 민족주의 욕망이다. 근대적 표상, 혹은 근대적 표상에 포획된 현실은 병립에게 끊임없이 폭력을 가한다. 그리고 그 폭력은 병립의 언어습득에서 직접적으로 드러난다. 병립은 일본인 어머니에 의해 국어일본어를 습득하도록 강요되다가 해방되자마자 아버지에 의해 조선어를 습득하도록 강요당한다. 병립의 언어 문제는 곧 근대국민국가의 주체화 문제와 직접적으로 연결되어 있다. 그가 제국의 국어일본어를 배우는 것은 분명히 제국의 언어적 권력에 예속되는 것이다. 어머니가 그에게 국어를 배우게 하는 것은 그를 '황국신민'으로 만들기 위해서였다. 이와 달리 해방을 맞이하자 아버지는 병립의 일본어를 억압하고 동시에 조선어 사용을 강요한다.

물론 조선에서 살아가기 위해 병립이 조선어를 배우는 것은 현실적인 필요에 의한 것일 수 있다. 아울러 민족의 관점으로 볼 경우 해방된 민족 주체가 되기 위하여 조선어 습득은 당연히 거쳐야 할 것이다. 그러나 해방 이후 그가 조선어 배우기를 강요당하는 것 역시 제국의 권력 작동방식과 다른 것은 아니다. 제국주의란 어차피 민족주의가 팽창한 산물이기 때문이다.[146] 병립이 조선어를 배우는 과정은 "정수리를, 눈에서 불이 뻔쩍 나게끔, 마치 못 박듯 치"82는 아버지의 폭력이 신체에 각인되는 과정이다. 어머니가 병립을 황국신민으로 키우려 한 것이나, 아버지가 강력한 민족주의에 따라 그를 조선인으로 만들려고 한 것 모두는 병립의 신체를 주체화하려는 초월적 권력의 작동이란 점에서 동일한 것이다. 즉, 어머니든 아버지든 모두 자신이 오이디푸스화한 권력을 자식에게 강요하는 것에 다름 아니다.

이와 같은 과정 속에서 병립은 "집에서는 일본말이 나왔다고 주먹이 날

---

146 조정환은 민족주의의 작동방식을 제국주의적 속성을 내재화한 것인 '예속적 제국주의'로 불렀다(조정환, 『카이로스의 문학, 갈무리, 2006, 88쪽). 이는 이미 제국주의적 작동방식을 내재화한 것에 다름 아니다.

아들고, 밖에 나가면 「야 日本새끼가 온다」"82고 멸시당하는 상황에 처하게 된다. 병립은 자신에게 날아드는 예고 없는 폭력과 '일본새끼'라고 따돌림을 당하는 것은 모두 일본말 때문으로 인식한다. 그렇기 때문에 그는 자신이 습득했던 일본어를 '부스럼'과 같이 여긴다. 결국 그의 일본어 능력은 능력이 아니라 질병으로 자각된 것이다. 그는 성장하는 내내 일본어를 무의식적으로 회피한다. 아울러 한국에서 성장하면서 그가 겪은 폭력의 원인이 일본 때문이라고 생각하게 되면서 그는 점차 반일본적인 역사인식을 얻게 된다. 그리고 이러한 인식은 병립의 일본인에 대한 반감으로 나타난다.[147]

하지만 병립은 대학 3학년이 되어 다시 일본어를 배우게 되는데, 이는 "문필생활을 좀 하려면 일어로 된 책을 읽어야 했기 때문"82이다. 다시 말해 창작을 위한 지식을 쌓기 위해서는 일어로 된 책을 읽지 않을 수 없기 때문이다. 물론 이는 당대 한국의 근대 지식 내지 번역 상황에서 기인한 어쩔 수 없는 선택이기도 하다. 그러나 필요에 의해 습득하기 시작한 일본어는 "우리 책을 멀리하고 일본책만을 가까이 하게"82 될 만큼 능력을 발휘하게 된다. 그리고 이러한 자신의 일본어 능력의 발전에 대해 병립은 '무엇을 背信'하는 것 같은 인상을 받는다. 병립의 개인적인 관점에서 볼 때 일본어란 지적 능력의 증대를 위한 하나의 수단일 수 있으나, 이것은 여전히 민족주의적 표상 속에서 자유롭지 못함을 보여준다.

그러므로 내재성에 근거하여 공통개념으로 나아가는 단초인 지성은 상상의 공동체인 민족과 이에 근거한 초월적 국가민족주의와 대립할 수밖에 없다. 모든 것은 초월적 기표에 근거하는 것이 아니라 특이성으로서의 삶들,

147 "이 호텔은 단체 손님은 받지 않는지 우글거리고 있을 것으로 생각했던 日人 떼는 보이지 않았다. 그렇지만 여기저기에 군데군데 두셋씩 앉아서 웃고 속삭이고 하는 것은 일인들이어서, 남의 나라에서 남의 나라 사람을 만나고 있는 것은 자기 쪽인 것 같았다."(86쪽) 이러한 서술은 외화벌이를 위해 국가가 시행한 관광정책으로 당시 유행하던 일본의 기생관광에 대한 비판과 이어져 있다.

우리의 생명들의 역량에 근거하여야 한다. 장용학은 민족주의에서 비롯된 반지성적 현상에 대해서는 국적과 상관없이 동일하게 비판적이다. 후기 작품들에서 등장하는 주요 인물들은 모두가 자신의 국가에 대해 비판적인 자세를 지니고 있다. 한국이 일본을 비판하면서도 일본을 고스란히 모방하고 있다는 점에서 한국에 대한 비판은 일본 비판과 등가인 것이다.

병립은 시즈에와의 첫 만남에서부터 상당한 거리감을 드러낸다. 그리고 이러한 반일본적 자세는 시즈에의 오빠인 도시오敏夫에 대해서도 마찬가지이다. 그러나 도시오는 친한파로서 일제 시기 자신의 재산을 환수하려는 시바다와는 다른 성격으로 한국을 방문한다. 시즈에는 도시오의 한국 방문을 다음과 같이 말한다.

> 「오빠는 관광이라기보다 見學? 巡禮? 그러한 기분이에요. 騎馬民族說에 관심이 깊어서요. 기마민족설이란걸 아시죠? 일본민족은 조선반도에서 건너왔다는…….」
> 「오빠의 專攻은 무엇인데요?」
> 「대학은 무슨 科를 나왔지만 딜레탄트에요. 무엇이나 알고 무엇이나 조금밖에 모르는.」[148]

도시오는 아마추어딜레탕트이지만, 일본의 기원에 대해서 정확한 역사적 식견을 지닌 인물이다. 아울러 이러한 도시오의 말은 고대사를 왜곡하던 일본의 지식인들과 반대되는 반민족적 입장을 취하고 있음을 알 수 있다. 그리고 그는 한국의 현실에 대해서도 상당히 비판적인 입장을 지니고 있는 인물이다. 그렇기 때문에 당시 한국의 현실에 대한 비판은 도시오의 입을 통해

---

148 장용학, 앞의 글, 87쪽.

이루어진다.

「나는 한국과 별 관계가 없지만, 親韓波들의 손에서 한국을 보호해주고 싶은 충동을 느낄 때가 있답니다. 그런데 한국에서는 勳章을 달아주면서 신주모시듯 한다지요?」

「……」

「이번에 와보고 한층 그런 걸 느꼈지요. 일본에서는 시대에 뒤떨어져서 통하지 않는 것이 꽃을 피우고 있어요. 일한친선이니 日韓協力이니 하는 그늘에서 말입니다. 여기가 어디 대한민국인가요. 친한파들의 運動場이지요.」[149]

도시오의 입장에서 볼 때 일본의 친한파들이 당대 정권과 친분을 맺고 있는 것은 한국을 경제적으로 재식민지화 하려는 의도 때문이다. 그럼에도 불구하고 한국에서는 이들에게 훈장을 달아주면서 신주 모시듯 하고 있다는 말은 지배권력의 근대화 개발논리에 의해서 역사적 사실을 망각하고 오히려 자신의 가해자들에게 훈장을 수여하는[150] 당시의 현실을 꼬집은 것이다. 친한파들이 한국에서 환대를 받은 것은 경제 논리를 우선하는 개발독재 정권의 정책에 따른 것이다. 따라서 도시오는 "누가 피보다 진하다고 한 역사도 한국에서는 행정력 앞에서는 양보해야 하"93는 현실을 보면서 그것은 "지성의 문제"라고 말한다. 아울러 이와 같은 한국의 현실 자체를 "지성의 불모투성이"같은 쪽라고 규정한다. 역사적 관점에서 볼 때, 경제 논리만을 최우선시하는 한국 정부는 인민들의 역사와 삶에 반하는 몰역사적인 정치를

---

149 장용학, 위의 글, 92~93쪽.

150 1970년대 초에 박정희는 일본 전범 7명에게 훈장을 수여했다. <경향신문>, 2013. 10. 9, 참조.

하고 있는 것이다.

병립은 시즈에와 도시오에게 일본을 강력하게 비판한다. 여기서도 비판의 대상은 일본의 황국사관, 신국사상 등이다. 신국사관에 따르면 일본 국가의 유래 자체가 마치 하늘에서 내려온 것으로 되어 있지만 오히려 그것은 도래 민족조선의 일본통치를 위한 명분이었고, 이미 존재하던 일본의 본토 주민에게 조선에서 온 사실을 숨기기 위해 꾸며낸 말이라고 주장한다. 그리고 그것이 명치유신을 지나면서 황국사관으로 승화된 것이라고 말한다. 이 외에도 병립은 일본이 태평양 전쟁을 생존권을 위한 싸움이었다고 주장하는 것에 대해서 비판하는 등 일본에 대한 자신의 강한 반감을 드러낸다.

이는 "이들이 호텔에 돌아가면, 내 어머니가 일본인이라는 것을 알게 될 것이니, 그전에 국적을 잘 보여주어야 하겠다는 생각"100 때문에 자신이 혼혈이라는 것을 숨기기 위한 병립의 과장된 행동이다. 하지만 민족국민국가의 국적에 따를 때 병립은 언제나 하나의 온전한 주체가 되지 못한다. 그렇기 때문에 이와 같은 병립의 지나친 자의식과 행동은 그가 여전히 민족국가의 표상에 사로잡혀 있으며, 그러한 한에서 그의 신체는 이 표상에 결코 합치될 수 없는 열등성 내지 비순수성을 입증할 뿐이다.

그러는 한편, 조선인이고자 하는 병립은 스스로 일본인인 시즈에와 거리를 두기 위해 반감을 드러내었지만 시즈에는 이러한 병립의 논리를 대체로 수용한다. 이는 그의 일본비판에도 불구하고 시즈에가 언제나 "국적이 없는 얼굴"같은 쪽을 하고 있다는 것에서 알 수 있다. 병립은 일본에 비판적인 자신의 이성적인 판단에도 불구하고 처음부터 시즈에에게 강하게 매료된다.[151]

---

151 "선생님의 부친께서는 獨立鬪士였어요?" "아니, 보기 드문 親日派였지요." "어마, 그런 말을. 제가 건방져 보였던 거죠." "아니, 당신의 용모가 知的이고 아름다워서 아무 말이고 해도 좋을 것 같아서……." "어머나, 이제는 사람을 놀리시네." "아니 정말입니다." 했다가 그

그리고 그 후 두 사람은 강렬한 사랑에 빠진다.

> 백양나무의 굵다란 줄기가 그들의 걸음을 막았다. 두 남녀는 숨을 쉬는 것도 두려운 것 같았다.
>
> "제가 탐나지 않아요……"
>
> 그것은 사랑이라기보다 不純 같았다.
>
> 丙立은 탄력이 있는 그 붉순을 와락 껴안았다.
>
> 두 개의 불순은 쉽사리 달아올랐고, 아까 어깨가 그랬던 것처럼 입술과 입술은 한두차례 어물어물하다가 떨어지고 싶어하지 않았다. (중략)
>
> 두 肉體는 다시 하나가 되었다. 丙立은 雜草로 뒤덮인 자갈밭에 여자를 쓰러뜨리고 덮쳤다. 두 육체는 한 덩어리가 되어 深淵으로 미끄러져 들어갔다.[152]

작품에서 두 사람의 사랑은 근처에 순찰을 나온 경찰에 의해서 제지당하고 만다. 그런데 두 사람이 사랑에 빠지는 것은 욕망의 흐름 때문이며, 이는 민족국민국가의 정체성을 횡단하는 '넘어섬'이다. 그러나 여전히 민족국가의 인식틀에서 자유롭지 못한 병립은 자신과 시즈에의 사랑을 그대로 긍정하지 못한다. 그래서 그는 자신들의 사랑을 '불순'으로 인식하는가 하면, 시즈에를 "엽색을 위해서" 조선에 온 "몹쓸 계집"103으로 욕하면서 자신을 정당화하기도 한다. 하지만 실제 욕망은 이와 전혀 다르다. 그가 상사병을 앓기 때문이다. 서른이 넘도록 결혼을 하지 않고 있는 그에게 그녀는 처음으로 "못 견디게 결혼하고 싶다 하는 여자"같은 쪽이다.

그러한 그의 마음은 그 다음날 시바다 노인이 병립을 찾아와 결혼을 종용하는 순간 정점에 이른다. 시바다는 시즈에가 병립과 결혼하고 싶어 한다는

는, 일본여자도 여자다, 하는 생각에 마음이 붉혀졌다(장용학, 앞의 글, 88쪽, 밑줄 인용자).

152 장용학, 위의 글, 104쪽.

사실을 알리고 병립에게도 시즈에를 사랑하는지를 묻는다. 병립은 시즈에가 자신을 사랑한다는 말에 "행복감에 가슴이 울렁"거리는 것을 느끼고 자신의 속마음을 알리고 싶어 한다. 그 순간 그는 근대적 표상을 넘어가는 정점에 놓인다. 하지만 뜻밖의 사태가 벌어진다.

> 「韓日兩國民族은 원래가 同祖同根이어서 형제와 같은데다가, 윤선생은 반은 일본사람이니 장애는 있을 수 없오. 韓日親善을 위해서도 참으로 경하할 일이오, 그런 의미에서 나는 이 결혼을 적극적으로 찬성하고 싶소.」[153]

그들의 결혼은 시바다 노인에 의해 제국주의 기표로 의미화된다. 모든 국민의 반대에도 불구하고 권력 유지를 위한 수단으로써 박정희 정권에 의해서 채결된 한일 기본조약은 급격한 한일경제 유착을 불러 일으켰다.[154] 이 작품의 배경이 되는 1970년대는 한일관계의 변동 아래에서 일본에 의한 경제적 재식민지화에 대한 우려의 목소리가 들리던 시기이기도 했다. 그러므로 한일 양 민족은 "동조동근"이라는 시바다 노인의 발언에는 군부정권과의 회담에 의해서 어떠한 반성도 거칠 필요가 없었던 과거 제국주의의 욕망이 30년이 지난 이후에도 고스란히 남아 있다. 그렇기 때문에 병립은 "시즈에와 결혼하고 싶습니다. 하면서 시바다 노인에게 두 손을 짚고 절하고 싶은

---

153 장용학, 위의 글, 104쪽.

154 한일 협정에서 군부는 과거사에 대한 처리문제를 정확히 하지 않음으로써 양국 간의 정치적 문제를 남기게 된다. 강상중·현무암, 이목 역, 앞의 책, 229~234쪽 참조. 한일 협정의 최종 타결에서 "일본은 경제협력자금 혹은 독립 축하금이라고 해석하였으며 반면 한국정부는 보상 내지 청구권자금이라고 해석하였다." 이로써 일본은 역사적인 부채를 경제적 지원으로 갚았다고 주장하게 된다. 결과적으로 국가가 식민지 주민으로 핍박받았던 국민의 보상 권리를 가로챔으로써 개인들이 일본을 상대로 재산권을 주장할 수 있는 가능성은 사라지고 말았다. 이원덕, 「한일협정 이후 한일과거사 문제의 개선방향」, 『해방후 한일관계의 쟁점과 전망』, 경인문화사, 2005. 170~171쪽.

충동”105 속에서 자신을 “잡아서 눌러 앉히려고 하는 손”을 느낀다.

이 손이야 말로 그의 신체 - 이성이 포착한 위험신호였을 것이다. 그런데 그 손은 “뿌리치자면 간단히 뿌리칠 수 있을 것 같은데 뿌리쳐지지 않”같은 쪽는다. 시즈에와 결혼하겠다고 대답하고 싶은 간절한 충동과 ‘눌러 앉히는 손’ 사이의 갈등에서 침묵으로 지루해지려던 순간 병립은 방으로 들어온 동생 순희를 보면서 시바다 노인에게 그녀가 자신의 약혼녀라고 말하고 만다. 그리고 그렇게 말하는 순간에도 그는 격심한 갈등에 휩싸인다.[155] 그가 사실을 그대로 밝힌다면 두 사람은 결혼하게 될 것이다. 그러나 이는 제국주의의 기표에 의미화되는 것이다. 따라서 시바다 노인에게 거짓말을 한 것은 그들의 결혼이 또 다시 제국주의와 민족주의에 재영토화되는 것을 거부한 것이다.

2) 역사(History)의 허구성 비판과 새로운 인종되기: 「부여에 죽다」

「부여에 죽다」[156]는 서술자인 ‘나’가 경주에서 우연히 ‘하다나까’라는 일본인을 만나면서 이야기가 진행된다. ‘나’는 초면인 하다나까의 신랄한 한국비판에 어떻게 대처할지 판단을 내리지 못한다. 그는 한국을 ‘꼬집는’ 만큼 일본도 함께 비판하기 때문이다. 하지만 한국 정부의 문화정책과 역사인식에 대한 그의 비판이 지나치다는 생각에 ‘나’는 그에게 혹시 한국교포가 아닌지 물어본다. 그러자 그는 ‘진짜 일본인’이며, 계리사計理士가 직업이라

155 “丙立은 몇 번이나, 아까 것은(시바다에게 자신의 여동생 순희를 약혼자라고 속여서 말한 것 - 인용자) 거짓말이라고 실토하고 싶은 충동을 느꼈지만 참았다. 그의 그러한 충동을 끝끝내 눌러앉힌 손은, 시바다 老人의 입에서 나온 <韓日親善>이었다. 內鮮一體의 결혼을 강요했던 사람의 입에서 나온 것이 아니었다면 어찌되었을지는 모르지만, 內鮮一體의 아들로 丙立이 받은 傷處는 그렇게 깊었다. 시즈에가 나를 얼마나 나쁜 사람이라고 할 것인가를 생각하니, 가슴이 메어지는듯했지만, 할 수 없다고 했다.” 장용학, 앞의 글, 105쪽.

156 장용학, 「부여에 죽다」, 『현대문학』, 현대문학사, 1980. 9.

고 밝힌다. 그는 자신의 이력을 다음과 같이 알려준다.

그의 아버지는 식민지 조선의 전라도에서 지서 주임을 지냈으며, 종전 8·15해방을 맞자 조선인이 때린 몽둥이에 머리를 맞고 애꾸눈이 되어 일본으로 돌아갔다. 그 당시 엄마의 뱃속에 있던 그는 아버지의 제자가 되어 조선인이 열등민족이라는 교육을 받으며 자란다. 게다가 또래 아이들로부터 아버지가 애꾸눈이라고 놀림을 당하면, 조선에 대한 반감은 더욱더 커졌다. 그래서 국민초등학교 때부터 조선 아이들을 괴롭히는 것을 일과로 삼았다고 한다.

그처럼 태생적으로 반조선적 태도를 취했던 하다나까가 조선에 대하여 관심을 가지게 된 것은 아버지가 세상을 떠난 대학교 3학년 때였다. '친한파親韓派'라고 멀리해온 어머니로부터 아버지가 애꾸눈이 된 것은 그가 조선인들을 지나치게 학대했기 때문이었다는 사실을 들은 것이다. 그는 아버지가 그나마 목숨을 부지하고 일본에 돌아오게 된 것은 어머니 덕분이었음을 짐작하게 된다. 그 후로 그는 반조선적 태도를 버리게 되는데, 이를 "애꾸눈의 주박呪縛에서 풀려났"[157]다고 말한다.

조선에 대한 자신의 기존 인식이 잘못되었음을 깨달은 그는 방향감각을 상실한 채, 일본 고대사 공부를 하게 된다. 그 과정에서 그의 조상은 한漢나라도 조선 땅의 왕족도 아닌, "달솔인가 하는 백제의 신하"14였다는 것, 그래서 자신의 "혈관에 <요보>의 피가, 그것도 아버지의 눈을 뽑아 낸 전라도 땅의 피가 흐르고 있다"같은 쪽는 사실을 알게 된다. 그 후 그는 더욱더 공부에 매달렸고, 그 결과 자신이 알고 있던 모든 일본 역사와 황국사관이 '잠꼬대'였음을 깨닫게 된다.

또, 그는 일본의 고대사가 고구려와 백제계 사람들이 도래하여 서로 권

---

157 장용학, 위의 글, 14쪽. ※ 이후 작품을 본문에서 인용할 경우 페이지 수만 표기함.

력 다툼을 벌여온 역사였으며, 당대 일본고대사 연구의 토대가 되는 『고사기』와 『일본서기』는 이러한 사실을 말살하기 위하여 꾸며진 것에 불과하다는 사실을 알게 된다. 이와 함께 임나일본부설, 광개토대왕비문의 해석 등은 "건전한 사고력을 조금만 발휘하면 누구나 스무드하게 이해되는 뻔한 사실"16임에도 일본의 모든 국책 학자들은 거짓으로 꾸며내었다고 말한다. 이들과 반대로 그는 일본이라는 이름에서부터 문화 대부분까지 조선의 삼국에서 유래한 것임을 알게 되었다.[158]

아울러 그는 초면의 조선인인 나에게 그와 같은 사실을 말하는 까닭을 다음과 같이 밝힌다.

> 「내가 왜 묻지도 않는 이런 말을 하는가 하면 말이오, 일본인이라면 오금을 못쓰는 사람이 한국에는 하도 많아서, 일본인들이 조선을 어떻게 형편없이 보고 있는 형편없는 人種인가하는 것을 알아두는 것이 건전한 交流를 위해 필요하기 때문이오. 상대방이 자기를 어떻게 보고 있는지도 모르고 히죽히죽 웃으면서 손을 내밀면 뭐가 되겠오. 計理士인 이 나에게도 히죽히죽 웃으면서 손을 내미는 사람이 간혹 있는데, 그럴 때면, 아 이것이 내가 꿈에도 그리던 내 祖上 땅의 사람들인가 싶어, 울고 싶어질 수도 있었단 말씀이오.」[159]

지방사학자가 된 하다나까는 일본과 교류가 많아지면서 "일본인이라면

158 이 작품에서 장용학은 하다나까의 입을 통하여 다양한 층위에서 일본 고대사의 허구성을 지적하고 있다. 이는 앞서 서술된 임나일본부설이나 광개토왕비문의 문제에서 시작하여 신화의 해석, 천황가의 실체에 대한 논의를 비롯하여 일본이라는 국호에 대한 비교언어학적 접근 등 광범위하다. 이를 통해 일본의 허구적인 고대사서술에 대하여 장용학이 느껴왔던 부당성을 짐작할 수 있다. 실제로 그는 일본 내부 연구자들의 자료를 바탕으로 일본의 주류 역사관인 '기기사관'을 비판하는 책을 쓰게 되는데, 이것이 바로 『허구의 나라 일본』(일월서각, 1984.)이다.

159 장용학, 위의 글, 17쪽.

오금을 못 쓰는" 한국 사람에게 자신이 알게 된 모든 사실을 알리고자 한 것이다. 일본 또는 일본인의 실상을 정확하게 파악하고 있어야 "건전한 교류"가 가능하다고 생각했기 때문이라는 것이다.

한국 국민은 식민지 근대를 경유한 이래 줄곧 일본에 대하여 이중적인 태도를 보여왔는데, 1970년에는 그 정도가 심화 된다. 그중 하나는 과거를 반성하기는커녕 '과거 군국주의 역사를 합리화하는 일본의 태도에 따른 적대감이다. 이에 반해 다른 하나는 '선진국' 일본을 동경하는 태도이다. 한일기본조약을 체결한 이후[160] 남한은 박정희 정권이 끝날 때까지 경제적으로 점차 일본에 의존하게 되면서 자연스럽게 그들을 추종하는 분위기가 만들어지게 된 것이다.

하다나까가 보기에 현대 일본인들의 가장 큰 문제는 허구적 역사를 믿는 것이다. 『고사기』와 『일본서기』를 만든 당시 일본인들은 자신들이 조선에서 건너갔다는 사실을 지우기 위하여 신화적인 내용을 꾸며내었으니 그 사실을 믿을 리가 없었다. 그런데 일본은 제국주의 지배를 합리화하기 위해서 "수백명의 교수 박사 명예교수들이 일세기를 두고 침식을 잊어가면서"17 꾸며진 허구를 역사적 사실로 만들었다. 그 작업은 바로 조선을 멸시하고 짓밟아서 열등민족을 만듦으로써 일본의 우월성을 구축하는 것이었다. 그런데 현대 일본인들은 그 허구의 역사를 "마음속으로 믿으려고 들고, 또 믿게 된

160 박정희 정권은 자신들의 정책을 실현하기 위하여 무엇보다 자금이 필요했기 때문에, 경제적으로 일본이 무상원조 3억 달러와 유상원조 2억 달러를 한국에 지원하는 대신 한국은 대일 청구권을 포기하는 것에 합의했다. 수많은 문제를 야기한 이 조약의 가장 근본적인 문제는 한국 정부가 식민지 청산 문제를 국민의 합의 없이 임의로 처리하였다는 점, 그리고 일본 역시 과거사에 대한 진지한 반성이 전혀 없었다는 점이다(최영호, 『현대한일관계사』, 국학자료원, 2002, 134~135쪽). 한편 1960년대 후반부터 1975년까지 일본으로부터 제공된 유·무상 차관은 정권의 근대화 정책을 실현하기 위해서도, '부국강병'을 앞세운 정권의 권력유지를 위해서도 반드시 필요한 것이었다. 곽진오, 「일본의 대일 경제정책과 한국의 입장」, 『한일관계사연구』 29집, 한일관계사학회, 2008, 268~269쪽.

것”같은 쪽이다.

하지만 하다나까가 문제라고 여기는 이것이 바로 국민을 창출하는 역사의 효과이다. ‘국민’ 그 자체가 곧 이야기서사[161]이기 때문에 현대 일본인들이 허구의 역사를 믿는 한, 여전히 조선에 대한 부정적 인식이 내장되어 있기 때문이다. 그는 이를 정확히 파악하고 있었던 것이다.

하다나까의 설명을 듣던 ‘나’는 일본인에게 있어 조선은 무엇인가를 한마디로 정의할 수 있는지 그에게 묻는다. 그러자 그는 “조선은 일본인에게 있어서 자부심의 원천”20이라고 답한다. 조선 멸시가 없었다면 일본의 우월의식이 생겨날 근거가 없었다는 것이다. 따라서 거짓인 줄 알면서도 국가의 지성 전체가 이 거짓에 매달리는 것은 바로 그들의 “열등의식의 소산”21이라고 하면서, 다음과 같은 말을 덧붙인다.

> “「이상으로써 일본은 조선인에게 있어서 무엇인가, 하는 것에 대한 답변을 마치겠지만 蛇足으로 아까 말한 西洋콤플렉스인데, 일본이 淸나라와 싸워서 이기고 조선을 마음대로 요리할 수 있게 된 다음 자신이 생겨서 한층 높이 내세운 것에 脫亞라는 것이 있오. 亞細亞를 벗어던지고 西洋을 본받아 서양처럼 되어 보자라는 거요. 國字를 로마字로 바꾸자는 주장도 나왔을 정도지만 볼품없는 東洋人들과 같은 걸상에 앉아 있는 게 창피하다는 거요. 그래서 키가 작고 피부가 누런 것이 큰 고민이었지만, 그런 입을 가지고 조선을 慕華의 나라, 事大의 나라, 그러니 일본의 종이 되는 것이 마땅한 나라라고 했는데, 脫亞라는 것도 허물을 벗기고 보면 慕洋이라는 事大인데, 大姦似忠이라고, 事大도 규모가 크면 事大로 안 보이는 것까지는 좋지만, 慕洋이 慕華보다 質이 나쁜 것은 거기에는 이웃에 대한 멸시를 내포하고 있다는 점이오. ……」”[162]

---

161 강상중, 이경덕·임성모 역, 『오리엔탈리즘을 넘어서』, 이산, 1999, 121쪽.

162 장용학, 앞의 글, 21쪽. 인용문의 첫 문장은 문맥상 “조선은 일본에게 있어서 무엇인가”로

그런데 인용문은 단순히 사족이 아니라, 일본 제국주의의 역사적인 전개에 대한 하나다까의 최종적인 진단이라 할 수 있다. 장용학은 하다나까의 입을 빌어 일본 제국주의가 역사적으로 보여주었던 조선멸시의 근원에는 "서양콤플렉스" 즉 내면화된 '오리엔탈리즘'이 내재해 있음을 정확히 지적한 것이다. 이와 동시에 일본은 성립 근거가 자기 긍정에서 시작한 것이 아니라, 타자의 부정을 통해서 긍정을 구축하고 있다는 점에서 근본적으로 니체가 말한 노예적 성격을 지니고 있음을 보여준다.

하다나까의 서술과 마찬가지로, 강상중은 일본이 서양과 구별되는 '동양'이라는 새로운 심상지리를 만들어 이 지역의 패자로 군림할 수 있었던 것은 청일전쟁 이후 일본 제국주의의 침략에서라고 말한다.[163] 일본은 서구보다 '열등한' 아시아를 벗어나고자脫亞 하지만 스스로 "피부가 누런" 근원적인 비서구인이라는 사실을 부정할 방법이 없었다. 그래서 그들이 선택한 방법이 바로 아시아에서 자신을 특별한 존재로 '소외'시키는 것이었다.

일본은 스스로를 주변국보다 우월했으며, 그렇기 때문에 자신들이 동아시아를 지배하는 것이 정당하다는 사회진화론적 논리를 만들기 위하여 수많은 사실을 왜곡해야 했다. 이를 위해 신화인 『고사기』와 『일본서기』를 역사의 정전으로 삼고 실제로 만들기 위하여 아시아의 각국에 나타난 문헌자료들을 아전인수격으로 조작해 온 것이다. 이 과정은 주변국뿐만 아니라, 자국 내부의 소수 인종까지도 오리엔탈리즘으로 타자화한 역사였다.[164]

되어야 한다. 서술상 착오가 분명하다.

163 강상중, 앞의 책, 132~133쪽.

164 전성곤, 『내적 오리엔탈리즘 그 비판적 검토』, 소명출판, 2012. 일본이 동아시아 지배를 정당화하기 위하여 '일본 민족의 우수성'을 구축하는 과정에서 만들어진 논리들의 내부 오리엔탈리즘을 다루는 이 책에 따르면, 제국주의 담론 생산자들은 동양 혹은 아시아에서 가장 뛰어난 '천손강림'의 일본민족기원론을 구성해야 했다. 그런데 그들이 정사라고 상정하는 『고사기』와 『일본서기』에는 일본 땅에 이미 이민족이 존재했다는 서술이 나온다. 따라서 이를 처리하기 위하여 일본은 선사시대에서부터 아시아의 모든 민족의 피가 혼효

그런데 하다나까는 서구화를 추구했던 근대 일본과 일본인이 상당히 문제적인 결과에 도달하게 되었다고 진단하면서, 그 결과 때문에 스스로 일본인이기를 그만두었다고 말한다. 그가 비일본인이 된 가장 근본적인 것은 일본인들의 '자기망실' 때문이다. 일본인들은 "자기 입으로 지어낸 거짓말을 열심히 믿으며 살았고, 그 믿음에서 자부심을 길"[23]러 왔기 때문에 진정한 자기를 잃어버렸다는 것이다. 그로 인해 파생된 것이 가치의식의 결여이다. 자기망실은 능동적인 판단을 불가능하게 만들었고, 그로 인해 그들은 "무엇이 반짝하면 그것이 이제까지 반짝하던 것과 반대의 것이건 뭐건 그리로 와하고 몰려"같은 쪽간다는 것이다.

자기망실에서 시작한 일본인들이 얻게 된 최종 결과물이 바로 철저한 예속성이다. 일본인은 "천황에 대한 충성심에서 하는 것은 무엇이든 '대의大義'"[23]라고 여기므로, 일반 국민들은 오직 천황에 복종하는 예속된 존재일 수밖에 없다. 따라서 가치판단을 할 수 있는 "천황만이 사람이고 일반국민은 사람이 아니"게 되므로, 천황을 현인신現人神으로 만들어야 국민들이 인간이 될 수 있었다고 말한다. 결국 그가 보기에 일본인들은 "<일본인>"같은 쪽이기만 하면 '인간'이 아니어도 좋다고 여긴다는 것이다.

그래서 하다나까는 현대 일본이 경제대국으로 발전한 것은 "플러스면面", 즉 긍정적인 가치에 기반을 두어서가 아니라 "남들은 이런저런 까닭으로 외면하거나 차마 못하거나 하는 것, 남들의 이국취미나 간지리는 것, 남들에게는 만우절감으로 보이는"[24] '마이너스 면', 즉 부정적인 가치를 최대한 활용할 줄 알았기 때문이라고 말한다. 그들은 "인간답지 못하더라도 잘

되었으나, 결국은 '기기신화'에 나오는 천황족인 '천손민족에에 융합되었기 때문에 모두 천손민족'이라는 논리를 만들었다. 그 과정에서 『고사기』와 『일본서기』에 등장하는 이민족들은 억압되거나 배제되어야 했다. 그리고 이러한 논리는 근대 일본의 오키나와나 도호쿠 지방을 중앙권력에 포함하는 논리로 활용되었다. 특히 10장(307~344쪽)은 이를 분명하게 보여준다.

살면 그만"같은 쪽이라고 생각한다는 것이다. 아울러 '일본인'의 이러한 태도는 바로 그들이 부식腐蝕된 때문이라고 평가한다.

그런데 일본을 그렇게 부식시킨 근본적인 원인은 역설적이게도 바로 조선이다.[165] 그의 말에 따르면 근대 일본인은 스스로를 신국으로 만들기 위해 조선을 멸시했다. 그런데 신국의식은 은폐된 열등의식에 불과하다. 자신의 실제 역사가 조선보다 열등하다는 사실을 알았기 때문에 일본은 스스로를 신국이라는 초월적 존재로 꾸며야 했으며, 그 정점에 신神인 천황을 세움으로써 모든 일본인은 이 초월적 존재에 예속되고 노예화되어야 했다. 스스로를 예속시킨 이 부식이야말로 현재의 일본을 경제대국으로 만들 수 있었던 원동력이었다는 것이다.

결국 하다나까는 일본 탈출을 감행하는데, 그 방법이 조선에 대한 공부였다. 조선에 대한 공부를 시작하자 성취 속도가 남달랐지만, 애꾸였던 아버지에게서 배웠던 반조선의 감정에서 벗어날 수 없었던 그는 자기 눈으로 직접 사실을 확인하기 위해 한국을 방문한다. 그런데 그가 본 것은 "모든 것이 일본식"이어서 "조금도 신생국가 같지 않"[25]은 한국의 모습이었다. 따라서 그가 일본에 대하여 신랄한 비판을 한 이유는 경제대국이 된 현재 일본의 감추어진 실상을 한국인들에게 알려주기 위한 것이다. 그리고 그 실상은 천황제에 의해 모든 일본인들이 판단력을 상실하고 노예가 되었다는 사실이다.

한편, 이 작품을 통해 장용학은 당대 정부에서 진행된 경주개발사업에 내장된 '국민 만들기' 기획을 실랄하게 비판 한다. 경주에서 버스로 두어 시간 거리에 살고 있던 '나'는 평소 경주를 자주 찾았으나, 정부가 추진하는 경주

---

165 "「일본인을 그렇게 부식시킨 根源은 말이오, 거슬러 올라가 그 뿌리를 캐보면 바로 <朝鮮>이오. 조선멸시의 神國意識이오. 조선에 대한 劣等意識에서 헤어나지 못하거나 그것을 은폐하기 위한 朝鮮蔑視, 일본인의 意識構造는 千數百年에 걸친 그 訓練 속에서 형성되었고, 스스로 조작한 거짓을 정말로 믿고 그것을 자랑으로 삼을 수 있는 心的 메커니즘, 그 執念이 마침내 일본인을 그렇게 腐蝕시켰던 거요.」" 장용학, 앞의 글, 24쪽.

개발사업이 본격화 된 다음부터 발을 끊다시피 한다. 그러다 고도古都가 파괴되어 간다는 소식에 거의 5년 만에 경주를 찾는다. 그러는 가운데 '나'는 불국사 무영탑에서 우연히 '하다나까'라는 일본인을 만난 것이다. 그는 '나'에게 사진을 찍어달라는 부탁을 시작으로 같이 사진을 찍자고 하는 등 '야금야금' 접근하기 시작한다. 이러한 하다나까의 접근에 '나'는 "다음에 술이나 한잔 하자고 한다면 꼭 공작원이겠다"[166]고 생각한다. 그런데 아니나 다를까 그는 '나'에게 맥주를 마시자고 청한다. 이에 '나'는 동행이 있다는 핑계로 그와 헤어지지만, 해질녘 포석정에서 다시 만나게 된다.

지나치게 싹싹한 일본인들과 달리, 다소 불쾌감을 주는 듯한 그의 넉살 때문에 오히려 '나'는 그의 승용차를 함께 타고 경주 일대를 동행하게 된다. 한국에 대해 상당히 해박한 지식을 지닌 그는 경주의 문화재들은 물론 문화재를 둘러싼 국가정책에 대하여도 잘 알고 있다. 그래서 그는 경상도 토박이면서 자주 경주를 찾았던 '나'보다 훨씬 깊이 있고 비판적인 안목을 보여준다. 그 대표적인 것이 바로 작품 서두에서 보여주는 통일전에 대한 그의 견해이다.

> 「옛날부터 있던 것을 저렇게 다시 세운 것인가요?」
>
> 「몇 년 전에 새로 세운 거요.」
>
> 「그럼 그 統一은 남북 통일을 말하는 건가요?」
>
> 「여기는 慶州요. 조선에 관해 그렇게 잘 알면서 몰라서 묻는 거요?」
>
> (중략)
>
> 「경주는 옛날에 三國을 통일한 신라의 서울이었오. 그래서 어쨌다는 거요?」
>
> 「그 통일이라면 좀 이상한데…….」

166 장용학, 위의 글, 6쪽.

(중략)

「뭐가 이상하다는 거요?」

「殿이라면 記念館같은 것이 아니고, 거 뭡니까. 神主같은 것을 모신 거겠지요?」

「…….」

「그렇다면 지금의 경주는 신라의 경주가 아니고 대한민국의 경주일텐데, 거 뭡니까, 百濟의 후손들도 찾아와서 절을 하라구 저렇게 세워놓은 건가요?」[167]

인용문에서 하다나까가 꼬집고 있는 것은 바로 통일전의 성격과 그 의미에 대한 것이다. 먼저 그는 통일전의 '전殿'이라는 이름에 대하여 의문을 제기한다. 통상 전통 가옥에서 '전'은 신이나 왕 또는 성인을 모시는 지극히 높은 지위를 차지하는 건물에 붙이는 이름이다. 그렇기 때문에 그는 "신주"를 모시는 곳인가 하고 물어본 것이다. 아울러 그는 통일전의 '통일'이 신라의 삼국통일을 기념하기 위한 것이라면, 삼국의 후예임을 자청하는 한국에서 백제의 후손은 어떻게 해야 하는가 하는 의문을 제기한다.

그런데 이와 같은 하다나까의 의문에는 당시 박정희 정권의 문화정책 전반에 대한 비판이 내장되어 있다. 최광승에 따르면 집권 18년 동안 박정희의 역사관은 상당한 변화를 보여준다. 쿠데타 초기 그는 우리 역사를 '퇴영과 조잡과 침체의 연속사'라며 지극히 부정적으로 바라보았으나, 그러한 인식은 1960년대 후반부터 변화하기 시작하여 1970년대에는 엄청난 반전을 보인다. 1970년대에 들어서 '주체적 민족사관'을 강조하기 때문이다.[168]

---

167 장용학, 위의 글, 5쪽.

168 최연식, 「박정희의 '민족' 창조와 동원된 국민통합」, 『한국정치외교사논총』 제28집 2호, 한국정치외교사학회 편, 2007, 46~51쪽; 『최광승, 「박정희의 경주고도(慶州古都) 개발사

이 가운데, 작품에서 하다나까와 '나'가 대화를 이어가는 핵심공간인 통일전은 박정희 정권이 자신의 정통성을 주장하기 위하여 전략적으로 만들어 낸 대표적인 건축물이다. 그곳에는 삼국통일에 크게 기여했던 태종무열왕, 문무왕, 김유신의 영정이 있다. 이는 군인집단이었던 정권의 '영웅만들기' 기획으로, '상무尙武' 정신을 강조하기 위한 것이었다. 그런데 통일전에 조성된 영정은 당시의 화가들이 상상을 통해 그린 영정이었으며, 건물은 '문화재 복원'이라는 취지가 무색하게 콘트리트와 시멘트로 만들었다. 설상가상으로, 그 후 경주에 복원하는 신라의 건물들은 통일전의 방식을 따랐다.[169] 결국 옛 수도인 경주를 복원한다는 당시 국가의 정책은 정권의 의도에 따른 하나의 기획이었을 뿐, 역사적 실제와는 무관한 것이었다.[170]

하다나까가 당시 조성하던 건축물들을 "역사극의 세트"7가 아닌가 하고 말하면서, 신라시대의 "그 집들이 어떻게 생겼는지 설계도라도 발견되었"같은 쪽는지 꼬집어 묻는 것도 이를 비판적으로 보기 때문이다. 아울러 그는 버려지다시피 한 포석정을 보면서, 없는 것을 엉터리로 새롭게 만드느니 있는 것이라도 제대로 보전 관리하는 것이 낫지 않는가하는 견해를 보인다.

업」, 『정신문화연구』 35권1호, 한국학중앙연구원, 2012, 186~190쪽. 최광승에 따르면, 이와 같은 변화는 무엇보다 남북한의 체제경쟁에서 역사적 정통성을 확보하기 위한 전략적 움직임 때문이었다. 남북한은 각각의 체제가 더 역사적 정통성을 지닌다는 것을 입증하고, 또 이를 통하여 각 국의 국민들을 통합하기 위하여 상이한 역사 서술을 하기 시작했다. 이를테면, 북한은 자신의 정통성을 주장하기 위하여 현재의 북한지역을 중심으로 건국되거나 활동한 고조선과 고구려 그리고 발해의 역사만을 가르쳤다. 이에 반해서 박정희 정권은 남한의 역사적 정통성을 신라역사에서 찾았으며, 특히 신라의 삼국통일을 강조함으로써 남한정부의 정통성을 주장하고자 한 것이다(192쪽).

169 최광승, 위의 글, 203~204쪽.

170 통일신라시대의 건축물로 알려진 불국사 역시도 실제 건물과 무관하게 임의로 만들어진 것이다. 「불국사가 통일신라 건축물? 박정희 정권 '상상력의 산물'」, 『한겨레 신문』, 2012.12.30.

아울러 하다나까는 국가장치의 허구적 정책에 내장된 논리적 구조에 대해 다음과 같이 말한다.

> 「지나가는 사람의 눈에 비쳐드는 것만큼은 좀 아는데, 한국에서는 封建殘滓라는 말 이상으로 일제잔재라는 말이 크게 쓰였다지만, 쓰인 흔적이 지나가는 사람의 눈에는 잘 안보인단 말이오. 하는 일이 꼭 日本式이란 말씀이오. 日帝에 그렇게 시달렸으면서 말이오. 일본에서도 배울 것이 좀 있겠는데, 마치 며느리가 자기가 눈물을 흘렸던 못된 시어머니에게서 배우는 것처럼 말이오. 主體性이라고 하면서 하는 일일수록 그러니, 벌써 잊어먹은 거요?[171](밑줄 인용자)

그는 독립 이후 박정희 정권의 정책 역시 국민을 식민지화하는 제국주의적 작동과 동일한 것에 불과하다는 것을 정확히 지적한다. 일본이 근대국가의 주체성에 입각하여 모든 문화와 역사를 허구적으로 재구성해갔던 것과 마찬가지로, 박정희 정권 역시 "주체성"을 내세우면서 허구로 역사를 구성하기 때문이다. 일본이 모든 인간을 천황의 '신민'으로 예속한 것과 마찬가지로, 박정희 정권의 최종 목적 역시 신체들을 예속시키는 것이었다는 사실은 말할 필요도 없다.

이에 대한 대표적인 사례가 바로 '화랑'을 편집증적으로 강조한 것이다.[172] 박정희 정권은 통일전보다 이전에 설립된 '화랑의 집'1974년 화랑교육원

---

171 장용학, 앞의 글, 8쪽.

172 박성현에 따르면, 근대의 시작과 동시에 '화랑도'는 '민족의 주체성'을 강조하기 위한 국가 이데올로기로 끊임없이 호출 당했다. 박정희 정권 역시 이에 크게 다르지 않은데, 그들은 문교부가 발행한 『시련과 극복』(1972.9.1)이라는 책자를 중·고등학교에 배포했다. 이 책자의 2장 '국난을 이겨낸 겨레의 슬기'에서 삼국시대의 항목에는 화랑도는 과도하게 서술하면서도 백제에 대한 내용은 아예 빠져 있다고 한다. 박성현, 「박정희 정권의 '화랑도

으로 개칭에서 '화랑정신'을 교육하도록 제도화하였다. 주요 교육 대상은 모범적인 중·고등학교 학생이었으며 교원, 대학생, 사관생도, 공무원까지도 포함되었다.[173] 무엇보다 정권은 삼국의 역사 중에 신라사를 정사正史로 만드는 과정에서 수많은 허구적 서사를 양산했는데, 특히 삼국시대에서 조선시대에 이르는 동안 일어난 모든 군사적 활동을 화랑도 정신으로 환원시켰다.[174] 결국 문화정책과 이에 수반된 역사 해석은 모두 정권의 권력유지를 위한 전략적 기획이었던 것이다.

국가는 자신의 관점에 맞는 서사인 역사를 구성하고 집단적 기억으로 공유하게 함으로써 신체들을 국가의 리듬으로 포획시켜 주체화하고자 한다. 이것이 바로 역사의 잉여가치이다.[175] 반면 이러한 기획에 부합하지 않는 역사적 사실은 억압하거나 배제시켰다. 하다나까가 당시의 역사 서술이 신라사는 지나치게 추켜올리면서 백제사는 푸대접한다면서 역사 서술의 편파성을 비판한 것도 이 때문이다. 유물로 보나 역사로 보나 백제가 분명 신라보다는 훨씬 발달된 문화를 지니고 있었음에도 불구하고, '경주 사람'인 김부식의 삼국사기를 지나치게 믿고 당나라의 힘을 빌려 통일을 한 신라만을 가치 있게 평가하는 것은 부당하기 때문이다.

하다나까는 '나'에게 전라도 지역을 여행한 소감을 이야기하면서 '경주고도개발사업'의 목적과 그 과정에 보이는 의도적인 지역 차별 또한 날카롭

(花郞徒)' 교육」,『역사와 현실』 96호, 한국역사연구회, 2015.6, 53~56쪽 참조.

173 박성현, 위의 글, 56쪽.

174 이 당시 화랑교육원은 박정희 정권에서 화랑도 담론 생산자의 주역이었던 이선근의『화랑도 연구』(1949)를 참고로 전체 역사를 설명하였는데 왕건의 후삼국 재통일, 서희, 강감찬, 윤관, 최영 등의 북벌개척정신은 물론, 조선시대의 이순신과 임진왜란의 의병활동 역시 화랑정신으로 설명하는가 하면, 승려의 의병활동 역시 세속오계의 호국정신으로 설명했다고 한다. 최광승,「유신체제기 박정희 정권의 애국적 국민생산 프로젝트 - 화랑도와 화랑교육원을 중심으로」,『한국학연구』 33, 인하대 한국학연구소 편, 2014.6, 257쪽.

175 이진경,『역사의 공간』, 휴머니스트, 2010, 53~54쪽.

게 지적한다.

「…… 거기(전라도를 일컬음-인용자) 사는 사람들은, 자기들은 문간방에서 살고 있는 것처럼 생각하고 있는 것 같았는데, 그러면서도 그것을 깨닫지 못하고 있는 것인지 깨닫고도 당연한 것으로 생각하고 있는 것인지 알 수 없더군요.」

「여보시오, 잘 알지도 못하면서 남의 집안일에 참견하는 것은 삼가는 것이 좋겠오.」

「왜 그렇게 두리번거리오? 여기는 아무도 듣는 사람이 없는데……」

「내가 듣고 있지 않소!」

「아 그랬군요. 뚜껑만 꼭 덮어두고 있으면『西部戰線 異常없음』이군요.」

「그런 말을 듣고 싶지 않소. 외국사람이라 해도 지방색을 풍기는 것 같은 말은 삼가는 것이 좋겠오. 우리는 손바닥만한 땅에서 살고 있는 단일민족이란 말이오.」

「그것은 저쪽에서 한 말 같은데, 아닌가요?」[176]

그런데 '나'는 그의 말을 저지하면서 주변을 경계한다. 그는 '나'의 반응에 "뚜껑만 꼭 덮어두고 있으면 『서부전선 이상없음』"이라고 비꼰다. 이에 '나'는 외국 사람이라 해도 지방색을 풍기는 말은 삼가라고 주의를 준다. 이와 같이 과민한 '나'의 반응은 당시 정권의 의도적인 지역 차별을 입에 올리는 것 자체가 치안의 입장에서 상당히 민감한 것으로, 정치적인 성격을 띠고 있음을 보여준다. 게다가 작품의 발표 시기를 고려하면 두 인물의 행동에서 광주민주화운동을 읽어내는 것이 결코 무리한 것은 아닐 것이다.

---

176 장용학, 앞의 글, 11쪽.

박정희 정권은 신라의 역사를 가공하여 민족의 주체성을 강조하고 강요하지만, 이것이 단지 정권이 상정한 '민족'의 역사만을 말하는 한 제국주의적 작동을 확대재생산하는 것에 지나지 않는다.[177] 백제의 후손인 전라도는 그들에 의해 차별을 받기 시작했고,[178] 그 후유증은 '지역감정'이라는 말로 지금도 지속되고 있다. 그래서 하다나까는 '한국은 단일민족이다'는 말은 권력을 장악한 쪽의 수사일 뿐임을 날카롭게 지적한다.[179]

이상과 같이 일본의 고대사에 대한 비판과 한국의 국민 만들기 기획에 대한 비판을 거치면서 결말에 이르러 이 작품은 일본인인 하다나까와 미스 유, '나' 모두가 인종주의를 넘어서고 국민이기를 부정하는 모습을 보여준다. 제국주의 시대에 접어들어 근대국가가 작동시킨 것이 '혈통' 혹은 '생물학적 집합체인 인종'을 내세우는 민족주의였다. 민족주의는 '국민'과 '외국인', '우리'와 '타자'를 가르고 차별화하는 과정에서 구축된다. 이때 타자와의 차이는 민족주의가 사유화私有化하고자 하는 동일성을 인위적으로 확립함으로써 정립된다. 그런데 인위적으로 확립하고자 하는 동일성이 무엇인가는 주도적인 폭력에 의해서 확립될 수밖에 없다.[180] 따라서 동일성에 근거한 국민국가의 형성은 언제나 지배적 폭력이 강요하는 내부적 억압이 전제된다.

---

177 강상중, 앞의 책, 197쪽.

178 호남지역의 소외는 1960년대에는 존재하지 않았으나, 1970년에 들어 정치적, 경제적으로 소외를 겪기 시작했다. 박정희 정권은 인재등용에서 호남 인사들에 대해 차별정책을 폈고, 고위직으로 갈수록 심했다. 그와 같은 분위기는 민간부분에서도 투영되어 호남출신들은 개인적 능력과 무관하게 취업과 승진의 기회를 제약 당했다. 최영태, 「5·18 민중항쟁과 김대중」, 『역사학연구』57집, 호남사학회편, 2015.2, 196~197쪽.

179 이에 대해 하다나까는 다음과 같이 말한다. "「……아까 단일민족이란 말을 했는데 계백이 외국의 장수였던가요? 그 당시의 民族意識이 오늘에 가까웠는지 三韓時代에 가까웠는지 門外漢인 나로서는 알 수 없지만, 백제는 어느 쪽인가 하면 신라에게보다 十三萬 唐軍에 의해 망했던 거요.」", 장용학, 위의 글, 12쪽.

180 가야노 도시히토, 김은주 역, 『국가란 무엇인가』, 산눈, 2010,199~202쪽 참조. 물론, 식민지의 경우 이는 제국주의의 차별화에서 반응적으로 구성된다고 할 수도 있다.

그런데 '국가'란 자명한 것이 아니라 스스로를 정당화한 폭력이며, 그러한 한에서 합법적인 폭력이다.[181] 주도적인 폭력인 국민국가는 광범위한 신체들을 자기 밑으로 동원하고 조직화함으로써 자신의 동일성을 유지한다. 이를 위해 국가는 '생체통제권력'의 작동을 통해 개별 신체들의 능력을 조작하고 국가장치의 자기 유지를 위한 신체의 삶만을 허용한다.[182] 들뢰즈와 가타리가 국가를 '포획장치'라고 부른 것은 바로 그 때문이다.

「부여에 죽다」에서 하다나까가 비판하고 있는 것은 근대국민민족국가의 형성과정에서 한일 양국 모두에서 일어난 역사 왜곡과 그로 인한 인간의 예속이다. 천황제 국가인 일본은 신체 예속이라는 국가의 기획이 가장 철저하게 실현된 곳임에도 불구하고 한국인들은 경제대국이 된 겉모습만 보고 일본을 동경하였다. 그리고 근대화를 앞세운 박정희 군사정권이 단행한 유신체제는 자신들이 배웠던 일본보다 더 억압적이었다. 과거 식민지의 신체들은 제국주의의 작동방식과 동일한 방식으로 내부 식민지 주민이 되어야 했다.

따라서 이와 같은 국가장치의 예속화를 벗어날 수 있는 유일한 방법은 '비非국민'이 되는 것뿐이다.[183] 「부여에 죽다」가 보여주고 있는 궁극적인 것이 바로 이 '비국민되기'이다. 3부에서 '나'는 일본으로 떠나는 하다나까를 전송하기 위하여 그가 묵고 있는 호텔로 간다. 그리고 또 한국에 오면 연

181 가야노 도시히토, 위의 책, 25~33쪽.

182 미셸 푸코, 이규현 역, 『성의 역사 1』, 나남, 1997, 150~152쪽.

183 니시카와 나가오는 홉스와 맑스 덕분에 우리가 국가의 괴물스러움은 잘 자각하게 되었으나 국민 역시 그러하다는 인식은 놓치고 있다고 하면서, '국민' 역시 괴물이라고 말한다. 또 나치나 일본 제국주의가 저지른 만행들은 행위주체가 모두 '국민'이기 때문에 저지른 범죄였다고 한다. 이들이 저지른 만행은 신체가 국가에 포획되어 국민이 되는 순간 가능해진 것이다. 따라서 나가오는 우리가 공동체로 동일화시키지 않고 비국민을 관철하는 것을 여기서 벗어날 수 있는 좁고 작은 가능성으로 본다. 니시카와 나가오, 윤대석 역, 『국민이라는 괴물』, 소명출판, 2005, 41~45쪽.

락하라고 당부하며 헤어진다. 하지만 사흘이 지난 뒤 순경으로부터 하다나까가 '나'에게 남긴 편지를 받는다. 편지 내용은 다음과 같다.

그는 자신이 한국을 찾았을 때, 자기 부친이 살해했던 조선인의 손녀를 만나 사랑에 빠진다. 그리고 그녀에게, 일본으로 돌아가 현재의 아내와 이혼한 후 조선으로 돌아와서 결혼할 것을 약속했으나 이혼이 미루어지는 바람에 두 사람 사이의 연락이 뜸해지게 된다. 그 후 작심을 하고 한국에 와서 그녀를 다시 찾았으나 그녀는 자신의 아이를 사산하고 산욕으로 죽었다는 사실을 확인하게 되었다고 한다. 그는 죄책감에 시달리면서 일본으로 돌아가던 길에 우연히 들른 경주에서 '나'를 만났으며, '나'와 헤어진 후에 부산에서 페리호를 타려다가 자살을 결심한다. 그리고 '나'에게 편지를 남기는 것은 혹시나 일본의 가족들이 자신의 유골을 일본으로 가져갈 수도 있으니 이를 막아 달라는 부탁을 하기 위해서라고 한다.

앞서 살펴보았듯이, 하다나까는 천황제에 예속되어 자기를 망실하고 '가치의식'조차 잃어버린 '일본인이기'를 거부하고 스스로 백제인이 되었다. 그렇기 때문에 그는 '나'가 남의 나라인 한국의 문제에 과하게 열을 올린다고 말하자 "조선은 내게는 조국"13이라고 대답했던 것이다. 그런데 '나'는 속사정을 전혀 몰랐음에도 그가 일본을 비판하는 것이 하도 신랄하여 "도무지 일본사람 같지 않"22다고 느꼈다.

게다가 '나'는 한국인인 '나'조차 전혀 모르는 백제에 대하여 그가 깊은 인식을 지니고 있다는 것과 당대 정권의 지역 차별을 강하게 비판하는 것은 물론, 차별받는 전라도 사람들의 삶에 공감하는 그의 모습을 본다. 그 후 '나'는 그가 실제로 백제인이 되었음을 느낀다.[184] 아울러 '나'에게 편지를

---

184 "「당신은 나보다 조선에 관해 아는 것이 많으니 조선 사람 이상이군요.」 나는 그렇게 대답하면서, 과연 피는 물보다 진하구나 하고 마음속으로 중얼거렸으니, 나도 千三百年 전을 넘나들고 있었는지도 몰랐다." 장용학, 앞의 글, 26쪽.

남겨 자신의 유골이 일본으로 돌아가는 것을 막아달라는 부탁까지 한 것을 보면 "일본을 탈출"28하려는 그의 의지가 얼마나 강력했는가를 짐작할 수 있다.[185]

다른 한편, '미스 유柳'는 하나나까의 아이를 사산하고 죽는다. 일본으로 돌아가는 마지막 날 그가 "강제로"같은 쪽 임신을 시킨 때문이다. 따라서 얼핏 보기에 두 사람 사이에는 실패한 사랑과 강제적 폭력만 존재한 것처럼 보인다. 하지만 죽음이라는 불운한 결말에 이르고 말았다 하더라도, 그것은 사랑의 결과이다.

우선 두 사람은 사랑을 통해 선대의 죄과罪科와 원한을 초극했다. 두 번째 한국을 찾았을 때 하다나까는 아버지가 근무하던 곳으로 찾아가게 되고, 거기서 "백제의 웃음을 연상케 하는"27 '미스 유'를 만나 첫눈에 사랑에 빠졌다. 그래서 그는 자신의 마음을 고백하는 것과 함께, 그녀의 할아버지를 죽인 사람이 자신의 아버지라는 사실을 밝혔다. 그럼에도 불구하고 '미스 유'는 그를 용서하고 두 사람은 결혼을 약속했다.

> 祖上이야기도 하고, 내가 어떤 사람의 아들인가 하는 것을 말했을 때 그녀는 내 곁에서 달아나려고 했지만, 끝내 달아나버리지 않았고, 그녀의 희망에 따라 가족들에게는 그대로 在日二世로 알게 하고, 열흘 후 그 마을을 떠날 때 우리 둘은 결혼할 것을 약속했습니다.[186]

여기서 '미스 유'의 사랑, 즉 그녀의 '하다나까되기'에는 이중의 '배신', 이

---

185 이와 정확히 대척점에 서 있는 작품들이 바로 '국민문학'을 통하여 '국민'을 생산하려 했던 일제 말기 잡지 『국민문학』의 작품들일 것이다. 이에 대한 연구는 정선태, 『지배의 논리 경계의 사상』, 소명출판, 2017, 192~196쪽을 볼 것.

186 장용학, 앞의 글, 27쪽.

중의 '탈주체화'가 존재한다. 우선 그것은 민족에 대한 배신이다. 그녀의 할아버지는 식민지 지식인으로서 제국주의 일본의 패망을 예견했으며, 바로 그 이유로 인해 제국주의의 치안장치, 즉 순사였던 하다나까의 아버지로부터 죽임을 당했다. 따라서 제국주의 순사의 아들을 사랑하는 것은 민족을 배신하는 것, 민족주체에서 벗어나는 행위이다.

다음으로, 그녀는 가족들에게 그를 재일 한국인 2세라고 말함으로써 그의 정체를 감춘다. 그리고 그와 결혼을 약속한다. 따라서 할아버지를 살해한 자의 아들과 결혼을 약속하는 것은 가족에 대한 배신이다.[187] 다음 인용문은 그녀의 사랑을 더 분명하게 보여준다.

> 나는 나를 책망하기보다 미스 柳를 더 원망했읍니다. 왜 그 사실을 알리지도 않았을까. 그 성품으로 보아 自尊心 때문이었을 것입니다. 그 마을 사람들은 나를 돈 많은 재일교포로 알고 있어서 한동안 그녀는 선망의 대상이 되었고, 그리고 다음에는 웃음거리가 되었다는 것입니다.[188]

인용문의 행간에서 임신한 그녀가 주변인들에게서 추문의 대상이 되었을 것은 어렵지 않게 추측할 수 있다. 게다가 그 상대가 돈 많은 재일교포였다는 점은 그녀를 더욱 더 비참한 웃음거리로 만들었을 것이다. 그럼에도 불구하고 그녀가 끝까지 아이를 낙태하지 않았다는 사실에서 하다나까는 그녀의 사랑을 확신한다. 따라서 이 두 사람의 사랑은 '미스 유'의 '비국민되기'와 '하다나까되기'가, 그리고 하다나까의 '미스 유되기'와 '비일본인되기', '백제인되기'가 놓여 있다.

---

187 그녀와 마찬가지로, 하다나까 역시 반조선주의자였던 아버지의 가치관을 벗어났다는 점, 그리고 일본에 있는 아내와 이혼을 계획하고 있다는 점에서 가족주체이기를 거부한다.

188 장용학, 위의 글, 28쪽.

이러한 되기생성과 더불어 '나'와 하다나까 사이의 '친구되기'가 있다. 작중 서사를 참고하면 두 사람이 함께 한 시간은 3일에 불과하다. 그 중 하루는 '황산옥'이라는 술집에서였다. '나'는 친구들과 술자리를 가졌을 뿐 그를 알지는 못했다. 하지만 술에 취한 '나'의 말을 엿듣게 된 하다나까는 "도청하고 있는 내가 어디서 누가 도청하고 있지 않나 하고"[8]면 걱정을 할 정도였다고 밝힌다. '나'는 해직당한 '반체제분자'였기 때문에 취중에 정치적인 말을 쏟아내었을 것을 짐작할 수 있다. 하다나까가 우연히 만난 '나'에게 집요하게 다가왔던 것은 바로 '나'가 "애국가는 아니라는 것을"[6], 더 나아가 '비국민'인 것을 알았기 때문이다.

두 사람이 경주에서 함께 보낸 시간은 고작 이틀이었다. 하지만 그 짧은 시간 동안 둘은 서로 공명한다. 이미 서술했듯이, 처음 그가 '나'에게 접근했을 때 '나'는 그가 공작원간첩 같다는 인상을 받고 그를 피했다. 그 후 어쩔 수 없이 동행을 하면서 '나'는 일본에 비판적인 그에게서 일본인 같지 않다고 막연히 느끼기도 했다. 그러나 시간이 지나면서 '나'는 그의 진심을 알게 된다.

그 후 하다나까는 전라도 지역을 돌아다니면서 자기 몸에 "조선의 피가 흐르고 있다는 설레임 같은 것을 느꼈"[25]다고 말하면서, 정권에 의해 자행된 지역차별을 문제시한다. 그러면서 그가 「낙화암」이라는 노래를 직접 부르기도 하고, 식민지 시기부터 "쌀 수탈의 음지로 밖에 대접받지 못"한 "백제 땅"[26]에 대한 무한한 애정을 보이는 것을 보고 '나'는 "조선 사람 이상"같은 쪽이라고 평가한다. '나'가 그의 모습을 보면서 "피는 물보다 진하"다고 말한 것은 하다나까가 백제 사람이 되었음을 인정하고 공명한 것이다.

작품의 결말에서 경찰이 '나'에게 하다나까의 유서를 전해주면서 잘 아는 사람인가를 물었을 때 '나'는 "오랜 친구"[29]였다고 답한다. 그가 다른 누구도 아닌 '나'에게 유서를 남겼다는 사실과, 경찰에게 한 '나'의 대답은 두 사람의 '친구되기', 다시 말해 '나'의 '하다나까되기'와 하다나까의 ''나'되기'

를 보여준다. 이 작품은 다음과 같이 끝난다.

> 순경과 함께 夫餘로 가면서 나는 그를 朝鮮의 흙이 되게 한 것은 사랑이었을까, 백제였을까 하는 의문에서 헤어나오지 못했지만, 그 日本人은 정말 千三百年前을 산 것인지도 모른다고 했다.[189]

그의 죽음으로 인해 '나'의 내면에 떠오른 불확정적인 의문에 대한 답은 배타택일적인 것이 아니다. 둘 모두이기 때문이다. '미스 유'의 죽음을 확인한 그는 일본으로 돌아가 혼자 살아갈 수도 있었다. 하지만 그것은 그녀가 죽어가면서까지 지키고자 했던 두 사람의 사랑을 부정하는 것이다. 앞서 살펴보았듯이, 그는 불운한 사랑을 긍정하기 위하여 죽음을 선택한다. 그렇기 때문에 그의 죽음에는 사랑과 백제, 근대 국민국가의 역사적 표상을 가로지르는 되기생성가 실재한다.

따라서 이 작품에 대하여 "속죄하는 일본인, 자신의 죄과를 아는 일본인이라는 단서가 붙"은 경우 "일인조차 용서하고 포용하려는 화해 의지"[190]를 보여주고 있다고 말한 김성렬의 결론은 타당하긴 하지만 여러모로 수정되지 않으면 안 된다. 장용학은 속죄하는 일본인, 자신의 죄과를 아는 타국가민족인을 용서하고 포용하겠다는 화해의 의지를 내비친 것이 아니다. 이와 달리 그는 국민국가의 예속에서 벗어나는 삶이 가능함을 소설로 제시하고 있기 때문이다. 그런 한에서 하다나까의 죽음은 '대속'이라기보다 신체가 가진 탈주체화하는 잠재적 능력을 문학적으로 현실화한 것이다.

제국주의 근대는 분명 서구의 오리엔탈리즘과 함께 시작되었다. 그리고 오리엔탈리즘을 벗어나는 방법으로 제시되는 것이 식민 지배자와 식민

---

189 장용학, 앞의 글, 29쪽.
190 김성렬, 위의 글, 228쪽.

지인의 상호 변형을 의미하는 '혼성' 또는 '이산' 개념이다.[191] 그런데 이러한 혼종성의 개념을 근대국민국가의 동일성에 근거한 차이, 즉 '동일한 것'이었던 개별 종들의 뒤섞임으로 이해해서는 안 된다.[192] 반대로 이 혼종성은 애초에 이질적인 것을 초코드화한 국가가 만들어낸 '종적 동일성'이라는 표상을 벗어나는 것, '차이 자체의 긍정'이라고 이해해야 한다. 장용학의 「부여에 죽다」에 나타난 다양한 '되기'는 바로 이러한 국가 혹은 종적 동일성을 초극하는 '혼성되기', 혹은 지금까지 존재하지 않았던 '새로운 인종되기'이다.

3) 내셔널리즘에 대한 거부와 비국민되기: 「산방야화」

「산방야화」[193]는 5, 6년 전 신문에 기고한 글로 인해 필화를 겪고 교단을 떠난 윤진우에게 히라노 겐샤쿠平野謙作라는 낯선 일본인의 편지가 전해지면서 시작된다. 그 편지에 따르면 히라노는 조선과 일본의 피가 섞인 혼혈인이며 진우가 쓴 책을 읽으면서 한국어를 배우게 되었고, 재일 조선인 2세인 한현숙이라는 여자와 사랑하는 사이가 되었다고 한다. 그는 한국의 민족예술단의 공연을 구경하러 나고야에 온 현숙의 옆자리에 앉았는데 그녀의 가방에서 진우가 쓴 책을 우연히 보게 되었다고 한다. 그리고 저자가 자신의 생부임을 확인하면서 더욱 더 책에 호기심을 가지게 된다. 그가 한국어를 모르는 반면 그녀는 일본 고대사를 낯설어해서 서로 도움을 주고받으며 책을

---

191 릴라 간디, 이영욱 역, 『포스트식민주의란 무엇인가』, 현실문화연구, 2000, 161~167면 참조.

192 동일성에 근거한 혼종적 주체의 극한이 바로 네그리가 말하는 '잡종적 주체'일 것이다. 잡종적 주체는 모든 호출에도 응답하는 데, 그는 어떤 정체성에도 속하지 않고 모든 정체성에 속한다. 이는 다면화된 예속의 다른 이름에 불과하다. 안토니오 네그리, 마이클 하트, 윤수종 역, 『제국』, 이학사, 427~429면 참조.

193 장용학, 「山房夜話」, 『동서문학』, 동서문학사, 1986.2.

읽게 되었고 둘이 연인관계가 된 것은 이 과정에서였다고 한다.

진우가 쓴 책이 이들에게 전해진 경위는 다음과 같다. 남달리 민족의식이 강한 현숙의 아버지는 아들인 그녀의 동생을 서울로 유학 보냈고, 그 아들은 진우가 쓴 책을 일본에 있는 아버지에게 보낸다. 그러자 그는 딸의 민족의식을 고취시키기 위해 그 책을 읽으라고 주었던 것이다. 그런데 그 책은 서른 중반이 넘도록 일본인으로 살아온 히라노마저 설득시킨다. 히라노는 그 책을 자세히 읽어보게 되면서 "일본의 교과서에 씌어 있는 일본 고대사상보다 그 책에 씌어 있는 것이 실상에 더 가까운 것인지도 모른다"66고 생각하게 된다. 결국 그 책은 재일조선 민족주의자를 공명시키는 것은 물론, 혼혈인인 서른 중반인 일본인의 역사의식조차 바꾼다.

히라노의 편지에 따르면 진우가 쓴 책은 일본을 "작문의 나라"65라고 칭하면서 일본의 고대사 서술을 비판한다. 그런데 그 비판의 정도가 극심하여 처음에 히라노는 책에 대해 분개하기까지 한다. 책에서는 그가 일본에서 배웠던 고대사 전체를 부정하고 있기 때문이다.[194]

> 선생님의 그 책에서는 거꾸로 조선인들이 건너 와서 원주(原住) 왜인들을 부리면서 일본이라는 나라를 세우고 그 지배층이 되었고, 고대의 사서인 고사

---

194 그런데 이미 임미진이 지적한 바 있듯이(임미진, 앞의 글, 50쪽.), 「산방야화」에서 진우가 지은 책에 서술된 내용은 장용학 자신이 실제로 쓴 『허구의 나라 일본』(일월서각, 1984.)을 토대로 하고 있음을 알 수 있다. 이 책은 전체 3부로 구성되어 있다. '조선모욕(朝鮮侮辱)의 궤적(軌跡)'이라는 부제를 붙인 1부 '일본고대사'는 일본 고대사의 허구성을 파헤친 것이며, 2부 '일본·일본인-확대 지향의 생리'는 침략전쟁을 통해 국가의 확대를 지향하던 일본의 속성이 2차 대전이 끝난 후에는 전쟁 책임을 피하고 자신을 피해자로 규정함으로써 축소지향으로 변화하는 모습을 꼬집는다. 3부 '일본문화 속의 조선'은 실제 일본이 얼마나 조선의 영향 아래에 있었는가를 보여준다. 특이한 점은 이 책의 참고자료 대부분이 일본의 것이라는 점이다. 장용학은 일본인들 내부에서 논의되어온 자료를 바탕으로 일본의 주류 역사를 비판하는 내파의 논리를 펴고 있는 것이다. 그의 후기 작품 가운데 일본 고대사에 대한 비판이 나타나는 작품들의 논리는 모두 이 책의 관점과 동일하다.

> 기(古事記)나 일본 서기(日本書記)에 등장할만한 인물들은 모두 그 출신을 따지면 조선 도래인이라는 것이고, 19세기에 서양의 자본주의가 일본에 들어올 때까지 일본은 조선의 하풍(下風)에 서서 지내 왔다고 했읍니다.
> 그보다 더 심외(心外)의 말은 일본을 허구의 나라라고 한 것이었고, 나아가서 현대 일본 발전의 원동력을 그러한 데서 생긴 일본인 특유의 허구적인 의식구조에 있다고 한 대목에 이르러서는 마치 소설을 읽는 것 같았고, 경전대국(經傳大國)(경제대국의 오기인 듯-인용자)을 이렇게 말하다니 머리가 좀 돈 사람이 아닐까라고 하기까지 했읍니다.[195]

진우가 쓴 책에 따르면 일본의 고대사의 주인공들은 모두 조선의 도래인이며,[196] 메이지 유신 전까지 일본은 조선보다 열등한 문화적 상태였다. 그럼에도 불구하고 근대 이후 경제대국이 될 수 있었던 내적 동력은 바로 허구적인 역사를 실제라고 믿으면서 형성된 의식구조에서 비롯되었다는 말이다.

책의 내용은 작품의 3부에서 한국을 방문한 히라노가 진우를 만나 나누는 대화에서 더 구체적으로 확인할 수 있다. 고대 일본의 원주민들은 이미 오래 전부터 조선의 도래인들에 의해 지배되고 있었다. 그러던 일본은 6, 7세기에 이르러 고대 국가를 형성하게 되는데, 이는 도래인들이 일본 본토를 장악하는데 성공했으며 그와 함께 국제 정세의 변화에 따라 그들이 떠나온 조선의 직접적인 영향력에서 벗어나는 '독립'이었다는 것이다.

일본 건국과 더불어 지배자인 도래인들은 자신들이 일본의 원주민들을

195 장용학, 앞의 글, 66쪽.

196 일본 고대사의 인물들이 도래인이라는 주장은 비교적 최근 연구들에서 타당성을 얻어가고 있는 서술이다. 이 가운데 이정면의 『고대 한일 관계사의 진실』(이지출판, 2014.)은 장용학의 주장과 동일한 결론에 이르고 있다. 제목에서 알 수 있듯이 이 책 전체가 고대 한일 관계사에 대한 서술이지만, 특히 4장(한반도 이주민의 기여, 347~358쪽)은 이를 잘 요약해 보여준다.

장악한 것에 정통성을 부여하기 위하여 "높은 하늘나라에서 특별히 일본 땅에 내려온"[78] 천신의 아들이라고 하고, 동시에 삼국을 조공국이라고 꾸며 놓았다는 것이다. 이는 말 그대로 지배자들이 원주민이었던 '왜인'들을 지배하기 위한 '국내용'에 불과했다. 그렇기 때문에 중세 사람들조차도 이를 "허황한 전설이라 하여 절간에 처박아"같은 쪽 놓았다는 것이다. 그러나 18세기를 지나면서 상황은 급변한다.

일본은 개항을 요구하는 서구 열강들에 의해 위기를 경험하면서 "이전과 다른 신일본", 다시 말해 민족주의에 기반한 근대국가를 만든다. 이 과정에서 일본 국학자들은 허구였던 『고사기』와 『일본서기』의 신화를 기정사실화하고 이를 토대로 근대국민국가의 초월적 역사를 구축한다.[197] 이때 진무 천황의 건국신화는 실제 역사로 탈바꿈하여 근대 천황제 신민국가의 창출 과정에서 국민을 통합하는 수단으로 확대 재생산 된다.[198]

또, 이들은 신화 속의 신공 황후의 삼한 정벌을 토대로 '임나일본부설'을 기정사실화함으로써 "조선에 대한 열등의식을 불식"[78]하려 한다. 또 서구 제국주의와 마찬가지로 침략을 통한 팽창정책을 채택[199]하면서 일본은 조선을 침략했던 임진왜란을 '조선정벌'로 호도하고, 잃어버린 과거의 영토를 회복하자는 정한론征韓論을 만들어 낸다. 더 나아가 역사가 된 신화는 일본과 조선의 조상이 같다는 '일선 동조론'을 넘어 만주국을 만든 논리인 '오족

---

197 김후련은 『일본 신화와 천황제 이데올로기』(책세상, 2012.)에서 작품에 나타난 진우의 말과 동일한 입장을 보여준다. "진무 천황의 즉위를 일본 국가의 기원으로 보는 발상은 ≪고사기≫나 ≪일본서기≫를 편찬하던 당시의 고대 귀족들에게는 없었다. 더욱이 천황제의 쇠퇴와 더불어 중세와 근세에는 진무 천황이 의식되는 경우가 거의 없었다. 역사의 뒤안길에 묻혀 있던 진무 천황이 다시 세인들의 주목을 받게 된 것은 에도 막부의 권위가 실추되고 존왕 사상이 고조되는 근세 말엽부터이다."(62쪽)

198 김후련 위의 책, 63쪽.

199 이에 대해서는 김삼헌, 「막말유신기의 대외위기론」, 『일본의 대외위기와 팽창의 역사적 구조』, 제이엔씨, 2008, 140~141쪽 참조.

협화', 더 나아가 동아시아는 물론, 동남아시아 침략을 정당화하는 슬로건인 '팔굉일우'의 논리까지도 만들어내게 된다.

김후련에 따르면 일본의 신화와 천황제 이데올로기는 근대 일본의 국민국가 창출을 위해 국민통합의 상징으로 이용된 것이어서 천황 자체를 숭배한 것은 아니었으나, 청일전쟁에서 시작하여 태평양 전쟁에 이르기까지 침략의 역사를 확대해 가면서 신화와 천황제 이데올로기는 일본인들에게 한 치의 의심도 허용하지 않는 진실이 되었다고 한다.[200] 따라서 진우가 일본인의 비밀은 "자기들 손으로 만들어낸 허구를 정말의 것으로 믿을 수 있고, 말로만 아니라 마음속으로부터 긍지를 느끼고 그것을 남에게 자랑할 수 있는 의식구조"를 가졌으며, "현대 일본의 발전의 원동력도 허구적인 그런 의식구조에"80서 기인한다는 비판은 타당성이 있다. 장용학이 일본을 '작문의 나라' 혹은 '허구의 나라'라고 말하는 것은 바로 일본의 이와 같은 성격 때문이다.

이와 동시에 「山房夜話」는 1982년 일본이 일으킨 역사 교과서 문제에 대한 장용학의 문학적 대응이기도 하다. 그해 여름 일본 문부성은 검정교과서 집필자들에게 중국 '침략'을 '진출'로 표기하도록 함으로써 자국의 역사계는 물론, 중국과 한국에서도 외교적 문제를 불러 일으켰다.[201] 역사교과서 문제가 현재까지도 끊임없이 반복되는 이유는 모든 국가가 지속적으로 '국민'을 만들어내지 않으면 안 되기 때문이다. 국가는 모든 신체들에게 동일한 기억을 형성시키고, 이들 모두에게 동일한 시간적 감수성을 부여할 필요가 있다. 이를 위해 필요한 것이 바로 국가의 서사, 바로 역사History이다.

앞서 언급 했듯이 국가가 역사를 통해 이질적인 개별 신체를 모듈화하여 하나의 선형적인 시간의식 속으로 몰아가는 것, 즉 국가의 시간 속으로 개별

---

200 김후련, 앞의 책, 10쪽.

201 최영호, 『현대 한일관계사』, 국학자료원, 2002, 139쪽.

신체를 포획하는 것은 각 신체들의 '잉여가치'를 착취하기 위함이다. 다시 말해 이는 국가의 역사 속으로 포획된 개인의 삶 자체가 국가장치의 욕망에 부합되도록 만드는 것이다. 이것이 바로 '국민교육' 제도를 통해 역사교육이 시행되는 배경임은 말할 필요도 없다. 국가장치는 역사교육을 통해 신체들을 국민으로 모듈화함으로써, 언표행위의 주체를 언표의 주체에 포갠다. 지난한 이 과정을 통해 개별 신체들은 '연속적'인 것으로 상상되는 국가의 시간역사 속에 포획되어 '국민'이 됨과 동시에 국가의 욕망을 욕망한다.

그런데 역사는 그 자체로 존재하는 '실재'들의 나열이 아니다. 그 자체로 실재하는 역사는 없으며, 모든 역사는 특정한 시각에 의거하여 실재 사건을 선별하고 계열화한 서사이다. "역사는 실재와 허구 사이에"[202] 존재한다. 그것은 선별과 계열화를 통하여 선적인 시간을 산출해 내기 때문에 역사 서술에 있어서 실재는 다양한 계열화의 방향 속에 놓여 있는 열린 텍스트일 수밖에 없다. 그러므로 역사는 서술 주체가 누구인가에 따라서, 실재를 선별하고 계열화하는 관계들에 의해서 달라질 것이다. 이것이 동일한 실재들을 바탕으로 하더라도 이질적인 의미화가 일어나는 이유이다.

그런데 이러한 측면에서 보더라도 근대 국가장치의 욕망에 맞게 신화를 해석하고 이를 '실재화' 한 일본의 고대사는 상당히 독특하다고 하지 않을 수 없다. 게다가 무엇보다 문제가 되는 것은 타 국가에 대한 침략행위로 보여준 그것의 효과 내지 기능이다. 일본은 천황제 아래에 신체들을 예속화, 부품화함으로써 2차 세계대전 동안 엄청난 폭력을 행사할 수 있었다. 그리고 이것이 국가가 역사를 통해 신체를 국민화하는 이유이자 국민화의 결과이다.

하지만 개별 신체의 입장에서 이러한 국가적인 삶의 리듬이 좋은 것이라고 말하기는 힘들다. 진우의 경험은 이를 잘 보여준다. 2장에서 일본제국의

---

202 이진경, 앞의 책, 35쪽.

강압에 의해 처음에 군인이 되었을 때, 그는 제국의 군인으로 완전히 주체화 예속되지 못한다. "불령선인"72으로 낙인찍혀 요주의 인물로 분류된 그는 다른 일본 군인들이 욕망하는 간부 후보생이 되기를 거부한다. 그리고 강압에 의해서라 할지라도 일본군에 지원하게 된 것에 "민족을 배반"70했다는 가책을 느낀다. 그 후 그는 "함흥부대의 영문營門을 들어섬과 함께 마음이 나사못이 빠져…… 어떤 때는 열심히 하려고 해도 손발이 움직이지 않는"72 무기력 상태에 빠지게 되고 결국은 소위 '고문관'이 되었다.

고문관은 행동이 굼뜨고 어수룩하여 다른 사람의 빈축을 사는 사람을 일컫는 말이다. 그런데 개별 신체의 입장에서 보면, '고문관'이 되는 이유는 외부의 힘에 대한 저항성이 남아 있었기 때문이다. 하지만 주어진 조건을 벗어날 수 없는 상황이 지속되면 대부분의 신체는 그 조건에 예속된다.

> "일본 군대에 있는 것은 모두 천황 폐하의 것이었오. 총도 구두도 몸도. 어쩌면 소변도 말이오. 그러니 엉터리 짓을 한 것은 내가 아니고 천황 폐하이고, 그래서 얻어맞은 것도 천황 폐하의 뺨이고 내 뺨이 아니었오. 치사한 짓도 마찬가지었오. 초년병시절에는 고등관이었건 거지였건 걸신이 되기 마련인데, 식당에 남아 있는 잔밥을 훔쳐 먹고도, 이것은 내가 먹은 것이 아니다 천황 폐하의 배가 훔쳐 먹은 것이다 하면, 배불리 먹은 다음에 찾아드는 자기혐오나 비애도 거짓말처럼 사라져 주었는데, 이것은 체험적 사실이오. ……"[203]

일본인에게서나 일본 군대에 있는 동안 불쾌감을 받은 적이 있느냐는 히라노의 물음에 진우는 전혀 그렇지 않다고 말한다. 그러면서 그는 일본 군인

---

203 장용학, 앞의 글, 76쪽.

이었을 때의 경험을 들려준다. 초년병시절에 소위 '고문관'으로 기합을 받거나 뺨을 얻어맞은 것, 배가 고파 남들이 먹고 버린 "잔밥"잔반을 식당에서 훔쳐 먹은 것 등은 그 자신 아니라 모두 "천황 폐하의 몸"이 한 것이었다고 말한다. 잔반을 훔쳐 먹고 나서 배가 불러오면서 "자기혐오나 비애"가 생기더라도 '천황 폐하의 신체가 행한 것'이라고 생각하면 그 모든 것이 사라지더라는 것이다. 그런데 이러한 진우의 말은 허구이거나 과장된 것이 아니라, 그가 겪은 "체험적 사실"이다.

주체화가 되지 못했을 때, 그는 자신의 행동능력을 제대로 발휘할 수 없는 '고문관'이 되었다. 그러나 상황을 벗어날 수 없어서 천황에 예속될 때, 주체화된 신체는 자신의 행동에 대한 모든 판단력을 상실한다. 행위의 근원적인 책임은 초월적 존재에 있기 때문에 주체는 천황 혹은 국가가 내리는 명령을 수행하기만 하는 하나의 단편적인 부품이 되고 만다.

이러한 과정이야말로 셀리그먼이 말했던 '학습된 무기력'이라 할 것이다.[204] 진우는 식민지 지식인이 제국의 군대에 복무해야 하는 강압적 상황을 경험했으나 해방과 함께 벗어날 수 있었다. 그러나 대부분의 일본인은 국가에 충성하는 것을 당연한 것으로 받아들이든가, 전쟁의 상황 속에서 자신을 포획한 국가장치의 군사기관이 됨으로써 자신을 합리화할 수밖에 없었을 것이다. 이는 말 그대로 천황의 아바타화신가 됨으로써 자신의 신체가 지닌 능력을 잃어버리는 '신체망실'이자 '불구'가 되는 것이다. 더 나아가 그들은 천황을, 국가를 존경하고 사랑하기까지 한다.[205] 그리고 들뢰즈에 따르면 불구화된 신체들이야말로 국가 유지의 전제 조건이다.

---

204 Martin E. Seligman, 윤진, 조긍호 역, 『무기력의 심리』, 탐구당, 1996(1983), 45~48쪽 참조.

205 자신을 공포로 몰아넣는 대상을 사랑하거나 존경하는 심리적 상태를 '스톡홀롬 컴플랙스'라 부르기도 한다.

앞서 언급한 바대로, 근대국가가 성립한 후 일본인들은 청일전쟁에서 태평양 전쟁에 이르기까지 지속된 파시즘적 위험 속에 노출됨으로써, 그 누구보다 강력하게 천황제에 예속되었다. 그래서 진우는 "천황이라는 이름은 일본에 많은 영광을 갖다 주었지만, 그에 못지않는 부식도 가져다주었다기보다 그 많은 영광은 그 부식에서 피어난 꽃들이 아닐까 싶기도 하"76다고 말한다. 실제 한일의 근대사에서 볼 때, 개인들이 자각하지 못한 이 '부식'이야말로 국민화의 효과일 것이다.

진우는 일본인의 비밀을 "자기들 손으로 만들어낸 허구를 정말의 것으로 믿을 수 있고, 말로만 아니라 마음속으로부터 그것에서 긍지를 느끼고 그것을 남에게 자랑할 수 있는 의식구조"80라고 말한다.

> "일본인들의 그런 허구적인 의식 구조는 스승이고 은인이었던 조선인을 열등 민족으로 만들어내어, 열심히 멸시하는 사이에 몸에 배어 제2의 천성이 되었던 것이고, 조선 멸시에 열을 올리면 올릴수록 그만큼 일본의 영광은 부풀어졌을 것인데, 종래는 중국인을 제2의 조선인으로 삼아서 중국멸시에 흥겨워했는데, 어떻소? 내 말이 틀리겠오?"[206]

일본인들이 한국조선과 중국을 멸시하면서 그들을 침략할 수 있었던 것은 반지성적이고 비이성적인 그들의 의식구조에 의한 것이다. 그것은 근대 일본의 국가장치를 지탱하던 천황제와 실재화 된 신화를 '의심 없이 믿은 것'에서 기인한다. 이성과 지성에 반하는 믿음, 즉 미신은 공포에서 기인한다.[207] 그리고 국가는 신체를 공포에 빠뜨림으로써 예속한다는 점을 상기한다면, 천황의 신민이 된 일본인은 가장 강력하게 국가에 예속되었다고

206 장용학, 앞의 책, 80~81쪽.

207 스피노자, 최영익 역, 『신학정치론·정치학논고』, 비르투, 2011, 10쪽.

할 수 있다.

단적인 예로 진우는 싸움터에서 죽어가는 일본인들이 '천황 폐하 만세'가 아니라 "'어머니'를 찾으면 미련한 놈으로 취급되고 그 부모는 얼굴을 들지 못"90하는 것을 들면서, 일본을 여왕개미나 여왕벌이 사라지면 성립하지 못하는 "개미나 벌과 같은 곤충 사회"91라고 혹독하게 비판한다. 인간을 천황의 신민으로 예속시키는 천황제 속에서 살아가는 한 "일본인은 일본인에 그치고 인간은 부재"92한다고 보기 때문이다.

그런데 근대 국가의 궁극적인 목적은 인간을 예속하여 '국민주체화'하고 동시에 자본주의 사회라는 거대한 기계의 톱니바퀴로 노예화하는 것이다.[208] 그렇다면 진우의 비판은 단순히 '일본의 천황제'에 국한되지만은 않는다. 식민지 역사를 거치면서 우리 사회 역시 국민국가 건설이 지고의 목표였고, 이에 따라 국가주의가 최상의 이념으로 전제되었기 때문이다.

따라서 장용학이 일본을 비판한 것은 단순히 일본을 부정하기 위한 것이 아니라, 한국에서 일어나는 용납하기 어려운 현상들을 바로잡기 위한 것이다. 일제를 거치면서 오히려 일본을 닮아가는 한국의 반지성적인 현상으로 장용학이 지적하고 있는 것은 바로 지배계층들이 보여주는 몰역사적인 태도와 언어민족주의에 대한 비판이다.

작품에서 히라노는 진우에게 기다미 레이꼬를 얼마나 사랑했는가를 묻자, 진우는 "팔일오가 되어서도 만날 수 있었다면 결혼했을 만큼"76이라고 답한다. 이에 히라노는 그녀가 자기 이모라고 밝힌 후, 사랑했던 여자의 나라를 그처럼 혹독하게 비판하는 이유를 묻는다. 그러자 진우는 자신이 그 책을 쓴 까닭은 일본비판이 목적이 아니라 한국인들을 위한 것이라고 말한다.

12·12 쿠데타로 권력을 장악한 전두환 정권은 일본의 차관을 끌어들여 악

208 질 들뢰즈, 펠릭스 가타리, 앞의 책, 876~880쪽 참조.

화된 남한의 경제를 회생함으로써 정권의 정당성을 확보하고자 했다. 이를 위해 전두환 정권은 일본에 대해 대규모 공공차관을 요청하는 협상을 했고, 그 결과로 1983년부터 1987년까지 상당한 원조를 약속받는다.[209]

그런데 협상이 진행되던 1982년 여름 일본 역사교과서 문제가 벌어지자 중국 정부는 공식적으로 일본에 항의했으나, 남한정부는 시민단체들의 분노에도 불구하고 차관협상 때문에 소극적으로 대처한다. 정권은 근대화라는 명분을 얻을 수 있고, 자본가들은 투자자금을 확보하여 실질적인 이득을 얻을 수 있기 때문이다. 한국의 지배계층은 권력과 자본주의화근대화의 욕망을 위하여 일제에 의해 고통받은 식민지 국민들의 정서를 외면한 것이다.

이미 박정희 정권이 '근대화'를 추진하는 과정에서 한국은 경제적으로 지나치게 일본에 의존하고 있었다. 그런데 전두환 정권 역시 경제적 도움을 받기 위해 문화교류를 확대하고, 일본의 역사 왜곡에 제대로 대응하지 못하는 것을 보면서 사람들은 한국이 또다시 그들의 식민지가 될 수도 있다는 위기감을 느꼈다. 히라노가 일본의 국적을 버리고 한국인이 되고 싶다고 했을 때, 진우가 이를 말린 것도 그 때문이다.

그는 다음과 같은 이유를 들면서 한국이 일본의 식민지가 될 수도 있다는 과민반응을 보인다. 먼저, 이승만이 자신의 집권을 위해 공산당과 싸우기 위해 친일파를 고스란히 보존시켰기 때문이다. 다음은 박정희의 통치 때문이다. 진우는 일본군 육군 사관학교 출신이던 그가 죽자 "일본에서는 '마지막 제국군인'이 죽었다고 애통해 마지하지 않았으니 그동안 대한민국은 제국군인이 통치했던 셈"83이라고 말한다. 실제로 박정희 통치 기간에 실행한 대부분의 정책과 의례들이 제국주의의 실험실인 만주국에서 도입하였으며, 정책을 수행한 주요 인물들 역시 만주에서 인연을 맺은 인물들이었다는

---

209 최영호, 앞의 책, 2002, 137~138쪽. 이때 이들이 5년에 걸쳐 일본으로부터 받기로 한 차관은 공공개발원조 18.5억달러, 수출입은행차관 21.5억 달러에 이른다.

점에서[210] '대한민국을 제국군인이 통치했다'는 진우의 말은 틀린 말이 아니다. 마지막으로, 전두환이 집권하면서 친일 무드를 타고 1982년부터 대학 입시 시험에 일본어가 도입되고, "그 시험문제가 형평을 잃을 정도로 쉬운 것"과, "일본의 대중가요와 영화를 상륙시키라고 정부 레벨을 통해서까지 요구하고 있는"87 당시의 상황 때문이다.

히라노의 말처럼 진우의 우려는 지나치게 과민한 측면이 있다. 하지만 문화식민지화에 대한 진우의 언급은 일반시민들의 관심을 환기시키려는 전략적인 측면도 있었을 것이다. 어쨌든 진우는 자신이 책을 쓴 이유를 다음과 같이 밝힌다.

> "…… 내가 그런 글을 쓴 것은 일본인 보라고 쓴 것이 아니오. 우리나라 사람들은 일본인들의 조선 멸시가 36년 동안의 식민지 통치에서 온 것쯤으로만 알고, 그 뿌리가 역사적으로 얼마나 깊은 것인지를 모르고, 요즘은 21세기는 일본의 세기가 된다는 소문에, 그 꼬리에 매달려서라도 그 근처에 가 살아 보겠다고 웃음을 지어 보이느라고 법석이오. 장사꾼만이 아니라 각 분야의 내노라하는 사람일수록 일본에 잘 보이면 무엇이 생기는 줄 알고 은근히 동쪽 하늘을 바라보고 있는 것이 요즘의 기상도이니 말이오."(밑줄-인용자)[211]

그는 허구적 고대사와 천황제에 의해 성립된 일본의 오래된 무의식이 '조선멸시사관'이며, 천황제가 지속되는 한 그들의 침략적 본성이 여전함을 일반 시민들에게 알리고자 했다. 그런 다음 그들로 하여금 일본을 추종하고 그들에게 아첨하려는 '장사꾼과 각 분야의 내로라하는 사람들', 다시 말해 쿠데타로 장악한 권력을 유지하기 위하여 여론을 무시하고 일본에게 굽실거

---

210 강상중·현무암 저, 이목 역, 『기시노부스케와 박정희』, 책과 함께, 2010, 251~271쪽 참조.
211 장용학, 앞의 글, 76~77쪽.

리는 정권과, 자신들의 이익을 위하여 일본에 기대려고 하는 자본가들을 경계하기 위함이다. 하지만 더 근본적으로는 일본의 발전은 천황제에 의한 신체들의 예속과 노예화의 결과임을 대중들이 깨닫게 하고, 근대화론과 함께 우리 사회에 만연했던 국가주의의 위험성을 알리기 위함이다.

그런데 진우의 책은 현숙의 가족들이 보여준 반응처럼 민족주의적 정서를 불러일으켰다. 식민지 근대를 겪은 우리에게 일본 고대사와 천황제를 비판하는 것은 충분히 민족주의적일 수 있기 때문이다. 기존 연구가 「산방야화」를 민족주의적 정체성 회복이라는 측면에서 읽은 것도 이와 같은 이유에서이다. 하지만 그와 같은 반응은 작가의 의도에서 벗어나는 우발적인 것이다. 이를 잘 보여주는 것이 바로 한글전용에 대한 진우의 태도이다.

장용학은 전 생애 동안 한글전용을 비판하고 부정했다. 진우 역시 마찬가지다. 그는 히라노에게 자신이 서울을 떠나 의정부 근처의 한적한 시골에서 살게 된 원인들 가운데 가장 직접적인 것이 바로 한글전용이라고 말할 만큼 그 정책을 못마땅하게 여겼던 것이다. 그런데 앞의 2장에서 언급한 바와 같이, 역사적으로 한글전용의 논리에는 한글만 우리말을 고스란히 글로 옮겨 쓸 수 있다는 언문일치의 사고와, 그런 한에서 한글은 민족정신과 정서를 표현한다는 언어민족주의적 표상이 결합되어 있다.

이와 같은 언어표상과 국한문혼용을 지속해온 서기의 현실은 근대국민국가의 성립과 동시에 정책상 혼란을 불러 일으켰다. 남한 정부가 수립되었던 1948년 10월 9일 제정 공표된 한글전용법 조문에는 한글전용을 원칙으로 하되 '필요한 경우 한자를 병용할 수 있다'는 단서가 붙어 있었다. 그런데 1967년 한글날 서울대, 연세대, 고려대의 학생들이 주축이 된 '국어운동학생회'는 이 단서조항을 삭제해 줄 것을 정부에 건의하고, 박정희는 당시 대학생들의 건의문을 받아들여 한글전용정책을 시행한다. 박정희는 이은상 등의 특정 소수의 조언을 거치면서 "우리의 모든 글자 살이에서 한자를 일절 쓰지 못한다는, 아주 강력하고도 획기적인"[212] 정책을 시행한다.

이와 달리 진우에게 한글전용의 문제는 "민족의 성쇠盛衰가 달려 있는 문제"83이다. 그에 따르면 한글은 한자의 음가표기에 불과하므로 한글전용을 할 경우 시간이 지나면 한자어의 다양한 의미를 살릴 수 없으므로 어려운 낱말은 사라져 버리게 된다. 이는 곧 어휘의 빈곤화를 가져오고, 궁극에는 사고가 불가능하게 된다. 실제로 사람들이 한글전용을 주장할 수 있는 까닭은 그들의 머릿속에 한자 지식이 있기 때문이다.[213] 그럼에도 그들은 후대에게는 한자가 없어도 된다고 주장한다.

진우에 따르면 좌우 대립의 역사에서 한글전용이 가능했던 것 역시 언어민족주의에 기반을 두었기 때문이다. 다만 각각의 의도는 달랐는데, 좌익 쪽에서는 "봉건적 민족 문화를 단절시키기 위해서"이고, 우익 쪽에서는 "민족문화의 순화"를 위해서라고 한다. 진우 역시 "한글이 늦게나마 생기지 않았다면 지금쯤 우리는 어찌되었을까를 생각하면 소름이 끼칠 정도"85라면서 한글의 중요성을 인정한다. 그러면서 동시에 그는 국한문 혼용을 주장한다. 주어진 조건이 한글전용에 맞지 않기 때문이라는 것이다.

"한글이 생긴 것이 너무 늦었다는 것이오. 우리의 언어생활은 적어도 반만년

---

212 이봉원, 「1960년대 국운회 학생활동이 박정희의 한글 전용정책에 끼친 영향 -은상, 한갑수의 중간 역할을 되새기면서-」, 『한국어정보학 13권 1호』, 한국어정보학회, 2011.6. 34쪽. 학생들이 채택한 결의문은 다섯 가지 이유를 들고 있는데, 이는 '한글교육을 받은 자기 세대들이 한글전용을 실행할 수 있다는 자신감'(다섯 번째 이유)을 토대로 '민주정치 실현', '조국 근대화', '민족문화 발전과 국가의 주체성', '극심한 국제적 경쟁에서 승리하기 위해' 등의 이유가 실려 있다. 이처럼 건의문이 기반하고 있는 것이 국민국가주의라는 것은 자명한 것이다.

213 이와 같은 진우(장용학)의 입장으로는 가라타니 고진, 조영일 역, 『문자와 국가』, 도서출판b, 2011, 127~128쪽 참조. 아울러 더 근본적으로 한국어의 쓰기에서 한문과의 관계는 노마 히데키, 김진아 외 역, 『한글의 탄생』, 돌베게, 2011, 303~307쪽 참조.

전부터 시작되었다고 생각되는데 한글이 생긴 것은 불과 오백년 전이고, 그 오백년 동안에도 우리는 그 한글을 푸대접했고, 개화기를 맞아 그 소중함을 깨달았을 땐 일제가 들어와서 그 싹을 짓눌러 버려서 우리의 언어라는 나무는 비뚤어질대로 비뚤어져 버렸오. 그렇지만 역사는 일회뿐이어서 옛날로 거슬러 올라가서 다시 고쳐 살 수는 없는 것인데, 한글 전용론자들은 비뚤어진 데부터를 잘라 버리고 거기서부터 새 줄기를 곧바르게 키워보자는 것이오."[214]

진우가 보기에 한글전용론자들의 주장은 역사적 사실을 부정하는 초월적인 민족주의에 의한 억설에 불과하다. 언어생활이란 시간적인 현재 속에서 일어나는 것이므로, 과거를 복원해 낸다는 것 자체가 불가능할 뿐만 아니라, 과거에 순 우리말이 있었으리라고 상상하는 것 자체가 현실에서 투사된 추상적인 논리에 불과하다.

500년 전에 한글이 만들어졌다고는 하지만 역사적으로 한자가 한글에 앞서 존재했고, 그런 한에서 한글은 한자를 전제한 문자체계일 수밖에 없다. 그런데 조선시대 내내 써 오던 한자를 중국의 것이라고 인식하는 순간, 한자로 쓰인 모든 텍스트는 우리의 것이 될 수 없다. 과거에 쓰인 한자는 근대적인 표상구조에 의하여 침략자의 문자가 된다. 진우가 이와 같은 오류의 예로 들고 있는 것이 바로 '한문학'이다.

그는 민족문화의 근간이 되는 것은 한문학인데, "한문학자들이 귀양살이를 하거나 벼슬에서 밀려났을 때 여기로 틈틈이 쓴 가사나 시조와 같은 한글로 된 한 줌도 안 되는 것을 우리의 소중한 고전이라고 하여 보물 취급을 하고, 그 같은 한학자가 일생 동안을 바쳐서 연구하고 다듬은 한문학 쪽은 뒷

---

214 장용학, 앞의 글, 85쪽.

골목의 꽁생원들이나 들여다보기에 알맞은 것”86으로 치부한다고 비판한다. 물론 현재 한문학은 우리의 문학으로 받아들여지고 있다. 하지만 「산방야화」가 발표되던 당대에는 여전히 한문 문학은 우리의 문학이 아니었다. 그리고 한글전용과 동시에 지속된 한자 배제로 인해 무구한 우리의 한문학, 더 나아가 한자 문화는 실제로 ‘타자’의 문화가 되었다. 따라서 한글전용론은 민족주의 관념이 만든 ‘본말을 전도시키는’ 대표적인 반지성적 논리일 뿐이다.

작품의 2부에서는 진우가 식민지 말기 학도병에 내몰렸을 때의 경험과 기다미 레이꼬와의 사랑을 그리고 있다. ‘불령선인’으로 분류된 그는 입대 후 장교가 될 수 있는 길도 포기하고 원산에 있는 석유회사의 경비대로 지원한다. 경비대에 배정되고 얼마 후에 열린 회식 날, 고참이 ‘군기가 빠졌다’는 이유로 그를 구타한다. 그로 인해 고막이 파열된 진우는 부대의 촉탁병원인 기다미 내과에서 치료를 받고, 그 과정에서 레이꼬와 만나 사랑에 빠지게 된다.

다른 사람들은 불령선인이면서 군대에 제대로 적응하지 못해 소위 고문관 취급을 받는 진우를 못마땅해 한다. 이에 반해 레이꼬는 강제로 제국의 군대에 끌려온 식민지 청년인 그에게 미안함을 느낀다. 치료가 끝나갈 무렵 함흥부대에 동원령이 내리고, 전장으로 출병하기 이틀 전날 레이꼬는 마지막 치료를 핑계로 진우를 병원으로 부른다.

> “선생님은 일본을 위해 죽을 필요는 없어요.”
> 방에 들어서자 대뜸 하는 소리가 그런 것이었다. 그 당시 전선으로 향한 부대는 바다에서 적의 잠수함에 의해 격침되거나, 무사히 목적지에 도달했다 해도 거기에는 옥쇄(玉碎)가 기다리고 있는 것으로 되어 있었다.
> “몸을 피할 생각이 있으시면 제가 연락해 드릴 수 있어요.”

"몸을 피하다니? 도망 말입니까?"[215]

레이꼬가 군인인 진우에게 탈영하여 목숨을 보전할 수 있는 도주로를 열어주겠다고 제안하는 것은 이미 그녀가 국민이기를 그만두었음을 의미한다. 물론 그녀의 제안에 진우는 탈영을 한다면 차라리 전장에서 하는 것이 더 쉬울 것이라고 예상했기 때문에 탈영할 생각이 없다고 말한다. 하지만 이 사건을 통해 두 사람은 서로 연모했던 마음을 확인하고 처음이자 마지막으로 사랑을 나눈다. 이들 사이에 "사랑한다든지 영원히 잊지 않겠다든지 하는 말은 수없이 오고 갔으나"74 장래를 약속하는 말은 없었다는 것은 상황의 절박성을 잘 보여준다. 그런데 이 한 번의 육체적 관계로 레이꼬는 히라노를 잉태하게 된다. 따라서 히라노는 국가의 예속을 벗어난 사랑의 소산이라 할 것이다.

3부의 끝에서 진우를 만났다가 돌아가면서 히라노는 현숙과 함께 다음날 찾아와서 자신의 한국인 생부에 대해 밝히겠다고 말한다. 그러나 그는 사나흘이 지나서 병을 앓은 것처럼 수척해져서 혼자 진우를 찾아온다. 그리고 현숙이 한국인 남자와 결혼하게 되어서 자신의 꿈이 깨지게 되었음을 진우에게 알려준다. 그녀는 한국에 유학하는 남동생의 지도교수와 결혼을 하게 되었다는 것이다. 이에 본인의 의사는 어떠했냐는 진우의 물음에 히라노는 결혼을 결정한 것은 그녀의 아버지이며 "본인의 의사는 이차적"88인 것이었다고 말한다.

결국 현숙의 히라노에 대한 사랑은 아버지의 민족주의라는 장벽을 넘어서지 못했다. 이에 비해 히라노가 일본 국민국가의 틀에서 벗어나는데는 진우가 생부라는 사실과 그의 책도 나름의 역할을 했지만 가장 큰 것은 바로

215 장용학, 위의 글, 73쪽.

현숙에 대한 사랑이었다. “현숙씨와 결혼하지 않으면 인생에 아무 의미도 찾을 수 없게 되었읍니다.”82 그런데 여기서 눈여겨 볼 것은 히라노가 일본을 벗어나서 최종적으로 목표한 것이 ‘한국인’으로 사는 것이었다.

그가 ‘한국인’이 되려는 전제조건이 현숙과의 결혼인 이상 이는 국민국가의 배타택일적인 욕망 때문에 근원적으로 불가능하다. 둘의 사랑이 가능하기 위한 가장 좋은 방법은 그녀의 아버지가 혼혈아인 히라노를 인정해 주는 것이다. 한데 “일본인이 그렇게 싫으면 왜 일본에서 사는지 모를 만큼 반일 감정이 심”75한 민족주의자인 현숙의 아버지가 그를 받아주는 일은 애당초 불가능하다. 그 다음은 현숙이 자신의 아버지의 강요를 거부해서 결과적으로 민족주의를 벗어나는 것이다. 만약 이렇게 된다면 이 두 사람의 사랑은 결실을 맺을 수 있다. 하지만 앞서 언급한 것처럼 그녀는 아버지의 말을 거부하지 못하므로 이 역시 불가능하다.

두 사람의 결혼이 불가능하다면 히라노에게 한국에서의 삶은 의미가 없다. 그런데 동경하던 ‘한국인’ 되기가 불가능해졌을 때에 비로소 그는 한국의 실상을 바로 보게 된다.

> “그래서 택시로 돌아오는 길에 광화문 앞을 지나다가 쳐다보고, 저 높은 데에 올라가 목을 매고 늘어지면 시원하겠다고 하다가 그 현판이 눈에 비쳐 들었는데, 그것이 한글로 씌어 있는 것을 본 순간 현기증 같은 것을 느꼈읍니다. 내가 지금 어디에 와 있나 하고 깊은 잠에서 깨어난 것 같았읍니다..”
> “광화문은 일제에 의해 헐렸던 것을 다시 복원했다고 들었는데, 가령 남대문이 소실되어서 다시 세울 경우에도 이 나라에서는 그 ‘崇禮門’을 한글로 ‘숭례문’이라고 써서 달아 놓아야 할 것이 아닌가. 그렇다면 경우는 좀 달라도 일본과 뭐가 다른가 생각되었읍니다. 선생님이 오던 날에 하신 말씀도 생각나면서, 한국에서는 한글이라고 하면 역사도 사리도 지성도 그 자리를 내놓아야

하는구나 싶어, 그 길로 이리로 달려왔읍니다. 저는 그대로 일본인으로 남아 있기로 했다는 것을 알려드리기 위해서 말입니다.(중략)"[216](밑줄 인용자)

인용문에서처럼 히라노가 한국인이 되기를 포기하고 한국의 현실을 파악하게 되는 계기는 바로 광화문 현판을 본 직후이다. 그는 지난 날 진우와의 대화를 통해 한글전용의 부당성과 언어민족주의의 반反지성적인 측면을 알고 있다. 당시 한국전쟁 중에 소실된 광화문을 다시 지은 것은 역사를 복원하기 위한 것이다. 그럼에도 불구하고 한국에서의 역사는 당대의 민족주의에 의해서 훼손되고 만다. 특히 여기서 장용학이 히라노의 눈을 통해 '광화문 현판'에 초점을 맞추는 것은 분명한 의도가 있다.

한글로 된 광화문 현판은 전 대통령 박정희가 직접 쓴 것이다. 한국전쟁 중, 1·4후퇴 때 소실된 광화문 현판은 전통적인 한자로 제작하여 복원하도록 계획되었다. 하지만 이 계획은 급작스럽게 한글전용 어문정책이 시행되면서 준공식이 있기 열흘 전인 1968년 12월 11일에 한글 가로쓰기로 전격 변경되었다고 한다. 대통령이 쓴 한글로 된 현판을 게시하는 행위는 한글전용 시대의 시작을 알리는 것과 동시에 이를 국가장치가 강제하겠다는 선언인 것이다.[217] 따라서 한글로 된 광화문 현판은 언어민족주의와 독재 권력의 욕망이 공명하여 실재했던 역사를 부정한 상징적인 아이콘이라 할 수 있다.

히라노가 "내가 지금 어디에 와 있나 하고 깊은 잠에서 깨어난 것"같은 느낌을 받은 것은 그가 광화문 현판이 지닌 의미를 정확히 파악했기 때문이다.

---

216 장용학, 앞의 글, 89쪽.

217 강임산, 「1968년 광화문 '복원'의 성격」, 명지대학교 기록정보과학전문대학원 석사학위논문, 2015, 61쪽. 박정희가 직접 쓴 광화문 현판의 게시와 국가장치 차원에서 강압적으로 추진된 한글전용정책의 연관관계에 대해서는 55~62쪽 참조. 이 글을 통해 볼 때 광화문 현판의 한글화는 광화문 건물이 그 자체로 국가권력의 정책을 선전하기 위한 스펙터클이자 다양한 선전문구가 걸리는 선전대 역할을 했기 때문임을 알 수 있다.

일본 고대사 비판을 통해 진우가 일본의 민족주의적 욕망과 반지성적 풍토를 심층적으로 파헤친 것과 마찬가지로, 그는 민족주의적 패러다임이 모든 것을 압도하는 한국의 현실을 간파한 것이다. 그래서 그는 "한글이라고 하면 역사도 사리도 지성도 그 자리를 내놓아야 하는" 한국의 현실이 일본과 다를 바가 없다는 사실을 깨닫고 되돌아가려고 한다는 것을 진우에게 알리러 왔다고 말한다.

그는 생부와의 이별을 앞두고 자신이 진우와 레이꼬 사이에 태어난 아들임을 직접 밝히지는 않고, 그 아들과 "출생도 같은 날 같은 시각에 태어날 만큼 닮았"으며 "외모만이 아니라 마음도 꼭 닮아서 분신이라고"89~90 에둘러 말한다. 그러자 진우는 다음과 같은 부탁을 한다.

> "그럼 그 분신을 만나거든 전해 주겠오?"
>
> "녜?…"
>
> "내 아들이라면 한국에 와서 한국인으로 살아야 한다고 전해 주기 바라오."
>
> "그 말은 좀 이해가 되지 않습니다. 요전날 제가 그러겠다고 했을 때는 말리셨고, 또 농담이라고 하시기는 했지만 미국에 이민 가고 싶다고 하셨으면서 일본인이 다 되어 있는 아들을 보고는 이 한국에 와서 한국인이 되라고 할 수 있읍니까?"
>
> "요전날에는 남에게 한 말이고, 나는 내 아들이 일본인으로 살고 있는 것을 도저히 그대로 보고 있을 수 없오!"
>
> "요전날에는 한글 전용에 관해서만 말하셨읍니다마는 그 하나로 한국의 풍토가 어떤 것인가를 짐작할 수 있고, 일본을 보신 것 같은 눈으로 한국을 보신다면 더 매서운 지적이 있어야 할 것이라고 저는 믿습니다."218

히라노가 자신의 아들일지도 모른다는 생각을 한 진우는 그에게 “내 아들이라면 한국에 와서 ‘한국인’으로 살아야 한다”고 강력하게 말한다. 이에 대해 히라노는 자신이 귀화하려고 할 때 그를 말렸으며, 또 진우 자신도 미국으로 이민을 가고 싶어 하면서 아들에게 한국인으로 살게 하려는 이유를 묻는다. 그러자 진우는 아들이 한국인으로 살아가기를 바라는 것이 아니라, 일본인으로 살아가는 것을 볼 수 없어서라고 말한다. 일본은 살기 좋은 나라이고 일본인들만큼 자기 나라에 만족하면서 살아가는 민족도 없지만, 진우가 보기에 “일본에는 인간은 없고 신민만”90 있는 곳이기 때문이다.

진우의 강고한 부탁을 들은 히라노는 결국 일본으로 되돌아가기를 거부하고, 아들이 있는 제3국 브라질을 선택한다. 거기서 그는 ‘브라질인’이 아니라 아들을 위하는 ‘아버지’가 되고자 한다. 결국 히라노는 민족주의로 인해 진우와의 부자관계도, 현숙과의 연인관계도 모두 이루지 못하게 된다. 이에 대하여 장용학은 “부자父子의 인연도 아직은 두 나라의 역사적인 인연을 앞설 수는 없었던 것”[219]이라고 말한다. 그럼에도 불구하고 중요한 것은 이 작품 역시 그의 초기 작품과 마찬가지로 국민국가의 자명성을 의심하고 신체들이 근대적 배치를 벗어나기 위한 ‘비국민되기’의 잠재성을 현실화하고 있다는 점이다.[220] 국가의 예속을 부정하고 사랑에 빠졌던 진우-레이꼬 커플과, 일본과 한국의 국민이 되기를 거부한 히라노 모두는 장용학이 현실화하고자 한 신체의 형상일 것이다.

---

218 장용학, 앞의 글, 90쪽.

219 장용학, <작가의 말>, 앞의 글, 93쪽.

220 니시카와 나가오는 앞의 책에서 일본근대사에서 다양한 시민운동과 저항운동이 있었으나 “국가 그 자체가 의문시된 적은 없었”(312쪽)다고 말한다. 우리 역시 일본과 다르지 않다. 따라서 탈국민 내지 비국민되기는 괴물인 국가를 와해하고 국가에 예속된 신체를 해방하는 전략이라 할 수 있다.

V.

저항과 생성의 반시대적인 문학

지금까지 진행한 논의를 정리하면 다음과 같다.

본 연구에서는 장용학의 소설을 삶문학적 관점에서 살펴보았다. 니체에서 시작된 '삶예술' 혹은 '삶의 예술론'은 예술이 현실을 '재현'해야 하는 것도 아니며, 그 자체로 허무주의에 머물고 마는 '예술을 위한 예술'도 아니다. 삶예술은 예술이 삶을 촉진하고 자극해야하는 것으로 보았으며, 이것을 위해 잠재적으로 존재하는 새로운 삶을 문학적으로 실현하고자 한 것이 바로 버추얼리즘이었다. 이에 따르면 삶은 단순히 죽음에 대립되는 것이 아니라, 잠재화된 우리의 신체 능력을 긍정하고 실험하여 그 힘을 키우는 생성의 영원한 과정이다.

니체는 인간 인식이 생성 - 존재를 재현하지 못하는 한에서 일자적인 진리는 존재하지 않으며, 인간 사회의 모든 것은 권력의지의 산물로 보았다. 이러한 맥락에서 들뢰즈 역시 예술은 진리를 표상하거나 고정된 현실을 재현하는 것이 아니라 생성 그 자체인 잠재적 실재를 긍정하고 표현하는 실험이라고 본다. 이러한 관점에 따르면 소설은 실재의 반영에 그치는 것이 아니라, 잠재적인 것의 표현이며 이를 통해 삶을 실험하고 끊임없는 생성에 이르는 것이다. 본고에서는 이를 '삶 예술'에서 비롯된 '삶문학'이라고 개념화하고 장용학 소설의 연구 방법론으로 삼았다.

Ⅱ장에서는 수많은 오해가 있어온 장용학의 소설언어를 살펴보았다. 지금까지 그의 소설언어에 대한 평가는 대부분 근대적인 언어 표상인 '민족언어 실체론'적 관점에서 이루어졌다. 이 관점에 따르면 언어는 현실을 반영하는 것이므로 민족의 정서를 담지하고 있는 매체이다. 기존의 모든 평가는 이와 같은 관점에 따랐기 때문에 순한글 서기를 부정한 장용학의 소설언어는 '언어적 정체성'을 상실했으며, 이는 식민지 지식인의 언어적 식민성을 드러내는 대표적인 예로 평가되어 온 것이다.

하지만 화용론적 입장에서 그의 소설언어를 살펴본 결과 그는 근대적 언어표상인 '언문일치'가 허구임을 간파하고 언어를 민족주의적 표상에 가두려는 관점을 부정했다. 그리고 당대의 지배적인 서기書記 방식과 소설 창작 방법으로서의 재현론을 거부하고 소설 속에 사유의 언어를 도입하였다. 이를 통해 그는 금기/명령에 의해 형성된 예속적인 현실을 진단하고 보편적인 의미화의 체계를 넘어섬으로써 신체의 해방에 이르고 있다. 소설 속 인물들의 비명이나 절규 등은 현실의 예속을 벗어나고자 하는 과포화 상태에 이른 신체의 정동을 표현하며, 실어증, 침묵 등은 그가 완전히 언어의 외부로 나아갔음을 보여준다. 장용학의 소설언어는 신체의 잠재성을 표현하여 새로운 정동을 생산하고, 생성에 이르고자 한 그의 소설이념에서 비롯된 것이다.

다음으로 당대 언어의 문제를 살펴보기 위하여 장용학과 유종호 사이에 벌인 논쟁을 검토해보았다. 유종호는 영문학을 통해 서구 근대를 모델로 삼고, 언어민족주의의 언어-정서 실체론을 받아들인다. 이것이 그가 순한글주의자이자 무엇보다 '토착어'주의자가 된 까닭이다. 하지만 '민족 언어-민족 정서 실체론'은 국민 국가nation-state라는 근대적 배치가 만들어 낸 가상의 산물이었다. 그럼에도 그는 토착어를 바탕으로 우리의 문학을 서구 리얼리즘 소설의 수준으로 끌어올리려고 했다. 그러기 위해서는 제국주의에 오염된 우리 글을 정제시켜 토착어화하는 것이 급선무였다. 따라서 순한 글쓰기를 거부하고 소설의 문면에 한자를 도입한 장용학은 도저히 묵과할 수 없는 대상이었다.

이와 달리, 장용학은 한국전쟁을 근대의 파국으로 보고, 근대의 바깥으로 나가는 것을 지향했다. 그리고 그는 인간을 구속하고 예속하는 모든 근대적 기제에 저항하고 초극하려 했다. 이러한 그에게 언어특히 문자란 민족정서를 담지하는 것이기는커녕 항상 현실에서 신체를 구속하거나, 의미를 통해 포획하는 예속의 기제 중 하나였다. 그가 법 제도나 효孝의 기표작용, 정상 등의 의미화에 저항한 것은 바로 이 때문이었다. 문학을 통해 근대적 배치를 진단하고, 그것을 초극함으로써 인간을 해방하고자 했던 그는 당대의 세계문학과 동일한 지평에서 어깨를 나란히 하고자 했다. 따라서 토착어를 바탕으로 민족 정서를 그려 근대 리얼리즘 문학으로 회귀하려는 유종호는 그에게 지나친 퇴행주의자에 불과했다.

Ⅲ장에서는 장용학 소설이 현실 인간에서 벗어나려고 했던 '비인되기'를 살펴보았다. 1절의 비인되기는 한국적 근대에서 주체를 예속하는 미시적인 메커니즘을 검토하고 여기서 벗어나는 문학적 실험이다. 비교적 초기에 해당하는 「人間의 終焉」 등의 작품에서는 '소수자의 육체를 먹는 다수자'의 모습을 그려냄으로써 비인되기의 위험성을 살펴볼 수 있었다.

그러나 「육수」에서 언청이인 주인공은 육체적 '정상/불구'의 이분법을 뛰어넘어 존재에 대한 긍정을 획득한다. 그가 「육수」를 통해 보여준 것은 '정상적인 것'이 우리의 신체가 지닌 능력을 억압하고, 더 나아가 그 억압을 통해 가책에 이르도록 만든다는 것을 보여줌으로써 모든 존재가 무죄라는 것을 보여준다. 이는 현실에서 존재하는 모든 '비정상적인 것'들로 표상된 존재들의 정당성을 보증하고, 그들의 신체가 지닌 능동적인 힘을 긍정할 수 있도록 해 준다.

2절에서는 사생아가 주인공인 「원형의 전설」에서는 근친상간을 통해 가부장제라는 사회 체제에 의해 자신의 욕망과 행동을 부정하는 인물들이 등장한다. 이들에 반해 주인공은 배다른 누이와 근친상간을 함으로써 가부장제 속에서 '비인'이 된다. 이를 통해 장용학은 가부장제도 역시 삶을 억압하고 부정하는 표상에 불과한 것임을 보여준다.

동아시아 유교문화의 전통인 효 사상을 다루고 있는 「상립신화」는 어머니의 발병으로 더욱 더 강력하게 효를 실천하고자 하는 인물을 내세워 효 기표의 예속성을 보여준다. 주인공 인후가 겪는 신체변화는 '효'라는 덕목 때문에 우리가 경험하는 미시적이고 비가시적인 힘 때문이다. 그는 한국사회에서 당연한 것으로 여겨지던 도덕적이면서 일상적인 것에 신체 능력을 제한하는 사회적인 억압의 힘, 지배적인 권력의 힘이 언제나 작동하고 있다는 것을 보여주었다. 더 나아가 이러한 힘들에 의해 구축된 현실을 비판하는 것에서 그치는 것이 아니라, 이 힘들을 의지적으로 초극하거나 가속화함으로써, 내부적인 시선으로는 파악되지 않는 '비인'을 생성시킨다. 이 비인은 현재에는 여전히 '지각불가능'한 것이면서 우리에게 내재하는 능력이다.

Ⅳ장에서는 장용학이 창작활동을 하는 전 기간에 걸쳐 고민하였던 국가 문제, 그리고 독재정치기에 진행된 한국적 자본주의화인 '근대화' 문제를 살펴보았다. 1절에서는 한국전쟁기의 경험을 형상화한 「역류」, 「요한시집」 등의 작품에서 국가의 전쟁이었던 한국전쟁은 단순히 동족상잔의 비극에 그치는 것이 아니라, 국가가 모든 인민들을 포로로 만든 사건이었다. 그리고 「현대의 야」 등에서 국가는 전쟁기간 동안 인민들을 공포에 빠뜨리고 불구로 만들었다. 그리고 무엇보다 휴전과 함께 국가는 인민들을 잠재적 죄인으로 만들고 법 - 폭력으로 예속하고 만다. 「대관령」은 법 외부의 존재인 무적자無籍者를 내세워 법 바깥의 인물을 통해 법 장치와 대결하려고 하지만 성공하지 못한다. 「청동기」는 법 - 폭력을 실천하는 사법장치의 기만적인 작동방식을 현미경적으로 보여준다. 이에 따르면 법은 정의나 초월적인 원칙에 의해 작동하는 것이 아니라, 모두가 현실의 욕망에 근거하여 움직이고 있다. 장용학은 지속적으로 법 장치가 작동하는 것을 분석·진단하고, 법에서 벗어나기 위한 실험을 하였다. 이러한 소설적 실험은 법이 국민을 보호하고, 국민의 삶을 위해 작동한다는 근대국민국가의 '법 표상'을 분해시킨다. 이와 동시에 그는 현실의 부조리와 비리, 각종 야만이 단지 지배적인 권력의 일방적인 폭력에서 기인하는 것이 아니라, 인민들의 야합에 의한 것임을 진단하고 있다. 이로써 그동안 익숙했던 악한 권력과 선한 민중이라는 이분법적 현실인식은 불가능해진다.

2절에서는 한국적 자본주의화인 '근대화'에 대한 진단과 저항을 그려낸다. 「태양의 아들」에서 장용학은 한국자본주의의 시초축적을 다룬다. 이는 정경유착이라는 형태로 드러난다. 그런데 이는 단순히 정상적인 자본주의의 부정적인 한 현상이 아니라, 자본과 국가권력이 결합하면서 남한이라는 자본주의 국가를 형성하는 근본적인 양상들임을 보여준다. 「유피」, 「풍물고」 등에서는 인물들의 자살을 통해 근대화의 부작용과 함께 자본주의적 예속을 거부하는 인물들의 모습을 그리고 있다.

다음으로 「부화」, 「잔인의 계절」, 「하여가행」에서 역시 근대화를 주도한 독재권력에 대한 강한 저항을 읽을 수 있었다. 이 작품에서는 관료적 욕망에 자발적으로 예속되는 인간과 반대로 이를 벗어나고자 하는 인간의 모습을 대비적으로 볼 수 있었다. 그러나 이들 작품들에서 장용학은 국가장치의 폭력을 진단하고, 그 폭력에서 벗어나기 위하여 저항하기는 하지만 결코 국가를 벗어날 수 없었다.

하지만 유고에서는 상황이 달라진다. 당대의 잡지와 문단에서 받아들이지 못해 유고로 남겨질 수밖에 없었던 「천도시야비야」와 「빙하기행」은 독재권력의 잔인한 고문과 이에 대한 인간들의 야합을 보여주며, 최종적으로 박정희 유신권력에 의해 통제국가가 완성되었음을 보여준다. 특히 미완성임에도 불구하고 「빙하기행」은 국가의 예속을 벗어나기 위하여 혁명을 실험한다. 장용학은 이 작품에 이르러 니체적 사유가 지니고 있던 한계인 개체주의를 넘어서 혁명을 위한 집합적 신체를 구성한다. 결국 유고에서는 근대국가의 예속에서 벗어나는 길은 국가와의 전쟁을 통해 국가를 없애는 방법뿐임을 보여준다.

3절에서는 「상흔」, 「부여에 죽다」, 「산방야화」 등의 작품들을 통해 장용학이 국가 간의 문제를 어떻게 진단하였고, 벗어나고자 하였는가를 보여준다. 그는 이 작품들에서 고대사를 왜곡하는 일본의 역사인식에 대하여 신랄한 비판을 한다. 아울러 일본을 내세워서 근대화된 일본을 무조건 추종하는 한국의 현실을 부정한다. 그리고 최종적으로 한국과 일본의 민족주의나 국가주의가 보여주는 지성의 불모 상태와 그에 대한 비판을 넘어, 사랑을 통한 인간의 화해를 그려낸다. 중요한 것은 사랑에 빠지는 모든 개인들이 국민국가의 표상을 넘어서고 있다는 점이다. 결국 장용학은 우리가 초월적인 표상에 빠지지 않고 지성에 근거하여 행동한다면 신체의 능력을 키우는 기쁨으로 나아갈 수 있음을 보여준다. 이것이야말로 근대국민국가의 배타적이고 적대적인 배치를 넘어가는 유일한 방법이기 때문이다.

이상의 전반적인 요약이 장용학이 소설을 통해 보여준 것이었다. 그럼에도 불구하고 지금까지의 문학사나 소설사에서 장용학은 언제나 전후의 작가로 자리매김 되어 있다. 대표적으로 권영민은 장용학이 "「원형의 전설」 1962을 통해 전후 상황의 비극성을 폭넓게 조감한 바 있으나, 그 이후에 뚜렷한 작품 성과를 보이지 못"하므로 "1950년대 전후작가로만 그 이름이 기록된다."[1]고 서술한다. 그리고 1950년대 문학은 저항의식을 가지고 있기는 하지만 역사의식과 구체적인 현실인식을 결여하고 있기 때문에 이데올로기 문제를 정면으로 다룰 수 없었으며, 나태와 무기력에서도 벗어날 수 없었다는 것이다. 그리고 이러한 한계는 4·19로 극복하게 된다고 한다.[2]

권영민의 이와 같은 서술은 4·19 세대들의 논리와 연속되는 것이다. 4·19 세대들은 장용학이 소설 서기로 선택한 국한문혼용체를 식민지 지식인의 언어적 결핍과[3] 연관시키는가 하면, 일본문학이라는 제도의 직접적인

---

1 권영민, 『한국현대문학사』, 민음사, 2000(초판 1993), 195쪽.

2 권영민, 위의 책, 170~175쪽.

3 김현과 김윤식은 장용학을 우리 문학에서 가장 난해한 작가라고 말하면서 다음과 같이 서술한다. "그는 일본어로 초급 교육을 받고, 해방 후에는 한국어로 자신의 감정과 사상을 표현하지 않으면 안 되었던 찢긴 세대에 속한다. 유년 시절의 정서에서 완전히 소외될 수밖에 없었던 그 세대 중에서, 그는 또 하나 생존의 뿌리마저 빼앗긴다. 이데올로기 전쟁에 의한 그의

영향이식 때문이라고 해석하기도 했다.[4] 또 그의 소설이 철학적 사유를 담아내고 있는 것은 우리 소설에 새로운 충격이지만 "수없이 씌어진 이데올로기 비판소설의 하나"에 불과하며, "어거지 관념조작이나 평범한 상식의 세계에 떨어지"[5]게 되는 한계를 벗어나지 못하는 한다고 평가한다.

이처럼 소설사를 포함한 대부분의 문학사는 분단 이후 1960년대에 와서야 본격적인 문학운동이 전개되었다고 서술한다. 김건우는 비평분야에서 1950년대 비평을 1960년대 수준에 이르지 못한 열등한 것이라고 부정적으로 평가하는 것이 일반적이라고 서술한 후 이러한 평가가 4·19세대 비평가군의 시대감각에서 기인한 것이라고 본다.[6] 이들은 스스로를 전후 신세대와 구별짓는 세대론적인 관점에서 문학사를 '참여문학론 - 민족문학론 - 리얼리즘문학론'으로 서술하는 과정에서 1950년대를 '탈이데올로기'의 시대, 다시 말해 진보적인 성향이 결여된 시대로 보았기 때문이다.[7]

이와 같이 지금까지의 문학사에서 장용학에 대한 정확한 평가가 내려지지 않은 이유는 문학사를 서술하는 서술주체의 지향 때문이다. 거의 모든 문학사가 '민족' 또는 '한국'국가 문학사라는 명칭으로 서술된 것은 문학사 서술의 지향이 바로 근대성에 있기 때문이다. 이는 국문학의 태생적 성격에서 기인한다. 식민지 시기에 형성된 '국문학'은 그 기원에서부터 '민족을 제작하는 장치'였다.[8] 특히 근대문학의 본류이기도 한 소설은 "'공감'의 공동체,

---

뿌리 뽑힘은 그의 문학을 관념화시킨다." 김윤식·김 현, 『한국문학사』, 민음사, 2001(초판 1973), 413쪽.

4 "장용학의 이런 문체는 …… 실상은 일본 근대소설 또는 현대소설에 이어진 것이다. 그들은 일본소설을 통해 소설을 배우고 그 체계(제도적 장치)에 근거하여 소설을 썼던 것이다". 김윤식·정호웅, 『한국소설사』, 예하, 1993, 335쪽.

5 김윤식·정호웅, 위의 책, 333~334쪽.

6 김건우, 『사상계와 1950년대 문학』, 소명, 2003, 13쪽.

7 김건우, 위의 책, 12~16쪽.

8 강명관, 『국문학과 민족 그리고 근대』, 소명출판, 2007, 1장 3절 참고.

즉 상상의 공동체인 네이션의 기반"[9]이 되는 장르였다.

36년간의 일제강점이 끝나고 식민지 민족에게 해방이 주어졌을 때 정치적 이념의 차이로 서로 대립했음에도 불구하고 대부분의 문학론이 공유한 것은 '민족문학론',[10] 다시 말해 문학을 통해 근대성을 실현하는 것이었다. 이 시기 '조선문학가동맹'1945. 12으로 대표되던 좌파의 민족문학과 '한국문학가협회'1947. 3로 집결했던 우파의 민족문학은 남북한 단독정부 수립을 경유하여 민족의 비극인 한국전쟁을 거치면서 완성된 각각의 국가 내에서 전개되었다.

소설사에 따르면 현재까지 남한에서의 문학은 다음과 같이 전개되었다. 1950년대 '전후문학'은 동족상잔이었던 한국전쟁의 폐허와 충격에 빠져 있었다. 이 시기 실존주의가 유행하고, 휴머니즘에 대한 논의가 일어난 것은 충격적 현실 때문이다. 소설은 정치적 이념에 편성하여 '한국전쟁'의 책임을 적에게 돌리는 것이 대다수이다. 전쟁의 참화가 불러온 잔혹함과 고통을 형상화하거나, 전쟁의 비인간성을 폭로하는 것도 대부분 이와 같은 입장에 근거한 것이다. 이와 달리, 일부의 소설은 전쟁을 일으킨 정치이념을 부정하기 위해 휴머니즘에 호소하거나 추상적인 전통주의에 경도되기도 했다.

1960년 4·19 혁명과 순수 참여 논쟁을 거치면서 소설은 전후의 폐허와 거기에서 기인한 허무주의를 딛고 역사의식을 획득함과 동시에 현실 참여적인 성격을 보인다. 4·19 이후 전개된 문학운동은 역사의식을 획득하고 현실의 문제를 직시함으로써 한국전쟁의 근본 문제였던 이데올로기와 대결하기 시작한다. 최인훈은 이를 증명하는 가장 대표적인 작가로 거론된다. 그 후 60년대 중반을 지나면서 소시민적인 일상성을 형상화하기도 하지만 한국전쟁, 식민지 문제, 이승만 정권기의 정치문제 등을 다루는 등 점차 다양해진다.

---

9 가라타니 고진, 조영일 역, 『근대문학의 종언』, 도서출판b, 2006, 51쪽.

10 김윤식, 『작가론의 새 영역』, 도서출판 강, 2006, 244쪽.

그리고 1970년대는 시민문학론을 거쳐 민족문학론의 큰 흐름이 만들어진다. 1970년대는 근대화로 해체되는 농촌의 현실과 농민계층의 저항을 다룬 농민소설, 노동현장을 소설화한 노동소설, 도시화와 함께 발생하는 도시 문제들을 다룬 도시소설, 반제국주의적인 현실인식을 드러내는 작품들 등으로 다양하게 분화되었다. 1970년대 소설의 성장은 문학이 현실과 함께 호흡하고, 현실의 조건들을 문제화한다는 측면에서 커다란 진보로 평가되며, 이 시기에 분화된 문학은 그 후 1980년대를 지나면서 민족문학론과 민중문학론, 노동해방문학론으로 이어지는 운동의 원류가 된 것으로 평가한다.

이처럼 남한의 문학은 현실의 모순을 극복하고 좀 더 나은 국민국가로 나아가기 위한 하나의 거대한 '운동'이었다. 따라서 지금까지 전개된 문학 운동의 역할은 분명히 높이 평가되지 않을 수 없다. 특히 1980년대 민중문학론으로의 방향전환은 민중이 주체가 되어 통일된 민족국가를 수립하자는 문학적 열망에서 프롤레타리아트의 혁명적 열기를 통해 자본주의를 붕괴시키고 사회주의를 쟁취하고자 하는 열망까지 광범위한 스펙트럼을 형성하게 된다.

그럼에도 불구하고 이 시기 문학 운동의 논리는 여전히 국가주의를 벗어난 것도 대의제재현의 논리를 벗어난 것도 아니었다. 이들의 미학적 논리가 '객관적 현실'의 재현을 중시하는 리얼리즘이었던 것 역시 인식론적인 동일성에서 기인하는 것이다. 조정환은 "정치에서의 대의주의가 민중의 자율, 자기통치가 가져올 결과에 대한 권력의 공포에서 비롯된 근대 국민주권의 안전장치였듯이" 객관적 현실을 재현하는 논리인 리얼리즘도 "한편에서는 사회적 갈등의 현실을 드러내면서도 다른 한편에서는 민중이 자신의 잠재력을 능동적으로 표현하는 것을 억제하는 기능을 했다"[11]고 평가한다. 민중

11 조정환, 「한국문학의 근대성과 탈근대성」, 『상허학보』 19호, 2007, 152쪽.

은 자기표현의 주체가 아니라 재현의 대상이자 궁극적으로 국가장치를 위한 토대여야 했다.

아울러 더 근본적인 문제는 문학운동이 1990년대에 들어와서 서구의 현실 공산국가가 붕괴하고 난 이후 존립 근거를 상실한 것이다. 이는 바로 객관적 현실의 재현이라는 리얼리즘 문학의 논리에 충실한 결과이기도 하다. 문학 운동의 붕괴는 현실 사회주의 국가의 붕괴를 자본주의에 대한 패배로 인식하면서 궁극적으로 자본주의의 승리를 인정해주는 결과를 낳고 말았다. 전지구적으로 맹위를 떨치는 신자유주의의 강력한 힘 앞에서 대안적인 근대 국민국가 건설을 포기한 문학은 원래의 영향력을 상실하고 자본주의 상품화의 논리 속으로 빨려들게 되었다. 기존 문학 운동의 중심세력이 운동성을 청산하면서 문단권력으로 변한 것은 이러한 변화를 단적으로 보여준 것이다.

앞에서 살펴본 바에 따르면 기존의 문학사는 장용학을 제대로 평가할 수 없었다. 이는 근본적으로 지금까지의 문학사가 지니고 있는 근대적인 관점의 한계이기도 하다. '역사'는 언제나 서술자의 '현재적 관심'에 따라서 사실들이 계열화되어 재구성되는 것일 수밖에 없다. 문학사는 바로 '국가나 민족'이라는 거대주체의 현실적인 관심에서 구성된 것이다. 그렇기 때문에 지금까지 우리 문학에서 오직 근대성을 추구한 문학만 존재한 것은 아님에도 불구하고 근대적인 거대주체의 관심에서 벗어나는 대상은 문학사에서 누락되거나 평가절하 될 수밖에 없다.

'근대문학'은 이미 일제강점기 말에 김동리의 '구경究景적 생의 형식'에 의해서 이미 부정된 바 있다.[12] 파시즘이 출현하고 제2차 세계대전을 목전에 두었을 시기에 대두된 근대초극론은 일본제국주의가 서구 근대보편의 파국

---

12 일제강점기 말기 김동리의 '구경적 삶의 형식'에 대한 논의는 김윤식, 앞의 글, 249~253쪽 참조.

을 선언하고 일본동양을 중심으로 하는 또 다른 보편을 만들려는 제국주의 욕망의 표현이었다. 동시에 근대초극론은 바로 국민민족국가건설이라는 근대 역사주의의 파국을 선언하는 것이기도 했다. 이를 받아들인 당대의 조선 문인들은 조선 근대문학이 더 이상 불가능해지자 대부분 일본제국주의 논리에 휩쓸려 들어갔다.

김동리는 자신의 독특한 문학관을 구상한다. 그는 구세대구 카프 계열과 민족주의 계열의 전대 작가들들의 문학은 모두가 유물변증법적 역사의식을 바탕으로 이데올로기적인 현실을 그려내는 '공리적'인 공식에 빠져 있다고 비판한다. 그리고 구세대 문학이 절대시하는 사상성은 문학이 표현할 수 있는 수많은 사상 가운데 한 가지에 불과한 '정치사상'일 뿐이라고 말한다.

구세대에 반하여 김동리는 "문학적 사상의 문학적 표현"만이 "문학 정신 본령의 문학"이라고 말하면서 문학의 탈정치성을 주장한다. 그리하여 김동리는 참다운 문학적 사상은 "시대와 사회를 초월하여 인간이 영원히 가지지 않을 수 없는 인간의 보편적이요 근본적구경적인 문제 - 다시 말하자면 자연과 인생의 일반적 운명 - 에 대한 독자적 해석이나 비평에서만 가능한 것"[13]이라는 결론에 이른다. 근대문학의 가치를 상대화하면서, 그는 문학이 인간에게 '영원하면서 보편적이고 근본적인 문제'를 다루어야 한다는 것이다.

그런데 근대문학을 상대적으로 탈가치화한 김동리의 문학이 이르고자 한 '구경'의 경지는 바로 토속적 샤머니즘의 세계였다. 그는 비非서구적인 것이면서 동시에 근대문학의 근거였던 "정치적, 경제적, 종교적, 도덕적 목적" 등과 같은 실제 역사를 벗어난 '영원하면서도 보편적인 세계'를 추구했다. 그 세계란 신화의 세계, 토속적인 샤머니즘의 세계일 수밖에 없었다. 이

13 김동리, 「문학적 사상의 주체와 그 환경」, 『문학과 인간』, 민음사, 1997, 69쪽.

는 바로 파국에 이른 '보편 - 서구근대'에서 연원하는 근대문학을 대신하여 "'대안의 보편'을 '조선적인 것'으로 구성"[14]하려는 김동리의 탈근대, 그렇지만 엄밀히 말하자면 서구 근대의 동일성에서 파생된 차이를 만드는 '조선적 근대'의 기획인 것이다.

결국 김동리의 탈근대는 근대문학의 정치적 사상성을 탈각하고, 영원성과 보편성을 추구함으로써 '순수 이데아'의 세계로 초월해야 했다. 그의 논리는 표면적으로 '문학의 자유'를 추구하는 것이지만, 실제로는 문학에서 역사적시간 내적 실제성을 탈각시키는 것이다. 이는 표상의 층위에서 볼 때, 어떠한 구체적 물질성으로도 침해받지 않는 순수 민족성을 구현하는 새로운 방법이기도 하다. 그렇기 때문에 김동리의 문학세계는 어떠한 구체적 실제와 무관한 '시뮬라시옹'의 세계이다. 이러한 초월적 논리 때문에 '구경究竟적 생의 형식'을 추구한 그의 문학은 분단 이후 폭력적 '치안'이라는 현실과 무모순적으로 공존할 수 있었을 것이다.

그와 반대로 장용학은 자신의 문학적 실험을 통하여 운명, 우상, 메커니즘 등과 같이 인간의 신체를 경화시키는 초월적인 것을 부정하고 '인간'에 접근하려고 했다. 이는 인간을 규정하고 통제하는 현실의 지배적인 배치를 넘어 신체가 지닌 영원한 생성의 능동성을 회복하려는 것이다. 현실의 재현을 부정한 그의 소설은 단순히 관념을 형상화한 것이 아니라 우리의 신체가 지니고 있는 잠재적인 것을 표현하는 실험이었다. 그의 소설 속 인물들은 '비인되기'를 통해 "인간의 이데아를 찾으려는"[15] 것이 아니라, 스스로를 긍정하는 '다양체로서의 인간'을 실현하고자 한다.

---

14 한수영, 「김동리와 조선적인 것」, 『한국근대문학연구』 21호, 한국근대문학회, 2010, 409쪽. 이와 함께 '조선적인 것'을 추구한 김동리 문학의 미학이 지닌 정치성에 대해서는 조현일, 「『문장』파 이후의 문학에 나타난 '조선적인 것'」, 『민족문학사연구』 31호, 민족문학사학회, 2006, 참조.

15 김윤식·김 현, 앞의 책, 415쪽.

장용학은 근대 이성중심주의와 이분법적 사고를 비판하고 동일성이 아닌 차이 그 자체의 논리를 주장한다. 최혜실은 그의 소설적 사유가 이미 후기구조주의의 논리를 선취하고 있다고 말한 바 있다. 그의 소설은 현실을 재현하기 보다는 그것의 병리성을 진단하고 우리의 신체를 옥죄고 있는 비가시적인 힘들을 가시화시킨다.

당대의 모든 사람들과 마찬가지로 그 역시 식민지와 한국전쟁을 겪었다. 그런데 대부분의 지식인들은 또 다시 파국의 근대로 회귀해 갔다. 그것이 1990년대까지 이어온 우리 문학 운동의 주류적 흐름이었다. 이들과 달리, 그는 식민지 시기부터 국가제국주의가 포획 장치라는 사실을 간파했음에 틀림없다. 동시에 그는 한국전쟁을 '세계사 2대 조류가 맞부딪힌 전쟁', 즉 근대의 파국으로 인식했다. 한국전쟁은 서로 다른 이념에 근거한 '나라 만들기'의 결과, 다시 말해 인민들이 국민국가에 자발적으로 예속하고자 한 욕망의 결과인 것이다. 이를 상징적으로 보여준 것이 바로 「요한시집」의 '토끼 이야기'이다. 토끼는 동굴이라는 예속을 벗어났음에도 시력을 잃고 불구가 되어 동굴을 떠나지 못한다. 그리고 그 토끼가 죽자 다른 모든 동물들이 그 토끼를 경배하는 자발적인 예속 상태가 벌어진다.

이는 식민지가 끝남과 동시에 신체를 포획하는 장치인 국가의 기능을 모르고 '국민민족국가'에 자발적으로 예속되고자 했던 우리 사회의 욕망을 고스란히 보여준다. 신의 부고訃告를 들었음에도 신의 죽음이 무엇인지 몰랐던 근대 서구인들과 마찬가지로 식민지 주민들은 해방이 되었음에도 불구하고 해방의 진정한 의미를 알지 못했다. 이들이 예속을 욕망한 까닭은 국가 외부를 한 번도 보지 못한 '동아시아적 생산양식' 속에 있었기 때문인지도 모른다.

이들과 달리 장용학은 우리 문학에서 거의 유일하게 제대로 근대의 외부를 보고자 문학적 실험을 행한 작가이다. 「요한시집」에서 시작하여 유고로 남은 「빙하기행」, 그리고 「산방야화」에 이르는 소설적 실험은 우리문학에서 제기된 새로운 혁명론이라 할 수 있다. 실제로 맑스에게는 국가론이 없다. 그는 국가야말로 현실의 계급모순을 재생산하는 궁극적인 지배장치라고 보았기 때문에 국가에 반대했다. 그런데 우리 근대문학에서 프로문학을 위시한 진보주의 문학은 무의식적으로 민족국가의 논리를 벗어나지 못하고 있었다.[16] 지금까지 우리 문학에서 국가권력의 부당성과 억압성을 비판하고, 이에 저항해 온 소설들은 상당히 많았다. 그럼에도 불구하고 지금까지 국가의 기능을 검토하고, 그것을 문제시한 경우는 없었다. 그렇기 때문에 혁명에 대한 논의는 언제나 국가 내부에서 권력을 대체하는 것에 머무르고 있었다.

이러한 맥락에서 볼 때, 「빙하기행」은 포획장치인 국가 자체를 부정하는 진정한 혁명을 보여준다. 지금까지의 문학사가 높이 평가하는 1970·80년대 소설은 올바른 근대, 더 바람직한 근대를 열망했다. 비록 이 시기 소설이 성취한 성과가 적지 않다고 하더라도 개발독재, 국가주도에 의한 자본주의화라는 당대의 지배적인 현실, 알튀세르의 말을 빌리자면 근대화의 최종심인 '국가'에 대한 대결이 없다는 점에서 그것은 현실 타협의 산물일 수 있다. 그러므로 가장 혁명적이었던 시기 우리의 소설은 여전히 근대국민국가 내부에서 근본적 예속을 전제로 전개되어 왔음을 부정할 수 없다.

장용학은 후기 소설에서 국민국가의 표상을 벗어나는 인간의 형상, 민족 표상을 넘어서 '지성'에 근거하여 서로 촉발되고 연합되는 신체들을 보여준다. 초월적인 근대 국민민족국가의 표상 속에서 적대시하면서 폭력을 휘두르는 현실의 인간들과 달리, 이들은 서로 다른 민족임에도 불구하고 사랑하고 친구가 되어 '기쁨'의 상태로 나아간다. 이는 근대적인 표상에 근거한 인종이 아니라 새롭게 출현할 인종을 미리 제시한 것이라 할 수 있다. 그가 생

---

16 조정환, 앞의 글, 141쪽.

성한 신체는 언제나 가능하지만 누구도 표현할 수 없었던 그렇지만 잠재적으로 실재하는 미래의 인간이다.

지금까지 문학사가 기술했던 근대문학은 오랜 운동의 역사와 그 성과에도 불구하고 현실적인 것을 넘어서지 못함으로써 자신의 동력을 상실하고 말았다. 따라서 이 문학들은 '현실적인 것the actual에 갇힌 문학'이라 할 수 있다. 이에 비해 이미 일제강점기 정치화된 근대문학의 편협성을 간파한 김동리는 근대문학을 초극하고자 하는 나름의 논리를 전개했다. 그런데 그의 '구경적 생의 형식'은 정치에 갇힌 문학에 자유를 주기 위하여 역사와 현실의 물질성을 '초월'한다. 그 결과 그의 문학은 '실재적인 것the real'을 사상한 초월적이고 '가능적인 것the possible의 문학'이 되었다. 그의 문학이 해방 이후 폭력적인 '치안'을 문학적으로 문제 삼지 않고 그것과 공존할 수 있었던 것은 바로 현실 초월성 때문이다.

이와 달리, 장용학의 소설은 '잠재적인 것the virtual을 표현하는 문학'이다. 그의 문학은 신체의 내재적인 것을 긍정함으로써 현실적인 것의 경직성과 초월적인 것의 억압을 벗어난다. 그의 소설은 당대의 현실을 진단하고, 지배 권력의 폭력에 저항하면서 현실의 예속을 벗어날 수 있는 잠재적인 능력을 표현한다. 이는 단순히 현실에 대한 인식으로 그치는 것이 아니라, 현실의 문턱을 넘어가는 '무한한 생성'으로 나아가는 것이다.

장용학의 소설은 끊임없는 실험을 통해 신체에 내재하는 잠재태를 현실화시키고 이를 통해 새로운 현실을 열어젖히는 가장 적극적인 실천의 문학이다. 이것은 잠재적인 것을 펼침으로써 근대의 내부에서 근대를 극한으로 밀어붙이는 내파의 논리인 탈근대성을[17] 실현한다. 이것이 바로 그의 소설

17 조정환이 이미 지적하고 있듯이 지금까지 숱하게 논의된 '탈근대(성)'은 비실체적인 개념이다. 탈근대(성)가 현실태로 존재하고 있는 것이 아니기 때문이다. 현실에서 볼 때, 탈근대는 잠재적인 것이며 그렇기 때문에 현실적으로는 근대 내부에서 근대를 극한으로 몰아붙

이 보여주는 버추얼리즘의 힘이다. 그의 소설은 지금까지 우리 문학사에서 끊임없이 대립하고 경합했던 리얼리즘과 모더니즘의 양자택일적인 대립을 넘어 새로운 미학적 실천이 존재했음을 보여준다.

조정환은 문단에서 진행되었던 리얼리즘과 모더니즘의 논쟁을 비판적으로 검토하면서 새로운 미학적 원리인 버추얼리즘의 가능성을 제시했다. 그는 버추얼리즘을 토대로 '생성'과 '열림'의 문학인 '카이로스의 문학' 혹은 '삶문학'을 주장한다. 후기 자본주의가 인지자본주의로 변화하고 노동이 점차 비물질적인 것이 되면서 자본이 우리의 신체를 모듈화하는 상황에 맞서 문학이 능동적으로 삶을 변화시켜야 하기 때문이다.

삶문학 또는 버추얼리즘은 침체된 문학 운동의 출구를 열기 위한 새로운 전략임은 의심할 여지가 없다. 그럼에도 불구하고 그의 논리는 삶문학이 후기자본주의라는 역사적 상황 속에서만 도래하고, 또 유효한 것처럼 읽힐 우려가 있다. 그래서 그의 논의에 덧붙여 삶문학은 언제나 외재적이고 초월적인 것에 의한 신체의 예속이라는 상황을 깊이 있게 사유한 '견자見者'들에 의해 이미 출현했으며 앞으로 지속될 것이라는 점을 부연하고 싶다. 장용학의 소설은 그것이 이미 우리의 문학 속에 내재해 있었음을 확인해 준다.

이상에서 볼 때, 장용학 소설의 핵심적인 의미는 '정치적인 것' 또는 윤리에 있다. 우리가 정치라고 일컬어온 것은 권력체의 작동을 통해 삶을 특정한 방식으로 경화시키고자 한 '치안'이었다. 이에 반해 정치는 치안에서 벗어나 삶의 능동성을 획득하는 것, 그리하여 삶의 방식을 변형시키는[18] 것이다. 지금까지의 문학은 치안의 논리에 적극적으로 대응해 왔다. 그렇기 때문

이는 것만 가능하다. 이 노력이 근대를 그것의 극한과 문턱을 넘어가게 한다면 이때 도래하는 세계야 말로 실체로서의 탈근대이며(물론 이와 다른 이름을 붙이게 되겠지만), 그것의 특징이 '탈근대성'이 될 것이다.

18 고미숙 외, 『들뢰즈와 문학기계』, 소명출판, 2002, 25~28쪽.

에 이에 속하는 대부분의 문학은 충분히 그 가치가 인정되어야 한다. 하지만 다른 측면에서 이들 문학에도 현실 대응 논리로 정당화할 수 없는 측면이 있다. 그것은 치안이 특정한 삶을 강요한 것에 대응하여 문학 역시 또 다른 특정한 삶을 강요하지 않았는가 하는 점이다.

장용학의 글쓰기소설는 근대적 권력체를 위하여 복무하면서 그것들의 욕망을 표상한 것이 아니다. 그의 문학적 실천은 블랑쇼에 대한 평가와 마찬가지로 "소위 '순수문학'이라 불리는 것과 '참여문학'이라 불리는 것의 구별이 문학계 내에서 관례에 따라 이루어지는 안일하고 피상적인 것에 불과하다는 사실을 증거하는 전형적인 예"[19]인 것이다. 그의 소설은 우리 신체에 잠재하는 능동성을 펼치는 것인 삶의 실험이다. 현실의 지배적인 배치가 지속되는 한 장용학 소설의 정치는 언제나 유효할 것이다. 따라서 그의 소설은 '반시대적'인 것, 다시 말해 '이 시대에 반하는, 도래할 시대를 위한' 것이다.

19 박준상, 『바깥에서』, 인간사랑, 2006, 21~22쪽.

참 고 문 헌

1. 기초자료

1 작품

장용학, 『장용학문학전집』 1~6, 국학자료원, 2002., 「작가의 말」, 『장용학 대표문학선집』, 책세상, 1995., 「찢어진 『윤리학의 근본문제』」, 『문예』, 문예사, 1953. 6., 「人間의 終焉」, 『문화세계』, 희망사, 1953. 11., 「肉囚」, 『사상계』, 사상사, 1955. 3., 「요한詩集」, 『현대문학』, 현대문학사, 1955. 7., 「逆流」, 『무학』 3호, 무학여자고등학교, 1955. 10., 「非人誕生」, 『사상계』, 사상사, 1956. 10~1957. 1., 「易姓序說」, 『사상계』, 사상사, 1958. 3~6., 「大關嶺」, 『자유문학』, 자유문학사, 1959. 1., 「現代의 野」, 『사상계』, 사상사, 1960. 3., 「遺皮」, 『사상계』(증간호), 1961. 11., 「圓形의 傳說」, 『사상계』, 사상사, 1962. 11., 「喪笠新話」, 『문학춘추』, 문예춘추사, 1964. 4., 「孵化」, 『사상계』, 사상사, 1965. 2. , 「태양의 아들」, 『사상계』, 1965.8~1966.12., 「靑銅紀」, 『세대』, 세대사, 1967. 8~1968. 12., 「殘忍의 季節」, 『문학사상』, 문학사상사, 1972. 11., 「傷痕」, 『현대문학』, 현대문학사, 1974. 1., 「採菊記」, 『사목』 통권 32호, 한국천주교 중앙협의회, 1974. 3., 「夫餘에 죽다」, 『현대문학』, 현대문학사, 1980. 9., 「流域」, 『문예중앙』, 중앙일보사, 1981년 봄~1982년 봄., 「風物考」, 『현대문학』, 1985.6., 「山房夜話」, 동서문학, 동서문학사, 1986. 2., 「何如歌行」, 『현대문학』, 현대문학사, 1987. 11., 「氷河紀行」(유고), 『문학사상』, 문학사상사, 1999. 10., 「氷河紀行」(유고), 『한국문학』, 한국문학사, 2001 가을호.

2 에세이, 기타

장용학, 「나의 작가 수업」, 『현대문학』, 현대문학사, 1956. 1., 「感傷的 發言」, 『문학예술』, 문학예술사, 1956. 9., 「現代文學의 樣相; 上 - 主語와 鍊金術」, <동아일보> 1959. 5. 8., 「現代文學의 樣相; 下 - 人間條件과의 對決」, <동아일보> 1959. 5. 9., 「한글 專用論이 意味하는 것」, 『자유문학』, 자유문학사, 1961. 10., 「나는 작품을 어떻게 쓰나」, 『사상계』, 사상사, 1962. 12., 「방담 - 뛰어 넘었느냐? 못 넘었느냐?」, 『사상계』, 사상사, 1962. 11., 「形容詞의 나라 韓國」, 『세대』, 세대사, 1963. 6., 「나는 왜 소설에 한자를 쓰는가?」, 『세대』, 세대사, 1963. 9., 「해바라기와 「純粹」 新版」, 『문학춘추』, 문학춘추사, 1964. 8., 「긴 眼目이라는 幽靈 - 우리 國語의 二元性」, 『세대』, 세대사, 1964. 8., 「

해바라기와 「순수신판」」, 『문학춘추』, 1964.8., 「낙관론의 주변-평론가 유종호론 초-」, 『세대』, 1964.10., 「편리한 비평정신-오류·아류·순수-」, 『문학춘추』, 1964.11., 「시장의 고독」, 『문학춘추』, 1965.3., 「國民文學을 위해서」, 『현대한국문학전집』 4. 신구문화사, 1965., 「작가의 말 — 太陽의 아들」, 『사상계』, 사상사, 1965. 7., 「불모의 문학 풍토」, 『사상계』, 사상사, 1965. 7., 「實存과 「요한詩集」」, 『세계전후문학전집 1』, 신구문화사, 1969., 『허구의 나라, 일본』, 일월서각, 1984., 「작가의 말」, 『장용학 대표작품 선집』, 책세상, 1995., 「언어의 혼란」, 『장용학문학 전집 6』, 국학자료원, 2002.

2. 연구자료

1 국내논저

강명관, 『국문학과 민족 그리고 근대』, 소명출판, 2007.

강상중, 이경덕·임성모 역, 『오리엔탈리즘을 넘어서』, 이산, 1999.

강성현, 「한국의 국가 형성기 '예외상태 상례'의 법적 구조 - 국가보안법1948·1949·1950과 계엄법1949을 중심으로」, 『사회와 역사』 제94집, 한국사회사학회 편, 2012.

강임산, 「1968년 광화문 '복원'의 성격」, 명지대학교 기록정보과학전문대학원 석사학위논문, 2015.

강준만, 『한국현대사산책 1960년대』 2권, 인물과 사상사, 2009., 『한국현대사산책 1960년대』 3권, 인물과 사상사, 2009., 『한국현대사산책 1970년대』 1권, 인물과 사상사, 2009.

고미숙 외, 『들뢰즈와 문학기계』, 소명출판, 2002.

고병권, 『니체의 위험한 책, 차라투스트라는 이렇게 말했다』, 그린비, 2003.

고 은, 『1950년대』, 민음사, 1977.

고종석, 『말들의 풍경』, 개마고원, 2007.

공덕귀, 「기생관광실태 조사보고/새가정광고」, 『새가정』 332권, 새가정사, 1984.

곽진오, 「일본의 대일 경제정책과 한국의 입장」, 『한일관계사연구』 29집, 한일관계사학회, 2008.

곽학송, 「난맥」, 『현대문학』, 현대문학사, 1957. 7.

구수경, 「장용학의 단편소설 연구; 「요한시집」 「현대의 야」를 중심으로」, 『현대문학이론연구』 13호, 현대문학이론학회 편, 2000.

권기호, 「소설 원형의 전설 연구」, 경북대 석사학위논문, 1965.

권명아, 「한국 전쟁과 주체성의 서사 연구」, 연세대 박사학위논문, 2001.

권영민, 『한국현대문학사2』, 민음사, 2002.

권택영 편, 민승기 외 역, 『자끄라깡 욕망이론』, 문예출판사, 1994.

김건우, 「장용학 소설 연구」, 서울대 석사, 1995., 「장용학의 '원형의 전설'론」, 『한국전후문학의 분석적 연구: 학천 박동규 교수 회갑 기념 논문집』, 월인, 1997., 『사상계』와 1950년대 문학』, 소명출판, 2003.

김경필, 「이승만 시대 기업의 자본축적 재검토; 국가규율의 부재와 고삐 풀린 자본」, 『노동연구 37』, 고려대 노동문제연구소, 2018.12.

김경환, 「현대의 야」의 해석학적 연구」, 동아대 석사학위논문, 1997.

김동리, 『문학과 인간』, 민음사, 1997.

김동춘, 『전쟁과 사회』, 돌베게, 2000., 『근대의 그늘』, 당대, 2000., 『전쟁정치』, 길, 2013.

김미리, 「장용학소설론」, 전남대 석사학위논문, 1986.

김병로, 「장용학의 「요한시집」에 나타나는 해체적 서사담론」, 『한국문학이론과 비평』 제3집, 한국문학이론과 비평학회, 1999. 8.

김삼웅, 『해방 후 정치사 100장면』, 가람기획, 1994.

김삼헌, 「막말유신기의 대외위기론」, 『일본의 대외위기와 팽창의 역사적 구조』, 제이엔씨, 2008.

김상선, 『신세대작가론』, 일신사, 1964.

김성렬, 「부부재 의식의 궤적」, 『한국문예비평연구』 Vol. 5, 1999.

김성한, 「오분간」, 『사상계』, 사상사, 1955. 7.

김송현, 「장용학론: 「태양의 아들」까지」, 『현대문학』, 현대문학사, 1970. 5.

김승웅, 「나는 뭘 쓸 수 있단 말인가 - 「傳說」속에 묻혀 사는 작가 張龍鶴」, <한국일보>, 1983. 9. 28.

김양호, 「전후실존주의 소설연구」, 단국대 박사학위논문, 1992.

김양희, 「『원형의 전설』의 근대성 비판」, 한신대 석사학위논문, 2000.

김영범, 「장용학·손창섭 소설의 모더니즘 특성 연구」, 공주대 박사학위논문, 2014.

김옥주, 「장용학 소설 연구」, 청주대 석사학위논문, 1993.

김용성, 「장용학 소설의 시간의식 연구」, 『한국학연구』 3집, 인하대 한국학연구소, 1991. 3.

김원중, 「김원중의 한자로 읽는 고전 61, 천도시야비야」, <동아일보>, 2012. 6. 25.

김윤식, 「우화성과 이데올로기 비판」, 『속 한국현대작가론』, 일지사, 1980., 「90년대 연구진과 알레고리론」, 『문예중앙』, 중앙일보사, 1996 겨울호., 『한·일 근대문학의 관련양상 신론』, 서울대 출판부, 2001., 『작가론의 새 영역』, 도서출판 강, 2006.

김윤식·김 현, 『한국문학사』, 민음사, 1974.

김윤식·정호웅, 『한국 소설사』, 예하, 1993.

김인영, 「정경유착의 역사와 제도적 원인분석」, 『성곡논총 32』, 성곡언론문화재단 편, 2001.8.

김장원, 「1950년대 소설의 트로마 연구」, 서강대 석사학위논문, 2004., 「'몸'으로부터의 탈각과 이분법적 인식의 탈구축」, 『한국현대문학연구』 26집, 한국현대문학회, 2005.

김정현, 「니체와 1950년대 한국 전후 실존주의문학—손창섭과 장용학을 중심으로」, 『니체연구 39호』, 한국니체학회, 2021. 4.

김철, 「갱생의 도 혹은 미로」, 『민족문학사연구』 28, 민족문학사학회 편, 민족문학사연구소, 2005.

김충식, 『남산의 부장들』, 폴리티쿠스, 2012.

김학재, 「진압과 석방의 정치」, 『제노사이드 연구』 제5호, 한국제노사이드연구회 편, 2009., 「전쟁포로들의 저항과 반공오리엔탈리즘」, 『사림』 제36호, 수선사학회 편, 2010.

김 항, 『말하는 입과 먹는 입』, 새물결, 2009.

김 현, 「이름 없는 세계에의 갈구 - 「비인탄생」, 「역성서설」, 『현대한국문학전집』 4, 신구문화사, 1967., 「테로리즘의 문학」, 『문학과지성사』, 1971년 여름호.

김형중, 「장용학 소설의 낙원의식 연구」, 전남대 석사학위논문, 1995.

김후련, 『일본 신화와 천황제 이데올로기』, 책세상, 2012.

류경자, 「장용학 소설의 글쓰기 변모양상 연구」, 서울대박사학위논문, 2012.

문승준, 「장용학소설연구 - 신화적 구조와 원형상징을 중심으로」, 성균관대 석사학위논문, 1987.

문혜윤, 「1930년대 어휘의 장과 문학어의 계발」, 『상허학보 17집』, 상허학회, 2006. 6.

박승준, 「요한시집의 신화적 연구」, 명지대 석사학위논문, 1982.

박원순, 『국가보안법연구 1』, 역사비평사, 1992.

박유희, 「1950년대 소설의 반어적 기법 연구」, 고려대 박사학위논문, 2002.

박재한, 「장용학 소설연구」, 가톨릭대 석사학위논문, 2010.

박준상, 『바깥에서』, 인간사랑, 2006.

박지웅, 「좀비와 버그」, 『경제학연구』 54집 3호, 한국경제학회, 2006.

박창원, 「장용학소설연구」, 세종대 박사학위논문, 1995., 「유고소설 <빙하기행>이 남긴 의미」, 『문학사상』, 문학사상사, 1999. 10.

방민호, 「전후 소설에 나타난 알레고리 연구」, 서울대 석사학위논문, 1993., 『한국전후문학과 세대』, 향연, 2003.

배경열, 「장용학 소설에 나타난 디오니소스적인 미적 사상 고찰」, 『비교문학』 32집, 한국비교문학회, 2004.

백승영, 『니체, 디오니소스적 긍정의 철학』, 책세상, 2011.

백 철, 「신세대적인 것과 문학」, 『사상계』, 사상사, 1955. 2., 「전후십오년의 한국소설」, 『한국전후문제작품집』, 신구문화사, 1960.

서기원, 「전후문학의 옹호」, 『월간 아세아』 5호, 월간아세아사, 1969. 5.

서동수, 「한국 전후소설에 나타난 이데올로기 연구 - 장용학·선후휘를 중심으로」, 건국대 석사학위논문, 1998.

서수생, 「사르트르와 장용학의 비교고찰」, 『논문집』 16, 경북대학교, 1972.

서영채, 「알레고리의 내적 형식과 그 의미」, 『민족문학사연구』 3호, 민족문학사연구소, 1993., 『인문학 개념정원』, 문학동네, 2013

서준섭, 문학과 비평의 진실 - 『유종호전집』에 대하여」, 『작가세계』, 1996. 여름.

손창섭, 「血書」, 『현대문학』, 현대문학사, 1955. 1.

송숙이, 「장용학의 「요한시집」과 사르트르의 「구토」와의 비교연구」, 『대구어문논총』 10호, 우리말글학회, 1992. 6.

신경득, 『한국전후소설연구』, 일지사, 1988.

안성희, 「신세대작가의 문체론적 연구」, 이화여대 석사학위논문, 1991.

안수현, 「이성, 정서, 느낌의 관계」, 동서사상연구소 편, 『동서사상』 제 5집, 2008.8.

안형관, 『화이트헤드 철학의 이해』, 이문출판사, 1988.

엄창석, 「장용학 소설의 미적 형식 연구」, 영남대 석사학위논문, 2004.

연남경, 「장용학의 문학, 진리가 맺히는 단독적 사유의 자리」, 『한국현대문학연구』 64, 2021. 8.

염무웅, 「실존과 자유」, 『현대한국문학전집』 4, 신구문화사, 1967.

오문석, 「근대문학의 조건, 네이션≠국가의 체험」, 『한국근대문학연구』19호, 2009. 4.

오영섭, 「1950년대 전반 한글파동의 전개와 성격」, 『사학연구』 72호, 사학연구회 편, 2003.

용석원, 「장용학 소설 연구」, 건국대 석사학위논문, 2009.

유종호, 「토착어의 인간상」, 『유종호 전집 1』, 민음사, 1995., 「내셔널리즘, 기타」, 『사상계』, 1964.5. , 「씨니시즘 其他」, 『문학춘추』, 문학춘추사, 1964. 7., 「버릇이라는 굴레-한글·한자·소설-」, 『세대』, 1964.9., 「유소사 - 해바라기와 순수신판에 붙여-」, 『문학춘추』, 1964.9., 「새로운 우상」, 『세대』, 1964.10., 「청승의 굴레 - 낙관론의 주변을 읽고-」, 「투박한 고정관념」, 『문학춘추』, 1965.1., 『세대』, 1965.2.

유철상, 「절대적 관념의 예술적 승화 - 장용학의 <상립신화>론」, 『민족문학사 연구』 16권, 민족문학사연구소 편, 2000., 「한국전쟁의 체험과 전후문학의 동시적 질서」, 『현대소설연구』 45, 현대소설학회 편, 2010.

육근웅, 「장용학 소설의 신화비평적 접근」, 『한국언어문학』 24, 한국언어문학회, 1986.

윤대석, 「1940년을 전후한 조선의 언어 상황과 문자」, 『한국근대문학연구 제4권1호』, 한국근대문학회 편, 2003.

윤병로, 『한국현대소설의 탐구』, 범우사, 1985.

윤상기, 「장용학 소설 연구」, 전남대 박사학위논문, 1996.

윤택림, 「서울사람들의 한국전쟁」, 『구술사연구』 제2권 1호, 구술사학회 편, 2011.

이경희, 「장용학의 『원형의 전설』에 나타난 서술거리와 알레고리」, 『한국학연구』 15집, 인하대 한국학연구소, 2006. 12.

이광호, 「인간과 문학의 전면적 진실」, 『오늘의 문예비평』, 1995. 여름.

이미향, 「장용학 소설 연구」, 숙명여대 석사, 1992.

이봉래, 「신세대론」, 『문학예술』, 문학예술사, 1957. 4.

이봉범, 「1950년대 등단제도 연구」, 『한국문학연구』 36권, 동국대한국문학연구소, 2009.

이봉원, 「1960년대 국운회 학생활동이 박정희의 한글 전용정책에 끼친 영향」, 『한국어정보학 13권 1호」, 한국어정보학회, 2011.6.

이상민, 「장용학 소설에 나타난 탈근대적 주체의 형성 양상에 관한 연구」, 가톨릭대 박사학위논문, 2003.

이순직, 「원형(圓形)의 울림 - 장용학의 <원형(圓形)의 전설>과 관련하여」, 『국민어문연구』 제5집, 국민대 국어국문학연구회, 1997.

21세기문학 편, 「<요한시집>에서 <하여가행>까지 - 원로작가 장용학과의 만남」, 『21세기문학』, 1997년 가을호.

이어령, 『1957년의 작가들」, 『사상계』, 사상사, 1958. 1., 『저항의 문학』, 경지사, 1960.

이연숙, 「장용학 <요한시집>의 정신분석적 고찰」, 『라깡과 현대 정신분석』 8권2호, 라깡과 현대정신분석학회, 2006. 12.

이원덕, 「한일협정 이후 한일과거사 문제의 개선방향」, 『해방후 한일관계의 쟁점과 전망』, 경인문화사, 2005.

이인섭, 「언어심리와 문체(2)」, 『인문논총』 2집, 서울여대 인문과학연구소, 1996.

이재룡, 「『구토』와 『요한시집』의 비교」, 『프랑스학 연구』 55, 프랑스학회, 2011. 2.

이정민, 「유종호 비평 연구」, 한국교원대 석사, 2003.

이정면, 『고대 한일 관계사의 진실』, 이지출판, 2014.

이진경 외, 『문화정치학의 영토들』, 그린비, 2007.

이진경, 『역사의 공간』, 휴머니스트, 2010.

이주형, 「1960년대 초 소설의 두 양상: <젊은 느티니무>와 <현대의 야>의 세계」, 『현대문학연구』 29, 한국현대문학회, 2009.

이 청, 「장용학 소설의 신체 담론 연구」, 『인문연구』 58권, 영남대 인문과학연구, 2010.

이철범, 「두 가지 태도의 혼란 - 「상립신화」, 『현대한국문학전집』 4, 신구문화사, 1967.

이태준, 『문장강화』, 창비, 2005.

이혜령, 「조선어·방언의 표상들」, 『사이間SAI』 2호, 국제한국문학문화학회, 2007., 「언어법제화의 내셔널리즘」, 『대동문화연구』 58집, 성균관대학교 대동문화연구원, 2007.

이혜정, 「장용학 후기 소설에 나타나는 현실비판의식 고찰」, 『한국현대문학연구』 34, 한국현대문학회, 2011. 8.

임미진, 「장용학 소설의 담론 연구: 식민지 체험과 언어 의식을 중심으로」, 서울대 석사학위논문, 2010.

임은희, 「장용학의 <원형의 전설>」, 『한양어문연구』 13집, 한양대 한양어문연구회, 1995.

임영택, 「소설에서 근대어문의 실현 경로」, 『대동문화연구』 58집, 성균관대 대동문화연구원 편, 2007.

임지현 외, 『국사의 신화를 넘어서』, 휴머니스트, 2004.

장백일, 「인간옹호의 재양상 - 무신론적 실존철학(장용학)」, 『한국현대문학론』, 관동출판사, 1978.

장연자, 「장용학의 「원형의 전설」 연구」, 동덕여대 석사학위논문, 1996.

전갑생, 「최초 발굴: 거제도포로수용소의 숨겨진 진실」, 『민족 21』 제108권, 민족 21, 2010., 「또 하나의 전쟁 '부역자' 학살; 국민 버리고 야반도주한 이승만 정부 서울 수복 후 무자비한 보복학살 자행」, 『민족 21』 116호, 민족 21, 2010.

전성곤, 『내적 오리엔탈리즘 그 비판적 검토』, 소명출판, 2012.

정백수, 『한국 근대의 식민지 체험과 이중언어 문학』, 아세아문화사, 2003.

정선태, 『지배의 논리 경계의 사상』, 소명출판, 2017.

조성수, 「체험과 기억으로서의 공무원의 일상」, 『한국행정학보』 제44권 제4호, 한국행정학회 편, 2010.

조성훈, 『한국전쟁과 포로』, 선인, 2010.

조윤정, 「전후세대 작가들의 언어적 상황과 정체성 혼란의 문제」, 『현대소설연구』 37, 한국현대소설학회, 2008.

조은아, 「장용학 소설언어 연구」, 성균관대 석사학위논문, 2009.

조정환, 『카이로스의 문학』, 갈무리, 2006., 「한국문학의 근대성과 탈근대성」, 『상허학보』 19, 상허학회편, 2007., 『예술인간의 탄생』, 갈무리, 2015.

조태린, 「일제시대 언어정책과 언어운동에 관한 연구」, 연세대 석사, 1997.

조현일, 「손창섭·장용학 소설의 허무주의적 미의식에 대한 연구」, 서울대 박사학위논문, 2002., 「『문장』파 이후의 문학에 나타난 '조선적인 것'」, 『민족문학사연구』 31호, 민족문학사학회, 2006.

차승기, 『반근대적 상상력의 임계들』, 푸른 역사, 2009.

천이두, 「안타오스의 자유」, 『현대문학』, 현대문학사, 1960. 11.

최갑진, 「1950년대 소설의 공간의식 연구」, 『동남어문논집』 12집, 동남어문학회, 2001. 6.

최강민, 「한국 전후소설의 폭력성 연구」, 중앙대 박사학위논문, 1999.

최광승, 「박정희의 경주고도(慶州古都) 개발사업」, 『정신문화연구』35권1호, 한국학중앙연구원, 2012., 「유신체제기 박정희 정권의 애국적 국민생산 프로젝트 - 화랑도와 화랑교육원을 중심으로」, 『한국학연구』 33, 인하대 한국학연구소 편, 2014.6.

최성실, 「한국현대소설의 아나키즘적 특성 연구」, 『한국현대문학연구』 17, 한국현대문학회, 2005. 6.

최연식, 「박정희의 '민족' 창조와 동원된 국민통합」, 『한국정치외교사논총』 제28집 2호, 한국정치외교사학회 편, 2007.

최영태, 「5·18 민중항쟁과 김대중」, 『역사학연구』57집, 호남사학회편, 2015.2.

최영호, 『현대한일관계사』, 국학자료원, 2002.

최용석, 「장용학의 『원형의 전설』 고찰」, 『우리말글 연구』 15집, 우리말 문학회, 2002. 12., 「전후 소설에 나타난 현실비판과 극복의식 - 김성한과 장용학을 중심으로」, 중앙대박사학위논문, 2002.

최인훈, 「전집판 서문」(1976), 『광장/구운몽』, 문학과지성사, 1992.

최장집, 「법의 지배와 민주주의」, 아담 쉐보르스·호세 마리아 마라발 외, 안규남·송호창 외 역, 『민주주의와 법의 지배』(서문), 후마니타스, 2008.

최정민, 「장용학 소설 연구 - 정신분석학과 신화비평적 접근」, 호남대 석사학위논문, 1997.

최혜실, 「분단문학으로서 「원형의 전설」」, 『국어국문학』, 국어국문학회, 1996.

한민주, 「장용학 소설의 알레고리적 특성 연구」, 서강대 석사학위논문, 1998.

한수영, 「전후세대의 문학과 언어적 정체성: 전후세대의 이중언어적 상황을 중심으로」, 『대동문화연구』 58집, 성균관대학교 대동문화연구원 편, 2007., 「김동리와 조선적인 것」, 『한국근대문학연구』 21호, 한국근대문학회, 2010.
한점돌, 「장용학 소설 연구 - 장용학 문학의 생태 아나키즘적 특성」, 『현대문학이론연구』 33집, 현대문학이론학회, 2008. 4.
한형구, 「초기 유종호 비평의 어문민족주의적 정향성에 관하여」, 한국현대문학회, 『한국현대문학연구』 29권, 2009.
허혜정, 「유신여성과 민중시의 성담론 연구」, 『한국근대문학연구』 18, 한국근대문학회 편, 2008.
홍원경, 「장용학 소설연구」, 중앙대 박사학위논문, 2008.
홍혜미, 「장용학 소설 연구」, 창원대 석사학위논문, 1994.
황송문, 「장용학 지음 '요한시집'」, 『북한』 151호, 북한연구소, 1984. 7.
황호덕, 『근대 네이션과 그 표상들』, 소명출판, 2005.

2 국외논저

강상중·현무암·이목 역, 『기시노부스케와 박정희』, 책과 함께, 2013.
柄谷行人, 조영일 역, 『근대문학의 종언』, 도서출판b, 2006. , 조영일 역, 『문자와 국가』, 도서출판b, 2011.
三ッ井崇), 「식민지하 조선에서의 언어지배」, 『한일민족문제연구』4, 한일민족문제학회 편, 2003.
西川長夫, 윤대석 역, 『국민이라는 괴물』, 소명출판, 2005.
野間秀樹, 김진아 외 역, 『한글의 탄생』, 돌베게, 2012.
酒井直樹, 이득재 역, 『사산되는 일본어 일본인』, 문화과학사, 2003., 후지이 타케시 역, 『번역과 주체』, 이산, 2005.
Agamben, Giorgio, 박진우 역, 『호모 사케르』, 새물결, 2008., 정문영 역, 『아우슈비츠의 남은 자들』, 새물결, 2012.
Althusser, Louis, 김동수 역, 『아미앵에서의 주장』, 솔, 1994.
Austin, John L, 김영진 역, 『말과 행위』, 서광사, 2007.
Bergson, Henri, 박종원 역, 『물질과 기억』, 아카넷, 2006.
Debord, Guy, 이경숙 역, 『스펙터클의 사회』, 현실문화연구, 1996.
Deleuze, Gilles, 김경신 역, 『니체와 철학』, 민음사, 2001., 『시네마 II : 시간 이미지』, 시각과 언어, 2005., 박정태 편역, 『들뢰즈가 만든 철학사』, 이학사, 2007.
Deleuze, Gillies. Guattari, Felix, 이진경 역, 『카프카』, 동문선, 2001., 김재인 역, 『앙띠오이디푸스』, 민음사, 2014., 김재인 역, 『천개의 고원』, 새물결, 2001.
Foucault, Michel, 이규현 역, 『성의 역사 1』, 나남, 1997., 박정자 역, 『사회를 보호해야 한다』, 동문선, 1998., 이규현 역, 『광기의 역사』, 나남출판사, 2003., 오생근 역, 『감시와 처벌』, 나남출판, 2007.
Guattari, Felix, Suely Rolnik, 윤수종 역, 『미시정치』 도서출판 비, 2010.
Hardt, Michael, 김상운 양창렬 역, 『들뢰즈 사상의 진화』, 갈무리, 2004.
Hobbes, Thomas, 진석용 역, 『리바이어던 1』, 나남, 2008.
Jean-Jacques Lecercle, *Deleuze and Language*, Palgrave Macmillan, 2002.
Kauffman, Stuart A, 김명남 역, 『다시 만들어진 신』, 사이언스북스, 2012.
Lambert, Gregg, 최진석 역, 『누가 들뢰즈와 가타리를 두려워하는가」, 자음과 모음, 2013.
Locke, John, 강정인, 문지영 역, 『통치론』, 까치, 1996.
Martin E. Seligman, 윤진, 조긍호 역, 『무기력의 심리』, 탐구당, 1996(1983).
Marx, Karl, 김수행 역, 『자본론1 하』, 비봉출판사, 1998.
Maurizio Lazzarato, 신병현·심성보 역, 『기호와 기계』, 갈무리, 2017.
Negri, Antonio, 정남영 역, 『혁명의 시간』, 갈무리, 2004., 서창현 역, 『네그리의 제국 강의』, 갈무리, 2011., 이승준·정유진 역, 『어셈블리』, 알렙, 2020.
Negri, Antonio, Hardt, Michael, 『다중』, 세종서적, 2008., 윤수종 역, 『제국』, 이학사. 2001.
Nietzsche, F.W., 김정현 역, 『전집 14』, 책세상, 2013., 장희창 역, 『차라투스트라는 이렇게 말했다』, 민음사, 2013.
Sauvagnargues, Anne, 이정하 역, 『들뢰즈와 예술』, 열화당, 2009.
Spinoza, Baruch, 강영계 역, 『에티카』, 서광사, 2003., 최영익 역, 『신학정치론·정치학논고』, 비르투, 2011.
Terry Eagleton, 김명환 역, 『문학이론 입문』, 창작과 비평사, 1999.
Uexküll, Jakob, 정지은 역, 『동물들의 세계와 인간의 세계』, 도서출판 b, 2012.
Villani Arnaud, Sasso Robert, 신지영 역, 『들뢰즈 개념어 사전』, 갈무리, 2012.
Zizek, Slavoi, 김지훈 외 역, 『신체 없는 기관』, 도서출판 b, 2008.
Zizek, Slavoi, Badiou, Alain 외, 이현우, 이재원 외 역, 『레닌 재장전』, 마티, 2010.